Johanna Awad-Geissler

Safia

»Meine Hoffnung ist unser Volk«

Eine Scheichtochter kämpft für ihr Land

Knaur Taschenbuch Verlag

Besuchen Sie uns im Internet:
www.knaur.de

Vollständige Taschenbuchausgabe Juli 2006
Knaur Taschenbuch
Ein Unternehmen der Droemerschen Verlagsanstalt
Th. Knaur Nachf. GmbH & Co. KG, München

Umschlaggestaltung: ZERO Werbeagentur, München
Umschlagabbildung: Peter von Felbert
Satz: Ventura Publisher im Verlag
Druck und Bindung: Nørhaven Paperback A/S
Printed in Denmark
ISBN- 13: 978-3-426-77914-9
ISBN-10: 3-426-77914-5

2 4 5 3 1

Dem »Stern der Beni Tamim«:

Er war kein gewöhnlicher Vater,
kein gewöhnlicher Stammesscheich.
Er war Fleisch gewordenes Symbol seiner Heimat
und seines Volkes, ein Symbol der Vaterlandsliebe
und des Kampfes um Gerechtigkeit.
Für mich und meine Mutter, meine Familie,
meinen Stamm bedeutete er das Innerste des Herzens,
das gute Wort, warme Zuwendung, Zartheit
und das Fließen der Liebe.

Safia

Für Awad,
der mir den Orient erschlossen hat,
für Klaus,
der mich begleitet, und
für Amira,
das wunderbarste Geschenk meines Lebens.

Johanna

Inhalt

Anhang

Vorwort

Vielleicht sitzt Safia Taleb Al-Souhail in dem Augenblick, da Sie dieses Buch zur Hand nehmen, an ihrem Schreibtisch – jenem der Botschafterin der Republik Irak in Ägypten – und lässt die Gedanken schweifen. Vielleicht überlegt sie gerade, auf welch verschlungenem Pfad das Leben den Menschen zu seiner Berufung führen kann. Seit dem Zeitpunkt, da Safia ihre Zukunft erstmals ins Auge fasste, seit ihren Tagen als Studentin an der Jordanischen Universität in Amman, wusste sie bereits: Sie wollte Diplomatin werden. Doch für welches Land? Sie hatte keines. Denn in ihrer irakischen Heimat regierte ein brutaler Diktator, der sie und ihre Familie auf seiner Todesliste stehen hatte.

Der Weg, der Safia nach Kairo geführt hat, war lang, beschwerlich und von Lebensgefahr geprägt. Es gab auf ihm viele verschiedene Stationen: Bagdad, Beirut, Amman, Riad, Washington – und am Ende wieder Bagdad. Nachdem sie hatte einsehen müssen, dass die Diplomatie ihr, der Exilantin, verschlossen war, hatte sie sich mit aller Kraft auf die Politik geworfen. Und am Ende ergab es sich, dass ausgerechnet die Politik sie dorthin stellte, wo sie immer schon hin wollte.

So hat die Neunundreißigjährige auf überraschende Weise ihr persönliches Ziel erreicht. Möglicherweise steht sie jetzt von ihrem Schreibtisch auf, tut ein paar Schritte und blickt durch das breite Gründerzeitfenster der Villa in dem eleganten Kairoer Stadtteil Zamalek auf die vom Wüstenstaub stets ein wenig grauen Kronen der Palmen im Botschaftsgarten. Safia liebt Palmen. Seit Jahrhunderten dienen sie den arabischen Stämmen im Irak als Lebensgrundlage, und für Safia schlagen sie eine Verbindung in das Reich ihrer Kindheit. Sie lässt die Jahre Revue passieren, die vielen bitteren Verluste, aber auch die unschätzbaren Erfahrungen, die sie in die Lage versetzen, das zu tun, was ihr Land zurzeit am meisten von ihr braucht: es geschickt, durchsetzungsstark und mit viel Charme in der arabischen Welt zu vertreten. Dort nämlich, woher in Wahrheit die allerwichtigste Unterstützung für die neue Regierung und den Demokratiekurs des Irak kommen muss, damit das politische Experiment der Ära nach Saddam Hussein gelingen kann. Erst wenn die arabischen »Brüder« sich mit den Entwicklungen im Irak angefreundet haben werden, erst wenn sich die arabischen Staaten eindeutig gegen alle Versuche stellen, die Demokratie im Irak zum Scheitern zu bringen, erst dann wird Safias Land wirklich eine Chance haben.

Das zu erreichen ist die energische Scheicha als Botschafterin in Kairo angetreten, und wer sie kennt, weiß: Sie wird alles geben, um dieses Ziel zu erreichen.

Ihre Chancen stehen gut. Sie hat sich nicht nur hervorragend vorbereitet auf ihre Aufgabe, sondern sie ist die anerkannte Nachfolgerin eines mächtigen irakischen Stammesfürsten, und sie verfügt über starken politischen Rückhalt im Irak. Gemeinsam mit ihrem Mann, dem Kurden und Menschenrechtsminister Bakhtiar Amin, bildet die Schiitin Safia Al-Souhail heute *das* »Power-Couple« des Irak.

Wien, Februar 2005

1965–1969

Talent zum Horror

Es ist eine meiner allerersten Erinnerungen. Kaum vier Jahre war ich alt, als sich die Nägel des Terrors für alle Zeiten in mein Hirn gruben.

Mitten in der Nacht werde ich von Stimmen und Geräuschen geweckt. Etwas stößt hart an mein Bett. Erschrocken öffne ich die Augen und sehe im Lichtschein aus dem Korridor mehrere Gestalten mit großen Gewehren in unserem Zimmer. Sie bewegen sich zwischen den Möbelstücken, als würden sie etwas suchen. Immer wieder zeigt eine Gewehrmündung drohend in meine Richtung. Allmählich erkennen meine Augen Einzelheiten. Zwei von den Männern gehören zu unserer eigenen Wachmannschaft. Die beiden anderen kenne ich nicht. Sie tragen Pistolen und sind mit Patronengürteln behängt. Alle vier diskutieren mit erregter Stimme, und ich rechne damit, dass sie jeden Augenblick anfangen werden, aufeinander zu schießen.

Nach endlos erscheinenden Sekunden oder Minuten tritt einer der beiden Fremden endlich aus dem Zimmer hinaus auf den hellen Gang. Ich registriere seine Gesichtszüge. Eine kantige, grausame Fratze mit schwarzem Schnauzbart. Bis heute kann ich dieses Bild jederzeit vor meinem inneren Auge beschwören. Kurz darauf bricht auch der andere die Suche ab. Unsere Wächter folgen den beiden auf den Fersen.

Meine um ein Jahr ältere Schwester Ouroud hat der Aufruhr ebenfalls geweckt. Als alle verschwunden sind, steigen wir, die Augen angsterfüllt aufgerissen, aus unseren Betten und schleichen dem Trupp nach. Wir beobachten, wie alle vier die Treppe in den zweiten Stock hochsteigen, offenbar mit dem Ziel, in das Zimmer meiner Eltern einzudringen. In der Erinnerung sehe ich mich, wie ich plötzlich barfuß im Nachthemd hinter ihnen herlaufe und sie mit

Fragen bombardiere: »Was wollen Sie? Wen suchen Sie? Wollen Sie meinen Vater?« Ich hatte aufgeschnappt, wie einer den Namen meines Vaters nannte.

Ich wusste, dass Vater an diesem Tag außerhalb der Stadt zu tun hatte, und ich schrie es den Männern nach. Aber die Eindringlinge hörten natürlich nicht auf mich, sondern nötigten unsere armselig mit alten Kalaschnikows bewaffneten Wächter, sie weiterzuführen. Später erfuhr ich, dass die beiden Fremden von der Regierung gesandt worden waren. Bis an die Zähne bewaffnet, hatten sie am großen Tor unseres Palastgutes Einlass begehrt, und den erbosten Wächtern war nichts übrig geblieben, als sie zu begleiten, so wie es auch mit jedem friedlichen Besucher ihre Pflicht gewesen wäre. Die Eindringlinge hatten ihre Befehle: Sie suchten jemanden, der von den Machthabern gejagt wurde. Dieser Jemand war tatsächlich mein Vater, der Scheich, der sich gegen die Tyrannei aufgelehnt hatte.

Ich erinnere mich an das damals schon ständig vorhandene Gefühl schwerer Bedrohung. Es begann Ende der sechziger Jahre: Immer wieder schienen Leute nach Vater zu suchen. Wir alle fühlten uns in Gefahr. Mutter wälzte Pläne, mich und Ouroud* zu ihren Eltern in den Libanon zu schicken, damit wir in Sicherheit wären.

Als ich größer wurde, erlebte ich oft, wie gern Vater vor seinen Freunden einschneidende Erlebnisse zum Besten gab. Ich konnte bei ihm punkten, indem ich rief: »Baba, Baba, ich erinnere mich, was passiert ist!« Und dann durfte ich die Geschichte von dem nächtlichen Besuch erzählen. Am Ende lachte er jedes Mal und rief: »Donnerwetter, kannst du dich aber gut erinnern!«

Er hat nie erfahren, dass es gar keine guten Erinnerungen waren, die ich da hatte; es war kein aufregendes Abenteuer für mich gewesen, sondern bitterer Ernst. Diese Dinge haben mich mein ganzes Leben lang begleitet und werden mich immer begleiten. Ich hatte entsetz-

* Im Unterschied zu den europäischen Sprachen nennt sich im Arabischen der Sprecher stets zuerst. Um den Charakter der anderen Kultur zum Ausdruck zu bringen, hat die Autorin diese Sprachregel für den deutschen Text übernommen.

liche Angst um meinen Vater, und in mir, einem ganz kleinen Kind, das gerade seine ersten Sätze stammelte, begann sich ein Talent zu entwickeln, das ich keinem Menschen wünsche: das Talent zum Horror.
Meine ersten Lebensjahrzehnte hindurch zitterte in mir jede Faser bei dem ständig wiederkehrenden Gedanken an jenen frühen Schrecken, der ein Vorgeschmack dessen war, was später kommen sollte. Unser Leben außerhalb der Heimat gestaltete sich um nichts sicherer als in der Heimat. Ich habe diese Lektion durch und durch gelernt – ich, der es bestimmt war, heranzuwachsen unter den Fittichen eines politisch unbeugsamen Scheichs.

Safia Taleb Al-Souhail, Tochter von Scheich Taleb Al-Souhail, wurde am 29. Oktober 1965 als zweitälteste von sieben Schwestern geboren. Die Familie lebte zu jener Zeit in Bagdad, im angestammten Palast der Al-Souhail.
Safias Schreckensnacht war die Folge eines Putschversuchs gegen das Baath-Regime. Die Baathisten hatten im Juli 1968 die Macht im Irak an sich gerissen. Schon im Frühherbst unternahmen Militärs zusammen mit Anhängern der Monarchie einen Gegenputsch, der jedoch scheiterte. Nun machten die Baathisten unter Präsident Ahmed Hassan al-Bakr und seinem Vertreter Saddam Hussein Jagd auf die Gegner.
Bereits 1963 hatte die Baath-Partei den Irak vorübergehend übernommen, war aber vom Militär nach wenigen Monaten gestürzt worden. Im zweiten Anlauf war sie entschlossen, sich mit allen Mitteln an der Spitze zu halten.
Safias Vater, ein Freund der einstigen Königsfamilie und Stammesoberhaupt von einer Million schiitischen Beni Tamim im Irak, hatte mitgeputscht gegen die neuen sunnitischen Diktatoren und stand auf der Abschussliste. Er war erklärter Feind der Baathisten mit ihrer bereits erkennbaren Grausamkeit und fragwürdigen Ideologie. Zu den Inspirationsquellen der Baath-Bewegung zählte unter anderen Adolf Hitler.

Ein Palast, würdig der Gäste des Königs

Als meine Familie, die Al-Souhail, sich vor rund 200 Jahren in Abu Ghreb niederließ und weite Ländereien erwarb, gehörte dieser Ort noch nicht zur Hauptstadt. Im Lauf der Zeit dehnte Bagdad sich aus und verschluckte die kleine Vorstadt. Auf einmal befand sich der Besitz meiner Familie innerhalb der Metropole und gewann dadurch enorm an Wert.

Einer meiner Vorfahren errichtete in Abu Ghreb einen Palast, der zu einem Wahrzeichen des Ortes wurde. Jeder Busfahrer, jeder Taxichauffeur in Bagdad wusste genau, wohin ein Fahrgast wollte, wenn er als Ziel »Qasr Taleb« – den »Taleb-Palast« – angab. Taleb war der Vorname meines Vaters.

Ich weiß nicht weshalb, aber das riesige Eisentor an der Palastzufahrt hat sich mir von allen Baulichkeiten am deutlichsten eingeprägt. Es geistert durch meine Träume und taucht auch bei helllichtem Tag immer wieder aus dem Dunst meiner frühen Erinnerungen auf. Vielleicht war dieses Tor der letzte Eindruck, den ich aus meiner Heimat mitgenommen habe – obwohl mir vom eigentlichen Abschied, von unserer Abreise in ein jahrzehntelanges Exil, nichts im Gedächtnis geblieben ist.

Bei dem Tor waren zu jeder Tages- und Nachtzeit bewaffnete Wächter postiert, die es bei Bedarf öffneten und schlossen. Wie alle, die im und um den Qasr lebten und arbeiteten, waren auch sie Beni Tamim. Auf ihre Treue konnten wir uns hundertprozentig verlassen.

Wer durch das Tor ging oder fuhr, gelangte auf einen weiten gepflasterten Vorplatz. Das zweistöckige Hauptgebäude hatte vorne einen großen Eingang für Gäste und einen Seiteneingang, den wir alle im Alltag benützten. Ein für meine damaligen Begriffe riesiger Balkon im ersten Stock warf seinen Schatten über die Stufen des Haupteingangs und ein Stück Vorplatz.

Auf den kühlen Stufen ließ es sich an heißen Sommertagen angenehm sitzen. Nach Stammessitte empfing mein Vater, der Scheich, von zwei Uhr mittags bis zehn Uhr nachts im Palast Dutzende Besucher und Bittsteller. In alten Zeiten hatte ein Häuptling dafür ein Zelt; im Qasr Taleb diente ein großer Saal im unteren Palastgeschoss als »Madschlis«. Ich konnte, wie die Eltern später erzählten, stundenlang dasitzen und neugierig das Kommen und Gehen beobachten. Männer in Stammestracht, Männer in Uniform, Männer und Frauen in eleganter, westlicher Kleidung defilierten an mir vorbei. Viele neigten sich zu mir herunter und sagten ein paar freundliche Worte, manche hoben mich hoch, drückten mich und machten Scherze, die mich hell auflachen ließen. Ich liebte das. In unserer Kultur spielen Kinder eine wichtige Rolle, und es gehört sich für einen Gast, seinen Respekt für den Gastgeber auch auf dessen Sprösslinge zu übertragen.

Jede von uns Schwestern – außer mir und Ouroud waren Alia und Seinab schon auf der Welt – hatte eine eigene Nanny. Meine hieß Saida, die von Ouroud Sreiha. Saida und Sreiha folgten uns auf Schritt und Tritt, aber trotzdem hatten wir innerhalb der Mauern der Palastanlage alle Freiheit, umherzutollen und zu spielen. Stolz schoben wir unsere Puppenwagen über Kieswege zwischen duftenden Rosenbeeten, die Mutter hatte anlegen lassen. Im Schatten von Orangen- und Aprikosenbäumen machten wir Halt. Saida und Sreiha breiteten auf dem saftig grünen Rasen Decken aus, auf denen wir mit den Puppenkindern spielten, picknickten oder dem dahinplätschernden Geplauder der Frauen lauschten, bis wir einschliefen.

Meistens besprachen die beiden Alltäglichkeiten aus dem Palast und aus ihren Familien, oder sie erzählten uns kleine Kindergeschichten, wie sie bei den Beni Tamim von Generation zu Generation weitergegeben werden. Zuweilen sangen sie für uns eines der alten, für westliche Ohren vielleicht etwas monotonen rhythmischen Kinderlieder. Das rastlose Zirpen der Zikaden lieferte dazu eine pulsierende Klangkulisse. Wir kuschelten uns an die Nannys, die unaufhörlich mit raschen Bewegungen ihrer dunklen Hände Fliegen und andere Insekten von uns fortscheuchten.

Der Ziergarten war der Stolz unserer Mutter, die, wie wir mit dem untrüglichen Instinkt von Kindern spürten, nicht aus demselben Holz geschnitzt war wie die anderen Menschen um uns herum. Vater zum Beispiel war Stammessohn, den Traditionen verhaftet, konservativ und grundsatztreu. Sie war die gebildete, weltläufige Tochter einer libanesischen Politiker- und Intellektuellenfamilie. Obwohl es ihr sicher nicht leicht gefallen ist, hat sie sich dem Leben in Bagdad und inmitten der Beni Tamim gut angepasst. Und obwohl sie als Fremde gekommen war, liebten sie die Menschen und bewunderten sie, denn Mutter war wunderschön mit ihrer schlanken Gestalt, den großen, honigfarbenen Augen und ihrem dunkelblonden Haar, das in weichen Wellen ihr Gesicht umspielte. Das Licht zauberte ihr einen pfirsichfarbenen Schimmer auf die samtige, helle Gesichtshaut und ein goldenes Leuchten ins Haar. Trotz ihrer Stellung als Frau eines arabischen Stammesführers kleidete sie sich westlich und immer sehr modisch. Die Beni Tamim fanden das nicht unpassend, sondern freuten sich über ihre moderne Chefin.
Schon als Vater um sie warb, eilte ihr ein besonderer Ruf voraus: »Scheich Taleb heiratet eine Frau aus dem Libanon, die Tochter des Dr. Badreddin, und sie ist schön wie eine Königin!«
Mutter hatte mit der Heirat eine große Aufgabe übernommen. Schließlich war ein Palasthaushalt zu führen, an den eine ausgedehnte Landwirtschaft anschloss. Gleich an den Ziergarten stieß ein Obst- und Gemüsegarten, umgeben von einem Hain mit vielen hundert Dattelpalmen. Mutter kannte jede einzelne Palme. Ein ausgeklügeltes Bewässerungssystem nach der jahrtausendealten Tradition des Zweistromlandes sorgte dafür, dass nicht nur unsere Pflanzungen ausreichend Wasser bekamen, sondern auch die angrenzenden Böden unserer Bauern, allesamt Beni Tamim, denen die Al-Souhail Land abgetreten hatten.
Diese Bauernfamilien stellten den Großteil der Arbeitskräfte des Palastgutes. Aus ihren Reihen kamen die Wächter, die Gärtner, das Küchenpersonal. Ihre Männer waren zur Stelle, wenn je nach Jahreszeit Böden zu bearbeiten, Saaten auszubringen, Ernten einzuholen waren. Auch unsere Nannys entstammten Familien im

Gutsbereich. Im Gegensatz zu anderen Beni Tamim waren Saida und Sreiha dunkelhäutig. Sie gehörten zu einem Stammeszweig, mit dem eine traurige Vergangenheit verbunden ist. Ich schäme mich, darüber zu sprechen, aber es muss sein.

Noch als ich ein Kind war, hießen die dunkelhäutigen Tamim »Abid«, was »Sklaven« bedeutet. Die Vorfahren dieser Menschen waren von den Beni Tamim versklavt worden. Ich kann nicht sagen, woher sie stammten, ob aus dem Süden Arabiens oder aus Afrika. Tatsache ist, dass sie im Lauf der Zeit immer zahlreicher wurden und einen eigenen Stammeszweig bildeten. Obwohl der Islam Sklaverei nicht gutheißt, dienten sie traditionell den anderen Tamim.

Im heutigen Sprachgebrauch verwenden wir das schandvolle Wort »Sklaven« nicht mehr. Sie heißen jetzt die »dunklen Tamim«. Aber ich wünsche mir, dass diese Unterscheidung bald ein Ende hat, wie auch andere Wertungen unter den Menschen im Irak, ob nach Religion, Geschlecht, ethnischer Herkunft oder sozialem Stand. Ich erinnere mich gern an die »dunklen Tamim«, habe von ihnen nur Gutes erfahren. Ihre Söhne gingen bei uns ein und aus, als wäre unser Haus ihr Haus. Viele von ihnen besuchten die Schule, denn Vater unterstützte jeden seiner Leute, der seine Kinder etwas lernen lassen wollte. Wenn die Jungen ihre Aufgaben gemacht hatten, kamen sie einfach zu uns. Sie empfingen Vaters Gäste zuvorkommend und stolz, als wären es ihre eigenen, freuten sich an dem Rummel, servierten Kaffee, halfen mit Botengängen und im Garten.

Einige spielten mit uns und waren wie große Brüder für uns. Besonders gut erinnere ich mich an Farhan. Er hat mich und Ouroud abwechselnd zu sich aufs Fahrrad gesetzt und ist mit uns um den Palast geradelt. Ich genoss die Geschwindigkeit und den kühlen Fahrtwind. Ich saß vor ihm auf der Stange. Mit einer Hand lenkte er das Rad, in der anderen hielt er ein Buch und las. Wie er das machte, ohne dass ich dabei herunterfiel oder gar wir beide stürzten, ist mir schleierhaft, aber er hat es geschafft. Ich fand Farhan großartig.

Sein Bruder hieß Schaker. Wenn er auftauchte, stemmte er mich mit beiden Armen hoch und wirbelte mich in der Luft, bis ich mich vor Genuss kringelte und jauchzte. Farhan und Schaker wurden im Krieg gegen den Iran eingezogen. Bis heute sind sie nicht zurückgekommen. Keiner weiß, was mit ihnen geschehen ist. Ich hoffe mit ihren Familien, dass sie noch am Leben sind, irgendwo in einem iranischen Gefangenenlager, und nicht gefallen oder auf andere Weise umgekommen.

Salah, ebenfalls ein dunkler Tamimi, war der Chauffeur, der mich und Ouroud jeden Tag in den Kindergarten brachte und wieder abholte. Es fuhr immer auch eine von den Nannys mit, damit wir ihn beim Fahren nicht störten, denn die Strecke von Abu Ghreb ins innere Stadtgebiet war ziemlich lang. Salah wusste, dass ich ganz vernarrt war in frisches Brot. Wenn er uns holen fuhr, sorgte er dafür, dass im Wagen hinten auf der Ablage ein kleiner Stoß duftender warmer Fladen auf mich wartete. Beim Einsteigen kletterte ich auf die Ablage, legte mich lang hin, aß das Brot und schlief von der Bewegung des fahrenden Autos ein. Beim Heimkommen waren wir nicht mehr hungrig, aber schläfrig. Meine Mutter lachte: »Jetzt haben sie ihr Mittagessen schon im Auto verdrückt!«

Heute noch kann ich der Versuchung nicht widerstehen, wenn ich an einer Bäckerei vorbeigehe. So wie andere sich ein Stück Kuchen kaufen, kaufe ich mir frisches Brot. Wegen dieser Vorliebe erinnere ich mich auch gut an den großen Backofen aus Lehmziegeln etwas abseits des Hauptgebäudes. Eine kleine Schar junger Mädchen buk mehrmals am Tag, damit immer genug Nachschub da war für den großen Haushalt und die vielen Gäste. Denn keiner, der zu Besuch kam, durfte gehen, ohne am Mittag- oder Abendessen teilgenommen zu haben.

Am frühen Nachmittag ließ Mutter in einem der Salons ein reiches Mittagsmahl auftragen, an dem sich die Gäste wie bei einem Buffet bedienten. Die Speisen waren auf die Besucher abgestimmt. Für Gäste aus dem Libanon ließ Mutter libanesisch kochen, für Europäer gab es französische Küche und für Stammesführer traditionell Gegrilltes und Geschmortes. Aber stets türmten sich auf Platten Dolma, eine Spezialität des Nahen Ostens, die nirgendwo köstlicher zubereitet wird als im Irak: mit Reis, Fleisch und kräftigen Gewürzen gefüllte Zwiebeln, Zucchini, Auberginen, Gurken und Pfefferschoten. Meine Mutter ist eine große Köchin, und bei Bedarf legte sie bei der Zubereitung der Speisen selbst Hand an.

Am Abend wiederholte sich der Vorgang. In der Küche herrschte ständig Hochbetrieb, und der Duft der garenden Speisen und orientalischen Gewürze ließ sich nur durch ständiges Lüften von den Empfangsräumen fern halten.

Die Al-Souhail waren für ihre großzügige Lebensführung bekannt. Wir besaßen eines der ersten Autos Bagdads, und daher prangte in meiner Kindheit das Nummernschild »Bagdad 2« auf dem Auto meines Vaters. Wenn frühere Regierungen für einen offiziellen Zweck Autos benötigten, liehen sie sich welche aus unserem Wagenpark.

Die irakische Königsfamilie war nicht besonders reich und ihr Palast nicht sehr luxuriös. Hohe Gäste aus dem Ausland quartierte sie daher in reicheren Häusern ein. So beherbergte unser Haus im Lauf der Zeit Persönlichkeiten wie König Gustav V. von Schweden, König Abdullah I. von Jordanien oder den ersten Präsidenten des modernen Libanon, Bischara al-Chouri.

Den Besuch einer Delegation aus Saudi-Arabien, der König Fahd – damals noch Prinz – angehörte, habe ich miterlebt. Wie jeden Abend kamen ich und Ouroud vor dem Schlafengehen in die Gesellschaftsräume, um den Eltern gute Nacht zu sagen. Die Salons waren gesteckt voll mit Menschen. Mir fielen die vielen Männer in wallenden weißen Gewändern und ihre ungewöhnlichen Kopfbedeckungen auf. Durch die Menge zwängten sich unsere jungen dunklen Tamim, gekleidet in livreeartige dunkelblaue Jacken mit polierten Metallknöpfen und weiße Serwal – eine Art Pumphosen, die vom Bund bauschig herunterfallen und ab den Knien eng anliegen. Auf Silbertabletts balancierten sie winzige Schälchen randvoll mit dickem türkischem Kaffee. Die Würze des mitgekochten Kardamom stieg mir in die Nase.

Vater saß im Madschlis mit den Delegationsführern und anderen hohen Gästen im Kreis zusammen. Er trug Stammestracht und sah

in seiner schwarzen, golden paspelierten Prunk-Abaja unglaublich imponierend aus inmitten der ebenfalls prachtvoll gekleideten Saudis. Im Angesicht aller hob er mich auf seine Knie, was mich mit unbändigem Stolz erfüllte. Obwohl Ouroud die ältere Schwester war, schaffte ich es viel öfter als sie auf Vaters Schoß. Da thronte ich, ein kleines, kräftiges Geschöpf, blickte mit aller Sicherheit der Welt in die Gästerunde und genoss die besondere Aufmerksamkeit, die einem auf diesem königlichen Sitz zuteil wurde.
Nach allzu kurzer Zeit meinte Vater, dass es nun genug sei; er habe Wichtiges zu bereden, und wir müssten jetzt schlafen gehen. Ein letzter Wärme spendender Druck seiner Arme, ein kräftiger Kuss, und ich rutschte wieder auf den Boden. Ouroud, die, wie mir damals schon klar war, zierlicher und eleganter gebaut war als ich, hauchte Vater ein Küsschen auf die Wange. Sodann übergab Mutter meine Schwester und mich mit je einem Gutenachtkuss an Saida und Sreiha, die dafür sorgten, dass wir ins Bett kamen.

Saddam

Freude und Schrecken lagen im Qasr Taleb nahe beieinander. Meine Großmutter Safia, deren Namen ich trage, war gestorben. Die Familie gab einen riesigen Kondolenzempfang, zu dem Menschen aus dem ganzen Land gekommen waren – Stammesführer, Würdenträger und unsere ganze große Verwandtschaft. An diesem Tag stand Vater zum ersten und letzten Mal Auge in Auge Saddam Hussein gegenüber. Ich war damals noch zu klein, um mich zu erinnern. Doch habe ich diese Begebenheit oft und oft im Familienkreis erzählen hören.
Die Verstorbene – die Mutter meines Vaters – war, wie auch ich es heute bin, Scheicha der Beni Tamim. Sie war eine starke Persönlichkeit und zugleich hoch angesehen als Tochter und Gattin von Scheichs, die der ganze Stamm verehrte.

Ohne sie wäre Vater nicht in einer so guten Stellung gewesen; ihr verdankte er, dass er sozusagen von reinstem Geblüt war: Seine Mutter war Bint (Tochter) Scheich Hatem Ben Sultan, und er war Ibn (Sohn) Scheich Ali Al-Souhail. Somit war seine Abstammung besser als gut.

Nachdem Großvater die Führung der Beni Tamim an Vater übergeben hatte, zog er sich mit Safia aus dem Palast in Abu Ghreb in ein schönes großes Haus in Aqar Guf zurück. Keiner, der ihn dort besuchte, versäumte es, der Scheicha seine Aufwartung zu machen. Sie hatte einen eigenen Salon. In langen schwarzen Gewändern und mit einem um den Kopf geschlungenen, ebenfalls schwarzen Schleier thronte sie, von Verwandten und Freundinnen umgeben, auf einem Diwan und hielt Audienz. Die Menschen suchten ihren Rat. Sie wusste, wer mit wem auf welche Weise in Beziehung stand, und konnte deshalb Konflikte lösen, Bündnisse vermitteln und Ehen stiften. Safia war eine Meisterin dessen, was wir modern Lobbying nennen würden. Für mich ist der Name meiner Großmutter Omen und Auftrag. Das Wort »Safia« bedeutet in der arabischen Sprache »die Reine«, und ich fühle mich von den Beni Tamim nicht allein um meiner selbst willen geliebt und geachtet, sondern weil ich so heiße wie diese Frau.

Die Kondolenzbesucher beklagten den ganzen Tag hindurch den Verlust der großen alten Dame, sangen ihr Lob und schwelgten in Familienanekdoten. Wenn ein Mensch stirbt, mobilisieren wir in unserer Kultur viel Gefühl. Wir lassen dem Schmerz freien Lauf und zelebrieren unsere Liebe zu dem Toten.

Der Garten und das Haus quollen an diesem Tag über von Stammesleuten. Der Abend war bereits im Sinken, als sich ein kleiner Wagenkonvoi, offensichtlich von der Regierung, auf den Palast zubewegte. Einige Autos passierten das Eisentor, die übrigen kamen außerhalb zum Stehen. In diesem Augenblick erhob sich unter den Beni Tamim lautes Geschrei: »Passt auf, sie kommen, Ami Taleb zu holen!«

»Ami« (= Onkel) ist die vertrauliche Anrede für einen geliebten Führer. Die Beni Tamim wussten, dass Vater wegen seiner Ansich-

ten und Aktivitäten ständig Gefahr lief, verhaftet zu werden. Jetzt war es so weit: Die Leute von der Regierung waren gekommen, um ihn ins Gefängnis abzuführen!
Wer sein Maschinengewehr griffbereit hatte, fing an, es zu laden und sich kampfbereit aufzustellen. Bis auf das Klappern der Patronengurte und Gewehrschlösser war es plötzlich sehr still geworden innerhalb der Umfassungsmauern. Da schob sich bei einem der Fahrzeuge des Konvois ein Arm aus dem Fenster. Eine ruckartige Handbewegung, und ein weißes Taschentuch entfaltete sich. Die zum Schutz ihres Scheichs wild entschlossenen Beni Tamim begriffen nicht gleich, was vor sich ging. Da rief es auch schon aus dem Wagen: »Wir sind nicht gekommen, um euch etwas anzutun! Wir wollen wegen Scheicha Safia kondolieren!«
Vaters Bruder, Onkel Raschid, ging nach draußen. Die Neuankömmlinge stiegen aus den Autos und betraten die Halle. Erstaunen breitete sich aus: »Saddam Hussein ist gekommen!« Mein Vater leitete den Empfang, blieb aber in einem der Salons sitzen und begrüßte keinen der unerwarteten Gäste. Also kümmerte sich Raschid weiter um sie. Als Einziger in unserem engeren Familienkreis unterhielt er Beziehungen zu Saddam. Doch war Saddam nicht nur seinetwegen gekommen – er wollte dem ganzen Stamm sein Beileid kundtun. Er setzte sich auf den angebotenen Stuhl, aber es geschah nichts. Nach einiger Zeit wandte er sich an meinen Onkel und fragte: »Wo ist Taleb?«
»Warum?«, wich Raschid aus.
»Wir möchten ihm guten Tag sagen.«
Also blieb dem Onkel nichts übrig, als sich in Richtung meines Vaters in Bewegung zu setzen. Schließlich erhoben sich Saddam und sein Gefolge und wandten sich zum Gehen. Beim Ausgang wartete Vater, um den Erzfeind in einem Aufwasch zu begrüßen und zu verabschieden. Einige Floskeln fielen. Saddams Augen prüften den Blick des Gegners, ob sich nicht eine Schwachstelle erkennen ließe. Vater gab nichts von seiner Deckung preis. Onkel Raschid unterbrach das Kräftemessen mit der Frage an Saddam: »Warum ist Taleb die Ausreise untersagt?«

»Wer behauptet, er dürfe nicht reisen? *Maaleschi* – das muss ein Fehler sein!«
Natürlich blieb das Reiseverbot noch jahrelang bestehen.
Onkel Raschid war einer jener arabischen Nationalisten, die Saddam für seinen Sprung an die Macht benutzte. Die meisten von ihnen eliminierte er später oder drängte sie ins Abseits. Raschid hegte die naive Hoffnung, die Baath-Partei würde die Demokratie im Irak herstellen, sie würde im Land etwas zum Besseren verändern. Zweimal organisierte er sogar wichtige Treffen im Haus meines Großvaters in Aqar Guf. Trotzdem gehörte er nie zum engsten Kreis Saddams. Auch nicht zur Baath-Partei. Wiederholt versuchte das Regime vergeblich, ihn an sich zu binden, indem es ihm ein Ministeramt anbot.
Mir ist Onkel Raschids Schwäche für Saddam nicht ganz unerklärlich. Er war das Kind einer Nebenfrau meines Großvaters. Er hatte weder den Stammbaum noch den Status eines Sohns der Scheicha Safia. Ich kann mir vorstellen, dass ihn Bitterkeit darüber in eine Politik trieb, die dem, was unsere Familie sonst vertrat, entgegenlief. Vielleicht auch hatte er das Gefühl, nicht mit der gleichen Liebe angenommen zu werden wie Taleb und Ghaleb, die beiden Söhne, die Safia ihrem Mann geboren hatte.
Onkel Raschid steckte Jahrzehnte hindurch in Saddams Falle. Erst seit dem Fall des Regimes kann er wieder aufatmen. Im Sommer 2002 stand plötzlich eine Luxuslimousine vor seiner Tür. Ein Geschenk des Diktators. Hätte er das Auto abgelehnt, hätte Saddam ihn vielleicht getötet, nach dem Motto: »Friss oder stirb!« Genau zur selben Zeit ließ Saddam einen anderen Onkel von mir verhaften und ohne Begründung ins Gefängnis werfen. Das Unglück des Bruders machte die Zwangsbeglückung für Raschid besonders beschämend. Saddams Taktik war stets, sich die Unterstützung der Stämme zu sichern, indem er an führende Mitglieder wichtige Posten vergab, ihnen Geschenke machte und sie zugleich bedrohte.

Im Irak gibt es – Kurden und andere ethnische Minderheiten nicht eingerechnet – rund 10 000 arabische Stämme und Clans. Einige, wie die Schammar oder die Beni Kaab, zählen mehrere Millionen, manche nur ein paar Hundert oder Tausend. Mit einer Million gehören die Beni Tamim zu einer der rund 150 großen Stammesgruppen. Der Irak ist für sie ein relativ neues Zuhause.
Die Beni Tamim lebten ursprünglich im Nedschd, dem 750 bis 1500 Meter hohen, riesigen Wüstenplateau, auf dem heute die saudiarabische Hauptstadt Riad liegt. Dürrekatastrophen im 17. und 18. Jahrhundert lösten unter den Nomadenstämmen Arabiens eine gewaltige Wanderbewegung aus. Große Teile des Beni-Tamim-Stammes breiteten sich auf der Suche nach Wasser über Kuwait nordwärts in den Irak und Iran aus.
Schon zu Zeiten des Propheten Mohammed zogen Beni Tamim von Oase zu Oase durch die Wüste und hatten Gewicht unter den Nomaden Arabiens. Sie gehörten zu den Stämmen von Mekka und kommen vor im Heiligen Koran und im Hadith – das ist die mündliche Überlieferung der Taten des Propheten. Der Prophet hatte keine reine Freude an ihnen, da sie seiner Lehre gegenüber anfangs skeptisch waren. Sie schlossen sich ihm später aber an.
Aus dem Stamm der Beni Tamim kam Abu Bakr, der Schwiegervater des Propheten und erste Kalif; sie brachten Dichter und Wissenschaftler hervor. Die regierende Familie des Emirates Katar, die al-Thani, sind ebenfalls Beni Tamim und verwandt mit den Al-Souhail, die den irakischen Zweig anführen.
Nach dem Exodus unter den arabischen Stämmen rückten die Beni Tamim rasch bis in die Gegend von Bagdad vor. Sie waren ursprünglich Sunniten, passten sich aber im Lauf der Zeit an die neue, schiitische Umgebung an. Entsprechend bekennt sich auch Safias Familie zur schiitischen Richtung des Islam.

Der Schrei der Eule

Es muss an einem Morgen gewesen sein, denn wir saßen alle gemütlich beim Essen. Das Frühstück war die einzige Mahlzeit, bei der wir in Ruhe vereint waren. Alia hockte in ihrem Hochstuhl, ich hatte meinen Platz neben Vater auf dem orientalischen Sofa, blieb aber die meiste Zeit auf den Füßen, weil ich nur so an das Essen heranreichte. Mutter und Ouroud saßen uns gegenüber in Fauteuils. Auf dem niedrigen Tisch mit der großen runden Messingplatte stand das Frühstück – dampfende Eierspeise, mit Käse gefüllte Blätterteigpasteten, Schafkäse, Oliven, Dattelmarmelade, Hummus und die bei keinem Essen verzichtbaren *Turschi,* das sind in Essig und Salz eingelegte Gemüsestücke.

Ich hatte gerade mit einem abgerissenen Stück Fladenbrot direkt in die Eierspeise gelangt und war dafür von Mutter gerügt worden. Wie alle anderen auch hatte ich einen kleinen Teller vor mir stehen, aber es reizte mich offenbar, aus dem Vollen zu schöpfen. Ich genoss es, dass ich mich beim Essen schon selbst bedienen konnte. Alia musste sich noch von ihrer Nanny füttern lassen. Vater las Zeitung. Ein paar Augenblicke lang fiel – was bei uns selten vorkam – kein Wort.

Plötzlich sagte Mutter in die Stille hinein: »In der Nacht hat eine Eule geschrien.« Vater ließ die Zeitung sinken und sah Mutter fragend an. In unserem Volksglauben ist die Eule Botin bevorstehenden Unglücks.

Die Eule wollte nicht mehr verschwinden. Mutter kam oft auf sie zu sprechen: »Warum sitzt diese Eule ständig da? Allah verhüte!« Heute kommt es auch mir so vor, als sei die Eule ein Zeichen gewesen für die lange Reihe trauriger Ereignisse, die bald auf uns zukommen sollten.

Vor kurzem hat mir ein Freund Fotos aus dem Irak mitgebracht. Die Aufnahmen zeigten einen leeren Flecken Land. Es dauerte einen Moment, bis es mir dämmerte: Diese Ödnis war unser Grund

und Boden! Jener Boden, wo in meiner Kindheit der Qasr Taleb stand, umgeben von einem blühenden Ziergarten und einem Hain alter Dattelpalmen. Von den Palmen waren nur noch die Stümpfe zu sehen. Als Mutter die Bilder sah, weinte sie.
Bakhtiar, mein Mann, meinte dazu: »Was sonst habt ihr erwartet? Diese Leute bezichtigen Frauen im ganzen Land der Prostitution und schlagen ihnen die Köpfe ab, damit ihre Familien durch die Schande zerstört werden. Die schonen keine Palme!«
Der Qasr Taleb ist verschwunden. Das neue Wahrzeichen von Abu Ghreb, der »Qasr al-Nihaja«, der »Palast des Endes«, hat weit über die Grenzen des Irak hinaus traurige Berühmtheit erlangt: Der Volksmund hat diesen verzweifelten Euphemismus für das größte Gefängnis des Landes geprägt, wo Saddams Schergen zahllose Menschen gefoltert, grundlos gefangen gehalten und ermordet haben. An einem einzigen Tag im März des Jahres 1998 erschossen sie in einer Massenexekution unter dem Vorwand der »Gefängnisräumung« 2000 Menschen.

Der Weg ins Exil

1969 war das Jahr, in dem mein früheres Leben, wie ich es bis dahin gekannt hatte, unwiderruflich zu Ende ging. In jenem Jahr musste ich meine Heimat hinter mir lassen, den Palast der Al-Souhail, die alten Traditionen der Beni Tamim und die vorgezeichnete Existenz als verwöhnte Tochter einer mächtigen arabischen Familie.
Wenn mich heute Menschen nach meinem Geburtsjahr fragen, so antworte ich zuweilen unwillkürlich: »1969«. Im Nachhinein ist mir der Ausrutscher immer peinlich. Doch was aussehen mag wie die Koketterie einer Frau, die es mit ihrem Alter nicht allzu genau nimmt, ist in Wahrheit eine Fehlleistung meines Gedächtnisses. Der Weg ins Exil war für mich tatsächlich wie eine zweite Geburt, durch die ich in eine unvorhersehbare Bahn geworfen wurde.

Wie gesagt, ich entsinne mich nicht mehr des Augenblicks, als das große Eisentor in der Palastmauer mich für immer ausschloss. Noch erinnere ich mich an den Abschied von meiner Mutter und meinen beiden kleinen Schwestern. Nur Momentaufnahmen hat mein Gedächtnis festgehalten von der Flucht, die ich und Ouroud als Erste in der Familie angetreten haben: Ich sitze in einem Flugzeug, links von mir ein rundes Fenster. Ich will nicht sitzen bleiben, möchte aus dem Fenster sehen, auf dem Gang zwischen den Sitzen herumlaufen, mit anderen Passagieren sprechen. Jemand hindert mich. Eine junge Frau in Uniform – etwas bis dahin noch nie Gesehenes – beugt sich zu mir, stellt ein Tablett mit kleinen Schüsselchen vor mich hin. Das Besteck in Kindergröße gefällt mir. Ich will es haben.

Vater begleitete uns auf dieser Reise. Auch die Kinderfrauen Saida und Sreiha kamen mit uns. Dank der Hilfe Onkel Raschids, der einen mächtigen Angehörigen der Baath-Partei mobilisieren konnte, durfte Vater wieder reisen. Er nutzte die erste Gelegenheit, um uns außer Landes und zu den Großeltern in den Libanon zu bringen. Auch er würde demnächst den Irak verlassen müssen. Ohne es sich einzugestehen, ahnte er, dass es für lange Zeit sein würde. Mutter würde, von uns beiden entlastet, mit den Kleinen, Alia und Seinab, noch eine Weile in Bagdad bleiben. Ihre Aufgabe war es, den Besitz und die Geschäfte in einer Weise zu ordnen, dass alles mit minimaler Aufsicht möglichst reibungslos weiterlaufen konnte.

Trotz seiner wiedererlangten Bewegungsfreiheit befand sich Vater in einer zunehmend kritischen Situation. Er war aus politischen Gründen schon einmal im Gefängnis gelandet und wusste, dass er, falls es ihm neuerlich passierte, nicht glimpflich davonkommen würde.

Vaters erste persönliche Erfahrung mit politischer Willkür datierte aus der Zeit, als die Baathisten 1963 kurz die Macht an sich rissen. Sie hatten Vater zusammen mit seinem Bruder Ghaleb festnehmen lassen, um der damaligen Stammesführung, nämlich meinem Großonkel Hassan Al-Souhail, einen Denkzettel zu verpassen. Die Botschaft lautete: »Verhalte dich ruhig und sorge dafür, dass deine Brüder das auch tun, sonst passiert den jungen Männern etwas!«

Wir in den arabischen Ländern sind an raue politische Sitten gewöhnt. Nirgendwo bei uns hat die Demokratie wirklich Fuß gefasst, wenn sie auch hie und da von Zeit zu Zeit schüchterne Ansätze gezeigt hat – wie in Ägypten, Marokko, Jordanien oder im Libanon und in jüngerer Zeit auch in Kuwait und Bahrain. Politische Verhöre und Verhaftungen sind in unseren Ländern bedauerlicherweise immer noch an der Tagesordnung. In den meisten Fällen aber können die Betroffenen damit rechnen, wieder freigelassen zu werden.

Nicht so unter Saddam Hussein, der seine Gefangenen umbringen ließ, ohne mit einer Wimper zu zucken, und dabei zuweilen auch den Falschen erwischte. Wiederholt gab es Berichte von Familien, die mit Erleichterung und Entsetzen feststellten, dass der Leichnam, der ihnen nach der Hinrichtung für die rituelle Waschung und das Begräbnis zugestellt wurde, nicht jener des eigenen Gatten, Vaters, Sohnes, sondern der eines völlig fremden Menschen war.

Es ist unendlich traurig, dass wir in der arabischen Welt qualitative Vergleiche solcher Art anstellen müssen. Vater und Onkel Ghaleb jedenfalls gaben die Baathisten nach drei Tagen wieder frei, ohne den Beweis abzuwarten, dass die Führung der Beni Tamim sich ihrem Druck in der Tat beugte.

Mein Großonkel, Scheich Hassan Al-Souhail, war ein mächtiges Stammesoberhaupt. In der langen Gründungszeit des irakischen Staates, nach dem Ersten Weltkrieg, führte er die Beni Tamim zusammen und machte sie zu einer starken Kraft. Wegen ihres Landbesitzes innerhalb von Bagdad waren die Al-Souhail mit den Entwicklungen der modernen Zeit viel vertrauter als die Scheichs im ländlichen Bereich. Das kam dem ganzen Stamm zugute.

Großonkel Hassan regierte gemeinsam mit seinen drei Brüdern. Einer davon war mein Großvater Ali. Jeder aus dieser Führungsriege hatte im Dienst der Familie und seines Volkes klar umrissene Aufgaben zu erfüllen. Zusammen waren die vier Brüder sehr mächtig, doch war ihnen die Macht vom Stamm verliehen und rührte daher, dass sie dem Volk tatsächlich dienten. Mein Großvater war zuständig für das Lobbying bei Politikern und anderen Stammesführern. Diese Rolle machte ihn bald im ganzen Land bekannt und mit ihm seine Frau, Scheicha Safia, die ihn tatkräftig unterstützte. Neben ihrem scharfen Urteilsvermögen setzte sie ihre Fähigkeit, ein großes Haus vorbildlich zu führen, gezielt ein. So wurde der Palast der Souhail zu einem gesellschaftlichen Treffpunkt und einem Ort, an dem Staatspolitik gemacht wurde.

In dieser Umgebung wuchs Vater mühelos in seine politische Rolle hinein. Er war übrigens nicht der älteste Sohn meines Großvaters, sondern, wie auch ich, das zweite Kind. Ghaleb, der Ältere, war ein scheuer, sehr verwöhnter Junge, der sich nicht für Politik interessierte. Taleb indessen wich schon als Bub seinem Vater nicht von der Seite und erregte damit das Wohlwollen des großen Scheichs Hassan. Obwohl es in der Familie in dieser Altersgruppe viele Buben gab, war bald klar, dass Taleb derjenige war, der den Stamm in der nächsten Generation führen würde. Er begleitete Großvater auf seinen Reisen nach Europa und wurde durch ihn mit der britischen Gemeinde in Bagdad bekannt. Großbritannien griff immer wieder in die Geschicke des jungen Landes ein, was dem irakischen Nationalismus starken Auftrieb verlieh. Entsprechend hielten es die Al-Souhail zwar für wichtig, gute Kontakte zu den Briten zu haben, vermieden es aber, sich mit der Kolonialmacht politisch einzulassen.

Bei aller Urbanität war mein Großvater Ali Al-Souhail ein Relikt aus vergangenen Tagen. Er war bekannt als gebildeter Mann, doch konnte er, wie mir vor wenigen Jahren ein libanesischer Cousin aus der Familie meiner Mutter verriet, weder lesen noch schreiben. Dennoch ließ er sich kein Buch entgehen, das irgendwo in arabischer Sprache erschienen war. Er las es allerdings nicht selbst, sondern bezahlte dafür einen eigenen Vorleser.

Mein Cousin aus dem Libanon wusste deshalb von Großvaters Eigenheit, weil die Familien meiner Mutter und meines Vaters bereits seit langer Zeit miteinander befreundet sind. Wohlhabende Iraker fahren seit Generationen über den Sommer in den Libanon, um dort ihre Ferien zu verbringen. So auch Großvater Ali mit seinen Frauen und Kindern. Er nahm Vater schon als kleinen Jungen mit zu Besuchen bei den Badreddins, die nicht nur Freunde, sondern auch Geschäftspartner der Al-Souhail waren. Doch kam nie jemand auf den Gedanken, dass sich die Familien auch durch eine Ehe verbinden könnten.

Vater wuchs heran. Er war in seiner Jugend sehr lebenslustig und hatte jede Gelegenheit, sich auszutoben. In einem der großen Nachtclubs von Bagdad war immer ein Tisch für ihn reserviert. Sogar wenn er selbst nicht hinkam, stand der Tisch seinen Freunden zur Verfügung. Saad Saleh Dschabr, einer von Vaters ältesten Freunden, Sohn eines einstigen Premierministers des Irak und einer der Führer der früheren Opposition gegen Saddam Hussein, erzählte mir:

»Wir waren mit deinem Vater fast jede Nacht im Club, und er hat uns immer eingeladen. Ich erinnere mich, dass nur zwei Menschen in Bagdad wirklich viel Geld ausgegeben haben: Taleb und der Sohn von Nuri al-Said.«

Nuri al-Said war langjähriger Premierminister der irakischen Monarchie und kam bei der Revolution von 1958 ums Leben.

Zu dieser Zeit waren die Familien der großen irakischen Grundbesitzer, wie die unsere, sehr reich. Reicher noch als die Fürstenfamilien am Persischen Golf, denn deren Öleinkünfte begannen erst später so richtig zu fließen. Der Reichtum der Al-Souhail rührte nicht so sehr aus der Landwirtschaft, denn die Stämme waren früher Selbstversorger, und nur ihre Überschüsse kamen auf die Märkte der Städte. Sie machten ihr Geld in der Hauptsache mit Immobiliengeschäften auf ihren weitläufigen Gründen in guten Lagen von Bagdad.

Schon früh konnte Vater seine politischen Muskeln spielen lassen. Als ganz junger Mann war er bereits in der Lage, einem Premierminister einen Gefallen zu erweisen. Auch diese Anekdote erzählte mir Saad Saleh Dschabr: »Premier Nuri al-Said befand sich außer Landes, und es hatte soeben wieder irgendeinen politischen Aufruhr gegeben. Um den Eindruck zu vermitteln, dass Nuri al-Said in der labilen Situation auf Rückhalt in der Bevölkerung zählen konnte, wollten wir für ihn nach der Landung auf dem Flugplatz von Bagdad einen großen Jubelempfang organisieren. Wir hatten uns überlegt: Woher bekommen wir bloß genug Leute für eine gebührende Begrüßung, wie es eben Tradition ist? Und wir waren uns einig: So etwas schafft nur Taleb!«

Sie riefen Vater also an, und er brachte tatsächlich Hunderte Menschen zum Flughafen. Nuri al-Said konnte sich geschmeichelt fühlen, und für die Außenwelt machte der Empfang den Eindruck, dass er fest im Sattel saß.

Mit 27 Jahren wurde Vater als Abgeordneter der Hisb al-Umma, der Einheitspartei, ins Parlament gewählt. Das war 1957, im letzten Jahr der Monarchie, deren überzeugter Anhänger er war. Zugleich verband die Al-Souhail eine politische Allianz mit dem Parteivorsitzenden, zu diesem Zeitpunkt auch Premierminister, Saleh Dschabr. Als sich jedoch der Verdacht erhärtete, dass es während der Wahl zu Manipulationen gekommen war, legte Vater zusammen mit 15 anderen Parteimitgliedern sein Mandat nieder. Obwohl er Saleh Dschabr und der königlichen Familie sehr nahe stand, sagte er nein, als Dinge passierten, die er für Unrecht hielt.

Diese Haltung, für die eigene politische Überzeugung konsequent einzustehen, war ein wichtiger Punkt, der die irakischen Al-Souhail mit den libanesischen Badreddin über alle kulturellen Differenzen hinweg verband. Auch der Vater meiner Mutter, Dr. Ali Badreddin, trat von seinem Abgeordnetensitz im libanesischen Parlament zurück. Sein Motiv war die Erkenntnis, dass es der Führung seines Landes mit der Demokratie nicht ernst war, und er weigerte sich, in einer Kammer von Alibi-Abgeordneten zu dienen. Diese Gemeinsamkeit mag ein Grund gewesen sein, weshalb meine Mutter Vater durch alle Tiefen hindurch bis zum bitteren Ende beigestanden hat.

Zu Anfang der sechziger Jahre fuhr Taleb wieder einmal mit Großvater Ali Al-Souhail und zwei Schwestern auf Urlaub in den Libanon. Scheich Hassan war inzwischen gestorben und Taleb vom Stamm als neuer Chef eingesetzt worden. Er hatte auch schon zwei

Ehen hinter sich. Die erste Frau, eine Cousine, war innerhalb weniger Monate an einer schweren Krankheit gestorben. Die zweite, eine Libanesin, hatte er durch Vermittlung kennen gelernt, doch konnten sich die beiden nicht vertragen und trennten sich wieder. Diese Frau heiratete später einen saudi-arabischen Prinzen, mit dem sie auch heute noch zusammen ist.
Taleb war also auf Brautschau, als er nach vielen Jahren zusammen mit Großvater Ali und meinen beiden Tanten das südlibanesische Städtchen Nabatija besuchte. Nabatija – »die Pflanzenreiche«, wie der Name besagt – war damals ein Städtchen im Zentrum des verschlafenen südlibanesischen Binnenlandes. Heute ist dieser Landstrich eines der unsichersten Gebiete des Libanon. Mehr als ein Jahrzehnt nachdem der Bürgerkrieg im übrigen Libanon zu Ende gegangen ist, kann dort von einem zuverlässigen Frieden immer noch keine Rede sein. Die zivile Bevölkerung im Südlibanon hatte unter den Kämpfen zwischen den muslimischen, christlichen, palästinensischen und linken Milizen schwer zu leiden, und die lange Besetzung des Gebiets durch Israel, von 1978 bis zum Jahr 2000, half nicht, ihr Los zu erleichtern.
Damals aber schien die Welt noch in Ordnung zu sein. Dr. Ali Badreddin war der Bürgermeister und Arzt des Städtchens, und die vier Al-Souhail waren nach Nabatija gekommen, um ihm einen Besuch abzustatten. Die Gäste saßen mit ihm und seiner Frau Taufiqa bei heißem türkischem Kaffee und in Honig getränkten Pistazienküchlein plaudernd zusammen, als ohne Ankündigung eine schlanke junge Frau mit heller Pfirsichhaut und goldenen Locken, eigentlich ein Mädchen noch, federnden Schrittes den Salon betrat.
Obwohl Taleb viel herumgekommen war, war ihm noch nie ein so schönes Wesen begegnet. Die Schicklichkeit verbot ihm freilich, eine Andeutung zu machen. Zwar waren die Badreddins aufgeklärte Menschen mit westlicher Orientierung – Dr. Ali war einer der ersten Absolventen der Amerikanischen Universität im Libanon –, doch legen die Familien des arabischen Orients bis heute viel Wert darauf, dass eine Ehe auf traditionelle Weise angebahnt und ge-

schlossen wird. Auch wenn die Partner einander selbst gefunden haben. Außerdem saßen bei Vater die Stammestraditionen viel zu tief, als dass er gleich einen Vorstoß gewagt hätte.

»Darf ich Ihnen meine Tochter Minerva vorstellen?«, fragte Dr. Badreddin.

Mit der bezaubernden selbstbewussten Bescheidenheit, die schönen jungen Orientalinnen oft zu eigen ist, vermischt mit einer kaum merklichen Spur von Koketterie, gab Minerva allen der Reihe nach die Hand – Großvater Ali, seinen Töchtern und zuletzt Taleb, der ein trockenes »Es ist mir eine Ehre, Mademoiselle …« hören ließ. Doch der Blick aus seinen großen schwarzen, wie mit Khol-Stift gezeichneten Augen ging an Minerva nicht spurlos vorüber.

Die weitere Konversation verlor für Taleb an Interesse. Dabei war Dr. Badreddin ein Mann von großen Geistesgaben, nicht nur Arzt und Politiker, sondern auch ein weithin bekannter Denker und Dichter. Allwöchentlich versammelten sich in seinem Salon Honoratioren aus dem ganzen Regierungsbezirk und oft auch Gäste aus der Hauptstadt, um seine geschichtlichen Betrachtungen anzuhören und seinen Lesungen zu lauschen.

Als sich nach dem Auftritt der Tochter wieder alle niedergelassen hatten, nahm Dr. Badreddin den unterbrochenen Faden wieder auf: »Die Unterdrückung der Schiiten in unseren Ländern hat eine alte Tradition. Das reicht Jahrhunderte zurück, tief ins Zeitalter der Osmanen. Es begann schon in der ersten Hälfte des 17. Jahrhunderts, als die osmanischen Herrscher Sunniten in der Administration einsetzten, um die Schiiten niederzuhalten. Sie verhinderten auf diese Weise, dass sich die Schia nach Anatolien ausbreitete.«

Die Badreddins waren, wie wir, Schiiten. Ähnlich wie im Irak ist auch im Libanon die unterprivilegierte Lage der Schiiten im Landessüden eine Quelle des Konflikts.

»Ja«, führte Scheich Ali Al-Souhail den Gedanken des Bürgermeisters fort, »und deshalb haben die Sunniten im Irak bis in unsere Zeit das Monopol auf die Macht. Obwohl wir fast doppelt so viele sind wie sie.«

Bei dieser Äußerung erwachte Taleb aus seiner Versunkenheit und

warf ein: »Es stimmt schon, dass die Sunniten am Ruder sind, doch ist das heute im Irak nicht unser Problem. Das wahre Problem ist, dass wir alle – Sunniten, Schiiten, Araber, Kurden, Assyrer, Nationalisten, Monarchisten, Baathisten, Kommunisten – uns seit Jahrzehnten in einem Strudel politischer Gewalt herumwirbeln lassen. Und der zieht uns mit zunehmendem Tempo in den Abgrund.«
Vater war damals überzeugt, dass es allein unter dem Schirm eines Königs möglich sein würde, die Kräfte im Land miteinander auszusöhnen. Deshalb setzte er sich vehement für die Restauration der Monarchie ein. Andere, wie etwa Onkel Raschid, erhofften sich das Gleiche von der Baath-Partei.
Als dies gesagt war, verfing sich Talebs Blick abermals in den honigfarbenen Augen Minervas.
Auf der Rückfahrt saß er schweigsam vorne neben dem Chauffeur, der den Mietwagen auf der Uferstraße über Sidon nordwärts nach Beirut lenkte. Am Horizont stand die Sonne als roter Feuerball über dem Meer. Plötzlich neigte sich Tante Fatima im Fond des Wagens vor und tippte Vater an die Schulter: »Dieses Mädchen ist eine Schönheit! Ich könnte einmal mit Leila sprechen, der Nichte Dr. Badreddins. Ich werde sie fragen, ob Minerva verlobt ist.«
Leila richtete es wenige Tage später tatsächlich so ein, dass Taleb im Haus ihres Vaters, des Bruders von Dr. Badreddin, mit Minerva zusammentreffen konnte. Inzwischen stand fest, dass sie noch niemandem versprochen war. Im Haus von Leilas Vater war die Atmosphäre lockerer als unter den wachsamen Augen von Minervas Eltern, insbesondere ihrer Mutter Taufiqa. Taleb konnte ein Gespräch mit ihr beginnen, und er stellte fest, dass sie mit ihren Eltern schon viel gereist war und seine Begeisterung fürs Reisen und für alte Kunstschätze teilte. Vielleicht ahnte er, dass er eine Frau brauchen würde, die nicht nur schön und klug war, sondern auch mobil und flexibel.
Meine Eltern heirateten in Beirut. Die Hochzeit zwischen dem Scheich der Beni Tamim und der Tochter des bekannten libanesischen Politikers gestaltete sich zu einem gesellschaftlichen Ereignis, bei dem alle einflussreichen Familien des Nahen Ostens vertre-

ten waren. Jordanische und irakische Haschemiten waren gekommen, ebenso wie Scheichs aus dem kuwaitischen Herrscherclan der al-Sabah und Prinzen und Prinzessinnen aus dem Hause Saud. Mütterlicherseits entstammte Minerva einem der großen Handelshäuser des Libanon, den Schahin, und deshalb war neben dem politischen Adel auch der Geldadel der Region versammelt.
Die Hochzeitsreise führte Minerva und Taleb nach London, Paris und in die Schweizer Berge. Anschließend brachte der Scheich seine junge Frau nach Bagdad. Ich sage bewusst »brachte«, denn in dem Augenblick, als Mutter ihren Fuß auf irakischen Boden setzte, traten neue Spielregeln in Kraft. Vater war in dieser Beziehung wie viele Menschen aus unserer Kultur: Wenn er bei seinen Leuten war, gab er sich anders, als wenn er sich in einem modernen gesellschaftlichen Umfeld aufhielt. Ich bewundere meine Mutter dafür, mit welcher Leichtigkeit sie den Gegensatz bewältigte.
Als Tochter eines südlibanesischen Politikers und Arztes war sie gut darauf vorbereitet, mit Menschen aus den unterschiedlichsten sozialen Milieus umzugehen, mit sehr Reichen und mit den Allerärmsten, mit Schiiten, Sunniten und Christen, mit Intellektuellen und Handwerkern. Als sie Vaters Werben zustimmte, hatte sie eine ganz gute Vorstellung, was sie in dieser Beziehung erwartete. Keine Vorstellung jedoch machte sie sich von den gefährlichen politischen Verwicklungen, in die sie bald geraten würde.
Denn Vater redete nicht nur davon, sondern arbeitete intensiv an seinem Projekt, den Irak in einem Bündnis aus Stammeshäuptlingen und muslimischen Imamen, aus weltlichen Politikern und kurdischen und assyrischen Führern wieder zu einer stabilen Monarchie zu machen. Vater dachte nie bloß in der Dimension seines Stammes, sondern immer auch für den ganzen Staat. Somit war in dem Augenblick, als Saddam Hussein 1968 als starker Mann auf der Bildfläche erschien, klar, dass es ein Ringen auf Leben und Tod geben würde.

Der heutige Irak ist aus dem Trümmerhaufen entstanden, der nach dem Ersten Weltkrieg vom ausgedehnten Reich der osmanischen Sultane übrig blieb.
Zunächst teilten sich Briten und Franzosen den Mittleren Osten in Mandatsgebiete auf. Im Irak kommen die Briten zum Zug. Ein König von Londons Gnaden, der Haschemit Feisal, wird 1921 eingesetzt. Er hat im Krieg zusammen mit Lawrence von Arabien gegen die Türken gekämpft.
Obwohl Feisal nicht aus dem Irak stammt – er ist der Sohn des Scherifs von Mekka –, bleibt er bis zu seinem Tod im Jahr 1933 die stabilisierende Persönlichkeit in der irakischen Politik. Als Einziger besitzt er genug Prestige, um Politiker verschiedenster Richtungen für die Interessen des Landes zusammenzubringen.
Feisals Nachfolger, sein einundzwanzigjähriger Sohn Ghasi, ist ein glühender, aber unerfahrener arabischer Nationalist. Im Gegensatz zu seinem Vater ist er ein Produkt westlicher Erziehung. Es fehlt ihm das Verständnis für die komplizierten Beziehungen unter den irakischen Stämmen.
Ghasi kann sich auch nicht gegen den britischen Druck durchsetzen. Die Briten verfolgen im Irak wichtige strategische und wirtschaftliche Interessen: Durch das Zweistromland führen die Kommunikationslinien in den Iran, nach Afghanistan und in die große Kolonie Indien. Und es geht um die Ausbeutung der riesigen Erdölvorkommen des Irak und des Iran.
In Ghasis Regierungszeit degeneriert die irakische Politik zu einem sinnlosen Wettstreit zwischen schiitischen Stammesscheichs und den städtischen, vornehmlich sunnitischen Eliten. Ständige Unruhen in den kurdischen Provinzen verschärfen die Lage.
Inzwischen hat England sich die Kontrolle über die Ölquellen gesichert. Die irakische Regierung erhält nur einen geringen Teil der Einkünfte, und die Bevölkerung spürt wenig von dem neuen Reichtum. Der Monarch wird in den Augen der Bevölkerung zur britischen Marionette.
Als Ghasi 1939 bei einem Autounfall ums Leben kommt, fällt die Nachfolge an seinen vierjährigen Sohn, Feisal II. Ghasis Cousin

Emir Abdullah wird zum Regenten. In kurzen Abständen löst ein Kabinett das andere ab, jagt ein Coup den anderen. Zwischen 1921 und 1958 kommen insgesamt 59 Regierungen an die Macht!
Enorme Steherqualitäten beweist dabei Premierminister Nuri al-Said. Ab 1930 stellt er 13 Regierungen auf. Seine probritische Orientierung und sein autokratischer Stil machen ihn unbeliebt bei den liberalen, reformfreudigen Nationalisten und zunehmend auch bei der Armee. Doch bilden Nuri al-Said und Regent Abdullah zusammen ein mächtiges Gespann, das die haschemitische Monarchie lange Zeit vor dem Sturz bewahrt.
1958 kommt es zum Aufstand. General Abd al-Karim Qassim führt ein Armeebataillon nach Bagdad und umstellt den Königspalast. Der Königsfamilie wird freies Geleit zugesichert. Sie soll das Land verlassen.
Doch dann eröffnet ein Offizier mit einem Maschinengewehr das Feuer und erschießt den König, den Regenten Abdullah, die Großmutter des Königs, seine Tante und einige Mitglieder der Dienerschaft, die sich bei der Gruppe aufhalten. Nuri al-Said versucht, als Frau verschleiert zu fliehen. Er wird gefangen und ebenfalls getötet. Damit geht jenes vierzigjährige Kapitel der irakischen Geschichte, das geprägt war von den britischen Kolonialherren und dem haschemitischen Königshaus, blutig zu Ende.
Im folgenden Jahrzehnt versuchen Schiiten, Kurden und Sunniten, die Macht gemeinsam auszuüben. Safias Vater, Scheich Taleb Al-Souhail, ist einer der Stammesfürsten, die an diesen Bemühungen teilnehmen. Aber ohne Erfolg.
Nach einer weiteren Runde von Umstürzen übernimmt 1968 die Baath-Partei unter Präsident Ahmed Hassan al-Bakr die Macht. Sein Mann fürs Grobe, Saddam Hussein, so flüstern die Menschen in Bagdad, habe einen politischen Gegner eigenhändig in ein Säurebad geworfen.

Kinderleid

Unser Flugzeug war gelandet und Großvater Badreddin zu unserer Begrüßung auf dem Flughafen erschienen. Sofort ging es mit dem Auto weiter nach Nabatija, wo Großmutter Taufiqa mich und Ouroud in Empfang nahm: »Na, da seid ihr ja endlich, meine Lieblinge! Ich und Großvater haben schon sehnsüchtig auf euch gewartet.«

Sie zeigte uns unser helles, geräumiges Zimmer in der großen Bürgermeistervilla. Auf Ouroud wartete ein vollständig eingerichtetes Puppenhaus. Auf dem mir zugedachten Bett lag eine Babypuppe mit einem Kleiderkoffer. Ich besaß schon eine Babypuppe und hätte liebend gern genauso ein Puppenhaus gehabt wie Ouroud. Aber das war nur der Anfang meines schwierigen Jahres bei den Großeltern.

Vater blieb nicht lange bei uns. Ich erinnere mich nicht an den Augenblick, als er uns zurückließ, aber ich entsinne mich, wie sehr mir meine Eltern fehlten. Da half es auch nichts, dass Saida und Sreiha bei uns waren. Mutter hat uns in dieser Zeit kein einziges Mal besucht. Vater kam jeden zweiten Monat, um nach uns zu sehen. In den Wochen dazwischen lag ich den Großeltern in den Ohren: »Wann kommt Baba?«

»Morgen, ya Sousou!«, versuchten sie mich zu trösten. In meiner Familie nennt mich niemand Safia. Alle sagen Sousou zu mir.

»Aber wieso? Er hätte doch schon heute kommen sollen?«

Irgendwann verstand ich, dass sie nicht morgen meinten, wenn sie morgen sagten. Aber ich hörte trotzdem nicht auf, nach ihm zu fragen.

Ouroud hatte es leichter als ich. Sie bekam viel mehr Aufmerksamkeit von den Großeltern und immer die schöneren Geschenke. Sie war das erste Enkelkind, das Großmutter Taufiqa mit Großvater hatte. Er hatte aus einer anderen Ehe schon Enkel. Darum war es für sie ein Triumph, als mit Ouroud nun auch auf ihrer Seite die Nachkommenschaft bis auf weiteres gesichert war. Meine

Schwester dürfte ihr zudem im Charakter näher gestanden haben. Ouroud hatten immer schon alle verwöhnt. Sie war sensibel und entwickelte früh eine künstlerische Ader. Sie sah ganz besonders hübsch aus mit ihren feinen Zügen, ihrer olivfarbenen Haut und dem dichten schwarzen Haar, das durch einen starken rötlichen Stich auffiel.

Taufiqa Schahin war selbst eine blendende Erscheinung. Nicht mehr ganz schlank, hatte sie dennoch Figur. Mich beeindruckten vor allem ihre braungrünen Katzenaugen und dass sie trotz ihres fortgeschrittenen Alters keinen Schleier trug. Sie war immer fabelhaft gekleidet und unendlich verwöhnt. Die Handelsbeziehungen ihrer Familie erstreckten sich seit Generationen über den ganzen Nahen Osten und Mittelmeerraum. Entsprechend groß war der Reichtum der Schahin. Taufiqa war die älteste Tochter, und Eltern, Großeltern und Tanten wetteiferten darin, sie zu beschenken.

Man erzählte sich, dass Taufiqa als kleines Kind einmal auf dem Boden vor einem Häufchen Diamanten gesessen und mit einem Hammer auf die glitzernden Kristalle geschlagen hatte. Keiner hinderte sie. Im Gegenteil. Die Zeugen des Schauspiels lachten: »Schaut, schaut, die Kleine!« Diamanten zählten zu den Gütern, mit denen die Schahin Handel trieben.

Großvater war nicht so reich, hatte aber immerhin genug, um Taufiqa standesgemäß zu unterhalten. Sie war ständig am Geldausgeben, und er betete sie an. Aber auch sie liebte ihn leidenschaftlich. Sie umwarb ihn mit glühenden Gedichten und verwöhnte ihn mit ihrer Aufmerksamkeit. Das einzige Problem für sie war, dass er ihr nicht so viele Diener halten konnte, wie sie gebraucht hätte. Und jene, die da waren, konnten sie nie zufrieden stellen. So war ihr Personalverbrauch berüchtigt.

Es kränkte mich tief, dass sie Ouroud anders behandelte als mich. Und ich dachte mir: »Warum bin ich hier, wenn ich bei meinem Vater, meiner Mutter sein könnte? Soll Ouroud dableiben, und ich fahre nach Hause!«

Als den Großeltern auffiel, dass es mir nicht gut ging, bemühten sie sich mehr um mich, aber da war es schon zu spät und ich zu empfindlich. Die Eifersucht auf meine Schwester saß tief. Dabei kümmerte Ouroud sich sehr um mich. Es war ihr nicht angenehm, dass Mutters ganze Familie sie bevorzugte. So teilte sie ihre Geschenke mit mir, und wenn sie nicht nett zu mir waren, setzte sie sich für mich ein: »Das ist meine Schwester, warum sprecht ihr so mit ihr?« Um mich zu trösten, erzählte sie mir Schauergeschichten darüber, was Großmutter ihr alles angetan habe: »Weißt du, Sousou, Teta hat mich heute ausgeschimpft, sie sagt, dass ich schlimm bin, und sie wird mich einsperren.«

Zugleich litten wir beide unter unserer Angst um Vater. Wenn er dann endlich kam, brachen wir vor Seligkeit, dass er noch lebte, in Tränen aus. Wir überschütteten ihn mit Küssen und dankten Gott.

Vater wusste um meine Schwierigkeiten und brachte mir, um Ausgleich zu schaffen, mehr Geschenke mit als Ouroud. Trotzdem hielt ich mit meinem Leid nicht hinter dem Berg. Ich erinnere mich noch gut, wie ich ihn vor allen Leuten anflehte: »Baba, bitte nimm mich mit dir. Sie mögen Ouroud mehr als mich!«

»Ist schon gut, mein Herz, wir alle lieben dich sehr.« Aber auch das half nicht, denn es änderte nichts an der bitteren Tatsache, dass Ouroud unverrückbar an erster Stelle stand.

Aber ich habe auch gute Erinnerungen an dieses Jahr. Unsere Schule war ganz in der Nähe, und wir konnten in Begleitung von Saida oder Sreiha zu Fuß hingehen. Ich fühlte mich wohl dort. Die Lehrerinnen behandelten mich gut, und ich liebte die Saatar-Brote, die wir zur Jause bekamen. Saatar ist eine Mischung aus getrocknetem Oregano und Sesamkörnern und ein Grundnahrungsmittel im Libanon. Ein paar Tropfen Olivenöl und ein Löffel Saatar machen aus einem einfachen Fladenbrot einen schmackhaften Snack. Es ist denkbar, dass vor Jahrhunderten libanesische Kaufleute diese Spezialität nach Süditalien exportierten und dass dort daraus in Anlehnung an das türkische Wort für Brot – Pita – die Pizza entstanden ist.

Wenn am frühen Nachmittag die Schule aus und es Zeit für den Heimweg war, lief ich immer noch rasch zu dem großen Tisch, an dem die Saatar-Brote verteilt wurden, und holte eine ordentliche Portion für mich und Ouroud. Wir waren es ja gewohnt, auf dem Heimweg von der Schule Brot zu essen. Da der Weg kurz war, hatten wir oft noch viel übrig, wenn Großmutter uns in Empfang nahm. Sie schalt mich dann: »Musst du jetzt Essen von draußen mitbringen? Wir haben genug zu essen hier!«

Tatsächlich sahen Großmutter und Großvater sehr darauf, dass wir gut gediehen. Er gab uns jeden Tag Vitamine und ließ uns einen Liter Milch trinken. Beide stopften uns richtig voll mit Essen. Später, als Teenies, wenn wir über unser Gewicht unglücklich waren, redeten wir uns oft lachend darauf heraus: »Wir sind nur deshalb so dick, weil Großvater uns so viele Vitamine gegeben hat!«

Er hatte seine Ordination in einem Haus weiter unten in derselben Straße. Von den vielen armen Patienten, die zu ihm kamen, nahm er für die Behandlung kein Geld. Auf diese Weise hatte er wenig Einkommen, und von dem, was er verdiente, schickte er seine Kinder zum Studium nach Frankreich und Ägypten. Er war von Geburt ein wohlhabender Mann, tat aber nichts, um seinen Reichtum zu vermehren.

Dr. Badreddin führte einen großen Madschlis. Jeden Abend füllte sich die Halle mit Männern und Frauen, die zu Besuch kamen. Das war Teil seines Politikerlebens. Wie daheim im Qasr Taleb genoss ich es auch hier, mich unter die vielen Menschen zu mischen.

Besonders freute ich mich auf die Abende, an denen Großvater seine Lesungen und Vorträge hielt. Stolz, die Enkeltochter dieses klugen Mannes zu sein, saß ich mit Ouroud in der ersten der bei solchen Gelegenheiten aufgestellten Sesselreihen. Auch wenn ich kaum etwas von dem verstand, was er sagte, so liebte ich den Klang seiner kräftigen, etwas brüchigen Stimme. Besonders, wenn er Lyrik las. Er stand da vor einem Pult, mit seinem schmalen, leicht durchfurchten Gesicht, die Lesebrille auf der Nase, und sprach völlig unaufgeregt die musikalischsten und kraftvollsten Worte, die ich je gehört hatte. In der arabischen Dichtung, wie übrigens auch im Heiligen Koran, hat der Wortklang einen größeren Stellenwert als in den modernen europäischen Sprachen. Zu dieser Tradition gehört auch, dass die Mimik des Vortragenden ausdruckslos bleibt. Alles soll sich auf das Wort konzentrieren.

Großmutter, die neben uns saß, hing an seinen Lippen. Am Ende des Vortrags klatschte sie stärker und länger als alle anderen und wandte sich zuletzt mit einer kleinen Verbeugung um zu den Gästen, so als dankte sie ihnen in Großvaters Namen für den Applaus. Er blieb dann noch einen Augenblick hinter dem Pult, damit Taufiqa die Gastgeberrolle übernehmen konnte. Erst danach mischte er sich unter die Leute.

Leider mussten wir jedes Mal viel zu früh ins Bett. Oft jedoch wurden wir von lautem Klopfen gleich wieder aus dem Tiefschlaf geweckt. Egal, zu welcher nächtlichen Stunde ein Patient an der Tür sein mochte – Großvater stand immer auf und untersuchte ihn. Das ganze Haus wachte dann ebenfalls auf, und wir stellten uns schaudernd vor, dass er den armen Kranken mit jenen spitzen Nadeln behandelte, die wir so sehr fürchteten.

Aschura

Es war der zehnte Tag des neuen islamischen Jahres, jener Tag, an dem die Schiiten ihr großes religiöses Fest begehen: die Aschura. Im ganzen schiitischen Raum ist das Städtchen Nabatija berühmt für seine ekstatischen Zeremonien zu diesem Anlass. Mit Aschura geht jedes Jahr die zehntägige Trauerzeit im Gedenken an das Martyrium des Imam Hussein Ibn Ali zu Ende, der ein Enkelsohn des Propheten war. Schiitische Frauen hüllen sich in diesen Tagen in Schwarz, und auch meine Mutter hielt sich stets an den Brauch. Doch sie war jetzt weit weg in Bagdad, und Vater war auf Reisen, um im Ausland Bundesgenossen für den Kampf gegen das brutale Baath-Regime zu mobilisieren.

Für mich hatte der Tag wieder einmal schlecht begonnen. Gleich nach dem Aufstehen hörte ich, wie Teta meiner Nanny Saida

zurief: »Zieh Sousou nicht schon jetzt ihr neues Kleidchen an! Sie wird gerade ein paar Minuten darin herumlaufen und gleich wieder schmutzig sein.«
Es war schon richtig, damals habe ich mir oft meine frischen Sachen umgehend wieder schmutzig gemacht. Aber das war ein besonderer Tag, und ich hatte mich so sehr auf mein neues Kleid gefreut. Mir schossen die Tränen in die Augen, und gleich darauf weinte ich bitterlich. Schluchzend beklagte ich mich: »Warum darf Ouroud ihr neues Kleid anziehen und ich nicht?«
Im Grunde verstand ich Großmutter ja. An dem Tag würden viele Besucher kommen, viele Kinder, und ich sollte das neue Kleid am Nachmittag anziehen, um auch später am Tag noch hübsch auszusehen.
Zu meiner Rettung griff nun der Bruder meiner Mutter, Onkel Mustafa, ein: »Lasst sie doch ihr Kleid schmutzig machen! Das ist doch völlig egal.« Und er fing an, mich anzuziehen.
Es waren lauter Kleinigkeiten, die mich und meine Großmutter Taufiqa zum Zanken brachten. Ich bin froh, dass wir in späteren Jahren trotz allem gute Freundinnen geworden sind. Leider kann ich mich an meine andere Großmutter, Scheicha Safia, nicht mehr persönlich erinnern. Sie starb, als ich ein Jahr alt war, und ich weiß von ihr nur aus Erzählungen. Für mich ist sie zu einer Legende geworden. Aber gerade deshalb wirkt ihr Vorbild so stark auf mich.
Gleich nach dem Frühstück begaben wir uns alle in das Freilufttheater von Nabatija, wo der Tod des Imam Hussein und seiner Getreuen in einer aufwändigen Inszenierung nachgespielt werden sollte. In der Arena wartete bereits eine schwatzende, brodelnde Menge. Es war wie ein Festival. Zuschauer waren von überall her gekommen, sogar aus dem Ausland. Überall sahen wir Journalisten mit schussbereiten Kameras. Am nächsten Tag waren die Zeitungen voll von dem Ereignis, und auch internationale Magazine berichteten darüber.
Wir nahmen unsere Plätze in der vordersten Reihe ein. Ich und Ouroud und die anderen Kinder aus der Familie waren ganz aufgeregt.

In den vergangenen Tagen hatten wir schon so viel gehört über die wunderbaren Dinge, die wir heute erleben würde.
Das Schauspiel zog uns tief in seinen Bann. Die Laiendarsteller spielten unter Einsatz aller Kräfte, denn es ist eine große Ehre, in der Aufführung mitwirken zu dürfen. Echte Pferde, Schlachtengetümmel und Waffenlärm, emotionsgeladene Deklamationen und ein schreckliches Gemetzel beschworen den Tag der Schlacht von Kerbala in überwältigender Dramatik herauf. Es zerriss einem fast das Herz, als der Darsteller des tapferen Imam Hussein unter den Schwerthieben der Feinde zusammenbrach.
Am Ende hatten wir Kinder hochrote Köpfe und fragten uns, ob das, was wir gesehen hatten, nun Wirklichkeit war oder nicht. Aber das war bei weitem noch nicht alles. Großmutter mahnte uns zur Eile, damit wir noch vor der zu erwartenden Prozession nach Hause kämen.
Schon formierten sich die Darsteller zu einem Zug. Sie hatten sich während des Spiels so in die Situation hineingesteigert, dass sie nun außer sich waren vor Schmerz über das, was ihrem Imam widerfahren war. Sie hielten noch die Schwerter, mit denen sie auf der Bühne gekämpft hatten, und mit einem Mal fingen sie an, sich mit flacher Klinge auf die Stirn und auf die Schultern zu schlagen. Dazu skandierten sie mit zunehmender Lautstärke: »Heidar, Heidar!« Heidar ist der Name des Schwertes von Husseins Vater, Ali Ibn Abi Taleb.
Jetzt bekamen wir es mit der Angst zu tun und scharten uns eng um die Erwachsenen. In Großvaters Haus angekommen, versammelten wir uns alle auf dem Balkon. Onkel Mustafa hob mich hoch, damit ich gut sehen konnte. Der Lärm der Prozession kam immer näher, und gleich darauf erblickten wir auch schon die ersten weiß gekleideten Gestalten. Viele junge Männer, die nicht in der Aufführung mitgewirkt hatten, waren inzwischen hinzugestoßen. Auch Jugendliche und kleine Buben waren dabei. Frauen liefen am Straßenrand nebenher.
Ganz Nabatija war auf den Beinen. Immer ekstatischer wurden die Schreie und die Selbstzüchtigungen. Wir konnten sehen, wie sich

die Gewänder rot färbten vom Blut. Vor dem Bürgermeisterhaus kam der Zug zum Stehen. »Heidar, Heidar!«, rief die Menge zu uns herauf. Großvater grüßte die Menschen, und dann setzte sich die Prozession wieder in Bewegung. Der nächste Stopp war vor Großvaters Ordination. Es war eine unbeschreibliche Ehre, die das Volk von Nabatija Großvater auf diese Weise erwies: Die Menschen zeigten ihm, dass sie ihn, gleichgültig in welchem seiner Häuser er sich aufhalten mochte, auf jeden Fall aufsuchen und grüßen würden. In manchen Jahren stand die Familie deshalb auch tatsächlich auf dem Balkon der Ordination.

Onkel Mustafa ließ mich herunter. Ich steckte meinen Kopf zwischen die Säulen der Balustrade und sah, dass manche der Männer sich mit den Fäusten an die Brust schlugen oder mit Ketten den Rücken peitschten. Über mir hörte ich Großvaters Stimme: »Den Menschen passiert nichts. Allah schützt sie. Du wirst sehen.«

Die »Heidar«-Schreie gingen über in den stakkatoartigen Ruf: »Ya Ali, ya Ali!« Und zum Schluss, doch da hatte sich die Menge schon weit von unserem Haus entfernt, kam die Beschwörung: »Ya Husseini, ya Husseini!« Mit diesen Worten hielt die Prozession in wilder Trance Einzug in der Husseinija, um die letzte Phase der Aschura zu begehen.

Wenn das Ritual diesen Punkt erreicht, suggerieren sich die Männer, dass sie bei aller Selbstverletzung unversehrt geblieben sind. In der Husseinija, dem Versammlungsgebäude einer schiitischen Gemeinde, werden die Blutüberströmten wie an einem Ort der Heilung von Geistlichen und Angehörigen empfangen. Sie waschen sich, ziehen frische Kleider an, und wenn alles vorbei ist, kommen sie wieder heraus, als wäre nichts geschehen. Ich habe es mit eigenen Augen gesehen. Es waren keine Wunden zu erkennen.

Heute frage ich mich: »Was ist das? Ist das primitiv?«

Ich vermag es nicht zu beurteilen. Es ist ein jahrhundertealter Brauch, der sich aus der Schia nicht wegdenken lässt. In Ländern, wo sunnitische Machthaber über große schiitische Mehrheiten herrschen, etwa in manchen Golfstaaten oder auch im Irak, wird dieses Ritual misstrauisch beobachtet. Für Schiiten hat Aschura

eine stark motivierende Wirkung, der sunnitischen Übermacht die Stirn zu bieten. Deshalb auch ist der Bau von Husseinijas in einigen Ländern verboten.
Ich habe Aschura Mitte der achtziger Jahre zum letzten Mal erlebt, auch diesmal gemeinsam mit Ouroud. Wir fuhren eigens zu dem Fest nach Nabatija und nahmen Ourouds Sohn Hamoudi und ihre Tochter Mufida mit. Die beiden Kinder reagierten ganz anders als wir seinerzeit, die wir in das Ritual eingetaucht waren und uns mit der Familie in dem Geschehen geborgen fühlten.
Als das Schauspiel blutig wurde, erstarrten die beiden Kleinen vor Schreck. Wir mussten sie herausbringen und uns ganz rasch etwas einfallen lassen, damit das Erlebnis nicht zum Trauma wurde. Erleichtert glaubten sie mir, als ich ihnen sagte:
»Keine Angst! Das ist kein echtes Blut. Die Männer haben einen Berg Pommes frites gegessen und sich überall mit Ketchup beschmiert.«

Der Islam war noch ganz jung, als sich in einem Konflikt um die Nachfolge des Propheten die schiitische Glaubensrichtung abspaltete. Mohammed war im Jahr 632 gestorben, ohne einen Erben zu hinterlassen oder einen Nachfolger zu bestimmen. Daraufhin entbrannten in der islamischen Gemeinde Diskussionen: Sollte künftig immer ein leiblicher Nachkomme des Propheten die Führung übernehmen, oder sollte nicht besser ein Altenrat das neue Oberhaupt wählen, wie es bei den arabischen Stämmen von jeher Tradition war?
Auf die ersten beiden Kalifen – Abu Bakr und Omar – einigte man sich rasch, denn sie waren Schwiegerväter des Propheten. Schwierig wird es aber bei der Ernennung des dritten Kalifen. Um den Titel konkurrieren Osman aus dem Geschlecht der Omajaden und Ali Ibn Abi Taleb, der Schwiegersohn und Vetter Mohammeds. Die Entscheidung fällt für den Omajaden.
An einem Tag des Jahres 656 wird Osman während des Gebets ermordet. Nun übernimmt sein Widersacher Ali das Kalifat. Er

ist der Mann Fatimas, der Lieblingstochter des Propheten. Seine Anhängerschaft, die »Schiat Ali« – die »Partei des Ali« – vertritt die Auffassung, dass Ali als Vetter Mohammeds dessen leiblicher Nachkomme und somit der erste rechtmäßige Kalif sei.
661 fällt auch Ali einem Attentat zum Opfer. Seine Anhänger verweigern den nächsten beiden Kalifen, die wiederum aus dem Geschlecht der Omajaden stammen, die Anerkennung. Bürgerkriege brechen aus zwischen der Schiat Ali und den Anhängern der Omajaden.
Im Gebiet des heutigen Irak führt Alis Sohn Hussein im Jahr 680 eine Revolte an. Er hofft auf Unterstützung in der Bevölkerung, die aber ausbleibt. Am 10. Tag des Monats Muharram reibt eine Omajadenarmee Hussein bei Kerbala zusammen mit einem Häuflein Mitstreiter auf. Bei dem Gemetzel kommen fast alle männlichen Verwandten Husseins und Alis ums Leben.
Für die Anhänger der »Schia«, wie sich die Bewegung bald verkürzt nennt, wird Hussein zum Märtyrer und die südwestlich von Bagdad gelegene Stadt Kerbala mit dem Grab Husseins zum wichtigsten Heiligtum nach Mekka.
Die Anhänger der Schia erleben sich seit den Tagen Alis als Widerstandsbewegung gegen die Nachfolger der Omajadenkalifen – die Sunniten. Die besondere Mischung aus Mystik und religiös-politischem Widerstandsgeist in der Schia, zusammen mit einer rechtlichen Besserstellung der Frau, übte immer schon starke Anziehungskraft aus. Vom Umfeld wurde die Schia deshalb vielfach als Bedrohung empfunden.
Der Anteil der Schiiten unter den Moslems beläuft sich heute nach Schätzungen weltweit auf zehn bis fünfzehn Prozent.

1970–1974

Haschemiten contra Tikriter

Mit der Brutalität blutrünstiger assyrischer Herrscher ging das neue Baath-Regime Anfang der siebziger Jahre gegen den starken Widerstand im Land vor. Vater zeigte mir Bilder von Bagdads Straßen, gesäumt von den Leichen erhängter Putschisten. Saddam ließ keinen Zweifel: So und nur so würde er fortan mit Gegnern abrechnen.

34 Jahre lang störte sich keine Macht der Welt an der Schreckensherrschaft. Nach den politischen Gegnern, deren Ausrottung er mit teuflischer Konsequenz verfolgte – viele konnten sich nicht einmal durch den Weg ins Exil retten –, nahm Saddam ganze Volksgruppen ins Visier: zuerst die Juden, dann Kurden und Schiiten. Seine in der Stadt Tikrit verwurzelte Mafia war von einem krankhaften Machttrieb beseelt, der vor nichts und niemandem Halt machen würde, solange sich kein Widerstand bildete, der stark genug war, dem Wüten Einhalt zu gebieten.

Vater verlor damals viele Freunde aus seiner Kindheit. Er sah sie hängen in den Straßen Bagdads – führende Politiker, Geistliche und Offiziere, Stammesfürsten und Gelehrte. Nun gab es für ihn nur noch einen einzigen Gedanken, der für den Rest seines Lebens von ihm Besitz ergriff: eine Gegenkraft zu formieren und Saddam zu stürzen. Und Vater meinte bereits einen idealen Kristallisationspunkt für eine solche Aktion gefunden zu haben, und das war König Hussein von Jordanien. Der König und mein Vater waren sich einig, dass es *die* Lösung wäre, das kleine jordanische Haschemitenreich mit dem Irak unter einem Monarchen zu vereinigen. König Hussein bot sich dafür als der perfekte Kandidat an. Als Haschemit entstammte er demselben Geschlecht wie das abgesetzte irakische Königshaus, er war regierender Fürst, verfügte über großes diplomatisches Geschick und durchschaute wie kaum ein anderer die

verwickelten Beziehungen unter den zahllosen politischen und religiösen Gruppen in der gesamten Region des Mittleren Ostens.
Vater und König Hussein verband seit ihrer Jugend eine tiefe Freundschaft. Die beiden hatten einander am Hof der irakischen Haschemiten kennen gelernt. Hussein, damals noch Kronprinz, kam häufig nach Bagdad auf Familienbesuch, und Taleb, der dem jungen König Feisal II. und anderen Angehörigen der königlichen Familie nahe stand, hielt sich oft im Palast auf. Bald unternahmen Taleb und der junge jordanische Prinz Streifzüge durch die »Szene« von Bagdad und gingen miteinander auf die Jagd. Auf den Gründen der Beni Tamim in Aqar Guf gab es reichlich Wildvögel, und die Jagdgesellschaften der Al-Souhail waren im ganzen Nahen Osten berühmt.
Bei den Jagden, die Großonkel Hassan und seine Brüder veranstaltet hatten, pflegten die irakische Königsfamilie und Gäste aus den arabischen Fürstenhäusern zusammen mit ausländischen Diplomaten, Beamten der britischen Krone und führenden irakischen Politikern auf Sandhühner und Regenpfeifer zu schießen. Anschließend gab es ein Festmahl im Lager der Beni Tamim.
Wer von der Jagd genug hatte, konnte den Stammesleuten bei den Vorbereitungen für das Mahl zusehen. Sie rupften und reinigten die erlegten Vögel, vergruben wohlriechende Tamariskenwurzeln in Löchern im Sand und ließen sie zu Holzkohle verglosen. Eine Spur des Duftes blieb in der Kohle zurück und übertrug sich später auf die darüber grillenden Wildvögel. Für das Picknick bedeckten die Beni Tamim einen Platz inmitten der Zelte mit Strohmatten. Darüber legten sie orientalische Teppiche. Sie stellten Tische und Stühle auf, doch wer wollte, konnte es sich nach Stammessitte zum Essen auf den Teppichen und Kissen bequem machen.
Als Ergänzung zu den erlegten Vögeln gab es das Fleisch junger Lämmer, die schon seit dem Morgen über einem großen Feuer grillten. Die Küche des Souhail-Palastes lieferte dazu frisches Brot aus dem Backofen und libanesische Mizze – das ist eine Unzahl kleiner Gerichte wie Kichererbsen- und Sesampüree, korianderduftende Bällchen aus gehacktem Lammfleisch und Tabuleh aus

Weizengrieß, vermischt mit gehackten Tomaten, Petersilienblättern und Minze. Zu trinken gab es kühles, mit einigen Tropfen Rosenöl parfümiertes Wasser.
Nach der Jagd und dem reichlichen Essen saßen Gäste und Gastgeber noch bis spät in die Nacht mit den Beni Tamim bei bitterem türkischen Kaffee und süßem schwarzen Tee mit Pfefferminzblättern zusammen, führten Gespräche – zumeist über die verwickelten politischen Verhältnisse und Intrigen – und rauchten die Nardschila.

Nach der Revolution führte Vater diese Tradition in bescheidenerem Rahmen fort. Einer seiner Jagdfreunde war der heutige Kronprinz von Kuwait, Scheich Saad al-Sabah. Obwohl wir sehr enge Beziehungen zum kuwaitischen Herrscherhaus haben, gelang es meinem Vater nicht, Kuwait zu bewegen, dass es zu Saddams Regime auf Distanz ging. Vater beschwor sie: »Ihr nährt ihn, bis er ein Löwe wird, der alle verschlingt!«
Die Kuwaitis hörten sich Vaters Warnungen geduldig lächelnd an, ließen sich aber in ihrem Kuschelkurs zum Irak nicht beirren – bis sie eines Tages selbst Opfer wurden.
Vorerst jedoch, Anfang der siebziger Jahre, war der Irak ausschließlich für seine eigenen Bürger zur Todesfalle geworden. An eine Rückkehr Vaters war, solange sich Saddam an der Macht befand, nicht mehr zu denken. Immer wieder versuchte die Regierung in Bagdad, ihn mit Kooperationsangeboten zu locken, mit Ämtern und Versprechungen auf ein friedliches Leben im Irak. Aber Vater traf die einzige Wahl, die ihm sein Gewissen ließ: von außerhalb des Irak gegen Saddam zu arbeiten.
Die irakischen Geheimdienste funktionierten inzwischen so gut, dass jemand, der wie Vater auf der schwarzen Liste stand, nicht mehr damit rechnen konnte, unerkannt über die Grenze zu kommen. Nicht einmal im Libanon durfte er sich ganz sicher fühlen; auch dorthin hatte sich Saddams Arm bereits ausgestreckt.
Wenn Vater uns in dieser Zeit nicht gerade in Nabatija besuchte, so pendelte er zwischen Jordanien, Syrien und England hin und her. In der jordanischen Hauptstadt hielt er Lagebesprechungen mit König

Hussein. Der jordanische Monarch betrachtete sich als legitimer Nachfolger seines ermordeten Cousins Feisal II. für den irakischen Thron. Über Jahre hinweg war es Husseins und Vaters gemeinsames Ziel, im Irak einen Regimewechsel herbeizuführen. In Amman oder Damaskus traf Vater den mächtigen Kurdenführer Mullah Mustafa Barsani und den legendären schiitischen Imam Sayed Mahdi al-Hakim. Mit ihnen zusammen arbeitete er an einem Plan für einen Militärputsch gegen Saddam. Anschließend flog er nach London zu weiteren Bundesgenossen: Saad Saleh Dschabr, der ebenfalls aus dem Exil Opposition gegen Saddam betrieb, und Scherif al-Hussein, Repräsentant der vertriebenen irakischen Königsfamilie. Ein Jahrzehnt hindurch trieb Vater unermüdlich und voller Hoffnung diese Verschwörung voran, die die irakische Monarchie wiederherstellen und dem Terror der »Tikriter« ein Ende bereiten sollte.

Tikrit ist eine zentralirakische Stadt 160 Kilometer nordwestlich von Bagdad. Aus ihrer Gegend stammten die Baath-Chefs Ahmed Hassan al-Bakr und Saddam Hussein. Tikrit gab jedoch nicht nur dem einstigen Führungsduo seinen Namen. Als »Tikriter« bezeichnet die irakische Bevölkerung die gesamte durch Stammes- und Familienbande zusammengeschweißte Clique, die sich im Irak an die Spitze der Baath-Partei und des ganzen Landes manövrierte.
Dass es so weit kommen konnte, ist auf ein verhängnisvolles Kalkül einer führenden Persönlichkeit aus Tikrit zurückzuführen: Maulud Pascha al-Muchlis hatte Seite an Seite mit König Feisal I. und Lawrence von Arabien gegen die Türken gekämpft. Er war ein mächtiger Vertrauter des Königs und Senatspräsident. Um seine Machtbasis auszubauen, schob Maulud Pascha systematisch Sunniten aus Tikrit auf Schlüsselstellungen in Armee und Polizei. Seine Schützlinge wiederum taten das Gleiche, und so bildete sich im Zentrum des Militär- und Sicherheitsapparates die mächtige Tikriter Clique heran.
Später setzten sich die Tikriter im Kern der Baath-Partei fest. Diesem Rückhalt verdankt Saddam Hussein seinen kometenhaften Aufstieg – dem Stigma seiner außerehelichen Geburt zum Trotz.

Es ist eine bittere Ironie des Schicksals, dass der eigene Sohn jenes Maulud Pascha al-Muchlis, der die »Tikriter« groß gemacht hatte, eines Tages selbst zu den Opfern Saddam Husseins zählen sollte.

Brummana

Endlich war Vater wieder nach Nabatija gekommen! Es war ein Freudentag. Ich und Ouroud waren ihm um den Hals gefallen und wollten ihn gar nicht mehr loslassen. Liebevoll löste er sich aus unserer Umklammerung und sagte: »Schaut her, meine Lieblinge, was ich euch mitgebracht habe!« – »Ja, Baba, ja! Lass uns sehen!«
Der Chauffeur hatte inzwischen das Gepäck ins Haus getragen. Vater nahm ein großes, flaches Paket und reichte es mir: »Das ist für dich, Sousou! Und für Ouroud habe ich natürlich auch etwas Schönes.«
Mit einiger Mühe öffnete ich die Schleife um mein Geschenk und schälte aus dem Einpackpapier eine Schachtel. Darin lag, in weißes Seidenpapier geschlagen, ein wunderhübsches langes Kleid aus weißer Spitze.
Schon seit langem hatte ich mir so ein Kleid gewünscht. Es ist bei uns Brauch, dass kleine Mädchen zu großen Festen bodenlange, mit Rüschen, Spitze und Schleifen verzierte Kleider tragen. Ouroud besaß bereits eines. Teta hatte es ihr geschenkt. Heimlich hatte Ouroud es mich auch schon anprobieren lassen. Nun hüpfte ich mit meinem eigenen Kleid in der Hand bettelnd an Vater hoch: »Baba, Baba, darf ich es gleich anziehen?« – »Ja, komm schon, meine Kleine!«
Vater half mir aus meinen wie üblich nicht mehr ganz sauberen Sachen heraus, öffnete den Verschluss des Prinzessinnengewandes und hielt es mir so hin, dass ich leicht hineinsteigen konnte. Während er es mir am Rücken zumachte, schlang ich ihm die Arme um den Hals, schmiegte mein Gesicht an seine glatte, nach Rasierwasser duftende Wange und flüsterte: »Ya Baba, ich liebe dich, ya Baba!«

Doch das war nicht alles, was dieser Tag an freudigen Überraschungen bereit hatte. Als wir kurz darauf mit den Großeltern beisammen saßen und Vater nach der langen Fahrt genüsslich an einem Glas heißen Tee nippte, eröffnete er uns: »Ich habe ein schönes Haus gemietet. Hier im Libanon, in Brummana.«

Teta fragte: »Aber warum geht ihr nicht nach Beirut?«

Ich verstand damals Vaters Antwort noch nicht ganz, erfasste aber ihren Sinn: »In Beirut zu leben ist für mich zu gefährlich. Brummana ist nicht so weit vom Schuss wie ihr hier in Nabatija, aber doch schon abseits genug, dass uns der irakische Geheimdienst nicht so leicht findet. Ich glaube auch, dass wir in einem Dorf, wo jeder jeden kennt, besser geschützt sind.«

Ouroud wollte wissen: »Kommt jetzt auch Mama zu uns?«

»Nicht gleich, aber bald. Und ich habe noch eine Neuigkeit: Ihr habt wieder ein kleines Schwesterchen bekommen – sie heißt Scherine.«

»Na, da gratuliere ich aber!«, rief Großvater aus.

Seine Worte gingen unter in dem lauten Freudentriller, den Teta ausstieß und in den Ouroud gekonnt einstimmte. Zur Verstärkung hielten die beiden dabei eine Hand waagrecht über den Lippen. Auch ich versuchte, den traditionellen Jubelschrei der arabischen Frauen nachzuahmen, doch wollten mir die raschen Zungenbewegungen und der lang anhaltende vibrierende Ton noch nicht so recht gelingen. Deshalb sprang ich auf und fing an, mit wehenden Röcken durch den Salon zu tanzen.

Am Tag darauf packten die Nannies unsere Sachen zusammen, und bald saßen wir mit ihnen und Vater im Auto auf dem Weg zu unserem neuen Heim.

Heute ist Brummana ein Urlaubszentrum für reiche arabische Touristen. An der Hauptstraße reiht sich eine Boutique und eine Diskothek an die andere. Damals, Anfang der siebziger Jahre, war das malerisch in den Ausläufern des Libanongebirges gelegene winzige Städtchen noch den Libanesen vorbehalten. Unter ihnen lebten lediglich vereinzelt Familien irakischer Herkunft, die schon den Kontakt zu ihrem Ursprungsland verloren hatten. Als unser

Auto schließlich vor einer breiten Einfahrt hielt, starrten ich und Ouroud, die wir auf der kurvenreichen Bergstraße eingenickt waren, ganz benommen aus dem Fenster. Beim Anblick des Hauses wurden wir aber rasch hellwach. Das also würde unser neues Heim sein! Das Haus übertraf unsere Erwartungen.
Nach dem Qasr Taleb hatten wir uns mittlerweile an die kleineren Dimensionen der Bürgermeistervilla von Nabatija gewöhnt. Dieser Qasr war ebenfalls kleiner als jener in Bagdad, doch er war moderner gestaltet, mit einer offenen Vortreppe hinauf in das hoch angesetzte untere Wohngeschoss und vielen Terrassen. Violette Bougainvillea rankte sich an einem Teil der Hauswand hoch bis ins Obergeschoss. Rundum wuchsen blühende Sträucher – rosa Rhododendron und weißer Oleander –, dazwischen lagen große Flächen sonnenüberfluteten Rasens. In Beeten gab es duftenden Alant, Lavendel, Salbei und Lilien und im hinteren Teil des Gartens Bäume, wie ich sie noch nie gesehen hatte. Später erklärte Vater uns, dass der breit ausladende Baum mit den sonderbaren Nadeln – wir hatten noch nie einen Nadelbaum gesehen – eine Libanonzeder war und jener mit den kleinen rosa Beeren ein Maulbeerbaum wie die, auf denen die Chinesen Seidenraupen züchten.
Wir ließen uns im Hauptgeschoss häuslich nieder. Über uns wohnten die Besitzer, die Abu Schouda. Sie gehörten zu einem alteingesessenen Clan in den Bergen von Brummana. Wie im Nahen Osten üblich, gab es regen Austausch zwischen den beiden Familien, so dass wir wie eine Großfamilie miteinander lebten.
Die Abu Schouda hatten Vater eine Haushälterin vermittelt, Kamla, die für uns sorgen würde. Bald nach unserer Ankunft schickte Kamla unsere Saida zum ersten Mal einkaufen. Von der neuen Umgebung verunsichert, machte sich meine hoch gewachsene, dunkle, dünne Nanny in ihren langen schwarzen Kleidern und der weiten Abaja, die sie sich über den Kopf zog und unter dem Kinn festhielt, bange auf den Weg zum Markt. Zu ihrem Erstaunen stellte sie fest, dass all die hellhäutigen, sommerlich-westlich gekleideten Libanesen sie kannten. Jeder einzelne rief ihr freundlich »Saida!« zu.
Nach der Exkursion kehrte Saida freudestrahlend zurück: »Ya

Ami«, erzählte sie Vater aufgeregt, »die Leute hier sagen alle Saida zu mir. Wie kommt es, dass sie wissen, wie ich heiße?«
Vater musste lachen, und sogar ich und Ouroud verstanden, weshalb: Hier, in den Bergen des Libanon, grüßten die Menschen einander nicht wie in den meisten arabischen Ländern mit *»Sabah al-chair!* – Guten Morgen!«, sondern mit *»Saida!«*. Das bedeutet so viel wie: »Sei glücklich!«
Bald stießen unsere kleinen Schwestern Alia und Seinab zu uns. Ein Onkel hatte sie mit ihren Nannys aus dem Irak herausgebracht. Uns waren die beiden noch als Babys in Erinnerung. Alia war jetzt ein kleines Mädchen, fast wie ich, und Seinab lief schon behände durch die Gegend und plauderte den ganzen Tag. Als die beiden an den ersten Abenden vor dem Schlafengehen nach Mutter zu weinen begannen, wurde auch uns Großen schwer ums Herz, und bald weinten wir alle vier. Vater kam, um uns Gute Nacht zu wünschen, und tröstete uns: »Ihr vermisst eure Mama sehr, nicht wahr? Aber glaubt mir, sie kommt bald. So wie Alia und Seinab ja jetzt auch wieder bei uns sind.«
Als ich ihn durch die Schleier vor meinen Augen ansah, gewahrte ich, dass auch ihm Tränen über die Wangen liefen.
Nach einigen Monaten in Brummana kam schließlich der Moment der lang ersehnten Vereinigung. Ich erinnere mich noch, wie wir vier auf der Fahrt zum Flughafen hinten im Auto saßen, kichernd und uns gegenseitig darin überbietend, wie sehr wir uns auf Mama freuten. Vorn, neben unserem libanesischen Chauffeur Butros, einem maronitischen Christen, saß Sreiha und versuchte uns zu beruhigen: »Seht, wie schön – das Meer!«
Wir hielten inne und drängten uns zusammen, um zwischen Sreiha und Butros einen Blick durch die Windschutzscheibe zu werfen. Ja, da lag es, das Meer. Unbegrenzt. Keine Insel unterbrach das Stahlblau des Wassers, das nahtlos in den Himmel überzugehen schien. »Und das ist die Stadt«, deutete Butros nach unten. »Eure Mama kommt gleich dort an.«
Gelb, weiß und grün gesprenkelt spannte sich aus dem schnurgeraden Küstenstreifen die dicht verbaute Halbinsel von Beirut dem

Meer entgegen. Wir hatten das atemberaubende Panorama seit unserer Ankunft wiederholt gesehen. Doch ließ sich seine Kraft bei jeder Fahrt in die Küstenebene neu beschwören.
Ich wandte mich um, weil ich durch die Heckscheibe nach Vater sehen wollte, der am Steuer des hinteren Autos saß. Wie immer, wenn er im Libanon ausging, trug er jetzt einen westlichen Anzug und auf dem Kopf die weiße, lose Hatta, die ein dicker, mit schwarzer Seide umsponnener Ring – der Aqal – festhielt. Daheim trug er die Dischdascha, ein bodenlanges weites Gewand, das je nach Jahreszeit aus feiner weißer Baumwolle oder aus dunklem Wollstoff genäht war. Wenn er Gäste empfing, behielt er im Haus die Hatta auf.
Ich konnte sehen, dass auch er sich auf Mutter freute, und winkte ihm zu. Er winkte zurück. Mit ihm im Wagen fuhr eine zweite Nanny, damit genug Frauen da waren, um im Gedränge des Flughafens auf uns aufzupassen. Auf der Rückfahrt zusammen mit Mutter und Scherine würden wir uns auf die beiden Autos aufteilen müssen. Ich überlegte, wie ich es anstellen konnte, bei den Eltern mitzufahren.
Die Aufregung, Mutter nach fast zwei Jahren wiederzusehen, war überwältigend. Vater hatte uns in den Ankunftsbereich geschleust. Wir klebten an einer der riesigen Fensterscheiben und beobachteten, wie Mutters Flugzeug landete. Wir sahen die Passagiere sich wie Ameisen die Gangway hinunter auf den bereitstehenden Bus zubewegen. Endlose Minuten später fuhr der Bus in einem großen Bogen los und hielt gleich darauf unter uns. Als Mutter mit dem Baby auf dem Arm die Halle betrat, erkannte ich sie sofort. Im selben Augenblick reduzierte sich der lange Zeitraum der Trennung auf einen dünnen Schnitt, und mein Gefühl für sie war fast so, als wäre sie immer bei uns gewesen.
Nach dem erwarteten Gerangel um die Plätze im Auto saß schließlich ich vorne neben Vater. Mutter hatte mit dem Baby im Fond Platz genommen, und neben den beiden drängten sich Ouroud, Seinab und Alia. Vaters Sekretär Said, der aus dem Irak mitgekommen war, fuhr nun im zweiten Auto mit Butros und den Nannys unserem neuen schönen Heim entgegen.

In dem Refugium in den libanesischen Bergen verbrachten wir die glücklichste Zeit unseres Lebens im Exil. Scheich Taleb hätte, wie die meisten irakischen Oppositionspolitiker, mit seiner Familie nach London oder Paris gehen können. Vermutlich wären wir alle dort sicherer gewesen. Jede der beiden Regierungen hatte ihm als prominentem Exilpolitiker ein angemessenes Haus und eine regelmäßige finanzielle Zuwendung angeboten. Aber Vater liebte den Libanon seit seiner Kindheit, und Mutter war Libanesin. Sie fühlte sich hier zu Hause, und er selbst war dem Irak so nahe wie möglich. Auf diese Weise verfügte er stets über die neuesten Nachrichten und konnte rasch mit Verbündeten im Landesinneren kommunizieren. Er war weiterhin oft auf Reisen, um die Umsturzpläne mit König Hussein voranzutreiben und ein Netz von Verbindungsleuten aufzubauen. Wenn Vater nicht bei uns war, fehlte er mir unendlich. Zugleich verstand ich, dass sein vieles Fortsein die Gefahr »Saddam« verringerte.
Das Wort »Saddam« war für uns zum Synonym geworden für die Bedrohung und die schleichende Zerstörung unserer Existenz und unserer Heimat. Saddam und die Angst um Vater waren ständige ungebetene Gäste. Wir hatten keine andere Wahl, als uns an sie zu gewöhnen und ihnen einen Platz in unserem Leben einzuräumen. Wie sehr Saddam im Lauf der Zeit von mir Besitz ergriffen hat, lässt sich daran ermessen, dass Jahrzehnte später eines der ersten Wörter, die mein kleiner Junge Miro Taleb mit den Lippen formte, »Saddam« war.

Das Monster im Wald

Das Erste, was Mutter nach ihrer Ankunft tat, war, die Terrassen unserer Wohnung mit hohen Gittern sichern zu lassen, damit wir nicht herunterfielen. Abgesehen davon kamen wir in der bezaubernden ländlichen Gemeinde in den Genuss großer Freiheit.

Das ist vor allem unserer Schule zu verdanken, der von britischen Quäkern gegründeten Brummana High School, die zu den besten des ganzen Nahen Ostens zählte. Die Bezeichnung »High School« ist irreführend, denn es gab auch einen Kindergarten und eine Grundschule für Kinder im Alter von mir und Ouroud.

Die Brummana High School war weniger eine Bildungsanstalt als eine Lebensweise. Wir verbrachten dort fünf Tage die Woche bis weit in den Nachmittag hinein. Den Lunch zu Mittag nahmen alle Altersgruppen gemeinsam im riesigen Speisesaal ein. Es baute uns enorm auf, dass wir in ein und dieselbe Schule gingen wie die für unsere Begriffe erwachsenen Oberschüler mit ihren sagenhaften Partys und Boy- und Girlfriends.

Wie in den internationalen Schulen überall auf der Welt kamen auch in Brummana Jungen und Mädchen aus allen Ländern, von unterschiedlichster Hautfarbe und Konfession zusammen. Die Nachmittage waren voll gestopft mit sportlichen und künstlerischen Aktivitäten. Ich entwickelte mich bald zu einer guten Läuferin. Mutter meldete uns zum Schwimmunterricht an. Alle zwei Monate veranstaltete unsere Schule Sportwettbewerbe, zu denen Kinder und Jugendliche aus dem ganzen Land nach Brummana anreisten. Von mir existiert sogar ein Foto als Stabhochspringerin.

Im Musikunterricht lernten wir jazzige Songs, deren Rhythmus unsere Körper zum Schwingen brachte, und einmal habe ich in einem Theaterstück gespielt. Ich, die Tochter eines schiitischen Stammesfürsten, gab bei einem Krippenspiel einen Hirtenjungen, der sich dem Jesuskind zu Füßen wirft.

Das einzige Problem war, dass viel mehr Jungen auf die Brummana High School gingen als Mädchen, und in unserem Alter hatten wir das Bedürfnis nach Freundinnen. In meiner Klasse waren nur zwei andere Mädchen: Viviane und Amal. Viviane, eine libanesische Armenierin, wohnte ganz in unserer Nähe, und Amal etwas weiter entfernt auf dem Gut ihrer Eltern. Wir wurden dicke Freundinnen und verbrachten nach der Schule entweder im Haus von Viviane oder bei uns viel Zeit miteinander.

Dennoch blieb uns dreien letzten Endes keine Wahl, als uns mit den

Buben abzugeben, obwohl sie uns lästig waren. In den langen Mittagspausen auf dem Schulgelände waren wir zum Spielen einfach auf sie angewiesen. Schließlich kamen wir auf ein Spiel, das wir und sie aufregend fanden:

Hinter den Schulgebäuden erstreckte sich auf dem eingezäunten Gelände ein kleiner Wald. Wir fantasierten uns zusammen, es wäre ein Räuberwald. Auf die Idee hatten uns ältere Schüler gebracht mit ihrer scherzhaften Warnung: »Geht ja nicht in den Wald! Dort ist es sehr gefährlich. Es könnte jemand kommen und euch niederschlagen oder gar töten!«

Damit forderten sie uns natürlich heraus, erst recht nachzuforschen. Mich vor allen anderen. Ich sagte mit fester und bedeutungsschwerer Stimme: »Niemand wird uns verletzen! Lasst uns gehen und der Gefahr ins Auge sehen. Wer immer uns angreift – wir werden ihn töten!«

Bald waren wir eine eingeschworene Gruppe und brachten jeden unbeaufsichtigten Moment im Wald zu, im Kampf gegen das Monster, das nichts anderes im Sinn hatte, als über uns herzufallen und uns zu vernichten. Wir teilten uns in kleine Kampfeinheiten auf, von denen jede ein eigenes Territorium besetzte. In Angriffsstellung warteten wir gespannt, bis irgendwo hinter den Bäumen ein Ruf ertönte:

»He, hier! Ich habe eine Spur gefunden. Rasch, da muss es sein!«

Die Horrorwelt, die wir uns erschufen, übte eine ungeheure Anziehungskraft aus – und bereitete mich, ohne dass ich es wissen konnte, ein wenig auf meine Zukunft vor.

Die Zeit, die ich nach der Schule mit Viviane und Amal verbringen konnte, beschnitt Mama leider bald, weil sie für mich und Ouroud die Unterstützung einer Privatlehrerin für notwendig erachtete. So hielt Miss Habib Einzug in unseren nachmittäglichen Zeitplan. Um vier Uhr kamen wir jeden Tag von der Schule zurück. Fortan mussten wir uns darauf einstellen, ab halb sechs noch zwei Stunden lang mit Miss Habib Aufgaben zu machen und Englisch zu lernen. Miss Habib, ein sehr nettes und ernsthaftes ältliches Fräulein, war für uns eine Quelle ständigen Verdrusses. Immer wieder beklagten wir uns:

»Warum sollen wir jetzt noch zwei Stunden lernen, wo wir doch eben erst von unserem ellenlangen Schultag heimgekommen sind?!«
Ich erinnere mich an einen Nachmittag, an dem ich besonders unglücklich war, dass mich jetzt auch noch Miss Habib mit ihren Lektionen erwartete. Ich protestierte: »Miss Habib, ich kann jetzt unmöglich lernen. Ich habe Hunger!«
»Setz dich doch jetzt einmal ruhig hin, mein Mädchen, damit du mit deiner Aufgabe anfangen kannst.«
»Nein, Miss Habib, ich kann nicht. Ich bin wirklich am Verhungern!«
Ich sprang auf, lief in die Küche und holte alle Bananen, die ich dort finden konnte. Im Lauf von Miss Habibs Unterricht verschlang ich mindestens zehn Bananen. Bis zum Abend war mir sehr, sehr schlecht. Niemand hatte an diesem Tag Mitleid mit mir, nicht einmal Vater. Er schmunzelte, als Mutter ihm den Grund meiner Übelkeit schilderte.
Dabei war Vater ansonsten sehr mitfühlend, wenn uns etwas fehlte. Er saß stundenlang neben der Kranken, strich ihr über den Kopf, gab ihr Medizin und versorgte sie. Wenn eine von uns litt, dann bewegte ihn das so sehr, dass er weinte. Er wandte sich zwar stets rasch ab, damit wir seine Tränen nicht bemerkten. Aber ich habe sie trotzdem gesehen.
Vater war kein glücklicher Mensch mehr. Das Exil lastete auf seiner Seele, und vermutlich forderte auch die unablässige Bedrohung ihren Tribut. Meine Mutter hatte es leichter als er. Sie konnte sich bei ihren Schwestern aussprechen, die uns oft besuchten – eine lebte sogar ständig bei uns. Es war nur natürlich, dass Mutter ihre geheimen Gedanken und Sorgen mit ihren Schwestern teilte, so wie sich das jetzt bei uns Kindern wiederholt. Wenn etwa Ouroud mit ihren Kindern nach Amman kommt, dann sitzen wir auch die ganze Zeit beisammen und schwatzen. Ich glaube aber, dass Mamas enge Beziehung mit ihrer Familie Vaters innere Einsamkeit verstärkte. Wohl hielt er auch hier einen großen Madschlis, aber er sehnte sich nach seinen Brüdern und Cousins, den alten Freunden und seinen Gefolgsleuten im Irak.

Wenn er nicht gerade reiste, so war er es, der uns nach der Schule empfing. Und er war da, wenn wir uns nach einer kurzen Erholungspause umsahen, was wir bis zu Miss Habibs Eintreffen anfangen könnten. Ich wandte mich dann automatisch ihm zu, plauderte mit ihm und erzählte die ganzen Alltäglichkeiten, die ich tagsüber in Erfahrung gebracht hatte. Wann immer ich ihn allein sitzen sah, nachdenklich, spürte ich den Drang, ihn aufzuheitern.

Er meinte dann: »Was hältst du davon, ya Sousou, meine Tochter, wenn wir uns jetzt ein Stückchen Schokolade gönnen?«

Vater hatte eine große Schwäche für Süßigkeiten, die ich leider – deshalb ringe ich immer um eine schlankere Figur – mit ihm teilte. Süßem, vor allem Schokolade, kann ich einfach nicht widerstehen. Nach jeder Reise kam Vater beladen mit Geschenken für seine Frauen heim. Unsere Mutter sammelte auf diese Weise schönen Schmuck an, und uns brachte er mit viel Geschmack ausgesuchte Sachen zum Anziehen oder eben Süßigkeiten. Vater hatte einen ausgeprägten Schönheitssinn, und noch als Zwanzigjährige trugen wir mit Begeisterung die Kleider, die er in London, Abu Dhabi oder Beirut für uns erstand.

Mein eigener Vorrat an Süßem hatte sich stets rasch erschöpft. Dann war ich auf Ouroud angewiesen, die immer noch irgendwo ein Bonbon für mich hatte, oder auf Vaters Großzügigkeit. Mit der um ein Jahr jüngeren Alia lag ich meistens im Zank, und die Kleinen bekamen immer nur so viel ausgehändigt, dass sie sich damit nicht den Bauch verklebten.

Ich folgte Vater also in sein Arbeitszimmer, wo er in der untersten Schreibtischschublade einen Schatz von Schokoladen, Keksen und Bonbons hortete. Im gedämpften Licht, das durch die Spalten der hölzernen Jalousien hereindrang, setzten wir unser Gespräch fort – er in seinem abgenützten lederbezogenen Lehnsessel, den ich noch aus Bagdad in Erinnerung hatte; ich mit angezogenen Beinen im Schaukelstuhl. Dabei naschten wir ein Stück ums andere und hörten erst auf, als uns einfiel, dass wir im Begriff waren, uns bis zum nächsten Tag den Appetit zu verderben. Mutter bemerkte es unausweichlich, wenn wir uns gehen ließen. Rasch beseitigten wir die

Spuren unseres Gelages, Krümel und Stanniolpapier, und gesellten uns wieder zu den anderen, beide mit einem winzigen verschwörerischen Leuchten in den Augenwinkeln.

Tatsächlich gelang es mir oft, ein Lächeln in sein Gesicht zu zaubern. Aber ihn zum Lachen zu bringen war nicht leicht.

Vater schimpfte nie mit uns. Er brauchte das auch nicht, denn er verfügte über eine natürliche Autorität, die Fremde aufstehen ließ, wenn er einen Raum betrat. Für uns reichte ein kritisches Wort von ihm, dass wir den ganzen Tag über ein schlechtes Gewissen hatten. Mutter und er kooperierten konsequent, wenn es um uns ging. Nie sagte einer über den anderen ein negatives Wort. Wenn Mutter uns tadelte, so nahm Vater uns nicht in Schutz, und umgekehrt.

Auf diese Weise wussten wir ziemlich genau, woran wir uns zu halten hatten, und gerieten selten in große Schwierigkeiten mit unseren Eltern.

Einmal aber kam es ziemlich schlimm: Jedes Jahr im Sommer mieteten die Eltern ein Ferienhaus. Das war eine alte Gewohnheit, die sie beibehielten, obwohl wir damals ohnehin in den Bergen lebten. Der sommerliche Exodus mit Sack und Pack, mit Hausrat, Sekretär und Dienerschaft gehörte für wohlhabende Familien einfach dazu.

Eines Tages, im Sommerhaus in Aley, spielten ich, Ouroud und Alia in unserem Zimmer. Wir saßen auf dem dicken, von daheim mitgebrachten Perserteppich auf dem Boden und taten so, als feierten wir Geburtstag. Jede kam dabei an die Reihe. Wir ließen uns gegenseitig hochleben mit »Happy Birthday!« und zündeten Lichter an. Nur dass wir statt Kerzen, die wir nicht hatten, Zündhölzer verwendeten. So ging das Spiel mehrmals reihum. Fünf Zündhölzer für Ouroud, fünf für mich, fünf für Alia. Bei jeder Runde wurden es mehr. Plötzlich fing der Teppich Feuer.

Das Zimmer hatten wir vorsorglich abgesperrt. Niemand sollte uns bei dem verbotenen Spiel mit den Hölzern überraschen.

Jetzt aber stand der Boden in Flammen, das Zimmer füllte sich mit Rauch, und wir brachten im Schreck die Tür nicht auf. Sie musste von draußen aufgebrochen werden, und das Feuer wurde mit viel

Wasser gelöscht. Der Rauch hing im ganzen Haus. Unsere Eltern stellten uns daraufhin für viele Tage unter Hausarrest.

Zerbrochene Träume

Die Gefahren, mit denen wir uns immer wieder im Spiel konfrontierten, schlugen eines Tages um in Realität. Damals – es muss um das Jahr 1973 gewesen sein – kam uns zum ersten Mal klar zu Bewusstsein, was es hieß, in ein politisches Haus hineingeboren zu sein.

Wie jeden Nachmittag hielt der Schulbus vor unserer Hauseinfahrt. Beim Aussteigen wusste ich sofort: Etwas stimmt hier nicht. Ungewöhnlich viele Fahrzeuge standen vor dem Anwesen, auch Polizeiautos. Kalt griff mir die bange Vorstellung ans Herz: Vater ist etwas passiert!

Die Gedanken in meinem Kopf überstürzen sich: Was mag geschehen sein? Ist er selbst an die Tür gegangen, obwohl er weiß, dass er das nicht tun soll? Hat er seine Pistole nicht angelegt? Vor meinem inneren Auge sehe ich ihn auf dem Boden liegen, in seinem Blut.

Vor dem Haus wimmelt es von Polizisten und Sicherheitsleuten. Hastig schweift mein Blick über die Menge, auf der Suche nach jemandem, den ich kenne. Er bleibt hängen an einem bekannten Gesicht, das ich erst nach dem Bruchteil einer Sekunde als das meines Vaters identifiziere. So fest ist mein Hirn schon auf die Katastrophe eingestellt. Ich denke: Er ist da! Und erst danach kommt die Erleichterung: Er ist am Leben!

Was hatte sich zugetragen? Am Vorabend war ein Cousin Scheich Talebs aus dem Irak zu einem heimlichen Besuch eingetroffen. Er sollte einige Tage bei uns bleiben. Vater hatte einen Termin in Beirut und fuhr allein in die Stadt. In den Stunden seiner Abwesenheit hielt ein Wagen vor dem Tor, und drei Männer sprangen heraus. Sie stürmten ins Haus, brachten den unglücklichen Onkel in ihre Gewalt, zerrten ihn ins Auto und rasten mit quietschenden Reifen davon. Offenbar meinten sie, Vater erwischt zu haben. Tagelang hörten wir nichts von dem fälschlich Entführten, bis die Kidnapper ihn wieder freigaben. Sie hatten den Mann gefoltert, und er konnte sich nie mehr ganz von den Folgen der Entführung erholen.

Um unsretwillen in große Gefahr geriet auch Vaters persönlicher Chauffeur im Irak, Hammat. Mutter hatte Hammat vor ihrer Abreise aus Bagdad mit der Verwaltung unserer Güter beauftragt. Er war ein einfacher Mann, nicht gebildet, aber fein und treu. Mutter war überzeugt, dass er die täglichen Geschäfte in unserem besten Interesse führen würde – Dinge wie Zahlungen erledigen oder Geld von Mietern und Pächtern entgegennehmen. Die Eltern rechneten nicht damit, dass größere Transaktionen anfallen würden, denn im Grunde hofften sie immer, dass Saddams Herrschaft bald ein Ende haben würde. Am Anfang war ihnen schlicht unvorstellbar, dass ihr Exil Jahrzehnte dauern könnte.

Für alle Fälle hatte Mutter Hammat jedoch eine Generalvollmacht erteilt. Daraufhin setzte das irakische Regime bei dem Mann den Hebel an. Sie warfen ihn ins Gefängnis, um ihn zur Abtretung unseres Besitzes zu erpressen. Hammat blieb unerschütterlich und ließ sich zu nichts zwingen, was uns schaden konnte. Durch sein Netzwerk erfuhr Vater, in welcher Gefahr Hammat schwebte. Die Eltern machten sich Sorgen um ihn, und Vater ließ ihm Nachrichten zukommen: »Ich bitte dich, gib auf dich Acht – um deiner Kinder willen! Riskiere dein Leben nicht meinetwegen! Ich danke dir für alles, was du für uns getan hast.«

Doch solange wir keinen Ersatz für ihn hatten, sah Hammat weiterhin treu auf unseren Besitz. Wie vielen Leuten, die für uns arbeiteten, hatte Vater auch ihm vor seiner Ausreise Land übertragen: »Das gehört euch. Verkauft es, baut euch Häuser darauf, tut damit, was immer ihr wollt.«

Uns Kinder allerdings belasteten diese Dinge damals noch relativ wenig. Ich, Ouroud und Alia genossen das internationale Flair und die vielen Aktivitäten an unserer Schule. Wir träumten davon, wie

herrlich das Leben erst sein würde, wenn wir in die höheren Klassen aufstiegen. Tuschelnd schwärmten wir von den Partys der Großen, auf denen Jungen und Mädchen zusammen tanzten und sich offenbar unermesslich amüsierten.
Das Exil hatte auch seine positive Seite. Es zwang uns sehr früh, in unterschiedlichen Welten zu leben. Das war eine große Chance für uns. Wir wären auch unter normalen Umständen auf Urlaub ins Ausland gefahren und hätten viel Neues kennen gelernt. Doch ist es etwas ganz anderes, tagtäglich in einer anderen Gesellschaft zu leben als der eigenen und sich dort integrieren zu müssen. Wir haben auf diese Weise eine Offenheit und Toleranz entwickelt, die uns persönlich viel gebracht hat. Auch in dieser Beziehung leistete die Brummana High School viel für uns.

Nachdem Mutter zu uns gestoßen war, erwartete sie bald wieder ein Baby. In den letzten Wochen vor der Niederkunft kamen Teta Taufiqa und Großvater Ali zu uns, um ihrer Tochter beizustehen. Als es dann so weit war, übersiedelte Mutter mit Teta nach Beirut in das Krankenhaus ihres Cousins, Dr. Malek Badreddin, wo sie schon Ouroud, mich und Alia zur Welt gebracht hatte. Dr. Badreddin war ein berühmter Arzt, und Mutter war froh, ihr Kind wieder bei ihm bekommen zu können. Vater war außer Landes, und wir blieben in der Obhut der Haushälterin Kamla und unserer Nannys zurück.
Mutter hatte nun schon fünf Mädchen und wünschte sich sehnlich einen Sohn. Aus Vaters Mund habe ich niemals den Wunsch nach einem Sohn vernommen. Er schien mit seinen Töchtern vollauf zufrieden. Mehr noch: Wir fühlten, dass wir und Mutter die Freude seines Lebens waren und dass er ohne uns sehr, sehr unglücklich gewesen wäre. Dank der Haltung meines Vaters habe ich es nie bedauert, als Frau auf die Welt gekommen zu sein, denn ich fühlte mich immer angenommen, geliebt und respektvoll behandelt und habe niemals irgendeine Art von Missbrauch erfahren.
Doch zu Mutters Leidwesen war auch das sechste Kind, das sie Taleb gebar, ein Mädchen. So gern hätte sie ihrem Gatten einen Jungen

geschenkt! Die Geburt eines Sohnes gilt in unseren Gesellschaften als besondere Leistung der Eltern. Und wenn ich mir überlege, mit welchem Stolz manche prominenten Familien im Westen ihre Söhne paradieren, frage ich mich, ob das dort so viel anders ist.
Mutter war jedenfalls sehr traurig und weinte viel. Nicht einmal ihre Eltern konnten sie trösten. Vater hielt sich zu dem Zeitpunkt als Gast von Schah Reza Pahlewi in Teheran auf. Telefonisch erfuhr er von der Geburt seiner Tochter Noura, brach den Aufenthalt ab und flog zurück nach Beirut. Der Schah hatte ihm für das Kind ein Geschenk mitgegeben, einen seidenen Teppich mit einer reliefartig in Gold eingewebten Abbildung des Heiligen Koran.
Als Vater Mutter in ihrer Suite im Spital besuchte, sagte er zu ihr: »Ich danke dir, dass du mir Noura gebracht hast.«
»Ich hätte so gern einen Buben gehabt!«, wollte Mutter nicht aufhören sich zu kränken. »Ich aber bin sehr glücklich, eine sechste Tochter zu haben. Und das ist mein Geschenk an dich für Noura.« Bei diesen Worten zog er eine kleine lederüberzogene Schatulle aus der Rocktasche und ließ sie aufspringen. In dem roten Samtpölsterchen steckte ein Ring wie für eine Königin.

Um die Zeit von Nouras Geburt lag der Libanon in den Vorwehen zum Bürgerkrieg. Die Fernsehnachrichten waren voll von Meldungen über Bombenexplosionen, Raubüberfälle, Entführungen und politische Morde. Dennoch ging das Leben im Land über Jahre hinweg in normalen Bahnen weiter. Niemand wusste, wie der Spirale der Gewalt zwischen den feindlichen Gruppen Einhalt zu gebieten wäre, und so verdrängten die Menschen im Alltag ihre Vorahnung dessen, was auf sie zukam. Für uns war der Libanon, verglichen mit dem, was uns im Irak erwartet hätte, immer noch ein Paradies. Meine Familie hatte sich angesichts der ständigen Gefahr einen Fatalismus angewöhnt, der uns bis heute bei Verstand erhält. Wir tun für unsere Sicherheit, was wir vernünftigerweise tun müssen, und darüber hinaus verschwenden wir keinen Gedanken an dieses Thema. Die meiste Zeit sind wir mit dieser Strategie gut gefahren. Vor Katastrophen feien konnte sie uns freilich nicht.

Eines Nachmittags läutete es an der Tür. Der Sekretär Said öffnete. Es war ein Bote, persönlich zu uns gesandt von König Hussein von Jordanien. Der Mann überreichte Vater eine Depesche. Vater schien beunruhigt, was selten vorkam. Was mochte der König ihm wohl so Wichtiges mitzuteilen haben, dass er nicht bis zum nächsten Treffen warten wollte? Vater war regelmäßiger Gast am Hof in Amman, wo er mit dem König immer noch an dem Plan für die Befreiung des Irak feilte. Vater überflog das Schreiben und reichte es an Mutter weiter. Mutter las es ebenfalls, und als sie aufsah, hatte sich ihre Miene verdunkelt: »Heißt das, wir müssen fort?«
»Ja,« meinte Vater, »das heißt es wohl. König Hussein weiß besser Bescheid über die Lage im Libanon als jeder andere. Wenn er sagt, Krieg ist im Anzug, dann ist es so.«
Zu uns gewandt fuhr Vater fort: »König Hussein schreibt uns, dass es hier nun zu unsicher geworden ist. Wir sollen unsere Sachen zusammenpacken und nach Amman gehen. Er heißt uns dort als seine persönlichen Gäste willkommen.«
Trotz des drängenden Tons der Botschaft überlegte Vater noch monatelang, ob er die Einladung des Königs annehmen sollte. Natürlich wollte er mit uns an einem sicheren Ort leben, aber Jordanien war damals ein sehr abgeschiedenes Land. Für einen aktiven Politiker wie ihn, der seine Kontakte brauchte und es gewohnt war, ständig viele Besucher zu empfangen, bedeutete die ruhige Hauptstadt Amman eine große Umstellung. Und vor allem: Würde er von dort aus ebenso gut seine Fäden ziehen können wie vom pulsierenden, mit der ganzen Welt im Austausch stehenden Libanon?
Irgendwann jedoch addierten sich das nahende Bürgerkriegschaos und unsere persönliche Verfolgung durch Saddam zu einer Bedrohung, die Vater nicht mehr verantworten konnte. An einem Freitagmorgen eröffnete er uns beim gemeinsamen Frühstück, was er mit Mutter bereits abgesprochen hatte: »König Hussein erwartet uns, und wir gehen nach Amman!«
Ich und Ouroud hatten seit jenem Nachmittag, an dem erstmals davon die Rede gewesen war, jeden weiteren Gedanken an Umzug weit von uns geschoben. Wir waren so glücklich in Brummana, und

wir waren fest entschlossen, bis zum Abitur an der internationalen Schule zu bleiben. Wir wollten all das wirklich erleben, was wir uns in unseren Kleinmädchengesprächen so farbig und verheißungsvoll ausgemalt hatten. Jetzt aber sollten wir um all das gebracht werden! Wir brachen in lautstarken Protest aus: »Wir gehen nicht fort von hier. Ihr könnt ja ohne uns gehen und uns hier ins Internat geben. Da ist es bestimmt sicher. Die haben eine so hohe Mauer!«
Ich streckte eine Hand so weit es ging nach oben, um die Höhe möglichst eindrucksvoll erscheinen zu lassen. Doch es half nichts. Kurz vor dem Ausbruch offener Feindseligkeiten übersiedelten wir Ende 1974 in die jordanische Hauptstadt. Wieder hatte Vater sich gegen London oder Paris als Wohnort entschieden, um dem Irak nahe zu sein.
Vor unserer Abreise hatte er unseren Helfern freigestellt, mit uns zu kommen oder zu bleiben. Der Sekretär Said blieb bei uns und auch Sreiha und die anderen Nannys. Saida dagegen wollte gern nach Hause. Vater hatte Verständnis, und so kehrte Saida zu ihrer Familie in den Irak zurück, zu ihren Schwestern und ihren Eltern. Sie heiratete, wie wir später erfuhren, einen Cousin. Mir hat Saida noch lange gefehlt mit ihrer zurückhaltenden, zärtlichen Art und ihrer leisen, melodischen Stimme.
Es war ein schmerzlicher Abschied von Brummana, von der Abu-Schouda-Familie, von Amal und Viviane, von all unseren Freunden in der Schule, unseren Lehrern und von unserer Haushälterin Kamla, die ebenso wie unser Fahrer Butros im Libanon zurückblieb.
Noch heute spüre ich meine Augen feucht werden, wenn ich an unsere letzte Fahrt mit Butros die malerische Straße hinunter nach Beirut denke. Bevor wir durch die Zollsperre gingen, drückte Kamla jede von uns schluchzend an ihren wogenden Busen, und wir schluchzten mit ihr. Den Chauffeur Butros umarmten und küssten wir zum Abschied. Auch ihm standen Tränen in den Augen, und sein grauer Schnurrbart zitterte. Als wir das Flugzeug bestiegen, nahmen wir nun zum zweiten Mal von einem Land Abschied, das uns zur Heimat geworden war. Auch das Land meiner Mutter wurde uns durch politische Gewalt entrissen.

Amman und die Schwestern vom Rosenkranz

Der König hatte alles für unsere Ankunft arrangiert. Als seine Gäste bezogen wir eine weitläufige Villa auf dem Dschabal Amman, dem »Amman-Berg«. Zwei Stockwerke boten ausreichend Platz für die von unseren Eltern zusammengetragene Sammlung orientalischer Antiquitäten. Prächtige alte Teppiche aus Persien und Afghanistan bedeckten den Boden im Madschlis, im großen Salon und in unserem Wohnsalon. Unsere schönen arabischen Möbel mit Damaszener Intarsienarbeit wurden in der nicht eben neuigkeitsverwöhnten Gesellschaft Ammans bald zum Gesprächsthema.

Vor dem Eingang zum Grundstück stand ein Häuschen für die zu unserem Schutz abgestellten Männer des königlichen Sicherheitsdienstes. Die Bewacher waren eine ständige Erinnerung für uns, dass wir kein normales Leben führten und jeden Augenblick mit einem Anschlag rechnen mussten. Sie durchsuchten jeden, der sich dem Haus näherte, und alles, was hereinkam, sogar die Lieferungen des Lebensmittelgeschäftes. Wer sich öfter einfand, war den Wachen bekannt und kam ohne Schwierigkeiten durch.

Die Villa blieb bis vor kurzem mein Heim. Erst im Jahr 2002 zog Mutter wegen ständiger Drohungen von Saddams Leuten in ein anderes Haus. Das Haus Scheich Taleb Al-Souhails in Amman war dem Regime in Bagdad allzu lang ein Dorn im Auge gewesen, und ich, die Tochter des Scheichs, machte draußen in der Welt zu viel Lärm gegen Saddam und seine Komplizen.

Die Villa bot mehr Platz als die Wohnung in Brummana. Unser Garten grenzte auf der einen Seite an jenen der kuwaitischen Botschaft, auf der anderen an das Amt des Premierministers. Unglücklicherweise lag nur wenige Häuser weiter die Residenz des irakischen Botschafters. Sie war für uns eine Quelle ständigen Ärgers, denn nicht genug, dass wir uns mit der Nachbarschaft dieser Günstlinge Saddams abfinden mussten, wir standen auch ständig unter Beobachtung.

Gegenüber von uns wohnte die Familie Abu Raghab, und das war wiederum ein Glücksfall. Sie hatten genauso viele Töchter wie meine Eltern, und es ergab sich, dass ich mit Sana' Abu Raghab in die Schule ging, Alia mit Maiada und Seinab mit Harasa. Ali Abu Raghab, der Onkel der Mädchen, ist jetzt Premierminister von Jordanien.

Eigentlich habe ich die beiden Familien zusammengebracht, denn ich freundete mich in der Schule rasch mit Sana' an. Sie war mein erster Kontakt in Jordanien, und es wurde eine Lebensfreundschaft. Aber abgesehen von Sana' war die neue Schule verglichen mit der Brummana High School eine Riesenenttäuschung.

Nach der Offenheit und Freiheit der internationalen Schule waren wir jetzt bei den Schwestern vom Rosenkranz gelandet. Der König hatte diese Schule für uns bestimmt, der Palast uns angemeldet. Vater hätte uns vielleicht in eine gemischte Schule gegeben, aber sogar die beiden Töchter des Königs gingen zu den Schwestern, und was für sie recht war, musste für uns billig sein. Mutter war sehr angetan von der Entscheidung des Palastes, denn sie war überzeugt, dass wir nur bei Nonnen lernen würden, uns wirklich gut zu benehmen.

Wir aber schimpften wie die Rohrspatzen: »Wir waren in einer wunderschönen Schule! Warum habt ihr uns hergebracht? Hier gibt es keinen Wald, keine Sportanlagen, nichts!«

Doch allmählich gewöhnten wir uns auch bei den Schwestern vom Rosenkranz gut ein. Es war eine katholische Schule, die Schüler anderer Religionsgemeinschaften ebenfalls aufnahm. Alle bekamen Unterricht in ihrer jeweiligen Konfession. Wir gingen in den islamischen Religionsunterricht. Einmal im Jahr mussten wir bei einer Prüfung durch einen schiitischen Imam unsere Kenntnisse unter Beweis stellen.

Jordanien ist ein sunnitisches Land, und kaum jemand weiß dort etwas über die Schiiten. Unsere Mitschülerinnen hatten die arabische Bezeichnung »Schia« vermutlich noch nie gehört. Geläufig war ihnen dagegen das Wort »Schuija« – für »Kommunistin«. Das Thema Kommunismus hatte die Gesellschaften in der arabischen

Welt über Jahrzehnte in Unruhe versetzt. Deshalb hörten wir immer wieder die Frage: »Bist du Schuija?« – »Bist du Kommunistin?«
Wir spürten, dass diese Bezeichnung keinen besonders guten Klang hatte, und fragten Vater besorgt: »Sind wir wirklich Kommunisten?«
»Nein,« lachte er. »Ihr seid Schiiten, keine Kommunisten! Das unterscheidet sich vielleicht nur durch zwei Buchstaben, ist aber etwas völlig anderes.«
Daraufhin erklärte er uns geduldig, was es bedeutete, zur Schia zu gehören, und weshalb wir uns von den Sunniten unterschieden und natürlich auch von den Kommunisten. Es war unseren Eltern immer sehr wichtig, dass wir uns unserer schiitischen Identität bewusst waren. Das hatte nichts mit Fanatismus zu tun. Von klein auf erzählten sie uns die Geschichten von Imam Ali und seinem Sohn Hussein. Sie lehrten uns beten und lasen aus dem Heiligen Koran vor und aus dem Hadith, in dem die Taten und Aussagen des Propheten festgehalten sind. Aber sie haben uns in religiösen Dingen nie zu etwas gezwungen. Es stand uns frei, aber zugleich war klar, dass es sich gehörte, zu beten und so zu leben, wie Gott es von uns erwartet.
Als wir älter wurden, sprachen die Eltern mit uns über die ethischen Grundsätze des Islam. Sie betonten immer wieder, dass es darauf ankam, ein guter Mensch zu sein, und weniger darauf, ob wir alle Gebote buchstabengetreu erfüllten. So erklärte Mutter uns auch, dass Gott uns nicht strafen würde, wenn wir den Hidschab – die islamische Frauenkleidung – nicht trugen. Sie ging nie im Hidschab. Nicht einmal Großmutter Safia hatte strengen Hidschab getragen. Nach Brauch der irakischen Stammesfrauen verhüllte sie ihren Kopf mit einem schwarzen Schleier und warf sich zum Ausgehen die ebenfalls schwarze traditionelle Abaja über ihre Gewänder. Eine der Erziehungsmethoden meiner Eltern, die man vielleicht modern als »Transparenz« bezeichnen würde, wurde von uns Kindern als sehr unangenehm empfunden. Aber heute erkenne ich darin die Spuren sehr alter Formen des Zusammenlebens im

Stamm, wo jeder Mensch seiner Gruppe verantwortlich war: Wenn es einen Grund gab, uns zu schelten, so warteten sie damit, bis wir beim Essen beisammen saßen. Es ist unglaublich peinlich, vor den eigenen Schwestern gescholten zu werden. Zumal es unter heranwachsenden Geschwistern ja nicht ohne Reibereien abgeht. Meine Eltern aber wollten uns bewusst machen, dass wir für unsere Fehler vor allen zur Rechenschaft gezogen werden konnten. Mutter fasste es in Worte: »Ihr müsst lernen, dass ihr alles, was ihr falsch macht, vor der ganzen Welt falsch macht.«

1975–1979

Ein König zieht sich zurück

In Amman begann sich für Vater eine Enttäuschung abzuzeichnen: König Hussein von Jordanien verlor das Interesse an den Plänen für einen Regimewechsel im Irak. Statt der gewohnten Billigung für seine Vorschläge bekam Vater plötzlich nur noch ein unbestimmtes »Inscha'allah! – So Gott will!« zu hören.

Dennoch hielt Vater an der Überzeugung fest, nur ein Monarch könne Saddam Hussein im Irak ersetzen. Er hatte vor Augen, wie gut Feisal I. das Land durch die schwierige Phase bis zur Unabhängigkeit geführt hatte. Es war ihm bewusst, dass die Monarchen Fehler gemacht hatten. Doch für ihn waren es korrigierbare Fehler gewesen, die nicht zu unlösbaren Problemen im Land geführt hatten. Vater rechnete der königlichen Familie außerdem hoch an, dass sie nie auch nur für einen Augenblick mit Saddam Hussein liebäugelte. Immerhin behielt auch Jordanien zunächst seinen ablehnenden politischen Kurs gegen Saddams Regime bei. Die Beziehungen der beiden Länder glommen auf Sparflamme, und Vater blieb es unbenommen, von Amman aus weiter seinen politischen Aktivitäten nachzugehen.

Es gab noch einen Angehörigen der Haschemiten-Dynastie, der Interesse hatte, im Irak an die Regierung zu kommen: Scherif Ali Bin al-Hussein, der Sohn von Vaters Freund Scherif al-Hussein. Sein Name ging um die Zeit des Golfkriegs von 2003 als möglicher Nachfolger Saddams durch die Medien. Aber im Gegensatz zu König Hussein ist Scherif Ali aufgrund seiner Herkunft nicht einwandfrei legitimiert, im Irak zu regieren. König Hussein stand durch seinen Großvater Abdullah von Jordanien – ein Bruder des irakischen Königs Feisal I. – unumstritten in der irakischen Thronfolge. Scherif Ali ist indessen nur in mütterlicher Linie mit dem irakischen Königshaus verwandt. Scheich Taleb und König Hussein von Jordanien wussten, dass Scherif Ali Bin al-Hussein sich mit diesem Handicap kaum auf einem irakischen Thron würde halten können.

Vielen Menschen im Westen mag der Gedanke an eine Restauration der irakischen Monarchie abwegig erscheinen. Aber haben nicht auch die Spanier sich nach dem Ende der Franco-Diktatur, 1975, für die Wiedereinsetzung des Königs entschieden? Mir persönlich ist für den Irak jede vom Volk gewünschte Staatsform recht, solange sie sich mit Demokratie vereinbaren lässt. Freilich mache ich mir keine Illusionen, dass es seine Zeit brauchen wird, bis wir nach 34 Jahren Baath-Diktatur wieder zu demokratischem Denken und Handeln zurückfinden und einen Staat aufbauen können, in dem jede einzelne Bevölkerungsgruppe respektiert wird.

Die Könige Jordaniens und das ehemalige irakische Herrscherhaus führen sich über die Prophetentochter Fatima und ihren Gatten Ali in direkter Linie auf den Propheten Mohammed zurück. Der Name ihrer Dynastie, »Haschemiten«, leitet sich ab von Haschem, einem arabischen Stammesfürsten und Urgroßvater des Propheten. Ihre männlichen Angehörigen tragen den Titel »Scherif«.

Von 1201 bis 1925 regierten haschemitische Scherifs die heilige Stadt Mekka. 1916 führt der Scherif von Mekka, al-Hussein Bin Ali, den arabischen Aufstand gegen die ottomanische Herrschaft an. Unterstützt wird er dabei von den britischen Streitkräften, die im Nahen Osten gegen die Türken Krieg führen. Der britische Verbindungsmann zu den arabischen Aufständischen ist Lawrence von Arabien, eigentlich T. E. (Thomas Edward) Lawrence. Er gewinnt des Vertrauen des Scherifs und seiner Söhne, vor allem Feisals. Nach den Friedensverhandlungen zieht er sich verbittert zurück, da die Versprechungen der britischen Regierung an die Araber nicht eingehalten werden. Er nimmt einen anderen Namen und die Identität eines einfachen Soldaten an.

Zwar tauschen die Araber das türkische Joch zunächst gegen britische und französische Mandatsregierungen aus, doch bringt ihnen

der Aufstand langfristig die Unabhängigkeit. 1921 wird das Emirat Transjordanien gegründet, die Briten setzen Scherif Alis ältesten Sohn Abdullah dort als Emir ein. Nach der Unabhängigwerdung von England, 1946, wird daraus das Haschemitische Königreich Jordanien. Im Irak verlaufen die Dinge ähnlich. Prinz Feisal wird 1921 als König für das Territorium der früheren türkischen »Wilajat (Provinzen) Irak« bestimmt und schließlich in einer Volksabstimmung mit 96 Prozent der Stimmen bestätigt.
Mutmaßlich sehen die Briten in Feisal einen Führer, der genug arabische und islamische Legitimation besitzt, um breite Akzeptanz zu finden, zugleich aber verwundbar genug ist, um weiterhin auf britische Unterstützung angewiesen zu sein. Am 13. Oktober 1932 wird der Irak von den Briten in die Souveränität entlassen und gleichzeitig Mitglied des Völkerbundes. Die Haschemiten sind Sunniten. Irakische Befürworter der Monarchie, wie etwa Scheich Taleb einer war, führen für die Haschemiten-Könige ins Treffen, sie seien in einer guten Position, den Irak zu einigen. Denn nominell sind die Haschemiten zwar Sunniten, werden aber aufgrund ihrer Abstammung von Imam Ali auch von den Schiiten sozusagen als »Verwandte« akzeptiert.

Mullah Mustafa al-Barsani

Für Vater war der Rückzieher König Husseins ein Rückschlag. Aber er ließ sich dadurch nicht aus der Bahn werfen. Er wusste: Nur wenn die Opposition wach blieb, könnte es dem irakischen Volk jemals gelingen, Saddam abzuschütteln. Es war Vater unendlich wichtig, dass der Irak sich aus eigener Kraft befreite. Er wollte keine fremden Befreier im Land sehen, die man womöglich nicht mehr loswurde.
Wenn Vater in diesen Tagen allein war, ertappte ich ihn oft beim Grübeln. Mir wurde das Herz schwer, wenn ich ihn so sah, nach

innen gekehrt und das Feuer seiner guten, dunklen Augen gedämpft. Auch jetzt wieder tat ich mein Möglichstes, um ihn heiter zu stimmen. Ich spürte, wie gut ihm meine Gegenwart tat, und so begann ich, mich bewusst in seiner Nähe aufzuhalten.

Noch aus früheren Zeiten, als er in Bagdad im Qasr Taleb ein glanzvolles Gesellschaftsleben führte, kannte Vater in Jordanien viele wichtige Leute. Es war für uns also kein Problem, Anschluss zu finden. Vater hatte auch hier zahlreiche Besucher, und wenn ich nicht gerade mit meinen Aufgaben oder meinen Freundinnen beschäftigt war, setzte ich mich in den Madschlis. Bald konnte ich die Gesichter der Männer in Vaters Freundeskreis verschiedenen politischen Bewegungen zuordnen.

Ein ganz entscheidender Gesprächspartner in dieser Zeit war zum Beispiel Idris Barsani, der Sohn von Mullah Mustafa Barsani, dem legendären Kurdenführer und Begründer der Peschmerga, einer schlagkräftigen Guerilla-Truppe. Ihr Name bedeutet: »Jene, die dem Tod ins Antlitz blicken«. Idris überbrachte Nachrichten von Mullah Mustafa und besprach mit dem Scheich die hoffnungslose Situation der irakischen Kurden.

Seit den Zeiten der Monarchie kämpfte Mullah Mustafa Barsani – trotz seines Titels kein religiöser Würdenträger – für die Autonomie des irakischen Kurdengebiets, Teil eines riesigen Territoriums, das zwischen die Mühlsteine der internationalen Politik geraten war. 1920, nach dem Ersten Weltkrieg und dem Zusammenbruch des Türkischen Reiches, war den Kurden im Vertrag von Sèvres in jenen Gebieten, in denen »das kurdische Element vorherrscht«, kulturelle und administrative Selbstbestimmung zugesagt worden. Drei Jahre später hatte sich der moderne türkische Staat gebildet und die anatolischen Kurdengebiete einverleibt. Kurdistan wurde zerschlagen und unter seinen fünf Nachbarstaaten aufgeteilt. Die Bevölkerung wehrt sich seither verzweifelt, um nicht aufgerieben zu werden. Was den irakischen Teil Kurdistans angeht, so wirken die Erdölschätze von Mossul und Kirkuk als Schmiermittel für politische Intrigen von Nachbarstaaten und Großmächten.

Mitte der siebziger Jahre, als Idris uns in Amman besuchte, hatte er zusammen mit Mullah Mustafa soeben den soundsovielten Attentatsversuch Saddam Husseins überlebt. Nun stand auch fest, dass Saddam sein 1970 mit den Kurden geschlossenes Autonomieabkommen niemals einhalten würde. Zuvor hatte Moskau die Kurden nach jahrzehntelanger Unterstützung im Stich gelassen und einen Pakt mit der Regierung in Bagdad geschlossen.

Kurze Zeit sah es so aus, als wären Barsanis Demokratische Partei Kurdistans (KDP) und die Peschmerga dem Untergang geweiht. Doch in einer spektakulären Wende gelang es dem Mullah, sich der Unterstützung des Schahs von Iran und der Vereinigen Staaten zu versichern. Beide Mächte beunruhigte der wachsende sowjetische Einfluss im Irak. Der Nachschub an Geld und Waffen für die Kurden schien somit gesichert. Das seit Jahrzehnten dauernde tödliche Spiel von Repression, Aufstand und Niederschlagung, in das Bagdad mit den Kurden verstrickt war, strebte seit Anfang 1974 wieder einem kriegerischen Höhepunkt zu.

Scheich Taleb hatte ebenfalls den Schah besucht und dessen Standpunkt zum irakischen Baath-Regime ausgelotet. Doch war er überzeugt, dass ohne starkes Eigeninteresse keine fremde Macht in die Geschicke des Irak eingreifen würde. Zwischen Persien und Mesopotamien gibt es eine jahrtausendealte Geschichte gegenseitiger Eroberung. Er hatte auch nicht vergessen, dass die beiden Baath-Coups, 1963 und 1968, von den USA unterstützt worden waren.

Vater und Idris Barsani diskutierten in unserem Madschlis über den Beistand, der von den Vereinigten Staaten gegen das Baath-Regime zu erwarten war. Der Scheich war sehr skeptisch, was die Prioritäten der USA anging. Washington wie auch die meisten Nachbarstaaten erblickten im Führungsgespann Hassan al-Bakr und Saddam Hussein Garanten der Stabilität im Irak, die nun bedauerlicherweise mit den Russen flirteten. Saddams starker Hand trauten sie zu, dass er die Kurden, schiitischen Stammesfürsten und religiösen Kräfte in Schach halten könnte. Andernfalls – so die allgemeine Befürchtung – könnte der Irak in ein unregierbares Chaos fallen. Sollten dabei am Ende in Bagdad die Schiiten an die Macht kommen, so konnte das die westlichen Ölinteressen

gefährden und die sunnitischen Monarchien Arabiens ins Wanken bringen.
Vater meinte zu Idris: »Die Kurden sind ein Stachel in Bagdads Fleisch, den die USA nun mit Gift tränken, weil Saddam sich in Richtung Moskau lehnt. Keiner vermag zu sagen, wie lange das so bleiben wird.«
»Der Mullah aber sieht in der Hilfe des Schahs und der Amerikaner die letzte Chance zu einem Befreiungsschlag gegen Bagdad«, erwiderte der junge Barsani.
Ein Heer zum Kampf entschlossener Kurden formierte sich im Grenzgebiet zum Iran. Den Peschmerga-Kämpfern schlossen sich Stammesleute an, ebenso wie aus der irakischen Armee desertierte kurdische Offiziere und Soldaten. Studenten und Oberstufenschüler strömten herbei und Akademiker aus den Büros von Bagdad. Trotz enormer Übermacht der irakischen Armee konnte sich das Kurdenheer in dem erbittert geführten Krieg behaupten.
Saddam tat schließlich etwas, womit Mullah Mustafa nicht gerechnet hatte – er griff zur Diplomatie. An einem schwarzen Tag für die irakischen Kurden schloss Saddam 1975 bei einer OPEC-Konferenz in Algier einen Handel mit dem Schah.
Im Gegenzug für den Stopp der iranischen Hilfe für die Kurden verzichtete Saddam auf drei kleine, aber strategisch wichtige Inseln im Schatt al-Arab – genau jene Inseln, über die er fünf Jahre später einen langen, sinnlosen Krieg gegen den Iran vom Zaum brechen würde.
Um die Politik des Schahs, ihres damals wichtigsten Verbündeten in der Region, nicht zu durchkreuzen, ließen auch die USA die Kurden fallen. Es würde nicht das letzte Mal sein, dass das unerschrockene Bergvolk einer Supermacht vertraute und dafür büßte. Der Kurdenaufstand brach zusammen. Die irakische Armee trieb die Kämpfer und die in der Furcht vor grausamer Rache fliehende Zivilbevölkerung vor sich her bis über die Grenzen in den Iran und die Türkei, in das Elend hastig errichteter Auffanglager. Allein in den Iran wichen zweihunderttausend Kurden und die KDP-Führung aus. Auch der Mullah wurde auf diese Weise einmal mehr zum

Flüchtling und zum unfreiwilligen Gast ausgerechnet bei Schah Reza Pahlewi, der ihn zuvor im Stich gelassen hatte.
In den folgenden Jahren siedelte Saddam massenweise irakische Araber in die Kurdengebiete um und deportierte Hunderttausende Kurden aus ihren fruchtbaren Landesteilen in unwirtliche Steppenzonen, wo er sie leichter kontrollieren konnte.
Die irakischen Streitkräfte hatte der Krieg und die gemeinsam verübte Brutalität an den Kurden zusammenrücken lassen. Dass der Aufstand niedergeschlagen werden konnte, erfüllte die Armee mit Stolz und schwor sie zugleich mehr denn je auf Saddam ein.
Mit dem Sieg Saddams über die Kurden zerbrach zunächst einmal wieder die Hoffnung auf einen baldigen Umsturz im Irak. In absehbarer Zeit würde Vater wohl nicht mehr damit rechnen können, vom Militär oder von den Kurden genug Unterstützung für einen Putsch zu bekommen. Da er jedoch hoffte, dass Saddam, wie vielen gefährlichen Diktatoren, im Größenwahn einmal ein entscheidender Fehler unterlaufen würde, fuhr der Scheich unbeirrt fort, sein Verbindungsnetz auszubauen. Wenn es so weit war, wollte er alles vorbereitet haben, um in kurzer Zeit zum Angriff überzugehen.
So jung wir noch waren – ich und meine Schwestern spürten aus der Reaktion unserer Eltern, dass die erschreckenden Nachrichten aus dem Kurdengebiet auch für uns persönlich tief greifende Folgen hatten. Wie sich damals herauskristallisierte, würde unser Leben fern der Heimat – eine Heimat, die wir aus dem Exil sehnsüchtig zum Paradies hochstilisierten – zum Dauerzustand werden.

Politik und Kunst

Mullah Mustafa Barsani, Vater und die anderen, die in jenen Tagen zusammen Pläne gegen das Regime in Bagdad schmiedeten, verbanden tragfähige Beziehungen. Vater wusste, er würde bei einem Umsturz auf den Mullah und dessen Kämpfer bauen

können. Der Mullah wusste seinerseits, dass er sich im Fall eines Coups, wenn der Irak neu gestaltet würde, auf eine faire Behandlung der Kurden verlassen konnte.
Zugleich gestanden sie einander Spielraum für unterschiedliches politisches Vorgehen zu. Während Vater die besondere Drucksituation der bedrohten Kurden nachvollziehen konnte, die es ihnen nahe legte, sich nach starken Beschützern umzusehen, blieb er für seinen Teil bei der Linie, nicht mit Großmächten zu paktieren.
Allerdings meine ich, die ich mich als Verwalterin seines Nachlasses sehe, dass der Scheich die militärische Aktion der USA gegen Saddam und sein Regime im Frühjahr 2003 befürwortet hätte – als allerletztes Mittel.
Alle anderen Mittel haben versagt, nicht zuletzt weil uns Irakern gerade jene Mächte – USA und Großbritannien – die uns im Jahr 2003 befreiten, jedes Mal in den Arm gefallen sind, wenn wir aus eigener Kraft versuchten, uns zu helfen. Am Anfang des irakischen Staates hintertrieben sie die Einigung der Kräfte im Land, und später hinderten sie uns daran, Saddam abzulösen. Darin spiegelt sich auf schaurige Weise der Zynismus globaler Interessenpolitik.
Jene Führungspersönlichkeiten, die in der Lage gewesen wären, Aufstände im Land zu führen, hatte Saddam skrupellos beseitigt. Die Bevölkerung selbst war nach 34 Jahren Schreckensherrschaft, Indoktrination und sinnlosen Kriegen zutiefst demoralisiert. 2003 gab es niemanden mehr, der die Autorität und die Mittel aufgebracht hätte, um das Baath-Regime niederzuringen. Doch so, wie Vater sich früher gegen die Baath-Diktatur aufgelehnt hat, würde er heute jede landesfremde Macht bekämpfen, falls sie sich im Irak nach einer kurzen Übergangsperiode zur Normalität festsetzen sollte.
Damals, in unserem Madschlis in Amman, packte mich die Faszination der Politik. Das mag in meiner engen Beziehung zu Vater begründet sein und im politischen Erbe meiner Vorfahren, der Al-Souhail und Badreddin. Mein wichtigster Antrieb jedoch ist, dass mir der Irak und seine Menschen am Herzen liegen.
Seit meinem zwölften Lebensjahr beobachte ich aus großer Nähe die politischen Beziehungen und Wechselwirkungen, die das

Schicksal des Irak und der anderen Länder in der Region bestimmen. Nach langem, zähem Ringen für die Monarchie kam Vater, und ich mit ihm, zu der Überzeugung, dass die einzige Hoffnung des Irak in seinem Volk liegt – darin, dass es nach dem Trauma des Baath-Regimes zu seiner Kraft zurückfindet und sich frei für seine Regierungsform entscheidet.

Ich vertraue auf diese Kraft. Mein Land, Mesopotamien, und seine Menschen haben so viele Hochkulturen hervorgebracht wie kaum anderswo auf der Erde. Nach jeder Periode der Depression entwickelte sich im Zweistromland eine neue, erstaunliche Kultur. Ich bin überzeugt, dass wir auch nach diesem langen, langen Tief wieder ein Hoch erwarten dürfen.

Eine Ahnung dessen, was in einem demokratisierten Irak möglich ist, vermittelt der Aufschwung, den die Kurden in der Autonomieregion im Landesnorden in nur zehn Jahren zustande gebracht haben. Ein Land, über dem noch 1991 eine Armada von Helikoptern Feuer spie, mutet heute fast so an wie ein aufstrebendes Land im Südosten Europas. Es herrscht Aufbruchstimmung, die Menschen sind erfüllt von Zuversicht. Wirtschaft, Bildungs- und Gesundheitswesen funktionieren, und Frauen haben die Freiheit, sich energisch für ihre Rechte einzusetzen.

Es mag verwundern, dass ich mich als einzige von sieben Schwestern in die Politik gestürzt habe. Vielleicht liegt das daran, dass sich der künstlerische Einschlag, den wir von Seiten der Badreddins haben, bei mir in einer Lust am Schreiben äußert. In meiner politischen Aktivität habe ich ein Ventil gefunden, diese Neigung auszuleben. Um die unter Saddam vom Informationsfluss abgeschnittenen Iraker mit Nachrichten zu versorgen, gründete ich Jahre später in Irakisch-Kurdistan mit einer kleinen Redaktion eine Oppositionszeitung, »Al-Manar al-Arabi – Der Arabische Leuchtturm«, die wir auf komplizierten Wegen im Landesinneren verteilten.

Eigentlich wäre Ouroud als älteste Schwester für die Nachfolge meines Vaters prädestiniert gewesen. Auch sie interessiert sich für Politik, doch wirkte der Sog der Kunst stärker auf sie.

Ouroud faszinierten Künstler schon als Kind. Sie lief zum Fernseher, wenn Feiruz auftrat, die große libanesische Sängerin mit der glockenklaren und von tiefstem Gefühl erfüllten Stimme. Stundenlang konnte meine Schwester selbstvergessen den poetischen Liedern von Feiruz und anderen arabischen Sängern lauschen. Auch ich liebe Feiruz, aber ich hätte mich durch sie nie vom Tratschen oder Spielen mit meinen Freundinnen ablenken lassen. Für mich war der Gesang im Radio oder Fernsehen ein angenehmer Hintergrund.

Wie Großvater Badreddin schrieb auch unsere Mutter Gedichte. Immer wieder bettelte Ouroud: »Bitte, Mama, lies mir etwas aus deinen Heften vor!«

»Jetzt nicht, meine Schöne, siehst du nicht, dass ich anderes zu tun habe?«

Ouroud ließ nicht locker, bis Mutter ihre in bunten Karton gebundenen Notizbücher hervorholte. Wenn sie sie so weit hatte, lief meine Schwester auf den Korridor und rief uns zusammen: »Mama liest uns Gedichte vor! Schnell!«

In kürzester Zeit waren ich und meine Schwestern im Wohnzimmer versammelt.

»Also, was möchtet ihr denn gern hören?«

»Scheheresad. Bitte, Mama, bitte!«

Das war unser Lieblingsgedicht. Seit ihrer Jugend hatte Mutter äußere Eindrücke und innerste Gedanken poetisch verarbeitet. Ganz süchtig waren wir nach ihren Versen über die wunderschöne Prinzessin, die den unerbittlichen Sultan mit ihren Erzählungen betört und dank der unerschöpflichen Kraft ihrer Fantasie ihr Leben rettet und seine Liebe gewinnt.

Wie Scheheresad rangen auch wir jeden unserer Tage einem Todesurteil ab. Allein König Husseins bewaffnete Wächter und unsere eigene Wachsamkeit standen zwischen uns und der Vollstreckung. Diese Wirklichkeit war so furchtbar, dass wir sie aus unserem Bewusstsein drängen und durch den Anschein eines normalen Lebens ersetzen mussten. Anders hätten wir nicht durchgehalten.

Mutter kannte das Gedicht natürlich längst auswendig. Wenn sie mit ihrer raumfüllenden, klaren Stimme die Geschichte der bedrohten Prinzessin vortrug, dann wühlte uns das so auf, dass uns

Tränen in die Augen traten. Auch Mutter war sichtlich bewegt, und wenn der letzte Vers verklungen war, so flehten wir: »Bitte, Mama, noch einmal!«

Wir gaben keine Ruhe, bis sie das Gedicht nicht zweimal, dreimal für uns gesprochen hatte. Erst dann waren wir bereit, etwas anderes zu hören. Oft griff sie nun nach einem der dünnen Bände berühmter arabischer Dichter, die sich auf einem Tischchen stapelten, und fing an, daraus vorzulesen. Während meine Schwestern nicht genug bekommen konnten, ließ bei mir irgendwann die Aufmerksamkeit nach, und ich wandte mich anderen Dingen zu.

Ouroud unterschied sich auch charakterlich von mir. Sie mochte Menschen, doch gab sie sich eher scheu und zurückgezogen. Ich bin, sobald Besucher da waren, immer gleich hinausgegangen zu ihnen, habe sie begrüßt und mich mit ihnen unterhalten. Ouroud war in dieser Beziehung wählerischer als ich; sie beschränkte sich darauf, nur ganz bestimmte Menschen zu sehen.

Auch darin stand ich Vater näher. Ihn hatte seine Familie in der Stammestradition so aufgezogen, dass er jeden willkommen hieß, der vorbeikam und an die Tür klopfte. Für ihn war es selbstverständlich, einen Besucher einzuladen:

»Hallo! Wie geht's? Bitte komm herein, iss mit uns!«

Ich habe mich einfach so verhalten, wie ich es bei meinem Vater gesehen habe. Und es gefiel ihm, dass ich seine Werte annahm.

Hätte mein Vater einen Sohn gehabt, so wäre dieser nach unserer Tradition dazu bestimmt gewesen, einmal in seine Fußstapfen zu treten. Ich kann nur darüber spekulieren, wie ich und meine Schwestern uns entwickelt hätten, wenn es in der Familie ein männliches Kind gegeben hätte. Da wir im Exil lebten, gab es für unsere Familie zumindest theoretisch die Freiheit zu wählen, welche Stammessitten wir beibehalten wollten und welche nicht. Mein Vater machte von dieser Freiheit beispielsweise Gebrauch, indem er darauf sah, dass wir eine höhere Ausbildung erhielten und lernten, uns in der Welt selbständig zu bewegen. Er bestand darauf, dass wir uns schon als junge Mädchen selbst um unsere Reisepässe kümmerten, unsere Zeugnisse und Dokumente in Ordnung hielten, den

Führerschein machten und uns mit den üblichen Bankgeschäften vertraut machten. Eine solche Haltung gegenüber seinen Töchtern ist für einen Scheich alles andere als selbstverständlich.
Ich bin mir sicher, dass wir auch neben einem Bruder die Chance auf ein selbständiges, aktives Leben gehabt hätten. Ob ich aber auch Vaters rechte Hand geworden wäre, lässt sich schwer abschätzen. Es wäre von der Konstellation abhängig gewesen – vom Charakter des Buben, von seinem Alter und von der Haltung meiner Mutter.
Jedenfalls hat Vater unter den gegebenen Umständen viel von der Rolle des männlichen Erben auf mich übertragen. Ich war ihm offenbar in seinem Wesen besonders verwandt und hatte das nötige Interesse und die Energie, um diese Rolle auszufüllen. Ich glaube, dass er glücklich darüber war, in einer Tochter auch jene Eigenschaften stark ausgeprägt zu finden, die in unserer Gesellschaft üblicherweise mit Jungen assoziiert werden.

Ein bitteres Ende

Eines Abends im Sommer 1975 kam einer von Vaters Freunden zur Tür herein und platzte heraus mit der Nachricht:
»Wisst ihr schon? Mullah Mustafa ist aus Teheran verschwunden!«
Jemand im Raum brach das erschrockene Schweigen:
»Das ist das Ende für die Kurden! Hat Saddam …?«
Zur vollen Stunde scharte sich die Gesellschaft um den Radioapparat, und Said suchte die Nachrichtenkanäle nach Meldungen ab. Wir wussten, dass es sinnlos war, etwas im irakischen Rundfunk erfahren zu wollen. Wenn überhaupt, so sendete er wichtige Nachrichten erst nach langwierigem Zensurverfahren. Schmerzhaftes Kreischen und Knattern wie von Maschinengewehrsalven und ein babylonisches Sprachengewirr drangen aus dem Gerät. Schließlich wurde Said fündig. BBC auf Arabisch. Sie brachten die Nachricht. Barsani war in den USA!

Saddam Hussein konnte weder die Kurden noch den Mullah vernichten. Doch es gab noch mächtigere Feinde: Bei Barsani hatten sich im Exil in Teheran Symptome von Lungenkrebs gezeigt. Paradoxerweise sahen sich nun der Schah, der den Kurdenführer an Saddam verraten, und jene US-Regierung, die ihn fallen gelassen hatte, für sein Wohl verantwortlich. Denn der Mullah hatte in den USA mächtige Freunde, und sie drohten, mit der Wahrheit über die Niederlage der Kurden an die Öffentlichkeit zu gehen, wenn er nicht die beste medizinische Behandlung bekäme. So organisierten SAVAK – die Geheimpolizei des Schahs – und CIA unter höchster Geheimhaltung die Reise Barsanis in die Vereinigten Staaten. Obwohl die USA ihn nach guten Behandlungserfolgen in der Mayo-Klinik gern wieder an den Iran losgeworden wären, wollte Barsani in seiner vom Geheimdienst bewachten Wohnung in Virginia bleiben. Er hoffte, von den USA aus noch etwas für die Kurden tun zu können, und blieb den Amerikanern bis zu seinem Tod im März 1979 erhalten. Am Ende seines Lebens quälte der Mullah sich mit Selbstvorwürfen, dass er mit seinem fehlgeleiteten Vertrauen in den Schah und die amerikanischen Verbündeten das Unglück seines Volkes verschuldet habe.

Der Verrat an Mustafa Barsani und den Kurden unterliegt bereits einem historischen Verdrängungsprozess. Veröffentlichungen aus respektabler Quelle enthalten falsche Angaben zu seinem Todesjahr – 1975 oder 1976 statt 1979 – und verschweigen das bittere Ende des Kurdenführers. Für die Kurden war Barsani schon zu Lebzeiten ein Mythos.

Die Kurden sind weltweit die größte Nation ohne eigenen Staat. Schätzungsweise 25 Millionen Volksangehörige besiedeln die Gebirgslandschaft zwischen dem östlichen Taurus-Gebirge Anatoliens, dem Großen Kaukasus in Russland und der Zagros-Kette im Iran. Davon leben knapp vier Millionen – ein Sechstel der irakischen Gesamtbevölkerung – im Irak.

Auf dem Gebiet der Türkei leben etwa zwölf Millionen Kurden.

Das ist ein Fünftel der türkischen Bevölkerung. Dieser hohe Anteil erklärt, weshalb die Türkei sich als einziger Staat mit Kurdengebieten weigert, ihren Kurden Minderheitenrechte zuzugestehen, und sie radikal unterdrückt.
Weitere sechs bis sieben Millionen Kurden befinden sich im Iran und eineinhalb Millionen in Syrien. In der früheren Sowjetunion gab es ebenfalls Kurdengebiete, doch wurde die ansässige Bevölkerung – mehrere Hunderttausend – ins Landesinnere umgesiedelt.
Das Bergvolk der Kurden hat eine der ältesten unter den vielen alten Kulturen des Nahen Ostens hervorgebracht und galt als Zivilisationszentrum an der Seidenstraße. Es ist in rund 100 großen alten Stämmen und 800 Clans organisiert, die mit ihrer starken Tradition für Zusammenhalt sorgen. So wird der in der Stadt Barsan ansässige Stamm der Barsani schon im 8. Jahrhundert erstmals urkundlich erwähnt.
Die Kurden ernähren sich großteils vom Ackerbau, betreiben aber seit alters sozusagen im Nebenerwerb das Kriegshandwerk. Vergleichbar mit den Schweizern verdingten sie sich bei unterschiedlichen Herrschern als Söldner und machten vielfach als Heerführer Karriere. So auch der berühmteste Sohn Kurdistans, Salah al-Din al-Ajubi – Sultan Saladin. An der Spitze eines Heeres, dem sich fast alle kurdischen Stämme angeschlossen hatten, besiegte er 1187 bei Jerusalem die Kreuzzügler und eroberte die Heilige Stadt für den Islam zurück. Die von ihm begründete Ajubidendynastie herrschte fast ein Jahrhundert lang über große Teile der arabischen Welt. Damit erreichte das Volk der Kurden den Höhepunkt seiner Macht. Salah al-Din wurde, wie Saddam Hussein, in der heute nicht mehr zu den kurdischen Gebieten gehörenden Stadt Tikrit geboren.
Nach der Eroberung ihres Landes im 16. Jahrhundert durch die Ottomanen arrangierten sich die Kurden mit den neuen Herrschern und durften sogar kleine Fürstentümer bilden. Im 19. Jahrhundert, als das Türkische Reich schon starke Verfallsprozesse zeigte, wurden sie dem Sultan jedoch zu mächtig. Im Jahr 1834 veranstalteten die Türken unter den Kurden ein Massaker. Damit begann die lange Kette kurdischer Aufstände.

Im Irak unter Saddam Hussein wurden die Kurden Opfer eines gewaltigen Völkermordes. Humanitäre Organisationen schätzen, dass bis zu einer halben Million getötet wurden. Mehr als eine Million Kurden suchten zum Höhepunkt der Kurdenverfolgung, 1991, Zuflucht im benachbarten Ausland. Am Ende der Saddam-Herrschaft fristeten noch 600 000 ihr Dasein in Flüchtlingslagern in Irakisch-Kurdistan.

Die Botin

Mit elf Jahren begann ich, an Scheich Talebs geheimen politischen Aktivitäten teilzunehmen. Eine geraume Weile hatte ich noch nicht einmal Ahnung, worum es ging.

Eines Nachmittags – ich war gerade über den Aufgaben ein wenig eingenickt – klopfte es an meiner angelehnten Zimmertür. Ich schrak auf. Es klopfte selten bei mir. Meine Schwestern oder Mutter kamen einfach herein. Wenn einer unserer Helfer etwas von mir wollte, rief er draußen meinen Namen. Es war Vater, und ich schämte mich ein wenig, denn meine Verschlafenheit war mir bestimmt anzusehen. Er hielt ein Kuvert in der Hand und sagte:

»Sousou, ich möchte dich um etwas bitten: Könntest du diesen Brief jemandem in der al-Hussein-Moschee bringen? Ich erwarte einen wichtigen Besuch und kann nicht selbst hinfahren.«

»Ja, natürlich, Baba!«

Ich sprang auf. Meine Schläfrigkeit war wie weggeblasen. Vater bat mich um einen Gefallen! Ich kleines Mädchen konnte etwas für meinen Vater tun!

»Ra'uf wartet mit dem Wagen. Mach dich aber in Ruhe fertig.«

Ich zog mir in Windeseile Schuhe an und ein Jäckchen, denn ich war in einem ärmellosen Kleid bei meinen Aufgaben gesessen, und in Amman sah es nicht gut aus, wenn ein Mädchen mit nackten Armen unterwegs war. Auch das war anders als im Libanon.

In einer Minute war ich unten beim Wagen. Vater wartete am hinteren offenen Schlag auf mich. Er übergab mir den Brief und schärfte mir ein: »Beim Nebeneingang zur Moschee ganz rechts wird ein Mann auf dich warten, ein Iraker – Ahmed Asis. Er wird dich erkennen. Gib ihm den Brief und grüße ihn von mir.«
Ich stieg ins Auto und hielt den Brief fest in der Hand. Ra'uf war von Vater instruiert worden. Mit einem respektvollen »Wie geht's, mein Fräulein?« fuhr er in elegantem Bogen an. Ich spürte, wie das Papier von meinen Fingern feucht wurde, und legte den Brief auf meine Knie. Er stak in einem schmucklosen, festen Kuvert aus graubraunem, rauem Papier. Vater hatte nichts daraufgeschrieben. Eine knappe Viertelstunde später hielt Ra'uf bei der Moschee am Fuß des Zitadellenhügels mit dem Omajadenpalast, dessen mächtige Mauern die einstige Pracht noch gut erahnen lassen. Ra'uf konnte nicht ganz heranfahren, und ich musste ein paar Schritte zu Fuß gehen. Das war kein Problem für mich, denn ich kannte mich aus. Die Eltern hatten uns schon mehrmals zu Stadtrundfahrten vergattert. Wir sträubten uns immer gegen solche Unternehmungen. Der Anblick der bis auf verstreute Sehenswürdigkeiten eher gesichtslosen jordanischen Hauptstadt ließ uns umso deutlicher spüren, wie wir den faszinierenden Libanon vermissten. Schließlich aber hatten wir doch unseren Spaß, besonders wenn Vater uns alle zum Abschluss ins *Café de Paris* einlud. In dessen orientalisch-westlichem Ambiente schwelgten wir in Cremetorten und riesigen bunten Eisbechern.
Nun erfuhr ich den praktischen Wert solcher Erkundungsfahrten. Den Briefumschlag an die Brust gedrückt, marschierte ich auf den angegebenen Eingang zu. Bald erfasste mein suchender Blick einen Mann, der mich ebenfalls schon wahrgenommen hatte. Er kam mir entgegen und fragte: »Bint Scheich Taleb? – Die Tochter Scheich Talebs?«
Höflichkeitshalber fragte ich zurück: »Sajjid Ahmed?«
»Ja, mein Fräulein!«
Er erkundigte sich nach dem Wohlbefinden meiner Familie, und ich überreichte ihm den Brief. Ich nahm seine Grüße an Vater ent-

gegen, verabschiedete mich und ging zum Auto. Ich hatte meinen Auftrag erledigt. Daheim saß Vater im Salon mit seinem Besucher zusammen. Ich hatte den Mann noch nie gesehen. Vater stellte mich vor: »Das ist Safia, meine zweite Tochter.«
Der schlanke, große Mann mit dem freundlichen, starken Blick gefiel mir. Für mich befremdlich, nannte Vater mir jedoch nicht seinen Namen. Ich beschloss, später nachzufragen.
»Und, Sousou, hat alles funktioniert?«
»Ja, Baba, ich habe den Mann gleich gefunden. Er lässt dich grüßen.«
Mehr fragte er nicht, um mich nicht auf die Bedeutung des Botenganges aufmerksam zu machen. Es war besser, wenn ich nichts Näheres wusste. Auch meine Schwestern, Ouroud, Alia und Seinab verrichteten Botendienste. Meistens aber beauftragte er mich, und es erfüllte mich mit grenzenloser Befriedigung, ihm in seinem Tun eine Hilfe zu sein. Denn dass er für sein Land überaus Wichtiges tat, war für mich sonnenklar. Heute denke ich: Wie verzweifelt muss Vaters Streben gewesen sein, dass er seine Kinder so früh in seine gefährlichen Geheimnisse einbezog?

George Basso – Nummer 12

Fast täglich hatte ich jetzt für Vater zu tun: Ich überbrachte Briefe, die an unsere Verbündeten in England, Frankreich und in vielen arabischen Ländern gingen. Auf winzigen Zetteln notierte Adressen und Telefonnummern ließ ich an allen möglichen Orten Ammans, aber auch daheim in unserem Madschlis unauffällig in die Hände von Leuten gleiten, die Vater mir bestimmt hatte.
Botschaften an unsere Verbündeten und Mitarbeiter im Irak konnten wir wegen der Überwachung durch Saddams zahllose Geheimdienste nur mündlich weitergeben. Ich lernte ganze Briefe auswendig, die ich anschließend verbrannte, um den Inhalt ohne Beweisstück an eine Kontaktperson zu übermitteln. Am Anfang ließ Vater

mich die Briefe aufsagen, ob ich auch wirklich alle Details richtig behalten hatte. Bei Telefonnummern und Adressen mussten wir jedoch bei den Zettelchen bleiben, denn ich kann mir bis heute Zahlen partout nicht merken.

Mündlich weitergeben mussten wir unsere Nachrichten auch ins geheimdienstlich stark überwachte Syrien, wo sich viele irakische Oppositionelle unter dem Schirm von Präsident Hafes al-Assad aufhielten. Sie sind später großteils nach London und Paris gegangen. Damals kam ihnen zugute, dass die syrische Baath-Partei aufgrund ihrer eigenen Vormachtbestrebungen im arabischen Raum zur Konkurrenz im Irak ein Verhältnis wie Hund und Katze hatte.

Vater fuhr fast wöchentlich nach Damaskus, um dort Freunde zu treffen. Er hatte eine gute Beziehung zu Präsident Assad, der ihn einlud, doch nach Syrien zu ziehen. Assad bot uns sogar ein Stück Land in Damaskus an, um darauf ein Haus zu bauen. Aber Vater lehnte dankend ab. Der Grund war nicht, dass er etwas gegen die syrischen Baathisten gehabt hätte – Vater hatte keinerlei Berührungsängste, nicht einmal, was irakische Baath-Leute oder Kommunisten betraf. Aber es war ihm wohler in König Husseins Jordanien.

Dabei wurde unser Leben dort täglich gefährlicher. Denn die Villa am Dschabal Amman entwickelte sich allmählich zu einem Zentrum des irakischen Widerstandes gegen das Regime in Bagdad. Die Drohbotschaften häuften sich: »Verhaltet euch endlich ruhig, oder es passiert etwas!«

Das Netzwerk des Chefs der Beni Tamim reichte tief hinein in alle politischen, ethnischen und religiösen Gruppierungen, die im und um den Irak am Wirken waren. Ein Freund meines Vaters erzählte später: »Jeder wusste, dass Scheich Taleb als Einziger überall einen prominenten Freund hatte.«

Viele einfache Menschen kannten Vater nur als Scheich und wussten ihn im Übrigen nicht einzuordnen. Da er sein Schiitentum nicht vor sich hertrug, hielten ihn die meisten für einen Sunniten. Auch in den kleinen Gemeinschaften, ob Jeziden, Turkmenen oder

Christen, hatte er seine Leute. Seine allerältesten Freunde aus der Schulzeit aber waren assyrische Christen. Einer von ihnen, George Basso, blieb, obwohl er schon lang in Deutschland lebte, immer mit uns in Kontakt. Gegen Ende der siebziger Jahre beschloss George, wieder die Heimat zu besuchen. Da er nicht vorhatte zu bleiben, reiste er mit seinem deutschen Pass ein. Die ersten irakischen Wächter, die ihm am Flughafen entgegentraten, küsste er vor Wiedersehensfreude. Sie aber packten ihn, führten ihn ab und steckten ihn ins Gefängnis.

George hörte nicht auf zu beteuern: »Ich habe nichts getan! Warum macht ihr das mit mir?«

Darauf steckten sie ihn in Einzelhaft.

»Aber ich bitte euch, was wollt ihr? Ich bin George Basso!«

Die Wache brüllte ihn an: »Wir haben keine Namen hier. Bei uns bist du Nummer 12!«

25 Tage verbrachte George Basso im Gefängnis, und es gab ihn nur noch als Nummer 12. Da alle seine Verwandten aus dem Irak emigriert waren, fragte niemand nach ihm. Und so wusste auch keiner, dass er verhaftet war. Womöglich wäre er bis ans Ende seiner Tage im Gefängnis geblieben.

Nach einigen Tagen verlegten sie George in ein größeres Gefängnis. Dort steckte er einem Mitgefangenen bei dessen Freilassung ein Stückchen Papier zu mit einer Nachricht an die deutsche Botschaft in Bagdad: »Ich bin im Gefängnis. Bitte kommen Sie und sehen Sie nach mir! George Basso.«

Als die Iraker ihn schließlich freiließen, sagte ihm ein Geheimdienstmann: »Ihr Problem ist: Sie sind Iraker, haben aber die deutsche Staatsbürgerschaft. Für uns bedeutet das, dass Sie als Spion für die deutsche Regierung arbeiten.«

George war fassungslos. Er sah zu, dass er auf dem nächsten Flug nach Deutschland einen Platz bekam.

Wenn er in den Jahren darauf bei uns anrief und Vater verlangte, fragten wir, die Stimme erkennend: »Spricht da George Basso?«

Am anderen Ende der Leitung rief es dann ins Telefon: »Nein! Das ist die Nummer 12!«

Die Geschichte von George Basso ist eine von unzähligen makabren Anekdoten, die sich in der Erinnerung meiner Familie angehäuft haben.

Sajjid Mahdi al-Hakim

Ich hatte nicht vergessen, Vater nach dem geheimnisvollen Besucher zu fragen, dem er mich vorgestellt hatte.
Er antwortete: »Das ist Sajjid Mahdi al-Hakim, einer der Söhne von Großajatollah Mohsen al-Hakim. Die Regierung beschuldigt Sajjid Mahdi des Hochverrats. Jetzt ist er auf der Flucht und in sehr großer Gefahr. Ich habe ihn eingeladen, zu uns zu kommen und sich hier zu verstecken. Aber du darfst nicht herumerzählen, was ich dir gesagt habe.«
Ich wusste schon einiges über den Hintergrund. Großajatollah Mohsen al-Hakim war bis zu seinem Tod 1970 geistiger Führer nicht nur der irakischen, sondern aller Schiiten gewesen. Die Regierung hatte ihn unter Hausarrest gestellt, während sie Tausende von unseren Geistlichen ins Gefängnis warf und folterte. Hunderte wurden ermordet. Wäre sein Sohn Sajjid Mahdi – er strahlte eine Kraft und Güte aus, wie ich es selten erlebt habe – heute noch am Leben, so bin ich überzeugt, dass die Schiiten im Irak ihn als ihren Führer anerkannt hätten.
Später nahm Mahdis Bruder, Ajatollah Baqir al-Hakim, diese Stellung ein. Baqir musste sich lange Zeit darauf beschränken, seine Herde vom Exil in Teheran aus zu lenken. Dabei stützte er sich stark auf die Hilfe der schiitisch-islamischen Revolutionsregierung des Iran. Obwohl die Menschen im Irak Einflüssen aus dem Iran traditionell mißtrauen, hat nach dem Ende der Saddam-Herrschaft im ganzen Land kaum jemand so viel Autorität wie er.
Im Gegensatz zu Ajatollah Baqir suchte der Bruder, Sajjid Mahdi, niemals die Nähe zum Iran oder einer anderen ausländischen

Regierung. Darin und in vielem anderen lag er mit uns auf einer Linie: der Irak den Irakern.
Das Wort »Sajjid« – »Herr« – ist ein häufiger arabischer Name, doch im Fall Sajjid Mahdis war es ein religiöser Titel. »Sajjid« bedeutet bei den Schiiten, dass jemand in gerader Linie von Imam Ali abstammt. Die jordanische Königsfamilie hat Imam Ali – und damit auch den Propheten Mohammed – ebenso im Stammbaum wie die irakische. Auch mein Großvater Badreddin trug den Titel eines Sajjid. Meine Mutter wäre traditionellerweise als »Alwija« anzusprechen. Ich und meine Schwestern haben jedoch keinen Anspruch, uns Alwija zu nennen, da die Abstammung nur entlang der männlichen Linie zurückverfolgt wird.
Vater, der Sajjid Mahdi ebenfalls schon seit Jugendtagen kannte, brachte den Schiitenführer mit Saad Saleh Dschabr in London zusammen. Saads Geschäfte florierten, und er war einer der reichsten Iraker im Exil. Er wollte etwas für sein Land tun und war bereit, dafür Geld bereitzustellen. Saad hatte zusammen mit meinem Vater eine politische Exilbewegung als Sammelbecken für alle liberalen Kräfte gegründet. Zugleich half er, die Vorbereitungen für den geplanten Putsch zu finanzieren.
Das Baath-Regime hatte sich viele Feinde gemacht, die für unseren Plan ein offenes Ohr hatten. Wie die Kurden und die schiitischen Stammesfürsten setzte die Regierung auch die Islambewegungen unter argen Druck. Saad Saleh Dschabr vereinbarte also mit Sajjid Mahdi al-Hakim, Geld in die religiöse Opposition zu pumpen.
Unser Gespräch über Sajjid Mahdi schloss Vater, indem er mir erklärte: »Du musst wissen, Sousou, die Regierung hat den Irak politisch zerstört. Kein Parlament, keine Wahl kann mehr etwas gegen Saddam Hussein ausrichten. Jetzt bleibt allein die Gewalt, wenn wir uns wehren wollen. Es wird nicht leicht werden. Wir brauchen Hilfe von der Armee, von den Kurden, von den Stammesscheichs mit ihren bewaffneten Männern und von den schiitischen Muslimen. Wir alle müssen zusammenhalten.«
Wenig später zog der hohe Geistliche in unsere kleine Gästewohnung im Erdgeschoss. Er trug Zivilkleidung, und wir Mädchen

waren beauftragt, ihn zu warnen, wenn sich Besucher im Haus aufhielten, damit er sich nicht blicken ließ. Niemand durfte von seiner Anwesenheit erfahren.

Wenn die Luft rein war, betrat er über die Nebentreppe zur Küche sein Apartment. Die Sache funktionierte ohne jedes Aufheben – am Anfang bemerkten nicht einmal unsere kleineren Schwestern, dass wir einen Gast hatten.

Scherine wurde eines Tages aber doch auf sein Kommen aufmerksam und spürte gleich, dass etwas im Schwange war. Sie lief zu Vater, sog durch gespitzte Lippen die Luft ein und flüsterte: »Huch, da ist jemand!«

Vater fragte: »Wer ist denn da?«

»Ich weiß nicht, Baba ... das ist Amo al-Harami – der Diebsonkel.«

Vater musste lachen und erzählte Sajjid Mahdi die Geschichte. Auch der lachte. Solche Episoden illustrierten für uns die schiere Absurdität der Situation, in die das irakische Regime uns gebracht hatte. So weit war es gekommen: ein hoher schiitischer Kleriker, der sich wie ein Dieb bei uns einschlich. Im Lauf der Zeit haben wir einen kräftigen Galgenhumor entwickelt, und Saddam sorgte dafür, dass wir viel zu lachen bekamen.

Von da an jedenfalls hatte Sajjid Mahdi al-Hakim ein Pseudonym, das er, nachdem er die Villa wieder verlassen hatte, gut gebrauchen konnte. Unsere Telefone standen zu allen Zeiten unter Überwachung. Wenn er bei uns anrief, meldete er sich einfach mit: »Hier spricht der Dieb.«

Seit den späten fünfziger Jahren gab es im Irak eine politische islamische Bewegung. Nach dem Coup von 1968 verfolgte das Baath-Regime die schiitischen Muslime grausam. Hunderte Geistliche und aktive Laien wurden getötet, Tausende ins Gefängnis gebracht und gefoltert. Am schlimmsten traf es die geistliche Spitze. Das Baath-Regime hatte es auf ihre Ausrottung abgesehen. Fünf Schiiten-Oberhäupter mussten sterben, allein aus der al-Hakim-Familie wurden 18 Angehörige hingerichtet.

Die Islambewegung reagierte auf die Bedrohung, indem sie begann, sich militärisch zu rüsten. Hilfe dazu kam aus unterschiedlichen Quellen, zum Großteil von der schiitisch-islamischen Revolutionsregierung des Iran. Anfang der achtziger Jahre floh der einflussreiche irakische Schiitenführer, Ajatollah Baqir al-Hakim, nach Teheran. Dort gründete der Ajatollah den Obersten Rat des Islamischen Widerstands im Irak (SCIRI), eine der mächtigsten Gruppierungen in der Opposition gegen Saddam Hussein.

Al-Hakim organisierte im Iran das so genannte Badr-Korps, eine viele Tausend Mann starke, voll militarisierte Truppe aus irakischen Flüchtlingen. Ihre Führung besteht aus irakischen Offizieren, die während des Irak-Iran-Krieges und nach dem schiitischen Aufstand von 1991 übergelaufen sind. Innerhalb des Irak stellte SCIRI eine geheime Miliz aus kampfmäßig ausgebildeten »Dschihad«-Einheiten auf.

Ebenfalls weit verbreitet, aber radikaler als SCIRI ist die schiitisch-islamistische al-Dawa-Bewegung. »Al-Dawa« bedeutet »der Ruf«.

Sorgen

Unser Haus wurde zum Fixpunkt für Iraker, die nach Jordanien kamen. Vater hieß sie alle willkommen. Manchmal waren diese Leute Mitglieder des Geheimdienstes oder sonstige Gefolgsleute Saddams. Selbst wenn er wusste, wen er in Wahrheit vor sich hatte, wies Vater keinen ab, lud jeden zum Lunch oder Dinner und diskutierte mit ihm die Lage im Land.

Ich verfolgte die Gespräche und fing allmählich an, mich als Gastgeberin zu fühlen. Wenn meine Eltern außer Haus waren und Gäste kamen, so hieß ich sie willkommen, bot ihnen Kaffee oder Tee an, ließ aus einem nahen Restaurant etwas zu essen bringen. Ich war damals zwölf, dreizehn Jahre alt.

Wir waren auch Anlaufstelle für die irakischen Flüchtlinge. Es ist unmöglich nachzurechnen, wie vielen von ihnen Vater half. Am laufenden Band beschaffte er mit Hilfe seiner guten Kontakte zu vielen Botschaftern in Amman Visa in die Golfstaaten, nach Europa oder Amerika, besorgte Arbeit in Jordanien oder im Libanon oder half mit Geld aus.

Einer der Menschen, die in jener zweiten Hälfte der siebziger Jahre zu uns stießen und von Vater Starthilfe erhielten, war ein Schneider namens George Terjanian. Vater gab ihm ein kleines Startkapital für ein Geschäft in Beirut und ließ fortan seine Hemden bei ihm schneidern. Mit der Zeit übernahm George auch andere Arbeiten für uns. Aufgrund komplizierter persönlicher Umstände verfügte George, ein armenischer Christ, über einen irakischen, einen syrischen, einen jordanischen und einen österreichischen Reisepass und eignete sich somit hervorragend als Kurier.

Im Gegenzug verschaffte Vater ihm für seine rasch wachsenden Geschäfte Zugang zu den Golfstaaten, und als George von den Syrern zum Militärdienst einberufen wurde, erwirkte er für ihn eine Befreiung. George wurde bald zu einem ebenso akzeptierten Familienmitglied wie der Sekretär Said, mit dem einzigen Unterschied, dass er im Libanon lebte und dort als Vaters Kontaktmann fungierte.

Wir freuten uns jedes Mal, wenn George kam, denn er brachte Neuigkeiten aus dem Libanon. Er hatte hervorragende Informationsquellen. Wegen des Bürgerkrieges machten wir uns um Mutters Familie, unsere vielen Freunde und das ganze Land große Sorgen. Die Telefonleitungen waren oft gestört, und es war gut, jemanden zu haben, der mit den Badreddins in Nabatija Kontakt hielt. Meistens konnte er uns beruhigen, doch diesmal meinte er, die Lage im Süden habe sich kritisch zugespitzt:

»Wir rechnen jeden Augenblick mit dem Einmarsch der Israelis!«

Mutter reagierte entschlossen: »Dann kommen meine Eltern eben zu uns! Was meinst du, Taleb?«

»Du weißt, deine Familie ist immer willkommen.«

Sogleich setzte Mutter sich ans Telefon, bekam aber keine Verbin-

dung nach Nabatija. So wählte sie die Nummer ihres Cousins in Beirut, Dr. Malek Badreddin, der die meisten ihrer Töchter zur Welt gebracht hatte. Wir lauschten gespannt und waren erleichtert, als das Rufsignal ertönte. Malek erkundigte sich ausführlich nach uns, und Mutter fragte ebenso ausführlich nach seiner Familie, bis sie zum Punkt kam:
»In Nabatija wird es jetzt sehr gefährlich. Ich kann meine Eltern telefonisch nicht erreichen.«
Malek schien zu antworten, dass es ihm nicht anders erging.
»Könntest du ihnen bitte so schnell wie möglich eine Nachricht zukommen lassen: Sie und meine Schwestern sollen sich bitte aufmachen und zu uns nach Amman kommen. Taleb besteht darauf. Und wenn sie nicht bald hier sind, fahren wir hinunter und holen sie!«
So also hielt Mutters Familie – Großvater Badreddin, Teta Taufiqa und zwei der Schwestern – bei uns Einzug. Zwei weitere Schwestern und ein Sohn lebten in Frankreich. Wir hatten genug Platz, um sie alle bequem im oberen Stockwerk einzuquartieren.
Mutter war glücklich, wieder im Kreis ihrer Familie zu sein. Teta war ein wenig älter geworden, aber so attraktiv und anspruchsvoll wie eh und je. Sie nahm von nun an die Küche unter ihr Kommando und verwöhnte uns mit libanesischen Köstlichkeiten. Im Gegensatz zu wohlsituierten Frauen anderer arabischer Länder gehen Libanesinnen und Irakerinnen gern in die Küche. Sie betrachten das Kochen als einen Dienst an ihren Lieben und ihren Gästen und genießen es, für ihre Kunst Lob einzuheimsen. Auch ich koche gern, und wenn die Bekochten mein Essen nicht von selbst loben, so frage ich sie einfach: »Schmeckt Ihnen das Huhn? Mögen Sie den Salat?«
Der Scheich freilich kam ob seiner Großzügigkeit über kurz oder lang in Geldnöte. Aus dem Irak gab es keine Einkünfte, obwohl Hammat alles gut verwaltete. Doch hatte Mutter ihn nicht eingesetzt, damit er größere Geschäfte in unserem Namen abwickelte. Wir sorgten uns wieder um ihn, denn wir hatten gehört, dass Saddams Leute ihn erneut in die Zange nahmen. Sie verlangten von ihm, dass er mit seiner Vollmacht Abtretungen unterschrieb, Land-

umwidmungen und dergleichen mehr. Hammat blieb weiterhin standhaft. Aber meine Eltern widerriefen nun die Vollmacht. Sie hofften, das Regime würde Hammat hinterher in Ruhe lassen. Damit standen sie allerdings vor einem unlösbaren Problem: Was wohl würde aus den Gütern in Bagdad werden, wenn niemand die Aufsicht führte? Für Vater stand fest, dass er diese Last keinem seiner Getreuen mehr zumuten konnte.

Die Al-Souhail hatten mindestens seit Großvaters Generation Geldanlagen im Ausland. Von diesen lebten wir nun. Es war zwar eine große Hilfe, dass die königliche Familie für unser Haus in Jordanien aufkam, aber da unser Geld fest angelegt war, gab es nur in periodischen Abständen Bares. Zugleich konnte unser Vater nicht hart bleiben, wenn ihn jemand um Hilfe bat. Das lag in seiner Position als Stammesführer und in seinem Naturell begründet. Und wenn er zehn, zwanzig, dreißig Dinar bei sich hatte – er gab das Geld her und dachte nicht darüber nach, wie er die Ausgaben für den Rest des Monats bestreiten würde.

Dann war es an ihm, Wochen zu überbrücken, bis wieder Zinsen hereinkamen. Für Mutter war das eine ewige Quelle der Unsicherheit. Auch wir litten darunter.

Einmal kamen ich, Ouroud und Alia freudestrahlend aus der Schule heim: »Baba, unsere Klassen fahren nach Rom! Die Schule organisiert alles. Dürfen wir mitfahren?«

»Ja, natürlich!«, sagte er und unterschrieb gleich das Anmeldeformular.

Einen Monat vor dem Reisetermin wandten wir uns an ihn wegen der Anzahlung – umsonst! Irgendjemand hatte dringend Geld gebraucht, und er hatte ihm seine ganze Barschaft gegeben. Wir drei waren tief traurig. Alle unsere Freundinnen fuhren nach Rom, und wir konnten nicht mitfahren, weil unser Vater, der Scheich und Millionär, kein Geld hatte! Er hat sein ganzes Leben nur gedient und nie genommen.

Überhaupt hatte Vater in Geldangelegenheiten keine gute Hand. Scheichs sind bei uns sprichwörtlich für ihre Geschäftsuntüchtigkeit. Obgleich sie normalerweise nichts vom Handel verstehen, machen sie liebend gern Geschäfte. Am Ende des Tages schaut selten etwas dabei heraus. So erging es auch meinem Vater. Mutter wurde inzwischen kribbelig, wenn er wieder auf den Gedanken kam, irgendwo zu investieren. Das Problem war weniger, dass er falsch investierte, sondern dass er sein Geld den verkehrten Leuten anvertraute. Er rechnete mit der Anständigkeit und Loyalität seiner Partner – damit, dass sie ihren Anteil nehmen, ihm aber ebenso den seinen erstatten würden.

Ich will ihn für diese Schwäche nicht entschuldigen, aber die Eigenschaften, die ein guter Geschäftsmann braucht, sind nicht unbedingt jene, die einen Stammesführer ausmachen. Bis heute ist die Liebe und Achtung der Menschen für ihn lebendig geblieben. Das strahlt auf mich machtvoll über, und deshalb weiß ich, dass mein Vater richtig agiert hat. Wo immer ich irakische Stammesführer und Exilpolitiker treffe, ob in Europa, in den USA oder in Kanada, begegnen sie mir trotz meiner Jugend mit großem Respekt. Das geschieht nicht um meinetwillen, sondern wegen der Reputation, die er mir hinterlassen hat. Aus heutiger Sicht ist mir allerdings schmerzhaft bewusst, dass Vater sein eigenes Leben nicht gelebt hat. Auch meine Mutter, die mit Vater Exil, Sorgen und Gefahren teilte und ihn auf vielen seiner ungezählten Reisen begleitete, ist der Meinung: »Wir haben zu viel geopfert.«

Hammat

Trotz allem ging das Leben seinen Gang.

Ende der siebziger Jahre kam meine jüngste Schwester Sara zur Welt. Mutter hatte zu ihrem Unglück wieder »nur« ein Mädchen geboren. Vater strahlte, als er seine siebte Tochter zum ersten Mal sah: »Sie ist ja unwahrscheinlich schön – wie eine Blume! Ich freue mich so sehr über sie, ya Minerva!«

Gewiss liebte Vater meine Mutter bedingungslos. Vermutlich hätte jeder andere Scheich, so gern er seine Frau auch haben mochte, eine zweite Frau geheiratet und eine dritte, bis eine ihm endlich einen Sohn geboren hätte.

Mutter verbrachte wieder sehr viel Zeit mit ihrer Familie. Wenn Besuch kam, so setzte sie sich kurz zu den Leuten und entschwand dann wieder ins Obergeschoss zu ihren Eltern und Schwestern. Vater widmete sich uns mehr als Mutter, und unsere Beziehung zu ihm ist dadurch noch stärker geworden. Ich hatte das Gefühl, dass Mutter sich mit ihrer Familie eigentlich mehr beschäftigte, als notwendig war.

Teta Taufiqa verhielt sich in dieser Beziehung ganz anders. Als sie beispielsweise nach Montpellier fuhr, um ihre Töchter zu besuchen, die dort an der Uni studierten, kam fast täglich von ihr ein Brief an Großvater. Darin schrieb sie ihm die leidenschaftlichsten Verse. Sie rief ihn an und flehte am Telefon: »Komm doch bitte zu mir! Ich vermisse dich unendlich. Warum kannst du nicht kommen?«

In späteren Jahren habe ich meine Großmutter gefragt, ob sie all das so meinte, wie sie es sagte. Sie antwortete: »Jede Frau, die einen Mann liebt, fühlt so. Aber viele Frauen glauben, sie müssten ihre Gefühle verbergen, um begehrenswerter zu sein. Das Gegenteil ist der Fall!«

Auch ich, Ouroud und Alia kamen jetzt in ein Alter, in dem Jungen interessant wurden. Sowenig wir mit ihnen am Hut hatten, als wir noch in der Brummana High School waren, so gern hätten wir nun welche in der Klasse gehabt. Jetzt wären wir im richtigen Alter gewesen, um uns mit Jungen auseinander zu setzen. So aber blieb unser Vater das einzige männliche Bild, an dem wir uns orientieren konnten. Dadurch sind unsere Ansprüche sehr hoch geworden. Es ist kaum ein Zufall, dass von meinen sechs Schwestern heute nur zwei glücklich verheiratet sind: Scherine in London – mit dem Sohn eines obersten Scheichs der Schammar, eines der ganz großen irakischen Stämme – und Sara, die erst vor kurzem ihre Hochzeit feierte. Ich selbst habe, für eine arabische Frau, sehr lange gebraucht, bis ich meinen Mann gefunden habe.

Indessen hatte die Schule in Amman auch Vorteile: Der Unterricht war viel kürzer als in Brummana, und wir brauchten auch keine Miss Habib, die uns mit Englisch-Nachhilfe die Abende sauer machte. Die Aufgaben waren rasch erledigt, und, wenn wir nicht gerade einen Auftrag für Vater zu besorgen hatten, dann verfügten wir über viel freie Zeit.

Um unser Grundstück verlief eine niedrige Mauer, und wenn ich nichts Besseres zu tun wusste, so saß ich dort im Schatten einer Akazie und vertrieb mir die Zeit, indem ich mit den vorbeikommenden Menschen plauderte. Die meisten waren Nachbarn, und so erfuhr ich viele Neuigkeiten – wann ihre Kinder geboren waren, wie sie alle hießen, ob jemand krank war oder eine Hochzeit ins Haus stand. Binnen kurzem war ich im weiteren Umkreis allen bekannt, und die Leute fingen an, sich über mich zu amüsieren:

»Safia, die Tochter von Scheich Taleb, ist wie eine Polizeistation. Wenn wir eine Auskunft brauchen, müssen wir uns nur an sie wenden!«

Alsbald gesellten sich im Lauf der Nachmittage die Mädchen aus der Nachbarschaft zu mir: Sana', Harasa und Alia Abu Raghab, Rania, Maiada und wie sie alle hießen. Stundenlang saßen wir auf der Mauer aufgereiht und beobachteten das Kommen und Gehen auf der Straße. Oft setzten sich auch Ouroud und Alia dazu, und wenn jemandem im Haus einfiel, dass wir Hunger haben könnten, schickten sie uns kleine Snacks und Süßigkeiten aus der Küche.

Manchmal erschien Vater, um nach uns zu sehen. Belustigt über das kichernde Rudel, das sich da neben dem Wächterhäuschen bei mir versammelt hatte, meinte er: »Warum sitzt du immer vor dem Haus? Bist du etwa ein Moukhtar – ein Bürgermeister?«

»Nein, Baba! Aber hier ist immer etwas los, und außerdem sehe ich, wer ins Haus kommt!«

Über meine tieferen Gründe schwieg ich mich aus. Auf diese Weise sammelte ich nämlich einen Schatz von Anekdoten, mit denen ich Vater aufheitern konnte. Außerdem traute ich nur bedingt dem Schutz der Wachen. Auch der Qasr Taleb war bewacht gewesen, als plötzlich die Bewaffneten in unserem Zimmer standen.

An einem dieser Nachmittage kam ein hagerer Mann in Stammeskleidung mit einer Tasche in der Hand die Straße herauf. Schon aus der Ferne, noch bevor ich das Muster seiner weiß-roten Hatta unterscheiden konnte, sagte mir mein Gefühl, dass er ein Beni Tamim war.

Das Gesicht des Mannes war mir nicht bekannt, doch als er beim Wachdienst am Tor Einlass verlangte, hörte ich den Namen Hammat heraus. Mit einem lauten Schrei, »Hammat!«, sprang ich von der Mauer und lief auf ihn zu, um ihn ins Haus zu begleiten.

Der Mann wusste sogleich, wen er vor sich hatte: »Du bist Safia, die Tochter Scheich Talebs, nicht wahr?«

»Ja«, rief ich und umarmte ihn.

»Und das ist Ouroud und das Alia!«, wies ich auf meine Schwestern, die ihn ebenso freudig begrüßten.

Die Eltern hatten so oft von Hammat gesprochen, dass er, obwohl wir uns an sein Gesicht nicht mehr erinnern konnten, vertraut war wie ein Familienmitglied.

»Ya Mama, ya Baba! Hammat ist da!«, riefen wir schon von draußen ins Haus und führten den ob des stürmischen Empfangs ein wenig verdutzten Tamimi in den Salon.

Vater war im Handumdrehen da und trat mit geöffneten Armen auf Hammat zu. Die beiden drückten und küssten und küssten und drückten einander. Gleich darauf erschien auch meine Mutter. Die Eltern waren über die Ankunft des treuen Chauffeurs nicht überrascht; sie hatten ihm durch einen Boten bestellen lassen, nach Amman zu kommen. Auch wenn er für die Güter keine Verantwortung mehr trug, so wusste er immerhin, wie die Dinge liefen.

Ich ging in die Küche, um für Hammat und Vater Tee zu holen. Als ich zurückkam, fiel mir auf, dass Hammat sonderbar wortkarg war. Bei einem Wiedersehen nach so vielen Jahren hätte er eigentlich vor Neuigkeiten aus Bagdad überfließen müssen, zumal meine Eltern es gut verstanden, einfachen Menschen ihre Befangenheit zu nehmen.

Schließlich wandte Mutter sich an uns: »Kommt, meine Mädchen, ich glaube, Hammat ist müde von der langen Reise. Seht doch ein-

mal nach, wo Said steckt. Er soll in seinem Zimmer einen Schlafplatz richten, damit Hammat sich ein wenig ausruhen kann.«
Wir verstanden den Wink. Nie hätten uns die Eltern direkt gesagt, dass etwas nicht für unsere Ohren bestimmt war. Andererseits wussten wir, wann es Zeit war, sie ungestört zu lassen. Wir suchten also Said, richteten ihm Mutters Anweisung aus und setzten uns wieder vors Haus.
Am selben Abend bemerkten wir, dass die Hausangehörigen plötzlich ernst dreinblickten, als wäre etwas Schlimmes passiert. Meine Eltern und Großeltern saßen mit Besuchern im Madschlis zusammen. Said und Hammat waren bei ihnen. Ich aber wollte unbedingt wissen, was los war.
Als Erstes fragte ich also Sreiha. Es war unseren Eltern nicht mehr möglich, für jede unserer kleinen Schwestern eine eigene Nanny zu beschäftigen, und so betreute sie jetzt Scherine und Noura: »Was ist denn passiert, ya Sreiha, dass alle so traurig aussehen?«
»Nichts, mein Liebling! Nichts Besonderes.«
»Hat Hammat schlimme Nachrichten gebracht?«
»Ich weiß es nicht.«
»Aber, bitte, so sag doch, warum alle solche Gesichter machen! Es ist doch niemand …?«
»Allah verhüte!«
»Aber was ist denn passiert?«
»Nichts, mein Liebling!« Sreiha hatte sich verschlossen wie eine Muschel am Meeresstrand.
Die Erwachsenen würden noch bis spät in die Nacht im Salon sitzen. Ich konnte es aber nicht mehr aushalten, die Stimmung im Haus zu spüren, ohne zu wissen, was der Grund war.
Ich betrat also den Salon und sah mich um. Die Gäste schienen ahnungslos, aber ich konnte sehen, dass Mutter und Vater bedrückt waren. Mutter saß auf ihrer gewohnten Couch. Der Platz neben ihr war frei. Ich würde sie fragen können. Es ist bei uns nicht unhöflich, wenn Frauen kurz miteinander flüstern.
»Ya Mama, was ist denn passiert?«, wisperte ich ihr ins Ohr.
»Geh auf dein Zimmer, mein Schatz. Ich komme gleich.«

Ich stand auf, ging zu Vater und den Großeltern, küsste sie und wünschte allen eine gute Nacht.

Ein wenig später stand Mutter in meiner Tür. »Ich muss mit euch Großen sprechen. Kommt in mein Zimmer!«

Ich trommelte Ouroud und Alia zusammen. Mutter hatte sich auf dem großen Bett in ihren Polstern zurückgelehnt. Wir setzten uns zu ihr und warteten, was sie uns mitteilen würde. Sie sah erschöpft aus. Offensichtlich hatte sie geweint.

»Saddams Leute haben Hammat schreckliche Dinge angetan. Sie haben ihn im Gefängnis gefoltert. Und er hat alles über sich ergehen lassen, weil er uns nicht schaden wollte.«

Am folgenden Tag ließen die Eltern Hammat noch einmal berichten, was geschehen war. Diesmal schickten sie uns nicht hinaus.

»Sie legten mir immer wieder Papiere vor und verlangten, ich solle unterschreiben. Ich antwortete jedes Mal: Ich bin der Chauffeur – ich verstehe das alles nicht. Zuerst prügelten sie mich, dass mir die Haut platzte. Dann fesselten sie mir die Füße und hängten mich verkehrt an einen Haken in der Decke. Und als ich so hing, traten sie mit den Füßen auf mich ein. Nach Wochen der Quälerei ließen sie mich laufen. Einige Zeit verging, und dann nahmen sie mich wieder fest. Diesmal schnitten sie mir die Ohrläppchen ab und zwangen mich, sie zu essen.«

Während er sprach, öffnete Hammat die oberen Knöpfe seiner Dischdascha und zog sich das Gewand über die Schultern herunter. Wir sahen die Narben, die er von den Misshandlungen am ganzen Oberkörper davongetragen hatte.

Im Raum herrschte entsetztes Schweigen.

Schließlich ergriff Mutter das Wort: »Es ist unvorstellbar, ya Hammat, was du für uns ertragen hast. Dafür werden wir dir nie genug danken können. Wir stehen tief in deiner Schuld.«

Imam Moussa Sadr

Die Welt war aus den Fugen geraten. Eine Katastrophe folgte auf die andere.

Im Irak kam es 1977 in der heiligen Stadt Kerbala anlässlich der Aschura-Feiern zu Massendemonstrationen gegen die Regierung. Tausende Schiiten wurden verhaftet, ihren Führern der Prozess gemacht, und acht von ihnen wurden zum Tode verurteilt und hingerichtet.

George Terjanian berichtete erschreckende Details von den Kämpfen im Libanon, der immer mehr im Bürgerkrieg versank. In einer Orgie der Gewalt gingen Christen, Sunniten, Schiiten, Palästinenser, Linke, Rechte, Arme und Reiche aufeinander los. Die libanesische Armee stand dem Gemetzel hilflos gegenüber. Syrien und Israel traten auf den Plan. Über viele Jahre hinweg sollten alle Versuche, den Frieden wiederherzustellen, zum Scheitern verurteilt sein. Auch mein Vater hatte vergeblich gehofft, aufgrund seiner guten Beziehungen zu den meisten Gruppierungen, besonders auch zu der christlichen Führung, im Libanon vermitteln zu können.

Unter den Fraktionsführern im Libanon stand ihm Imam Moussa Sadr am nächsten, eine der schillerndsten Persönlichkeiten, die in diesem Jahrhundert im Nahen Osten am Werk war.

Moussa Sadr war Anfang der fünfziger Jahre aus dem Iran in den Libanon gekommen und setzte sich dafür ein, die Lebensbedingungen der unterprivilegierten schiitischen Bevölkerung zu verbessern. Die Schiiten bildeten im Libanon traditionell die Unterschicht. Das Sagen im Land hatten wie überall die Reichen, vielfach maronitische Christen.

Für die Schiiten im Süden gab es keine finanziellen Mittel, keine Infrastruktur. Sie kamen aus ihren Dörfern in die Hauptstadt, um als Bauarbeiter, Küchenhilfen und auf sonstigen schlecht bezahlten Posten zu arbeiten. Moussa Sadr trieb Geld auf, gründete im Südlibanon Schulen und Spitäler und rief eine soziale schiitische Bewegung ins Leben, die »Gemeinschaft der Benachteiligten«.

Der Imam entsprach in nichts dem klassischen Bild des muslimischen Klerikers. Er kleidete sich westlich, bewunderte Martin Luther King und hielt Predigten in christlichen libanesischen Kirchen. Und, ähnlich wie Scheich Taleb, knüpfte auch er ein Maschenwerk von Allianzen quer durch das politische Spektrum des Nahen Ostens.

Die beiden waren sich einig darin, dass die Schiiten im Libanon nicht damit rechnen konnten, als politische Kraft ernst genommen zu werden, solange sie nicht gebildet und bewaffnet waren. Entsprechend erreichte mein Vater bei König Hussein, dass Schützlinge Moussa Sadrs in Jordanien zur Universität gehen konnten. Er organisierte den Kontakt der Bewegung zu Syrien und verschaffte ihren Mitgliedern militärisches Training.

Dabei lag dem Scheich und dem Imam nichts ferner als der Gedanke, eine Auseinandersetzung mit Maschinengewehren heraufzubeschwören. Es ging ausschließlich darum, den Schiiten mehr Macht zu verschaffen. Moussa Sadr war ein Mann des Friedens.

1979 lernte ich ihn kennen, als er unser Haus in Amman besuchte. Vater hatte für den Imam ein Treffen mit König Hussein arrangiert, und am Abend danach gaben meine Eltern ein großes Abendessen, um ihn und seine libanesische Delegation mit jordanischen Politikern und Wirtschaftstreibenden zusammenzubringen.

Immer werde ich mich an den eindrucksvollen, hochgewachsenen Mann mit den blitzenden grünen Augen erinnern. Er rauchte eine Zigarette nach der anderen und entfaltete einen betörenden Charme.

Mich fragte er nach meinen Erinnerungen an den Libanon. Er schien an jedem Detail interessiert, so dass ich rasch auftaute und frisch von der Leber weg mit ihm plauderte. Er schien zu spüren, wie traurig ich darüber war, dass ich die alte Schule in Brummana hinter mir lassen musste.

»Sie müssen sich nicht grämen: Viele Lehrer und Schüler sind fortgegangen, und die Quäker-Leitung hat ihre liebe Not, das Schulgelände aus den Kämpfen herauszuhalten.«

Sonderbar – ich hatte in den fünf Jahren, die ich nun in Amman

war, nie meine kindliche Vorstellung überdacht, dass kein Krieg der Welt meiner Schule etwas anhaben könnte.
Zwei Wochen nach dem Dinner bei uns stattete der Imam Oberst Gaddafis Libyen einen Besuch ab, wo er und seine beiden Begleiter von einem Augenblick auf den anderen spurlos verschwanden. Über ihr Schicksal ist bis heute nichts bekannt. Immer noch schmücken riesige Poster mit seinem Bild Wände in libanesischen Dörfern und Slums, und es kursieren die wildesten Gerüchte über das mysteriöse Schicksal des Imam.

Was als humanitäre Bewegung unter dem Namen »Gemeinschaft der Benachteiligten« begann, nahm im Lauf der Zeit politischen Charakter an. Um die Durchsetzungskraft der Bewegung zu stärken, gründete Moussa Sadr einen bewaffneten Flügel. Dabei erhielt er auch die Unterstützung von Safias Vater, der mit dem Los der libanesischen Schiiten sympathisierte. Aus diesem Flügel formierte sich zu Ausbruch des libanesischen Bürgerkrieges die militärisch organisierte Amal-(»Hoffnungs«-)Miliz.
Der Krieg hatte sich seit längerem angekündigt. Die Palästinensische Befreiungsorganisation PLO hatte sich nach ihrer Vertreibung aus Jordanien zu Beginn der siebziger Jahre in den Libanon verlagert. In Beirut errichtete sie ihr Hauptquartier und im Südlibanon Stützpunkte für Angriffe auf Israel.
Durch die Aktivitäten der PLO kippte die empfindliche Balance zwischen den politischen Kräften im und um den Libanon. Die libanesischen Parteien rüsteten sich militärisch, schwelende soziale und religiöse Konflikte brachen auf. Als 1975 maronitisch-christliche Milizionäre bei einem Anschlag auf einen mit Palästinensern besetzten Autobus 27 Passagiere töteten, explodierte das Pulverfass.
Bis zur Erschöpfung prallten Milizen christlicher und muslimischer Parteien, die libanesische Armee und die PLO in blutigen Kämpfen aufeinander. Um Einfluss im Libanon rivalisierend, griffen sowohl Syrien als auch Israel in die Konflikte ein und schalteten die PLO aus. Allianzen und Gegnerschaften wechselten in einem undurch-

schaubaren Verwirrspiel. Seit 1990 gilt der Bürgerkrieg als beendet. Doch der Libanon ist bis heute ein Krisenherd geblieben.
Obwohl Israel sein Militär im Mai 2000 abzog, hält Syrien weiterhin Landesteile besetzt. Nun fordern die Libanesen mit zunehmender Lautstärke auch die syrische »Schutzmacht« zum Rückzug auf.
Die iranische Revolutionsregierung mischte ebenfalls mit: Sie rüstete die schiitisch-extremistische Amal-Splittergruppe Hisbollah zu einer militärischen Organisation hoch. Heute steuert neben dem Iran auch Syrien die besonders für Israel bedrohliche Hisbollah. Nach dem Rückzug der Israelis kontrolliert sie nun wie ein Staat im Staat die schiitischen Gebiete im Südlibanon.

Lichtblick

Zunehmend berichteten Freunde aus dem Irak, dass sie nach ihrem Besuch bei uns am Dschabal Amman Schwierigkeiten bekommen hätten. Mindestens eine der zahlreichen Geheimpolizeien, die das Regime inzwischen in Konkurrenz zueinander etabliert hatte, schickte ihnen plötzlich Beamte, um Erkundigungen einzuziehen.
Dennoch stattete uns unverändert jeder Stammesscheich, der nach Jordanien fuhr, jeder Beni Tamim, seinen Besuch ab. Für den Fall, dass sie daheim zur Rechenschaft gezogen würden, hatten sie eine Antwort parat:
»Scheich Taleb ist unser Vetter, wir respektieren ihn, und wir kümmern uns nicht um Politik. Aber wir haben das Recht, diesem Mann unsere Aufwartung zu machen.«
Für die Geheimdienstler war das eine glaubwürdige Erklärung. Sie selbst waren vielfach Angehörige der dem Irak aufgepfropften sunnitischen »Elite« und trauten den überwiegend schiitischen Stammesleuten im Grunde nichts zu.
Als Nächstes ließ uns der jordanische Geheimdienst Warnungen

zukommen, dass die Lage für Vater in Amman sehr riskant geworden sei. Es wäre besser, wenn er für einige Zeit außer Landes ginge. Daraufhin reiste er mit Mutter für ein paar Monate nach London, wo sich in der Zwischenzeit um Saad Saleh Dschabr ein Kreis alter Freunde im Exil wiedergefunden hatte.

Ich war ziemlich aufgebracht, dass Mutter uns ohne jedes Federlesens mit den Großeltern in Amman zurückließ. Offenbar wurde dadurch bei mir die alte Kränkung wieder lebendig; die Furcht, ich könnte wieder so unglücklich werden wie in Nabatija. Heute bin ich froh, dass Mutter unseren Vater damals nicht allein gelassen hat. Er fühlte sich langfristig außerhalb des Nahen Ostens nicht wohl, und sein Leben war ohnehin schwer genug.

Auch für uns Kinder war die Situation keineswegs einfach. Ich besitze eigentlich wenig Vorstellung davon, was es bedeutet, eine sorgenfreie Kindheit zu haben – psychologisch gesehen. Heute, als Erwachsene, ist für mich Entspannung im Urlaub oder ein längeres Ausruhen buchstäblich undenkbar. Ich versuche zwar, jene wunderbare Gabe zu pflegen, die wir arabischen Frauen im Gegensatz zu unseren westlichen Geschlechtsgenossinnen mitbekommen haben – wir verhalten uns selten hektisch. Aber dennoch bin ich vom Aufstehen bis zum Schlafengehen in Aktion, knüpfe und pflege Beziehungen, plane, organisiere und mische mich ein, mobilisiere, betreibe Lobbying, diskutiere, argumentiere, kläre auf, gebe Interviews. Wenn ich meinen Sohn füttere, koche oder mich einen Augenblick hinsetze, kann ich sichergehen, dass das Telefon läutet und die Politik ihren Platz einfordert.

Als wir Kinder waren, haben wir trotz des Drucks, der zu allen Zeiten auf unserer Familie lastete, einfach das Beste aus der Situation gemacht. Kinder sind Genies im Leben und Überleben. Wenn eine Hiobsbotschaft hereinkam, so reagierten wir, je nachdem, traurig, empört oder erschrocken. Zum Glück waren wir immer so viele im Haus, dass wir uns dem Bösen gemeinsam stellen konnten. Bald darauf aber pendelte unsere Gemütslage dank der starken seelischen Spannkraft, wie sie Kinder eben haben, wieder ins Gleichgewicht.

Für die Zeit seiner Abwesenheit in London übertrug Vater mir neue Verantwortung. Stellvertretend für ihn empfing ich nun Besucher, nahm von ihnen Papiere entgegen, die ich bis zu seiner Heimkehr sorgfältig versteckte. Für einige hohe Persönlichkeiten, die er in der nächsten Zeit erwartete, hatte er mir Briefe hinterlassen.

Dem Regierungsbeamten eines arabischen Landes oder einem Prinzen konnte Vater nicht einfach Said oder den Chauffeur mit einer Nachricht schicken, und so traf ich mich mit diesen Leuten in einem Hotel oder einem Restaurant in Amman. Der Scheich organisierte nämlich nicht nur die Verschwörung gegen die Clique in Bagdad, sondern er plante auch für die Zeit danach, wenn der Irak die Unterstützung der Regierungen der arabischen Nachbarländer brauchen würde.

Bald kannten mich die Gesprächspartner meines Vaters als seine Abgesandte. Das hatte einen großen Vorteil: Ein Angestellter mochte von einem anderen abgelöst werden, und so hätte sich jemand relativ leicht als Beauftragter des Scheichs ausgeben können. Ich aber war seine Tochter, und wenn er ankündigte, er würde mich schicken, so wussten die Leute mit Sicherheit, dass sie die richtigen Informationen erhielten.

Wir vermissten die Eltern. Die Bedrohung unserer Familie war allgegenwärtig, und ohne unsere Eltern fühlten wir uns allein und verwundbar. Wenigstens kam ich diesmal mit Teta gut aus. Wir waren nun wohl beide einsichtiger. Teta Taufiqa hatte sich auch äußerlich verändert. Im vergangenen Jahr war sie dazu übergegangen, ihr ergrauendes Haar mit einem weißen Schleier zu bedecken. Sie trug jetzt lange, weite Kleider im arabischen Stil, mit Bordüren oder Stickerei verziert.

Der Grund dieser Veränderung war nicht, dass sie plötzlich der religiöse Eifer gepackt hätte, sondern dass sie diese Kleidung mit fortschreitendem Alter bequemer und passender fand. Bestimmt hatte es auch damit zu tun, dass ihr Leben in Amman viel zurückgezogener verlief als in den glücklichen Tagen in Nabatija. Trotz ihrer Verwöhntheit hörte ich Teta Taufiqa aber nie über das Exil klagen.

Sie war kein Mensch, der sich in Bitterkeit ergangen wäre, wie uns allen Bitterkeit eigentlich nicht liegt.
Großvater Badreddin war, als er ins Exil ging, zwar nicht mehr Bürgermeister von Nabatija gewesen, doch machte ihm das Leben fern seiner Stadt schwer zu schaffen. Er sorgte sich um die Zukunft, um die Bevölkerung und seine Patienten. Nabatija lag in jenem Landstrich, wo der Bürgerkrieg in die Konfrontation mit Israel überging, und geriet immer wieder ins Kreuzfeuer von Raketenangriffen. Wenn sich die Lage ein wenig entspannte, fuhr Großvater hin, um nach dem Rechten zu sehen.
Bei ihrer Rückkehr aus England standen die Eltern unter dem Schock des tödlichen Anschlags auf einen prominenten Exiliraker. Ausgerechnet zu der Zeit, als Vater zur eigenen Sicherheit nach London ausgewichen war, wurde eben dort Abd al-Rasak al-Nayif, ein ehemaliger Ministerpräsident, von den Kugeln irakischer Agenten niedergestreckt. Auch ich hatte den Mann gut gekannt, denn wie wir lebte er eine Zeit lang unter dem Schutz König Husseins in Amman und arbeitete mit Vater an dem Umsturzprojekt. Er war vor der Machtübernahme der Baathisten 1968 kurzfristig Ministerpräsident gewesen und hatte ihnen damals de facto den Steigbügel gehalten. Das verhinderte jedoch nicht, dass er fliehen musste und schließlich von ihnen getötet wurde.
Nach dem Anschlag war klar, dass Vater sich nicht einmal mehr in Europa vor dem irakischen Geheimdienst in Sicherheit wiegen konnte. Die beste Vorkehrung war, in Bewegung zu bleiben. Also beschloss er, eine Wohnung in Beirut zu kaufen und zwischen zwei Wohnsitzen hin und her zu pendeln. Wir freuten uns, nun wieder eine Wohnung im Libanon zu haben, wussten aber zugleich, dass wir in absehbarer Zeit wegen des Krieges kaum hinkommen würden.
In diesen dunklen Jahren gab es in politischer Hinsicht einen einzigen Lichtblick.
Es war ein Abend im September 1978. Die Straßen Ammans waren leer gefegt, denn die ganze Stadt saß vor den Fernsehgeräten. Auch bei uns im Wohnzimmer hatte sich die Familie versammelt, um das

Ereignis live mitzuverfolgen. Weil wir die objektivere Berichterstattung der Israelis vorzogen, sahen wir uns allabendlich ihre Nachrichten auf Arabisch an. Die Medien in der arabischen Welt kennen nämlich keine unabhängige Berichterstattung. Die Bevölkerung bekommt immer nur zu hören, was die Regierung mitteilen möchte. Deshalb hatten wir auch jetzt den israelischen Sender eingeschaltet, der live aus den USA berichtete.

Teta Taufiqa, Großvater Badreddin, meine Mutter, mein Vater, ich und meine Schwestern saßen da – Noura und Sara rutschten noch zu unseren Füßen herum – und verfolgten das erfreulichste Ereignis, das der Nahe Osten in Jahrzehnten erleben sollte: den Augenblick, da Ägyptens Präsident Anwar al-Sadat mit Israels Premier Menachim Begin das Friedensabkommen von Camp David unterzeichnete.

Wir waren alle sehr glücklich und priesen Sadat für seinen unglaublichen Mut: »Gott segne ihn für das, was er getan hat!«

Wir hofften, andere würden das Gleiche tun, denn wir wussten, es gibt keine andere Wahl als den Frieden. Bedauerlicherweise stellten sich viele arabische Regierungen vehement gegen das Camp-David-Abkommen, allen voran das Regime im Irak, das in Bagdad sogleich eine Konferenz der so genannten »Ablehnungsfront« einberief und die Isolierung Ägyptens innerhalb der arabischen Welt mit viel Erfolg betrieb.

Ich war damals 13 Jahre alt und verstand, was vorging. In meiner Klasse war ich als Einzige für den Friedensschluss. Alle anderen waren dagegen, und ich stritt mich mit ihnen.

Wenige Jahre später musste Sadat für seinen Mut mit dem Leben bezahlen. Ich habe das Bild der drei Regierungschefs in Camp David – Sadat, Begin und Jimmy Carter – deutlich vor mir, und wenn ich mir den ernsten Ausdruck in Sadats Gesicht vergegenwärtige, so kommt es mir vor, als hätte er gewusst, dass er mit dem Federstrich unter den Vertrag sein Todesurteil unterschrieb. Ein Mann des Friedens geht in unserer Region ein hohes Risiko ein.

Trotz König Husseins Ausstieg aus den gemeinsamen Plänen war unser Verhältnis zum Hof unverändert gut.
1977 verlor der König seine junge Frau Alia tragisch durch einen Hubschrauberabsturz. Alle waren erschüttert, als Hussein, dem die Tränen über das Gesicht strömten, im Fernsehen den Tod seiner Frau bekannt gab. Ganz Jordanien trauerte, und wir hatten ein paar Tage keine Schule, was wir trotz allem natürlich genial fanden.
Ein Jahr später heiratete der König zum vierten Mal, diesmal die als Designerin erfolgreiche Tochter eines amerikanischen Geschäftsmannes syrischer Abstammung. Ihr Name war Lisa Halaby – unter dem Namen Nour wurde sie Jordaniens neue Königin. Sie war bald beim Volk sehr beliebt, und auch ich halte viel von ihr.
Meine Eltern haben Königin Nour einige von unseren schönen Damaszener Möbelstücken geschenkt. Sie war damals jung verheiratet und wünschte sich Antiquitäten für den Palast. Irgendwie musste sie von unseren alten Stücken erfahren haben, denn eines Tages stand ihr Bürochef bei uns im Haus: »Im Namen der Königin möchte ich fragen, wo Sie diese Möbel gekauft haben. Und wenn Sie es erlauben, würde ich gern ein paar Fotos davon machen.«
Mutter ließ ihn fotografieren, und als Vater dazukam, bot er an, die Königin möge auswählen, was sie gerne hätte.
Nour erbat sich von uns eine Sitzgarnitur und eine Vitrine. König Hussein hatte viel für uns getan, und wir freuten uns, seiner Gattin ein schönes Geschenk machen zu können.

Ich selbst hatte zu jener Zeit meine eigene, wenn auch ganz flüchtige Beziehung zur Königsfamilie:
Wir Töchter wuchsen heran, und unsere nachmittäglichen Kindersitzungen auf der Mauer vor dem Haus wandelten sich zu einem Cliquen-Stelldichein. Wie unsere Vorbilder in der Brummana High School, zu denen wir so ehrfürchtig aufgesehen hatten, mutierten wir nun selbst zu Teens. Allerdings waren wir weniger

schick, und unser Verhältnis zu den Jungen war von den damals noch überaus konservativen jordanischen Gepflogenheiten geprägt. Heute ist das auch in Jordanien anders, doch zu unserer Zeit noch trafen Mädchen und Burschen nur in Gruppen zusammen. Sobald ein paar von uns Mädchen vor dem Haus meiner Eltern beisammen standen, übte das eine unwiderstehliche Anziehungskraft auf die Jungs der Umgebung aus. Natürlich taten wir desinteressiert, wären aber enttäuscht gewesen, wenn sie ausgeblieben wären. Sie kamen wie zufällig vorbei, fingen an, mit uns zu plaudern, und spazierten dann mit uns gemeinsam die Straße auf und ab.

Der Sammelpunkt für eine der Jungencliquen lag vor dem Haus eines Mitglieds der jordanischen Königsfamilie. Ich erinnere mich, wie er hieß: Scherif al-Hussein. Er und seine Brüder waren unglaublich cool. Sie hatten Motorräder, waren weithin bekannt und sahen toll aus. Sie waren heller als die anderen Jungen, hatten einen westlichen Einschlag, denn ihre Mutter kam nicht aus Jordanien. Der junge Prinz fuhr mit seiner Maschine vor unserem Haus vor und drehte den Motor mehrmals hoch, »Brmmm, brmmm, brmmm«, um sich mit dem Lärm bemerkbar zu machen. Ich habe ihn immer nur angeschaut. Das war alles. Mädchen flirteten, wären aber nie mit einem Jungen ausgegangen.

Wenn sie mit ihren Motorrädern Runden um unser Haus zogen, so fragte Vater immer nur: »Was soll der Krach? Kann mir jemand sagen, was die da tun?«

Mutter hatte die Angewohnheit, uns beim Essen Vorträge zu halten mit klaren Anweisungen, wie wir uns den Jungen gegenüber zu verhalten hatten. Keiner sollte auf die Idee kommen, sich uns sexuell zu nähern. Sie fing früh an damit. Wir waren sieben, acht, neun Jahre alt, als wir es erstmals zu hören bekamen: »Wenn einer seine Hand da hinten auf euch legt oder da vorn, dann müsst ihr wissen: Das ist falsch!«

Sie tat das in Vaters Gegenwart! Es war uns schrecklich peinlich, und wir versenkten die schamroten Gesichter in unseren Tellern. Mutter aber trug ein schalkhaftes Lächeln im Gesicht. Sie wollte, dass jede von uns es vor allen zu hören bekam: »Passt gut auf, wer sich euch nähert! Und denkt daran: Er könnte mit euren Gefühlen spielen!«

Ich hatte an der Schule einen Ruf als unabhängiges Mädchen, das nie einen Freund hatte. Darauf war ich stolz. Freunde zu haben war für mich absolut okay, aber ein Boyfriend hat mich einfach nicht interessiert.

In einem dieser Jahre – ich war dreizehn oder vierzehn Jahre alt – unternahmen ich, Ouroud und Alia mit Mutter und Vater in den Sommerferien unsere erste Europa-Reise, nach London und Paris. Die Kleinen blieben in der Obhut der Großeltern zu Hause. Es war von den Eltern als großes Erlebnis geplant, aber ich erinnere mich, dass wir uns die meiste Zeit müde durch die Gegend schleppten, denn sie weckten uns früh auf und machten eine Studienreise daraus. Außerdem hing ständig der Gedanke in der Luft: »Kann das wahr sein, dass wir jetzt hier vor dem Eiffelturm stehen, in Versailles, vor dem Tower und dem Buckingham Palace, während im Libanon die Bomben explodieren und Saddam im Irak die Menschen hinrichten lässt?«

Reisen mit den Eltern war überhaupt so eine Sache. Als wir älter wurden, mussten wir bei den endlosen Erwachsenengesprächen zugegen sein. Wir wären viel lieber durch die Städte gestreift und hätten uns die Geschäfte angesehen. Die Hotels, in denen wir abstiegen, schienen plötzlich von Exilirakern in Beschlag genommen, denn die Nachricht von der Ankunft des Scheichs verbreitete sich wie ein Lauffeuer. Wir fanden das alles extrem peinlich und winkten den Eltern schließlich ab, wenn sie wieder eine Reise ankündigten: »Nein, bitte fahrt allein!«

Ich lebte in zwei Welten. Im familiären Zusammenleben und mit meinen Freunden war ich ein ganz gewöhnlicher Teenager und verhielt mich entsprechend locker, mit einer guten Dosis Keckheit. Als Helferin meines Vaters war ich trotz meiner vierzehn, fünfzehn Jahre eine junge Erwachsene, die wusste, dass viel auf dem Spiel stand, und deshalb perfekt funktionierte.

Als ich etwas älter war, begann ich allein zu reisen, meistens in Vaters Auftrag, und das war wirklich nach meinem Geschmack.

Damals keimte in mir der Wunsch, eines Tages in den diplomatischen Dienst zu treten. Es wurde mein Berufstraum.

Ein neuer Präsident

Ende der siebziger Jahre tauchte in Vaters Madschlis ein neues Gesicht auf. Der junge Mann stammte aus einer Familie, die mit der unseren seit langem in politischer Rivalität lag. Wie die Al-Souhail waren auch die Chalabi Schiiten und hatten ihre Basis in Qadimija, einem Stadtteil im Norden Bagdads. Die beiden Familien wechselten einander in der Parlamentsvertretung ab. Nach ein paar Jahren, in denen Scheich Hassan Al-Souhail als Abgeordneter von Qadimija im Parlament saß, folgte wieder jemand aus dem Chalabi-Clan, dann kehrte Scheich Hassan ins Parlament zurück, und so fort.

Scheich Taleb war in England auf Ahmed Chalabi aufmerksam geworden. Ahmeds Vater und sein Großvater hatten in der Monarchie als Minister gedient. Die Familie war 1958 nach dem Sturz des Königs – Ahmed war damals 13 Jahre alt – emigriert. Nun arbeitete er als Banker in London und hatte die Absicht, in Jordanien eine eigene Bank zu eröffnen.

Vater verschaffte ihm über seine Beziehungen zu König Hussein die Banklizenz. Unsere Eltern sprachen offen mit uns über diese Dinge. Vater meinte: »Ich halte es für wichtig, jeden Iraker zu unterstützen, der im Ausland erfolgreich sein kann. Außerdem hoffe ich, dass seine Bank einmal so viel Finanzkraft haben wird, dass sie unsere Pläne gegen das Regime unterstützen kann.«

Alia wandte ein: »Aber Baba, bekommst du nicht genug Geld von Saad Saleh Dschabr in London?«

Mutter gab die Antwort: »Weißt du, Saad hat sich vor kurzem von seiner Frau scheiden lassen, und er musste ihr sehr, sehr viel Geld überlassen.«

»Außerdem«, setzte Vater hinzu, »war er in letzter Zeit auffallend glücklos in seinen Geschäften. Wir haben den Verdacht, dass der irakische Geheimdienst seine Finger im Spiel hat, um ihn um sein Geld zu bringen. Jedenfalls kann er nicht mehr so viel hergeben wie früher.«

Mit einem relativ kleinen Betrag – meines Wissens nicht mehr als ein oder zwei Millionen Dollar – gründete Ahmed Chalabi in Amman die Petra-Bank. Innerhalb kurzer Zeit florierten die Geschäfte. Der Chalabi-Clan betrieb weitere Geldinstitute in der Schweiz und in Beirut. Es ließ sich alles überaus erfolgverheißend an.

Wenn Vater sich in jenen Jahren in Amman aufhielt, so war Ahmed regelmäßig bis spät in die Nacht unser Gast. Zusammen frönten sie dem Thema, das 34 Jahre lang die Gespräche der Iraker im Exil bestimmte: wie man Saddam loswerden könnte.

Nun, im Juli 1979, überstürzten sich die Nachrichten, die dieses Ziel in weite Ferne rücken ließen.

»Was sagen Sie zu Bakrs Rücktrittsrede?«, fragte Ahmed Chalabi meinen Vater am Abend des 17. Juli.

Gebannt waren alle Iraker im In- und Ausland vor den Radios gesessen und hatten der Übertragung der Präsidentenrede aus Bagdad gelauscht. Obwohl Saddam faktisch längst die Nummer eins im Irak war, war Hassan al-Bakr bis dahin immer noch offiziell der Präsident gewesen.

»Bakr hat sich ganz gut gehalten«, meinte der Scheich. »Jemand aus seinem Kreis hat mir geschildert, was sich vorgestern zugetragen hat.«

Vater nannte niemals die Namen der Menschen, die ihn mit Informationen versorgten.

»Am Abend erschien Saddam mit seinem Vetter Adnan und seinem Onkel Cheirallah in Bakrs Büro im Präsidentenpalast. Sie erklärten ihm, er könne entweder freiwillig zurücktreten – dann passiere ihm nichts –, oder aber die Sache würde für ihn äußerst unangenehm werden.

In diesem Augenblick zieht Bakrs Sohn Heitham, der ebenfalls im Raum war, seine Pistole, schießt in die Luft und beschimpft

Saddam und Konsorten als Verräter. Leider ist es ihnen gelungen, Heitham rasch zu überwältigen, und Bakr blieb nichts anderes übrig als nachzugeben.«

»Und angeblich saß Saddam bereits im Präsidentensessel, noch bevor Bakr seine Abschiedsrede gehalten hatte!«, ergänzte Ahmed.

»Jetzt wird der Irak noch eine Ebene tiefer stürzen – von einer grausamen Militärdiktatur zur totalitären Schreckensherrschaft eines kaltblütigen Monstrums!«, prophezeite mein Vater.

Wie Recht er hatte, sollte sich binnen kurzem erweisen. Fünf Tage nach seiner offiziellen Amtseinführung begann Saddam mit einer alles Bisherige übertreffenden Säuberungsaktion, um jeden Rivalen loszuwerden, der ihm von innerhalb der Baath-Partei gefährlich werden konnte.

Wieder wusste Vater über seine Kanäle, was sich an jenem denkwürdigen 22. Juli im al-Chuld-Konferenzzentrum in Bagdad ereignet hatte. Von den ungefähr tausend Baath-Delegierten, die aus dem ganzen Land zum außerordentlichen Parteikongress angereist waren, machte sich keiner eine Vorstellung von dem Schauspiel, das Saddam für sie vorbereitet hatte.

»Sein neuer Vize, Taha Yassin Ramadan«, erzählte Vater, »verkündete mit Trauermiene: Eine Verschwörung gegen Saddam sei aufgedeckt worden, und tatsächlich befänden sich alle Verräter im Saal. Als Nächster steigt Saddam in gewohnter Arroganz aufs Podium und verkündet, Mohi Maschhadi, der Chef des Revolutionären Kommandorates, würde nun die Details des ›entsetzlichen Verbrechens‹ enthüllen. Vermutlich hat er Maschhadi zuvor versprochen, sein Leben zu schonen, wenn er das Spiel mitmacht.

Vor den entsetzten Delegierten bezichtigt sich nun Maschhadi selbst der Teilnahme an dem angeblichen Komplott, gibt alle Einzelheiten bekannt und nennt die Namen der Beteiligten. Saddam lässt sodann eine Liste mit 66 Namen verlesen. Jeder der Genannten muss den Saal durch eine bestimmte Tür verlassen. Als einer sich wehrt, unterbricht Saddam ihn kalt: ›Itla, itla! – Hinaus, hinaus!‹ Es ist ein unglaublicher Tumult. Die Leute schreien, zittern, weinen, denn sie wissen, dass hinter der Tür der Tod lauert.«

Ich saß mit meinen Schwestern bei den Erwachsenen und war vor Grauen still geworden. Wie war es möglich, dass alles immer noch schlimmer kam?

Saddam hatte sein groteskes, vom Klatschen devoter Parteigänger begleitetes Ritual und, noch unglaublicher, die darauf folgenden 21 Hinrichtungen auf Film verewigen lassen. Auch Maschhadi befand sich, den Versprechungen zum Trotz, unter den von einem Sondergericht verurteilten Opfern. Der Film war offenbar zur Demonstration gedacht, wie absolut Saddam den Irak im Griff hatte, und als Warnung für jeden, der noch an Opposition denken mochte.

Als Vater eine Videokopie davon in die Hände bekam, zeigte er das perverse Schauspiel allen, mit denen er Kontakt hatte – seinen Freunden, arabischen Politikern, westlichen Diplomaten –, und er sagte zu ihnen: »Das ist der wahre Saddam Hussein. Schaut ihn euch an und seht, was in unserem Land, was unserem Volk geschieht. Wacht auf und seht!«

Sie alle hörten ihm respektvoll zu, trafen jedoch keine Anstalten, etwas gegen das Unheil im Irak zu unternehmen.

Auch ich und meine Schwestern sahen das Video. Es ließ einem das Blut in den Adern gerinnen. Die Bilder der zu Tode erschrockenen Männer im Saal und der Erschießungen danach verfolgten mich lange in meinen Träumen.

Doch das war nur der Anfang einer landesweiten Säuberung in der Baath-Partei und im Militär. Bisher, das heißt, seit der Machtergreifung 1968, hatte das Regime »nur« mit seinen erklärten Feinden abgerechnet. Nachdem Saddam zur uneingeschränkten Macht gegriffen hatte, ging er gegen jeden, der auch nur in den entferntesten Verdacht der Gegnerschaft geriet, brutal vor.

Neue Gefängnisse wurden gebaut, neue Foltertechniken eingeführt, damit das Terrorregime perfekt funktionierte. Das Grausamste, was das 20. Jahrhundert diesbezüglich hervorgebracht hatte, schien gerade gut genug.

Saddam Hussein wurde am 28. April 1937 in einem Dorf bei Tikrit geboren. Ein Onkel, Cheirallah Tulfah, übernahm bei dem außerehelich Geborenen die Vaterstelle. Wegen nationalsozialistischer Umtriebe steckten die Briten Cheirallah im Zweiten Weltkrieg für einige Jahre hinter Gitter. Unterdessen wuchs Saddam von Bildung unbeleckt als Gassenkind auf. Nach der Entlassung aus dem Gefängnis wird Cheirallah zu Saddams verehrtem Vorbild; er weiht den Jungen in seine Nazi-Gedankenwelt ein. Saddam tritt verspätet in die Schule ein und tut sich durch Unfug hervor. Als der Schulleiter ihn dafür von der Schule weisen will, droht Saddam: »Wenn Sie das nicht zurücknehmen, bringe ich Sie um!« Saddam darf bleiben. Mit achtzehn macht er den Pflichtschulabschluss.
Nach eigenen Angaben schließt er sich 1957 der Baath-Partei an, die damals noch den Anstrich einer Untergrundbewegung hat. Im Alter von 21 Jahren soll er seinen ersten Mord begangen haben – an einem Kommunisten, der den Ziehvater als Exhäftling denunzierte und damit um seinen Schuldirektorsposten brachte. Saddam landet im Gefängnis, wird aber nicht verurteilt.
1959 muss Saddam wegen eines gescheiterten Mordanschlags auf Revolutionsgeneral Abd al-Karim Qassim aus dem Land fliehen. In Damaskus und Kairo saugt er sich wie ein Schwamm voll mit arabischem Nationalismus, Baathismus, Stalinismus und Nasserismus. Zusammen mit seiner nationalsozialistischen Prägung ergibt das einen beängstigenden ideologischen Cocktail. Aus seiner Kairoer Zeit werden ihm Verbindungen zur CIA nachgesagt.
Saddam verwindet es nur schwer, dass er es wegen mangelnder Schulbildung trotz Tikriter Herkunft nicht in die Armee geschafft hat. Einmal in der Regierung, nutzt er deshalb jede Gelegenheit, sich als Mann des Militärs darzustellen, und befördert sich selbst bis zum Feldmarschall. Von ihm oder in seinem Auftrag verübte Gräueltaten lässt er regelmäßig verfilmen.

1980–1984

Krieg gegen den Iran

Es war unfassbar: Für alle Welt sichtbar, führte Saddam sich als Despot von ausgesuchter Grausamkeit auf, und niemanden kümmerte das, im Gegenteil: Er avancierte zu *der* Führungspersönlichkeit in der arabischen Welt, die USA und Russland rivalisierten um seine Gunst, und europäische Regierungen hofierten ihn.

Ich versuchte Erklärungen zu finden und fand mich mit dem Standpunkt meiner Familie, den ich aus ganzer Überzeugung vertrat, unter meinen Freunden als einsame Kämpferin gegen Windmühlen wieder.

Immer öfter saß ich in letzter Zeit mit Vater in seinem Arbeitszimmer, diskutierte, stellte Fragen und bekam stets Antworten. Dabei bedienten wir uns großzügig aus seinem Süßigkeitenschatz im Schreibtisch.

»Baba«, fragte ich mit schokoladegefülltem Mund, »sind wegen Camp David jetzt alle plötzlich für Saddam? Ich finde es schlimm, wie in der Schule ständig Partei für ihn ergriffen wird. Was immer ich ihnen entgegne – da ist eine Verbohrtheit, gegen die keine Argumente ankommen.«

Vater mag zuweilen unerbittlich gewesen sein, wenn er uns auf die harten Fakten stieß. Aber wir waren informiert, und wir lernten von ihm, uns nicht täuschen zu lassen und den bequemen Instinkt zu unterdrücken, der einen gern vor der Wahrheit davonlaufen lässt.

»Es ist zum einen wegen Camp David, Sousou, aber auch deshalb, weil jetzt im Iran der Fanatismus herrscht, weil dort Revolutionsgarden im Namen des Islam Angst und Schrecken verbreiten. Viele fürchten, das könnte sich wie ein Steppenbrand in der islamischen Welt ausbreiten.«

»Aber das passt ja überhaupt nicht zusammen – auf der einen Seite soll Saddam den Fanatismus stoppen und auf der anderen auch den Frieden!«

»Ja, mein Liebling, genau das ist es. Es passt nicht zusammen. Es soll auch nicht zusammenpassen. Denn dann wären die Probleme im Nahen Osten gelöst, dann könnten wir uns selbst helfen und bräuchten niemanden, der sich einmischt. Und dann könnte niemand mehr aus unseren Schwierigkeiten Vorteile ziehen. Saddam rüstet gerade die Armee auf. Alle reißen sich darum, ihm ihre Waffen zu verkaufen. Er kann dafür gut bezahlen, denn er hat ja das irakische Öl. Die Zeiten werden noch härter, du wirst sehen, meine Sousou.«

Ich wurde mehr und mehr zur Vertrauten meines Vaters. Mutter war zeitweilig ein wenig eifersüchtig auf diese Beziehung. In unserer Gesellschaft stehen Mädchen im Alter von sechzehn, siebzehn Jahren für gewöhnlich ihren Müttern sehr nahe, erzählen ihnen ihre kleinen Geschichten, teilen mit ihnen Geheimnisse. Ich war darin anders. Ich tauschte mich mit meinem Vater aus, und sie klagte wiederholt, halb im Scherz, halb im Ernst: »Warum, ya Sousou, warum ist er dein bester Freund?«

Aber natürlich war sie meine zweitbeste Freundin.

Vater behielt erneut Recht: Die Zeiten wurden härter. Saddam erklärte wenig später sein Abkommen, das er 1975 mit dem Schah von Iran geschlossen hatte, um den Kurdenaufstand niederzuschlagen, für null und nichtig. Er erhob neuerlich Anspruch auf die Inseln im Schatt al-Arab. In Wahrheit hatte er es auf die Ölfelder im Südwestiran abgesehen.

Als Ende September 1980 die Meldung von seinem Angriff auf den Iran durch die Nachrichten ging, herrschte auch in unserem Haus Bestürzung, obwohl meine Eltern voraussahen, dass Saddam sich da auf ein böses Abenteuer eingelassen hatte. Sie hielten mit ihrer Meinung gegenüber arabischen Offiziellen nicht hinter dem Berg. Es war ein Angriffskrieg für nichts und wieder nichts, mit dem sich die Bevölkerung nie identifizierte. Abertausende Soldaten liefen Saddam davon, viele direkt hinter die Linien der Iraner. Dagegen half auch nicht, dass er jeden Deserteur und jeden, der einen Deserteur deckte, hinrichten ließ.

Obwohl wir hoffen durften, dass dieser Krieg Saddam langfristig schwächen würde, waren wir keinen Augenblick froh darüber. Trotz des Exils reichten unsere vitalsten Lebensadern zu allen Zeiten in den Irak, wo unser Herz lag. Wir nahmen Anteil am Leid, das der Krieg über unsere Familie, den Stamm und die Freunde brachte.

Wir erhielten Nachricht aus Bagdad, dass mein lieber dunkler Tamimi Farhan, der mich als kleines Mädchen auf seinem Rad um den Qasr Taleb gefahren hatte, gefallen war. Viele Menschen, die ich persönlich kannte, waren bereits eines grausam verfrühten Todes gestorben. Als es diesen Freund aus meiner Kindheit erwischte, war ich tief getroffen.

Farhans Familie in Bagdad wartete darauf, dass sein Leichnam überführt würde. Eine Woche später kam erneut Nachricht von ihnen. Wenn bei uns jemand gestorben ist, so wird er von der Familie gewaschen, in Tücher gehüllt und für das Begräbnis hergerichtet. Bei den Kriegsopfern war das ein besonders schmerzhaftes Ritual. Die meist noch sehr jungen Menschen waren oft bis zur Unkenntlichkeit verstümmelt. Als Farhans Angehörige den Totensack, in dem er ihnen übergeben wurde, öffneten, starrten sie ungläubig auf die Leiche: Die Haut des Gefallenen war weiß und nicht schwarz wie jene Farhans!

Die Frauen brachen in Freudentriller aus: »Das ist nicht unser Sohn!«

Sie hatten den falschen Leichnam bekommen.

Wie seine Familie später erfuhr, wurde er von den Iranern gefangen genommen und in einem Kriegsgefangenenlager interniert. Bis heute hoffen diese Menschen, dass Farhan und sein Bruder Schaker irgendwann einmal heimkehren werden.

Nach der Machtübernahme Ajatollah Chomeinis im Iran, 1979, hatten sich die Beziehungen zwischen Bagdad und Teheran rapide verschlechtert. Die alte Rivalität um den Persischen Golf brach erneut auf. Saddam bereute sein Abkommen, das er 1975 gegen die Kurden mit dem Schah über die Wasserstraße des Schatt al-Arab geschlossen hatte. Mit einem raschen militärischen Vorstoß im September 1980 in den Iran hoffte er, Teheran bessere Bedingungen abzutrotzen.

In weiterer Folge träumte er davon, die erdölreiche, von Arabern bevölkerte iranische Region Khuzestan zu besetzen und mit einer von dort ausgehenden Revolte die Revolutions-Ajatollahs im Iran zu stürzen.

Bis der Irak sich dank der vereinten Hilfe des Westens und der Sowjetunion mit Ach und Krach als Sieger behauptete, sollten acht Kriegsjahre ins Land gehen. Unterdessen ließ Saddam Hussein sich als neuer Nebukadnezar feiern. Am Ende des Feldzugs gegen den Iran war der Irak bankrott, seine Infrastruktur zerstört und auf beiden Seiten insgesamt eine Million gefallener Soldaten zu beklagen.

Heimlicher Botschafter

Jordanien hatte, wie die meisten arabischen Länder, die Wende hin zum Irak vollzogen. Zuvor ein Gegner des Baath-Regimes, stand der König nun voll hinter Saddam Hussein, den plötzlich ein Nimbus umgab, als wäre er ein mythologischer arabischer Held, der gegen die persischen Feinde ins Feld zieht.

Unser Leben in Jordanien wurde zusehends ungemütlicher. Nicht genug, dass wir Saddam bekämpften, jetzt hatten wir auch noch gegen diesen »arabischen« Krieg Stellung bezogen. Unsere Position wurde dadurch sehr heikel. Wer uns übel wollte, konnte uns jetzt als Verräter an der »arabischen Sache« verunglimpfen. Ein, zwei Jahre nach Kriegsbeginn mussten wir erleben, wie ganz Jordanien in einen Taumel der Begeisterung für Saddam verfiel. Zugleich machte die irakische Regierung bei König Hussein gegen uns Stimmung. Durch ihren Gesandten ließ sie dem Palast ausrichten: »Bei euch lebt ein prominenter irakischer Oppositionsführer. Er bewohnt eine repräsentative Villa mit offiziellen, uniformierten Wachen, und in seinem Madschlis gehen Menschen aus verschiedensten Ländern und hohe jordanische Beamte ein und aus. Man könnte den Eindruck gewinnen, er wäre ein Botschafter und machte der irakischen Botschaft Konkurrenz! Unterstützt ihr etwa diesen Mann, um einen Regierungswechsel im Irak herbeizuführen? Wir müssen eine Antwort haben!«

Wir waren keine Jordanier. Zwar hatte König Hussein uns bei unserem Umzug nach Amman jordanische Pässe ausstellen lassen, und Vater selbst besaß einen jordanischen Diplomatenpass, doch hatten wir keinen permanenten Einwandererstatus in Jordanien. Wir waren Gäste des Königshauses. Unser Verbleib in Jordanien hing von einem schwierigen Balanceakt ab. Der König hatte aufgrund der alten Freundschaftsbande die moralische Verpflichtung, uns zu schützen. Umgekehrt mussten wir Acht geben, dass wir für ihn nicht zu einer untragbaren politischen Last wurden.

König Hussein war in keiner einfachen Position. Er war mitten hineingeraten in ein gefährliches Spannungsfeld zwischen den israelisch-palästinensischen Auseinandersetzungen im Westen, dem irakischen Kriegswahnsinn im Osten und der Instabilität auf der Arabischen Halbinsel im Süden.

Mit der Zeit grenzten die irakischen Forderungen an das kleine Königreich an Erpressung:

»Wenn ihr gute Beziehungen mit uns haben wollt, dann müsst ihr ein Zeichen setzen, dass ihr mit keinem unserer Gegner zusammenarbeitet – wir denken etwa an Scheich Taleb Al-Souhail.«

König Hussein reagierte damals sehr diplomatisch. Er sagte zu Vater: »Wir werden weiterhin Sicherheitswachen in eurer Umgebung aufstellen, aber auf diskretere Weise.«

Sie rissen also das Wächterhäuschen ab und ersetzten die uniformierten Sicherheitsleute durch Beamte in Zivil, die sich in der Umgebung des Hauses postierten.

König Hussein riet dem Scheich: »Ihr könntet ein normales Leben führen. Warum machst du mit dem Regime im Irak nicht deinen Frieden?«
Als er die Aussichtslosigkeit seines Vermittlungsversuchs erkannte, ersuchte der König meinen Vater im Jahr 1981, sich wenigstens für die Dauer des Krieges mit Aktionen im Irak zurückzuhalten. Bis zu einem gewissen Grad hielt der Scheich sich daran. Er wollte dem eigenen Land während des Krieges ohnehin nicht in den Rücken fallen.

Verschwörung für den Tag X

Zugleich stand für uns fest, dass wir keinen günstigen Augenblick für den Sturz Saddams versäumen wollten. Also fuhren wir fort, das Kontaktnetz im Irak auszubauen und die einzelnen Schritte für den Tag X vorzubereiten. Wir und unsere Partner ahnten damals nicht, dass es noch gut zehn Jahre dauern würde, bis sich die Gelegenheit zum Zuschlagen ergeben sollte. Wir hatten ein wahres Sisyphus-Projekt in Angriff genommen: die Organisation einer Verschwörung im »Wartestand«.
Jeder Beteiligte sollte klar umrissene Aufgaben erhalten, wie etwa: »Rücke mit deinen Panzern zum Schutz der al-Dschumhuria-Brücke aus!« Oder: »Versetze deine bewaffneten Stammesbrüder in Bereitschaft und melde dich im Polizeihauptquartier bei einem Oberst, dessen Namen du erfahren wirst.«
Die einzelnen Aufträge den Adressaten mitzuteilen war wegen der strengen Überwachung in Saddams Geheimdienststaat nicht immer einfach. Jeder erfuhr nur so viel, wie er unbedingt brauchte, um seinen Teil zu tun und niemand anderen zu gefährden, falls etwas aufflog.
Aber war das einmal geschafft, so musste der Betreffende nur noch auf das Signal warten, das ihm ein beliebiger Bote auf unverfängli-

che Weise zukommen lassen würde – das Kommando »Jetzt!« oder einen bestimmten Namen.
Bei meinem Vater liefen die Fäden aus dem Irak und dem Ausland zusammen. Als Einziger hatte er den Überblick über die gesamte Aktion, die wir nach einem ausgeklügelten Plan wie ein Puzzle in jahrelanger Arbeit zusammensetzten.
Wir gewannen irakische Experten und Techniker im Ausland für das Vorhaben. Sie würden unmittelbar nach dem Militärschlag an die Stelle regimetreuer Personen in Schlüsselpositionen rücken, beispielsweise in der Aufsicht über die Kraftwerke oder in der Wasserversorgung.
Die Zeit arbeitete für uns: Je länger der Krieg gegen den Iran dauerte, desto unzufriedener wurden die Menschen – sie litten unter dem Verlust ihrer Väter, Söhne und Brüder – und umso eher würden sie bereit sein, etwas gegen Saddam zu unternehmen.
Wir bemühten uns sorgfältig um Geheimhaltung, aber die Treffen der Opposition, die bei uns stattfanden, die Reisen, die wir unternahmen, verrieten Saddam, dass wir uns nicht wirklich ruhig verhielten. Er hatte soeben seine große Niederlage gegen die Iraner wegstecken müssen, den Krieg fast verloren und suchte nun nach Sündenböcken. Unter seinen hohen Militärs räumte er in gewohnt brutaler Weise auf, und jeder, der sich sonst noch gegen ihn stellte, befand sich in akuter Lebensgefahr.
Jordanien war inzwischen zu einer Provinz der irakischen Geheimdienste geworden, deren Fühler bis in die höchsten Ränge des jordanischen Sicherheitsapparates, ja bis in den Palast reichten. Viel Geld aus der irakischen Staatskasse, mit der Saddam Hussein umging, als wäre es seine Privatschatulle, floss damals an Informanten. Und mit günstigen Erdölpreisen ließen sich ganze Regierungen ködern. Es kam schließlich so weit, dass wir der jordanischen Regierung nicht mehr vertrauen konnten, nicht einmal dem König.
Die bis dahin kleine irakische Botschaft in Jordanien wurde massiv aufgestockt. Es ist klar, was es zu bedeuten hat, wenn die Gesandtschaft eines Landes, das wie der Irak keine Großmacht ist, plötzlich fünfzehn, zwanzig Mitarbeiter beschäftigt. Diese Leute waren

nicht lokal rekrutiert worden; sie kamen allesamt aus dem Irak. Nicht nur in Jordanien, sondern überall im Ausland verstärkte der Irak aggressiv seine Geheimdienste.

Schüsse im Bad

Bald gingen die Jordanier dazu über, mit Saddams Gehilfen gegen uns zu paktieren. Die Behörden erlaubten dem Militärattaché der irakischen Botschaft, ein Haus zu kaufen, das hinten an das unsere stieß.

Ahmed Chalabi fragte Vater bei einer ihrer nächtlichen Sitzungen: »Willst du wirklich hier wohnen bleiben? Wo dieser Iraker doch nur zu dem Zweck gekommen ist, dich auszuspionieren?«

Es war tatsächlich ein grässliches Gefühl, diesen Kerl ständig im Rücken zu wissen.

An einem Sommerabend hatte sich, bis auf Vater, der nach Beirut geflogen war, die ganze Familie im Wohnzimmer versammelt – wir, Mutter, Teta Taufiqa, Großvater Badreddin, Mutters Schwestern und ein Onkel aus Bagdad, der uns gerade besuchte. Wir unterhalten uns und nebenbei läuft der Fernseher, als der Knall zweier Schüsse alle aufschrecken lässt. Unser Gespräch erstirbt, fragende Blicke machen die Runde.

Einen Augenblick später läutet es an der Tür. Mein Onkel öffnet. Es sind die jordanischen Sicherheitsleute: Ob wir die Schüsse vernommen hätten? Irgendwo im Haus seien Scheiben zu Bruch gegangen.

»Ja«, sagt mein Onkel. »Wir waren im Wohnzimmer. Bei uns ist nichts passiert.«

Mutter, ich und meine Schwestern treten hinzu.

»Kommt, Mädchen, schaut nach, wo die Scheiben kaputtgegangen sind.«

In den unteren Räumen ist alles in Ordnung. Wir stürmen die Treppen hinauf – Mutter, der Onkel und die beiden Jordanier auf unseren Fersen. Plötzlich ein Schrei von Alia: »Hier ist es, im großen Bad!«

Wir fanden beide Kugeln. Eine steckte noch in einer Kachel; die zweite war abgeprallt und auf dem Boden gelandet. Ich nahm die beiden deformierten Projektile an mich. Sie hatten nichts angerichtet; sie würden mein Talisman sein.

Der Zwischenfall gab uns lange zu denken. Vater war nicht im Haus gewesen, dafür aber sein Cousin; sollte es eine Warnung an uns und unsere Familie im Irak sein?

Wie Saddam mit missliebigen führenden Familien verfuhr, lässt sich am Schicksal von Ajatollah Baqir al-Sadr und seiner Schwester Bint al-Hoda ermessen. Al-Sadr war Chef der al-Dawa-Partei und oberster Geistlicher der irakischen Schiiten. Nach christlichen Maßstäben würde diese Stellung etwa jener eines Kardinals entsprechen.

Saddam nahm die Sache persönlich in die Hand und ergötzte sich daran. Vor den Augen des gefesselten Ajatollah ließ er Bint al-Hoda von seinen Männern vergewaltigen. Die junge Frau setzte sich zur Wehr, konnte sich ihren Quälern kurz entwinden, spuckte Saddam ins Gesicht und verfluchte ihn als Tyrannen und Mörder. Da zog er seine Pistole und erschoss sie. Nachdem er sich am Schmerz und der Erniedrigung des Geistlichen genug geweidet hatte, erschoss er auch ihn.

Durch das Martyrium der beiden gewann die Ajatollah-Familie al-Sadr unter den irakischen Schiiten legendären Status und verfügt heute wahrscheinlich über den größten Einfluss im Land.

Die Vorgeschichte: Baqir al-Sadr war ein gefährlicher Gegner der Baathisten. Um Saddam zu unterminieren, hatte er sich mitsamt den irakischen Schiiten, immerhin 60 bis 65 Prozent der Bevölkerung, der religiösen Autorität des iranischen Revolutionsajatollahs Chomeini unterstellt. In den Augen Saddams bedeutete dieser Schachzug mitten im Krieg gegen den Iran natürlich Hochverrat.

In weiterer Folge hatten Angehörige von al-Sadrs Dawa-Bewegung ein Attentat auf Saddams stellvertretenden Ministerpräsidenten Tareq Asis unternommen, das jedoch misslang.
Betreffend das Ende Baqir al-Sadrs und Bint al-Hodas gibt es noch eine andere Version, deren Details sich von Safias Erzählung unterscheiden. Demnach soll es Saddams Halbbruder und Geheimdienstchef, Barzan al-Tikriti, gewesen sein, der den Ajatollah und seine Schwester folterte. Anschließend seien beide in einem standrechtlichen Tribunal abgeurteilt und erhängt worden. Über das Tribunal gibt es keine schriftlichen Unterlagen. Ein Bruder al-Sadrs wurde ebenfalls hingerichtet.
Irans Ajatollah Chomeini erklärte auf die Tat hin erzürnt, Saddam wolle nun wohl auch noch einen Krieg gegen den Islam vom Zaun brechen. Chomeini war nicht nur Kriegsgegenspieler Saddams, sondern, nach der brutalen Geiselnahme in der US-Botschaft in Teheran im November 1979, auch Amerikas Staatsfeind Nummer eins.

Der neue Scheich

Um mit den Stämmen fertig zu werden, bediente Saddam Hussein sich einer simplen Taktik: Er untergrub ihre Einheit und führte Spaltungen herbei.
Einen arabischen Stamm muss man sich wie das Wurzelwerk eines Baumes vorstellen. An jeder Gabelung steht eine leitende Familie – die Scheichs. Je höher an der Wurzel eine Scheichfamilie angesiedelt ist, desto größer ihr Einfluss. An jener Stelle, wo die Wurzeln sich zum Baumstamm vereinen, befindet sich die höchste Führungsebene, die »Scheichs der Scheichs«. Bei den Beni Tamim im Irak stehen die Al-Souhail an der Spitze dieser Hierarchie.
Saddams Trick war, in die Wahl der Stammesoberhäupter einzugreifen und zu diktieren, wer an die Spitze kam. Dazu holte er meistens jemanden aus der zweiten oder dritten Ebene nach oben.

Widerspruch wäre selbstmörderisch gewesen. Mit diesem Verfahren zerstörte er das Machtgefüge im betroffenen Stamm genauso wie die Loyalitätsbeziehungen. Konkurrenzkämpfe brachen aus, und der Zusammenhalt ging verloren.

Den Beni Tamim ist es gelungen, eine solche Katastrophe zu verhindern. Wir kamen der Neuernennung eines obersten Scheichs durch Saddam einfach zuvor. Nachdem Vater nun schon so lange im Exil lebte, war Anfang der achtziger Jahre allmählich damit zu rechnen, dass Saddam jemanden zu seinem Nachfolger bestimmen würde.

Eine Stammesversammlung im Irak wurde einberufen. Vater schickte eine Botschaft mit einer Liste jener Scheichs aus der Al-Souhail-Familie, die dem Regime nahe genug standen, um vor Saddam Gnade zu finden, aber doch nicht so nahe, um zur Marionette zu werden. Einen von ihnen, Chamis Al-Souhail, legte er der Versammlung besonders ans Herz, da dieser Mann seiner Meinung nach die Kriterien perfekt erfüllte.

Der Stamm nahm den Vorschlag an. Daraufhin schickte Vater eine Botschaft, in der er die Versammlung segnete und erklärte: »Ich unterschreibe hiermit die Ernennung von Chamis Al-Souhail zum Scheich der Beni Tamim im Irak.«

Und an Chamis sandte er einen Brief, in dem er sein Einverständnis mit der Ablöse noch einmal bekräftigte: »Du hast meinen Segen. Wir können nichts dagegen tun. Es muss und soll so sein. Wenn wir klug sind, wird es uns gelingen, unsere Einigkeit zu wahren. Wir müssen die Situation so nehmen, wie sie ist. Mit den Beni Tamim können sie, Allah sei Dank, ihre Spiele nicht spielen.«

Ohne diese Zusicherungen hätte Scheich Chamis nicht auf die Loyalität des Stammes zählen können und wäre in einer schwierigen Situation gewesen.

Auf diese Weise gelang es uns, Saddam zu überlisten. Scheich Chamis war nicht in die Coup-Pläne involviert, doch kooperierte er in Stammesangelegenheiten gut mit meinem Vater. Er kam zu Konsultationen nach Amman, obwohl er damit rechnen musste, dadurch den Groll Saddams auf sich zu ziehen.

Die Fayli

Ein stetig schwellender Flüchtlingsstrom aus dem Irak und dem Libanon ergoss sich nach Jordanien. In den drei Jahrzehnten vor Saddams Sturz traten allein aus dem Irak zwei Millionen Menschen ihre Flucht über das kleine Königreich an. Zum Zeitpunkt von Saddams Sturz lebten noch fast eine halbe Million Iraker in Jordanien, großteils unter elenden Bedingungen; insgesamt waren bis zu vier Millionen Exiliraker über den Nahen Osten, Europa und Amerika verstreut. Die Welt schien sich lange Zeit keine Vorstellung von diesen Größenordnungen gemacht zu haben. Dabei zählt der Irak mit etwa 27 Millionen Menschen – das ist weniger als die Hälfte Frankreichs – nicht zu den bevölkerungsstarken Ländern.
Nach ihrer Machtübernahme ging die Baath-Partei daran, ganze Bevölkerungsgruppen systematisch zu zerstören. Mit spezieller Gründlichkeit ging sie gegen die Fayli-Kurden vor.
Viele von den Fayli-Familien, die über Jordanien vor den Deportationskommandos flohen, kamen zu uns. Manche nahmen wir bei uns auf, entweder weil sie alte Freunde waren, oder weil sie in Amman niemanden kannten. Die Menschen hatten ihr Geld gerettet, sonst aber alles verloren. Aber sie konnten noch von Glück reden, dass sie überhaupt heil herauskamen. Viele Fayli mussten unfassbar leiden.
Mit diesen Gästen saßen wir lange Abende zusammen, und sie wussten eine Unzahl alter und neuer Legenden zu erzählen. Die Schiiten im Irak – und die Fayli sind schiitische Kurden! – leben in einer ganz eigenen Welt, erfüllt von Mystik und Spiritualität.
Eine dieser Geschichten, die ich damals, als Sechzehn-, Siebzehnjährige von den Fayli hörte, werde ich nie vergessen.
Die Regierung hatte die Aschura-Feiern untersagt und die Zugänge zu allen heiligen Stätten gesperrt. Die Schiiten kümmerten sich jedoch nicht um die Order und pilgerten, wie es ihre Tradition ist, zu Fuß zu ihren Schreinen. Als sie in der heiligen Stadt Nadschaf ankommen, stehen Wächter vor dem Ali-Heiligtum, bereit, jeden, der

sich heranwagt, festzunehmen. Die Tore sind mit schweren Eisenketten verhängt.
Die Pilger zögern, doch als ihre Menge anwächst, rücken sie vor: »Heidar, Heidar!« Immer lauter werden die Rufe, immer drohender, und steigern sich zu einem dumpfen, an Trommelwirbel gemahnenden: »La Illahi ill' Allah!«
Mit jedem Schritt, den sich die Menschen dem Heiligtum nähern, mit jedem Ruf steigt ihre Erregung. Die Wächter stehen bereit, sie zurückzudrängen. Es erschallt der Kampfruf: »Allahu akbar!«
Plötzlich passiert es: Die Ketten brechen auf, die Tore öffnen sich, und die Wächter sind verschwunden!
Stimmt die Geschichte? Stimmt sie nicht? Ich weiß keine Antwort darauf.
Wie für so viele setzte sich Vater auch für die Fayli ein, damit sie Visa bekamen und in andere Länder emigrieren konnten. Ich treffe immer wieder Menschen, die meinem Vater Gottes Gnade wünschen. Wir Moslems glauben, dass Gott Buch führt, wie oft über einen Menschen gesagt wird: »Gott sei seiner Seele gnädig!«
Wenn Vater Fehler gemacht hat, so ist das durch seine guten Taten bei weitem aufgewogen.

Die Tikriter Clique stand für eine relativ kleine Minderheit im Irak – nur rund siebzehn Prozent sind wie sie Araber sunnitischen Glaubens. Daher fühlte sie sich in ihrer Führungsposition zu Recht unsicher. Mit einer »Umvolkungspolitik«, die auch vor der Zerstörung ganzer Volksgruppen nicht zurückschreckte, ging sie daran, ihre Machtposition zu stärken.
Betroffen waren nicht allein Minderheiten wie Kurden, assyrische Christen, Turkmenen oder Juden, sondern auch die große Bevölkerungsmehrheit schiitischer Araber. Eine Folge davon ist, dass nach Angaben von Menschenrechtsorganisationen heute bis zu zwei Millionen Menschen im Irak als »internally displaced persons« – als Umgesiedelte oder Flüchtlinge im eigenen Land – ihr Dasein fristen müssen.

Die Fayli-Kurden sind das Volk mit den ältesten Wurzeln im Irak. Ihre Vorfahren sollen vor rund viereinhalb Jahrtausenden die altmesopotamische Stadt Ur gegründet haben. Zuletzt bevölkerten sie vor allem das südliche Zagros-Gebirge zwischen Irak und Iran. Für Kurden untypisch, sind sie Schiiten.
Unter dem Schlagwort der »Arabisierung« verfügte das Baath-Regime die Deportation der Fayli. Die Begründung: Die Fayli seien mit ihrer dem Persischen verwandten kurdischen Sprache und ihrer schiitischen Religion in Wahrheit Perser. Auf ihr Land und in ihre Häuser wurden arabischstämmige Iraker umgesiedelt.
Ab 1969 vertrieb der Irak bis zu dreihunderttausend Fayli aus ihren Ursprungsgebieten und aus der Hauptstadt Bagdad. Während des Irak-Iran-Krieges wurde die Verfolgung besonders grausam. Mit schussbereiten Waffen jagte die irakische Armee Hunderttausende Fayli zwischen den Kriegsfronten durch Minenfelder hindurch über die iranische Grenze. Viele kamen dabei um. Die Überlebenden sind heute in alle Welt zerstreut. Eine große Zahl Fayli soll zum Zeitpunkt von Saddams Sturz noch in irakischen Gefängnissen eingesperrt gewesen sein.

Noch eine andere alte Bevölkerungsgruppe des Irak wurde in den vergangenen Jahrzehnten fast völlig ausgelöscht: die Juden. Seit ihrer gewaltsamen Ansiedlung durch König Nebukadnezar vor rund 2600 Jahren hatten die Juden in Babylon eine Gemeinde gebildet, die über lange Strecken in friedlichem Zusammenleben mit der arabischen Bevölkerung prosperierte. Bagdad galt lange Zeit als eine Hochburg des Judentums. Zeitweise war ein Fünftel seiner Bevölkerung jüdisch.
Nach der Unabhängigkeit des Irak, 1932, wurde die jüdische Gemeinde jedoch zum Ziel grausamer Verfolgung. Deshalb flohen in den Jahren 1949 bis 1951 in einer groß angelegten Evakuierungsaktion 104 000 Bagdader Juden nach Israel.
Unter Saddam Hussein erhielt die traditionsreiche Bagdader Judengemeinde den Todesstoß. Als das Baath-Regime die Macht ergriff, kam es Anfang 1969 in der Hauptstadt zu schrecklichen Szenen: Elf

Juden wurden als angebliche Spione öffentlich gehängt. Radio Bagdad rief den Mob zusammen, um das Ereignis zu feiern. Noch mehr Juden starben in den Folterkammern der Gefängnisse.
Seither haben fast alle Juden den Irak verlassen. Ihr Eigentum wurde konfisziert. Lebten 1949 in Bagdad noch 150 000 Juden, so ist die Gemeinde heute auf ein winziges Häuflein von 38 Seelen geschrumpft.

Einsame Braut

Ich bekam immer mehr zu tun. Manchmal kam ich nach der Schule heim, und Vater empfing mich: »Hallo, Sousou, endlich! Kannst du mir einen Gefallen tun?«
Und kurz darauf fuhr ich mit einem oder mehreren Pässen auf eine Botschaft und verlangte Onkel Soundso zu sprechen – den Botschafter oder Konsul. »Mein Vater läßt grüßen.«
»Ja, ich weiß. Der Scheich hat mich schon angerufen. Geht in Ordnung.«
Meine Ferien verbrachte ich größtenteils auf Botengängen, bei jordanischen Behörden und Botschaften.
Ouroud, meine Schwester, verliebte sich um diese Zeit in ihren zukünftigen Mann. Wir waren mit den Großeltern und Mutters jüngeren Schwestern allein im Haus, Mutter und Vater waren in die Vereinigten Arabischen Emirate gefahren. Eines Morgens klingelte das Telefon: der kuwaitische Botschafter Ibrahim al-Baho, ein sehr enger Freund meines Vaters. Da unsere Eltern verreist seien, wolle er mich und Ouroud am Abend zu seiner Party zum kuwaitischen Nationalfeiertag einladen.
»Kommt doch, ihr beide! Ihr werdet Spaß haben.«
Also gingen wir hin, um Spaß zu haben. Wir würden bestimmt Bekannte treffen. Eine von Mutters Schwestern, Tante Ritam, begleitete uns als Anstandsdame.

Das Fest fand in einem Hotel statt. Der Botschafter begrüßte uns und stellte uns gleich einen mittelgroßen, hübschen jungen Mann vor. Wie Vater trug auch er einen schmalen, kaum sichtbaren Schnurrbart.
»Ich möchte, dass ihr Mufid al-Aradi kennen lernt. Er ist dieser Tage zu Besuch in Amman.«
Mufid hatte nur Augen für Ouroud: »Wer ist diese junge Dame? Sie spricht Arabisch mit libanesischem Akzent. Kommt sie aus dem Libanon?«
»Nein«, klärte ihn der Botschafter auf. »Die beiden sind Irakerinnen. Aber sie sind im Libanon aufgewachsen.«
Noch auf der Party holte Mufid bei Tante Ritam die Erlaubnis ein, bald bei uns zu Hause vorbeizukommen. Und am folgenden Tag stand er bereits vor der Tür und war fortan regelmäßiger Besucher bei uns. Unsere Großeltern waren ja anwesend, und so gab es dagegen nichts einzuwenden. Irgendwann erreichte uns ein Anruf seiner Eltern: »Wann kommen denn eure Mutter und euer Vater zurück?«
Innerhalb von zwei Monaten war die Hochzeit beschlossene Sache. Die beiden hatten sich unsterblich verliebt, waren aber noch sehr, sehr jung – Ouroud noch nicht einmal achtzehn, und er nur ein Jahr älter als sie.
Beide Familien nahmen die Vorbereitungen mit Elan in Angriff. Stattfinden würde die Hochzeit in Kuwait. Zu dem Fest lud Mufids Familie das halbe Emirat ein. Der junge Mann studierte damals noch, aber sein Vater Mohammed Derwisch al-Aradi war Hofmeister – »Rais al-Diwan« – des Amir. Derwisch hatte Prinz Dschaber al-Ahmed sein Leben lang begleitet, lebte in dessen unmittelbarer Nähe, arrangierte seine Termine, empfing Besucher und reiste mit ihm. Er trug für alles, was am Hof geschah, die Verantwortung.
In unseren Augen war es ein ungewöhnliches Fest, denn wir hatten noch nie eine richtige arabische Hochzeit miterlebt. In der Tat gab es zwei Hochzeiten – eine für Männer und eine für Frauen. Zwar wäre es nach unserer Familientradition genauso abgelaufen, aber da

wir außerhalb des Landes aufwuchsen, fanden wir diesen Brauch befremdlich. Wir hatten Glück, dass unser Vater so aufgeschlossen war, denn die übrigen Al-Souhail unterschieden sich nicht von den Kuwaitis und anderen alten Familien im Nahen Osten.
Ich bin oft nach Kuwait gereist, habe aber nie den Diwan – den Palast – eines Scheichs von innen gesehen. Denn privat mischen sich Frauen in diesen Ländern nicht unter die Männer. Ganz selten gibt es Dinners für Männer und Frauen gemeinsam. Ansonsten versammeln sich männliche und weibliche Gäste nur dann, wenn etwa ein Scheich aus der Fürstenfamilie als Ehrengast auf einer Party in einem großen Haus erscheint. (Im Arbeitsbereich hingegen dürfen Männer und Frauen sich begegnen. So hatte ich zum Beispiel die Ehre, mit Ministern in ihren Büros zusammenzutreffen.)
Da saßen wir also im Halbkreis, lauter Frauen, im riesigen Festsaal eines Hotels, unter funkelnden Kristalllüstern in rosenduftgeschwängerter Luft. Ganz vorn, am Kopfende des Saales, ein wenig verloren auf einem mit Blüten und Seide geschmückten Podium, unsere märchenhaft aufgemachte siebzehnjährige Ouroud in einem elfenbeinweißen Kleid aus Brüsseler Spitze mit langer Schleppe. Die Frauen – Mutter und wir eingeschlossen – küssten und umhegten die Braut und wiederholten ständig, wie wunderschön sie war. Doch gab es weit und breit keinen einzigen Mann, keinen Bräutigam und nicht einmal unseren Vater. Darüber halfen auch die Sängerinnen und Bauchtänzerinnen und die sich auf dem Buffet türmenden salzigen und süßen Delikatessen nicht hinweg.
Dem Bräutigam auf der Männerhochzeit erging es nicht viel anders, wie Vater uns nachher berichtete. Auch er saß, nachdem er die männlichen Gäste willkommen geheißen hatte, ein wenig unbehaglich da. Erst am Ende des Festes wurden die beiden in einem großen Finale aus Freudentrillern und Trommelwirbeln für die »Dachla« – den Eintritt in das eheliche Leben – zusammengeführt und zu einer mit weißen Rosen aufgeputzten Limousine geleitet. Ich erhaschte einen Blick auf unseren Vater, dem es anzusehen war, dass es ihm nicht leicht fiel, sein erstes, liebevoll verwöhntes Mädchen herzugeben.

Zur Hochzeit waren Dutzende Gäste mit dem Auto aus Bagdad angereist. Es war wunderbar, die Verwandtschaft und unsere Freunde aus dem Irak nach dem Fest auf einem Fleck vereint zu sehen. Wir kamen viel zu selten mit ihnen zusammen, und dann immer nur vereinzelt. Sie brachten die traditionellen Hochzeitsgeschenke: Gewürze in silbernen Behältern, Teppiche, handgestickte Stoffe.
Wir vermissten Ouroud am Anfang sehr, zumal sie kurz nach der Hochzeit mit Mufid nach Washington ging, um dort zu studieren. Das war eine große Distanz, die da plötzlich zwischen uns klaffte. Doch glaube ich nicht, dass wir Ouroud sehr gefehlt haben, denn sie und Mufid stürzten sich, wie später herauskommen sollte, in Amerika Hals über Kopf ins Vergnügen.

Die Studentin

1983, im Jahr vor meinem Abitur, fing ich an, mit Vater oder in seinem Auftrag auf Reisen zu gehen. Häufig fuhr ich mit ihm nach Damaskus, wo viele irakische Stammesfürsten lebten. Anfangs hörte ich bei den endlos langen Sitzungen vor allem zu, nach einiger Zeit aber konnte ich schon mitreden.
In den letzten Schulferien unternahm ich, achtzehnjährig, meine erste Reise allein, nach London, mit einem dicken Brief an Saad Saleh Dschabr. Es war ein großartiges Gefühl, so selbständig unterwegs zu sein. Vom Londoner Flughafen holte mich Saad ab – ich erkannte ihn noch von früher –, und ich fühlte mich als richtige Gesandte. Wir fuhren in sein Büro, er bot mir Kaffee an und nahm den Brief entgegen.
Nachdem er mich nach meiner Familie ausgefragt und ich ihm ausführlich über Ourouds Hochzeit berichtet hatte, fragte er:
»Hättest du Lust, bei unserer Zeitung mitzuarbeiten?«
Er gab eine liberale Zeitung auf Arabisch heraus. Sie hieß »Al-Tajar« und erschien in London.

»Ja, sehr gern!«, sagte ich freudig zu. Und so fing ich mit achtzehn an, für das Blatt Artikel über Vorfälle im Irak zu schreiben. Wir verfügten ja über die Informationen. Das war meine erste öffentliche Tätigkeit.
Für manche einflussreiche Person wurde es zu riskant oder kompromittierend, sich mit dem unbeugsamen Scheich blicken zu lassen. Vater war froh, dass ich nun alt genug war, um ohne Begleitung zu reisen, denn fortan konnte er nötigenfalls durch mich kommunizieren. Ein junges Mädchen wie ich fiel nicht auf und erregte keinen Verdacht. Er schickte mich nach London, Paris oder in arabische Staaten. Ich überbrachte Briefe und informierte seine Kontaktpersonen über die Ergebnisse unserer Meetings mit anderen Oppositionellen. Bald verlor das Reisen den Reiz des Neuen und wurde für mich zu einem Teil meines Lebens. In jüngerer Zeit hat das ein fast übertriebenes Ausmaß angenommen: Ich bin mehr auf Achse als an dem Ort, wo ich mich am meisten zu Hause fühle – bei meiner Mutter und meinen Schwestern.

Nach meinem Abitur, das bei den Schwestern vom Rosenkranz reibungslos und mit einer schönen Abschlussfeier vonstatten ging, stellte sich die Frage, was ich studieren wollte. Natürlich hatte ich mir früher schon Gedanken darüber gemacht. Am liebsten wäre ich ins Ausland gegangen, nach London oder Paris, und hätte dort studiert. Auch Mutter war dafür; drei von ihren Geschwistern hatten ein Studium in Frankreich absolviert, und sie wusste, was für eine Chance ein Studium im Ausland für einen jungen Menschen bedeutet.
Aber angesichts unserer niemals abreißenden Bargeldsorgen stand fest, dass wir uns das nicht aufbürden konnten. Als Ouroud mit ihrem Mann nach Washington gegangen war, hatte ihr Schwiegervater für die beiden eine Million lockergemacht – einen Betrag, der uns absurd erschien. Wegen der Kosten und, was vielleicht noch mehr zählte, weil ich wusste, wie sehr der Scheich meine Hilfe in Amman brauchte, erwähnte ich das Thema Auslandsstudium ihm gegenüber nicht einmal. Dabei wäre es mein Herzenswunsch ge-

wesen, sah ich mich doch in meinen beruflichen Zukunftsfantasien als Diplomatin. Den Gedanken daran, welchem Land ich eigentlich dienen würde, verdrängte ich vorerst.
Als Vater von sich aus auf meine Studienpläne zu sprechen kam, sagte ich also bloß: »Politikwissenschaft!«
Er lächelte und erwiderte: »Darin hast du schon graduiert!«
»Was meinst du damit?«
»Du brauchst diese Dinge nicht zu lernen; du bist in einer politischen Familie aufgewachsen, du bist mir nahe und weißt schon sehr viel. Warum machst du das nicht als Nebenstudium und nimmst etwas anderes als Hauptfach?«
»Gut, dann mache ich öffentliche Verwaltung. Zusammen mit Politikwissenschaft ergibt das eine gute Kombination.«
Er lächelte wieder.
An der Uni – ich schrieb mich an der Jordanischen Universität ein – hatten es die Professoren bestimmt nicht immer leicht mit mir, aber sie verhielten sich großartig. Wir hatten ein sehr persönliches Verhältnis zu unseren Lehrern, und ich erzählte ihnen ständig, was Vater mir zu diesem oder jenem Thema gesagt hatte. Ich bekam nie etwas anderes als eine positive Reaktion: »Ja, das ist wohl wahr!«
Das politische Thema jener Tage schlechthin war der Krieg zwischen Irak und Iran. Die Professoren freuten sich über meine Beiträge, denn auf diese Weise kamen sie zu Informationen aus unseren Quellen, die sie sonst nie erhalten hätten. Mein erster Professor, Kamel Abu Dschaber – ein prominenter Politiker und Intellektueller; er wurde später Außenminister –, trug mir auf, eine Arbeit zu schreiben zum Thema »Die politische Ideologie der Beni Tamim«.
Ich musste lachen: »Was verlangen Sie da von mir?«
Er blieb ganz ernst und sagte: »Bitte, Safia, gehen Sie und schreiben Sie das. Es gibt überhaupt keine Informationen zu diesem Thema. Ich bin sicher, Ihr Vater kann Ihnen dabei helfen.«
Als ich Vater daheim in seinem Arbeitszimmer davon erzählte, war er ebenfalls amüsiert: »Was? Über die politische Ideologie der Beni Tamim? Was willst du dazu schreiben?«
Ideologie war ihm suspekt. Er war in einer Zeit groß geworden, als

in unserer Region die »Ismen« zu grassieren begannen, und er hatte ein sehendes Auge dafür, was sie anrichteten. Außerdem, fand er, hätten die Scheichs der Beni Tamim realpolitisch agiert und vernünftige Ziele verfolgt.

Ich antwortete: »Ya Baba, ich muss mir das historisch anschauen!«

Es war für mich eine interessante Erfahrung. Noch nie zuvor hatte jemand aus diesem Blickwinkel die Stammespolitik betrachtet. Die einzige auffindbare Literatur dazu waren ein paar alte Bücher, in denen mein Großonkel, Scheich Hassan, und Großvater Ali Al-Souhail zitiert wurden.

Ich fragte Vater aus über die Zusammenhänge, in denen diese Zitate standen, grub mich durch die irakische Geschichte der Zwischenkriegszeit und fand heraus, wie Scheich Hassan damals die über den ganzen Südirak bis Bagdad verstreuten Stammeszweige zusammengeführt hatte und wie die Beni Tamim unter einer gemeinsamen Führungsriege zu einer einflussreichen Macht im einstigen Königreich wurden.

So spielte sich mein Leben zeitweise wie das einer ganz normalen, ja privilegierten Studentin ab. Aber die Gefahr verhinderte, dass ich mich in dieser glücklichen Rolle jemals wirklich zu Hause fühlen konnte. Wann immer wir uns entspannten, mussten wir darauf gefasst sein, dass uns im nächsten Augenblick der Schrecken in die Glieder fahren konnte – in Form einer Drohbotschaft oder eines realen Unglücks.

So verhält es sich auch an jenem späten Nachmittag, als ich mich nach ein paar Stunden über meinen Büchern auf ein Weilchen zu Mutter, Teta Taufiqa, Alia und Seinab in den Wohnsalon setze.

Während Mutter und Teta temperamentvoll die wunderbaren alten Tage im Libanon beschwören, kichern und tuscheln die Kleineren, Noura und Sara, in einer Sofaecke. Eigentlich stecken die beiden die meiste Zeit die Köpfe zusammen; die Verbindung zwischen ihnen ist so stark, als wären sie Zwillinge. Dabei ist es von ihrem Aussehen her kaum zu glauben, dass sie Schwestern sind, die lebhafte, fast athletisch kräftige Noura mit ihrem schwarzen Haar und dem

dunklen Teint und die für unsere Breiten ungewöhnlich hellhäutige, zarte, blonde Sara, deren Augen im tiefen Blau des sommerlichen Meeres bei Sidon strahlen – und es sogar in einen Londoner Regentag hinüberzuretten vermögen. Vom Aussehen her spiegelt meine Familie das breite Spektrum des Nahen Ostens.
Ich hänge gerade meinen Gedanken beim Anblick der beiden Mädchen nach, als uns ein lauter Knall hochfahren lässt – das Krachen eines Schusses im Obergeschoss.
Vater ist in seinem Zimmer!
Wir schreien hysterisch durcheinander, stellen uns das Schlimmste vor und haben entsetzliche Angst, es möglicherweise gleich real vor uns zu sehen.
Ich fasse mir ein Herz und steige die Treppe hinauf. Oben geht die Tür auf. Mein Puls stockt. Ich bin ja nicht bewaffnet. Doch da tritt, ein schuldbewusstes Lächeln im Gesicht, mein Vater auf den Korridor. Er hatte seine Pistole, die er nur im Badezimmer oder zum Schlafen ablegte, gereinigt, und ein Schuss hatte sich gelöst. Seine beruhigenden Rufe »Nichts passiert! Alles okay!« waren von unserem Geschrei unten erstickt worden.
Während ich und meine Schwestern also oberflächlich betrachtet das normale Leben junger Mädchen aus besseren Verhältnissen führten, riss das unterschwellige Gefühl der Bedrohung durch Saddam Hussein – das Begleitmotiv unseres Lebens – keinen Augenblick ab. Ich kenne nichts anderes als eine Existenz unter hohem Risiko, und ich bin neugierig, wie es sich anfühlen wird, wenn ich einmal, was ja nun immerhin in den Bereich des Denkbaren gerückt ist, eine ganz normale Staatsbürgerin in einem normalen Land sein werde.
Heute ist sie greifbar nahe, unsere alte, inständige Seelenhoffnung auf dauerhafte Rückkehr in den Irak. Wir sind tief unglücklich darüber, dass zuletzt nur ein Krieg und schwere Zerstörung unser Land und seine Menschen von Saddam Hussein befreien konnten. Wir wollten einen anderen Weg gehen, und wir hätten jeden friedlichen Weg mit Freude unterstützt. Aber niemand hat eine Alternative angeboten. Ich nehme teil an den Verhandlungen für einen

»neuen Irak«. Ich sehe das Leid der Menschen unter und nach Saddam Hussein. Ich kenne die Risiken. Aber ich habe auch Hoffnung. Wann immer wir Zukunftspläne wälzten, schloss Vater mit einem Satz, der für uns zum geflügelten Wort geworden ist: »Nächsten Sommer in Bagdad ...«
Ein Sommer nach dem anderen verging, ein Dutzend, zwei Dutzend und mehr. Heute sieht es so aus, als würde sich Vaters Wort erfüllen. Für mich und meine ganze Familie mischt sich in die Hoffnung ein großer, dunkler Tropfen Trauer: »Wenn er nur hier wäre!«
Unsere Freunde sagen: »Er wäre derjenige gewesen, der wirklich mit allen Parteien hätte sprechen können.«

»Freund Saddam«

Für mich wurde es immer unerträglicher, mir rundherum anhören zu müssen, was für ein Held Saddam Hussein doch sei. Der einzige Nachbarstaat, der in diese Lobhudeleien nicht einstimmte, war Syrien. Zwar lockerte Hafes al-Assad von Zeit zu Zeit seine radikale Ablehnung der Baathisten in Bagdad, doch Begeisterung für Saddam Hussein hat es in Damaskus unter ihm nicht gegeben.
In Amman, an der Uni, wo wir ständig über das heiße Thema Krieg diskutierten, war es besonders ekelhaft. Ich kann nicht mehr nachvollziehen, wie viele Stunden ich versucht habe, meinen Kommilitonen auseinander zu setzen, was mit Saddam wirklich los war:
»Der Mann ist ein Massenmörder, ein verantwortungsloser Schurke! Seht doch nur, was für einen unnötigen Krieg er da führt! Wofür denn? Hat er nicht erst unlängst auf seine Inselchen verzichtet? Hat er im Irak nicht genug Öl? Was haben denn die Iraker bisher überhaupt von ihrem Öl gehabt?«
»Er kämpft für die arabische Nation. Er ist ein Bollwerk gegen Israel!«, kam es gebetsmühlenartig zurück.
Die Argumente waren leer und dumm. Die arabische Nation ist ein

Schlagwort, und Israel war für den Irak in Wahrheit nie das zentrale Thema. Sie plapperten einfach stumpfsinnig nach, was ihnen die Medien und ihre Eltern vorbeteten. Viele wohlhabende Jordanier betrieben Handelsgeschäfte mit dem Irak. Dadurch hatten sie ein handfestes Interesse, dass die Beziehungen zum Regime erhalten blieben. Andere fürchteten sich vor den allgegenwärtigen irakischen Geheimdiensten. Irgendwie lässt es sich noch verstehen, dass einzelne Menschen von Gier oder Angst korrumpiert werden. Dass es aber bei ganzen Staaten ebenso laufen kann, das entzieht sich meinem Verständnis.

Saddam Hussein schaffte es in den ersten zehn Jahren seiner schrecklichen Alleinherrschaft, zum lieb Kind der internationalen Gemeinschaft zu werden. In ohnmächtiger Verzweiflung mussten wir zusehen, wie die ganze Welt zusammenarbeitete, um ihn stärker und stärker zu machen. Mein Vater reiste von einem arabischen Land ins andere, traf Leute von der britischen, französischen, amerikanischen Regierung, drängte, argumentierte, warnte – und rannte gegen Mauern.

Die Sowjets bauten Saddam Festungen, riesige Bollwerke. Dort folterte und kerkerte er seine Gegner ein. Stasi und KGB-Leute statteten ihm die Folterkammern aus. Deutsche Firmen bauten ihm Waffendepots.

Russen und Franzosen rivalisierten miteinander um die Aufrüstung der irakischen Streitkräfte. Da ging es um Aufträge für Dutzende von Kampfflugzeugen, um die Modernisierung der gesamten Luftwaffe. Zuletzt gewann die Sowjetunion, wurde zu Saddams größtem Waffenlieferanten. Doch die USA halfen kräftig mit, den Irak hochzurüsten. Plötzlich schien sich der Wettbewerb der Kalten Krieger um Einfluss in der Welt auf eine Person zu konzentrieren: auf ihren »Freund Saddam«.

Die Franzosen lieferten den angeblichen Versuchsreaktor Osirak. Beim Bau machten sich die französischen Ingenieure lustig und sagten zu den Irakern: »Soso – und das alles hier braucht ihr auch für eure ›Versuche‹?«

Nicht nur die CIA, sondern Geheimdienste weltweit versorgten

Saddam mit Informationen für seinen Krieg gegen die Revolutionsregierung im Iran. Ost, West, Nord, Süd – sie alle halfen mit, das Monstrum zu erschaffen, und sie teilten es ihm auch mit, wenn sie davon Wind bekamen, dass jemand einen Coup gegen ihn plante. Politiker, Parteien, Journalisten, Organisationen auf der ganzen Welt standen in Saddams Sold. Ein wohlwollender Artikel konnte drei- bis fünftausend Dollar in einem Kuvert einbringen.
Mit all dieser Hilfe errichtete Saddam ein ganz außergewöhnliches Regime, eine rücksichtslose Diktatur, und machte den Irak zu einer Gesellschaft von Verfolgten und Denunzianten. Ein Viertel der Bevölkerung arbeitete als Informanten für ihn. Michel Aflaq, der Gründer der Baath-Bewegung und einer von Saddams Lehrmeistern, war während der Nazizeit in Deutschland gewesen und somit gut informiert, wie so ein Staatswesen aufzuziehen ist.

Den westlichen Beitrag zu Saddams Vernichtungsmaschinerie hat der bekannte US-Publizist Pierre Salinger abzuschätzen versucht. In seinem 1991 erschienenen Buch »Krieg am Golf« veröffentlichte der einstige Pressesprecher John F. Kennedys eine Liste jener Firmen, die in den achtziger Jahren beim Aufbau von Saddams Arsenal nichtkonventioneller Waffen mithalfen. Der Irak verfügte über Bio- und Chemiewaffen und arbeitete an einem Nuklearprogramm. Im Länder-Ranking führen diese Liste an:

Land	*Zahl der involvierten Firmen*
Deutschland	*86*
Vereinigte Staaten	*18*
Großbritannien	*18*
Österreich	*17*
Frankreich	*16*
Italien	*12*

Ich komme von der Uni nach Hause und spüre Hochstimmung. Mutter und Teta unterhalten sich laut in der Küche; aus Mutter sprudeln die Worte nur so heraus. Bevor ich zu ihnen gehe, werfe ich noch rasch einen Blick durch die offene Tür in den Salon. Vater sitzt dort zusammen mit Alia und einem Unbekannten. Auch er macht einen gelösteren Eindruck als gewohnt.

Ich trete kurz ein, um Hallo zu sagen. Vater stellt mich dem Gast vor: »Das ist meine Tochter Sousou, meine Assistentin, ya Asis.« Und zu mir gewandt sagt er: »Asis al-Siggam ist einer unserer Leute in Bagdad. Er wird mit uns zusammenarbeiten.«

Jetzt bin ich sehr neugierig geworden, aber ich weiß, dass hier auf die schnelle Tour nichts zu erfahren ist. Also entschuldige ich mich gegenüber dem Besucher: »Ich bin ein wenig müde nach der Uni. Aber wir sehen uns doch hoffentlich noch?«

»Ja«, sagt Vater. »Asis bleibt heute hier.«

In der Küche ist meine Mutter immer noch in vollem Schwung.

»Hallo, Mama, hallo Teta!«, trete ich zu ihnen und küsse sie auf beide Wangen.

»Hallo, mein Liebling! Wie war's denn heute?«, unterbricht Mutter ihren Redefluss.

»Okay, Mama. Aber sagt, was gibt es denn Neues? Alle sind so fröhlich.«

»Asis al-Siggam, der Mann, der draußen sitzt, hat sich angetragen, unsere Geschäfte in Bagdad zu führen. Wir haben ihm natürlich gesagt, dass das gefährlich ist und was sie mit Hammat gemacht haben. Er meint, er weiß, wie er mit der Situation umzugehen hat. Er habe gute Kontakte zu ihnen, er könne ihnen Geld zukommen lassen, und sie würden ihn nicht zu fassen bekommen.«

Auch mir fällt ein Stein vom Herzen. Seit Beginn meines Studiums unterstütze ich meinen Vater in allen Belangen, bin bereits eingeweihter als Said. Ich weiß genau, wie die Dinge im Irak laufen und dass es so funktionieren könnte.

Vater setzte den Mann als Geschäftsführer ein, gab ihm die nötigen Vollmachten, und endlich wieder schien die Zukunft der Güter im Irak gesichert. Asis Siggam war gerade im richtigen Augenblick erschienen, als hätte der Himmel ihn geschickt. Wenige Tage später kam eine Nachricht vom Palast König Husseins: Die Iraker planten etwas gegen uns, und wir alle sollten uns am besten außer Landes begeben.

Unsere Mobilität war inzwischen so hoch, dass innerhalb weniger Tage alle Vorbereitungen getroffen waren und unsere Koffer fertig gepackt und abholbereit im Madschlis standen. Auch diesmal fiel die Wahl der Eltern auf London, trotz des Unglücks, das Abd al-Rasak al-Nayif dort ereilt hatte. Sara, Noura und Scherine blieben wieder bei den Großeltern. Wir nahmen für längere Zeit von ihnen Abschied.

In London waren wir dann überhaupt nicht begeistert, uns aus unserem Alltag an der Uni oder der Schule herausgerissen und in die nasse Winterkälte verpflanzt zu sehen. Obendrein sah Ouroud der Geburt ihres ersten Kindes entgegen, und unsere Eltern hatten sich bereits bei ihr in Washington angesagt. Sie arrangierten mit Saad Saleh Dschabr, dass ich, Alia und Seinab in seinem Haus wohnen konnten, und flogen zu Ouroud. Wir waren bitterböse. Täglich lag ich Vater am Telefon in den Ohren, dass dieser Zustand unhaltbar war. Und eines Tages ging ich kurz entschlossen ins Reisebüro und buchte mit meiner Kreditkarte unseren Rückflug nach Amman.

Die Eltern waren mit Ouroud dermaßen beschäftigt, dass sie über unsere eigenmächtige Abreise kaum ein Wort verloren. Wieder daheim, erfuhren wir nach und nach übers Telefon, was in Washington passiert war:

Als Vater und Mutter das Apartmenthaus in Crystal City zum ersten Mal betraten, fragte der Portier: »Kommen Sie den Prinzen und die Prinzessin besuchen? Das junge Paar …«

Den Eltern schwante Schlimmes. Mutter fiel dem Mann ins Wort: »Die beiden sind weder Prinz noch Prinzessin, das sind ganz normale junge Leute, die hier studieren!«

Beim Wiedersehen mit meiner hochschwangeren Schwester und

Mufid stellte sich rasch heraus, dass die beiden völlig durchgedreht hatten. Sie waren von dem vielen Geld und der ungekannten Freiheit total überwältigt. Statt zu lernen, machten sie lauter Unsinn und gebärdeten sich wie Teenager. Vater erkannte sein Kind kaum wieder. Ouroud lebte in einer sonderbaren Atmosphäre, die ihm überaus bedenklich, ja lebensgefährlich vorkam – zwei arglose junge Leute, fast noch Kinder und zugleich werdende Eltern, die das Geld in Amerika vor aller Augen mit beiden Händen zum Fenster hinauswarfen!

Die beiden hatten sich nicht nur eine übertrieben große Wohnung gekauft, sondern ein Auto für Ouroud, ein Auto für Mufid und, als das Baby sich ankündigte, noch ein Auto für das Kleine. Als das Kind, unsere entzückende Mufida, geboren war, ersuchte mein Vater den Schwiegervater in Kuwait: »Bitte bringen Sie die jungen Leute nach Hause! Die zwei gehören unter Aufsicht. Ich möchte nicht, dass unsere Tochter so weit weg lebt. Wir haben ja gar keine Ahnung, was sich da abspielt.«

Unsere Eltern blieben nicht mehr lange fort. Ich glaube, insgeheim war Vater froh, dass wir ihm einen Grund geliefert hatten, nach Amman zurückzukehren.

1985–1989

Café Babisch

Wir älteren Mädchen waren noch ziemlich streng erzogen worden. Bei den drei jüngeren Schwestern war alles schon wieder ganz anders; die Gesellschaft veränderte sich rasant, und Scherine, Noura und Sara genossen viel mehr Freiraum als wir. Ich musste als Teenager bei Sonnenuntergang daheim sein. Falls es einmal einen Grund gab, länger auszubleiben, schickten sie mich mit Ra'uf im Auto hin.

Dabei war ich unvergleichlich besser dran, als meine Cousinen im Irak es heute noch sind. Sie dürfen nach wie vor nicht an Plätze gehen, wo Jungen und Mädchen zusammenkommen. Und darüber gibt es keine Diskussion. Ich konnte mit meinem Vater in einer Weise kommunizieren, die in der traditionellen Stammeseinstellung undenkbar wäre. Er wollte bloß wissen: »Wohin gehst du?« Und: »Mit wem gehst du?«

Er wusste, dass wir ihn nie anlügen würden. Er respektierte uns, und wir achteten ihn, unsere Familie und unsere Religion.

Als ich auf der Universität war, haben meine Freunde und ich uns gern in einem bestimmten berühmten Café, dem Babisch, getroffen. Es gehörte einem Palästinenser und seiner griechischen Frau. Sie hatten das Café sehr gemütlich gestaltet.

Mein Vater neckte mich: »Hast du deine Vorlesungen an der Uni jetzt nicht hinter dir? Jetzt kommen doch die Vorlesungen im Café! Warum siehst du nicht zu, dass du hinkommst?«

Eines Tages rief Vater mich zu sich: »Ya Sousou, ich möchte dir etwas sagen. Komm, setz dich zu mir.«

Ich tat, wie er mich geheißen.

»Schau,« fuhr er fort, »ich weiß, dass du dort Jungen und Mädchen triffst, die mit dir an der Uni studieren oder die du schon von früher kennst. Aber ich will dir einen Rat geben: Erlaube niemals einem

Jungen, neben dir zu sitzen und seinen Kaffee zu trinken, wenn er in dieser Situation nicht auch seine Schwester mitbringen würde. So ein Mann würde dir nie ein guter Freund sein!«

Das war ein ganz einfacher guter Rat, denn ein Mann, der mit seiner Schwester freundschaftlich umgeht, kann sich auch einer anderen Frau in Freundschaft und ohne Hintergedanken nähern.

Für mich ist das übrigens auch eine Grundregel des demokratischen Lebens. Ein Mann, der seine Mutter, seine Frau und seine Schwestern nicht gut behandelt, der zu den Menschen in seinem Heim nicht gut ist, der wird, wenn er ein Politiker ist, auch zu den Menschen draußen, zu seinem Bezirk, seiner Stadt oder seinem ganzen Land nicht gut sein. Die Demokratie beginnt daheim.

Dem Thema Heirat, das bei immer noch sechs heranwachsenden Mädchen in einer Kultur wie der unseren natürlich in der Luft lag, begegneten wir in unserem Haus mit viel Humor. Am laufenden Band standen für mich und meine Schwestern die Väter heiratswilliger Söhne vor der Tür, aus den USA, aus Saudi-Arabien, Kuwait, dem Libanon. Diese Anträge – »Wir möchten eure Tochter für unseren Sohn!« – bildeten ein unerschöpfliches Reservoir an erheiterndem Gesprächsstoff.

Ich hätte niemals einen Mann geheiratet, für den ich nichts fühlte, und meinen Eltern wäre nie eingefallen, so etwas von uns zu verlangen. Trotz der starken Traditionen in Jordanien und in der ganzen Region hat es bei uns keine einzige arrangierte Ehe gegeben.

Wenn ich heute, mit der Erfahrung einer erwachsenen Frau, über meinen Vater nachdenke, so bin ich immer wieder aufs Neue erstaunt, was für einen seltenen Wandel dieser Mann vollzogen hat. Er verdankte das dem Einfluss der Minerva Baddredin und, darüber gibt es für mich keinen Zweifel, seiner sieben Töchter. Er war nach der Sitte des Stammes religiös und in einem Geist erzogen worden, der die Bereiche von Männern und Frauen so strikt trennt, dass jedes Geschlecht in einer eigenen Wirklichkeit lebt. Nur starke Frauen wie meine Großmutter, die Scheicha Safia, überwanden diese Grenzen und verschafften sich auch unter Männern Respekt.

Ich weiß aus Erzählungen, dass Taleb in seiner Jugend ein anderer war als der, den wir später als unseren Vater kennen lernten. Durch Mutter und uns wurde er mit den Jahren immer aufgeschlossener und gelassener. Er wusste, dass er mit der Zeit gehen musste, er war, was wir »mudschtahed« nennen.

Dieses Wort leitet sich her von einer wichtigen Idee im Islam – »Idschtihad« –, die sich in westlichen Begriffen ungefähr mit »Bemühung« übersetzen ließe, obwohl sie eine breitere Bedeutung hat. Idschtihad meint, dass sich ein einzelner Mensch, aber auch eine ganze Gesellschaft bewusst bemüht, auf Veränderungen in der Umwelt positiv zu reagieren. Unser Vater reagierte auf undemokratische Zustände in der Monarchie, er reagierte auf die Gefahr, die vom Baath-Regime ausging, er reagierte auf seine selbstbewusste, moderne Frau, er reagierte auf die Bedürfnisse seiner Töchter, und er reagierte auf das Exil, indem er seine Rolle als Stammeschef entsprechend anpasste. Unser Vater war eben »mudschtahed« – jemand, der sich durch Bemühung stark entwickelt hat.

Der Begriff des Idschtihad hat eigentlich für die gesamte islamische Religionsgemeinschaft Geltung. Der gegenwärtig erstarkende so genannte religiöse Fundamentalismus hat mit »Idschtihad« allerdings wenig zu tun. Der Islam war immer eine Religion, die sich auf ihre Anpassungsfähigkeit und Toleranz etwas zugute gehalten hat. Ganz anders als das Bild, das sich der Westen momentan vom Islam macht, sehe ich ihn als dynamischen, undogmatischen Glauben, der eine große Vielfalt von Lebensweisen zulässt. Weshalb sonst hätten sich unsere Religionsgelehrten in den vergangenen eintausendvierhundert Jahren ständig mit Auslegungsfragen beschäftigt? Auslegung kann doch nur dann ein Thema sein, wenn es einen Spielraum dafür gibt.

Meeting in London

Dass 1988 kein Glücksjahr werden würde, zeichnete sich rasch ab. Das Jahr begann mit einer schweren Erschütterung.
Im Sommer zuvor, während meiner letzten Uni-Ferien, war ich mit Vater gemeinsam nach London zu einem Treffen irakischer Oppositionsführer geflogen. Auf dem nächsten Linienflug Amman–London saß Dschasim al-Muchlis, der Sohn jenes Muchlis-Pascha, der einst die Tikriter groß gemacht hatte.
Dschasim hatte als Botschafter im Dienst verschiedener irakischer Regimes, auch der Baathisten, gestanden. Bislang war es ihm stets geglückt, sich aus den politischen Verwicklungen herauszuhalten. Doch nun waren Saddams Exzesse auch dem vorsichtigen Diplomaten, der sich in Bagdad ins Privatleben zurückgezogen hatte, unerträglich geworden, und so machten wir ihm durch Boten ein Angebot:
»Wenn du etwas für das Land tun willst – es gibt eine Gelegenheit dazu. Schließe dich unserer unabhängigen Bewegung an! «
Wie die Angehörigen unseres Kreises sahen sich auch die al-Muchlis als Liberale mit Wurzeln in der Monarchie.
Dschasim kam auf dem Landweg mit dem Auto nach Amman, und Vater erwirkte bei den Jordaniern und Briten, dass er nach London fliegen konnte, ohne seinen Reisepass zu benutzen. Jordanische Stempel oder ein britisches Visum hätten ihn den Irakern bei der Heimkehr verdächtig gemacht. Um die uns stets verfolgenden Blicke Saddams nicht auch auf ihn zu lenken, hatte ich für ihn den späteren Flug gebucht.
Für das Meeting organisierte Saad Saleh Dschabr einen Raum im Ritz, das die Iraker in London weniger häufig frequentierten. Wir konnten also hoffen, unbeobachtet zu bleiben. Es lag an mir, dass ich und Vater ein wenig verspätet zu dem Treffen kamen. Ich habe immer so viele Dinge zu tun, so viele Anrufe zu erledigen, dass ich leicht in Verzug gerate.
Als wir den Sitzungsraum betreten, sind schon alle versammelt.

Wie stets bin ich auch heute die einzige Frau in der Runde. Ich freue mich, Saad wiederzusehen und einen Scheich der Beni Tamim aus Basra. Doch am meisten freue ich mich, dass Sajjid Mahdi al-Hakim zu dem Treffen gekommen ist, der »Diebsonkel« meiner Schwester Scherine.

Sajjid Mahdi lebt jetzt mit seiner Frau und seinen vier Kindern im Exil zwischen Dubai und London. Freudestrahlend begrüße ich den großen Mann mit den gütigen Augen, frage ihn nach seinen Lieben, die ich von unseren Reisen nach Dubai gut kenne.

Unser neu angeworbener Bündnispartner, Dschasim al-Muchlis, ist mit den meisten Sitzungsteilnehmern aus besseren Tagen bekannt, und es stimmt ihn sichtlich froh, diese Menschen nach vielen Jahren wiederzusehen. Unter den Anwesenden befinden sich hohe Offiziere, die den Säuberungen von 1982 durch Flucht entkommen konnten, und auch einige Scheichs von anderen Stämmen.

Dschasim schildert die Lähmung, die Angst, die sich im Lauf des Krieges gegen den Iran über Bagdad gelegt hat. Nach all den Säuberungsaktionen ist von der alten Garde nur noch eine Hand voll übrig geblieben. Wer nicht tot ist oder im Gefängnis, hat sich ins Exil gerettet. Das öffentliche Leben steht zur Gänze im Zeichen der Tikriter und ihrer opportunistischen Klüngel. Saddams größenwahnsinnige Bautätigkeit, seine Paläste und Denkmäler prägen das Stadtbild.

Wir diskutieren die Lage, nun, da Saddam Hussein offensichtlich knapp vor dem Sieg steht. Die Iraner konnten sich gegen das modernst aufgerüstete Heer der Iraker mit unermüdlich anstürmenden »Menschenwellen« und viel taktischem Geschick überraschend gut halten, sind nun aber am Ende. Allein der alternde Revolutions-Ajatollah, Ruhollah Chomeini, scheint noch auf einen Sieg über seinen Todfeind Saddam zu hoffen. Saddams westliche und sowjetische Freunde können sich beglückwünschen: Die von den Schiiten im Iran ausgehende Gefahr scheint gebannt.

Ich glaube, dass vieles anders verlaufen wäre, wenn die Baathisten Sajjid Mahdi nicht ins Exil gezwungen hätten. Er wäre von den irakischen Schiiten als einer ihrer Führer anerkannt worden und vielleicht sogar Großajatollah geworden wie einst sein Vater. Der Großajatollah in Nadschaf hat bei den Schiiten die gleiche spirituelle Autorität wie für die Katholiken der Papst in Rom. Unter Sajjid Mahdi hätte es wohl kaum Anlass zur Sorge gegeben, dass der Fanatismus der iranischen Revolutionsgarden über die Grenze schwappen könnte. Durch seinen Einfluss unter den Scheichs hätte er die Stämme bei der Stange halten können.

Ungeachtet Saddams nahen Sieges über den Iran spüren wir alle, die wir an diesem strahlend schönen Londoner Augusttag 1987 im Ritz bei Kaffee, Tee und englischem Gebäck über die Lage des Irak nachdenken, dass der Autokrat den Zenit seiner Macht bereits überschritten hat.

Ein Offizier bemerkt: »Die Armee steht nicht mehr hinter ihm. Er tut so, als wäre er ein Militär, versteht aber nichts vom Handwerk. Einen taktischen Fehler nach dem anderen hat er begangen. Der Krieg wäre verloren gewesen, wenn die Militärs ihm nach dem Debakel von Fao nicht das Oberkommando entwunden hätten.«

Die Menschen im Irak waren vom vielen Morden erschöpft. Der Kopf eines kranken Körpers mag noch so viel aushecken – zuletzt hängt seine Möglichkeit, diese Dinge zu realisieren, davon ab, wie lange der Körper dabei mitmacht. Egal, ob Araber oder Kurden, Schiiten oder Sunniten – alle waren die Entbehrungen der ewigen Kriegswirtschaft leid, die Verfolgung und Unterdrückung, und sehnten sich nach einem Leben in normalen Bahnen. Wenn die Zeit für den Putsch kam, war uns breite Unterstützung im Volk sicher.

Sajjid Mahdi genoss trotz seiner lang zurückliegenden Flucht im Jahr 1969 immer noch großen Respekt und Einfluss im Irak. Wenn er nach dem Sturz des Regimes ins Land zurückkehrte, dann gab es kaum Zweifel, dass sich selbst die Kämpfer unter den Schiiten friedlich in ein demokratisches Staatswesen eingliedern würden.

Dschasim al-Muchlis war ein einflussreicher arabischer Sunnit. Er erklärte sich bei dem Meeting bereit, im Inneren des Irak die Rolle eines Koordinators für den Putsch zu übernehmen. Dank seines sorgfältig gepflegten Rufs diplomatischer Nichteinmischung würde niemand auf den Gedanken kommen, ihn als Mitglied einer

Verschwörung zu verdächtigen. Als geheimer Verbündeter im Land, mit Zugang zu weiten Kreisen der Armee und Verwaltung, konnte er für uns einen unschätzbaren Beitrag leisten.
Einer der fähigsten Männer der Beni Tamim, Madschid al-Timimi, würde die Funktion eines Verbindungsoffiziers zu Dschasim in Bagdad übernehmen. Madschid arbeitete schon seit Jahren im Irak am Aufbau unseres Verbindungsnetzes mit. Seine Aufgabe war so heikel, dass wir ihn niemals persönlich trafen, sondern nur durch Boten mit ihm kommunizierten. Unsere Nachrichten an ihn waren immer sehr knapp und so verschlüsselt, dass nur er allein damit etwas anfangen konnte.
Es war jedoch Sajjid Mahdi al-Hakim – seit dem Machtantritt der Baathisten ein Kampfgefährte meines Vaters –, der bei jenem Treffen in London ins Zentrum unserer Verschwörung gegen Saddam Hussein rückte.
Ich sah ihn damals zum letzten Mal in meinem Leben.
Im Januar 1988 triumphierten wieder einmal Saddam und die Gewalt: Auf Einladung des sudanesischen Religionsführers Ahmed al-Tourabi reiste Sajjid Mahdi zu einer Konferenz über die Annäherung von Schiiten und Sunniten nach Khartum. Wir warnten ihn davor, sich der Unsicherheit im Sudan auszusetzen, doch wollte er keine Chance zu einer Verständigung zwischen den beiden großen islamischen Gruppen ungenützt lassen.
Sajjid Mahdi al-Hakim traf am 17. Januar 1988 in Khartum ein. Er saß in der Lobby des Hilton, als drei Angehörige der irakischen Botschaft das Hotel betraten, geradewegs auf ihn zugingen und ihn kaltblütig erschossen. Nach der Tat gingen die drei Mörder ungehindert und ruhigen Schrittes zurück zu ihrem Diplomatenwagen und fuhren zur irakischen Botschaft. Al-Tourabis Leute hatten die Iraker von Sajjid Mahdis Ankunft informiert. Die sudanesischen Behörden rührten keinen Finger zur Verfolgung der Attentäter und ließen sie wenige Tage später auf einem Linienflug nach Bagdad entkommen.
Vater weinte, als er von dem Mord erfuhr, fühlte sich tagelang zutiefst deprimiert. Sajjid Mahdi stand seinem Herzen nahe und war

eine der ganz großen Hoffnungen des Irak. Und wir konnten nicht fassen, dass unser lieber Onkel tot war, erschossen, einfach so.
Die Medien berichteten ein, zwei Tage lang von dem Vorfall. Dann war nichts mehr davon zu hören oder zu lesen. Angesichts dessen, was Sajjid Mahdi in Khartum unter den Augen der Regierung geschehen ist, hat mein Vater sich nicht mehr mit Sudanesen eingelassen.

Nach dem Ende der türkisch-sunnitischen Herrschaft im Irak war die schiitische Mehrheit auch politisch allmählich stärker geworden. Parallel zum herrschenden Durcheinander von Stammesinteressen, Parteiensystemen und religiösen Bewegungen gab es in der politischen Landschaft aufrichtige demokratische Bestrebungen.
Das Baath-Regime bedeutete einen Rückschritt zu einer sunnitischen Minderheitsregierung – wobei dem Westen und der Sowjetunion ein säkularer Diktator, mit dem sich gut Geschäfte machen ließen, lieber war als das andere Extrem, ein schiitischer »Gottesstaat«.
In Wechselwirkung mit Saddam und seinem Regime haben in den vergangenen Jahrzehnten zwei Faktoren das Geschehen im Irak bestimmt: der sich ausbreitende islamische Fundamentalismus und die riesigen Reserven an Erdöl, der Treibstoff der Weltwirtschaft. Der Irak ist nach Saudi-Arabien das zweitgrößte Erdölland der Erde.
Diese Verbindung ergab einen problematischen Rückkoppelungsmechanismus: Saddams Druck und die Bestrebungen des Auslandes, sich den Zugang zum Öl zu sichern, nährten den Fundamentalismus. Schon einmal, im Iran der siebziger Jahre, hatte eine ähnliche Kettenreaktion geradewegs in die islamische Revolution geführt.

Halabdscha

Wir wussten, wenn Vater mit ernstem Blick und einer Videokassette in der Hand zum Fernsehapparat trat, dann war es Zeit, sich auf Schlimmes gefasst zu machen. Doch was uns das Videoband nach anfänglichem Flimmern diesmal enthüllte, übertraf unsere ärgsten Befürchtungen:

Leichen, Leichen, Leichen – wohin die Kamera sich wandte. Leichen mit aufgerissenen, schleimverkrusteten Augen und Mündern, mit gedunsenen, dunkel angelaufenen Gesichtern und im Todeskampf grotesk gekrümmten Fingern. Aufgeblähte Kinderkörper. Mitten aus dem Leben gerissen lagen sie Kopf voran über Türschwellen gestürzt, auf Straßen, Feldern, Gartenwegen, in Hauseinfahrten. Kinder vor allem und Frauen, aber auch Männer.

Halabdscha, 16. März 1988. Der Tag, der im Gedächtnis der viel geprüften Kurden zum Symbol ihres Leides wurde. Bis heute wird der Jahrestag von Kurden und ihren Freunden weltweit begangen. Die Fünfundvierzigtausend-Seelen-Stadt im östlichen Kurdistan, knapp zehn Kilometer vor der Grenze zum Iran, hat ihren Platz in der Reihe der Todesstädte des 20. Jahrhunderts.

Die Leiber von 5000 Menschen, die am Tag des Angriffs umkamen, lagen über die Stadt verstreut. Bis zu 7000 Einwohner starben später an den Folgewirkungen.

Ab 1984, nachdem die hochmodernen, vom westlichen Ausland ausgestatteten Fabriken für chemische Waffen in Betrieb gegangen waren, setzte der Irak im Krieg gegen den Iran Giftgas ein, jedoch sparsam dosiert, um keine internationale Ächtung zu riskieren.

Doch gegen die eigene Bevölkerung ließ Saddam seinen Cousin, General Hassan Ali al-Madschid, hemmungslos mit tödlichen Giften vorgehen. Der gefürchtete Madschid, von Saddam als Statthalter Kurdistans eingesetzt, wurde von westlichen Diplomaten wegen seiner Vorliebe für den Einsatz von Chemiewaffen auf den Namen

»Chemie-Ali« getauft – ein zynischer Scherz, der die Runde um die Welt machte.
Die Kurden hofften, den Krieg gegen den Iran für ihre Befreiung nutzen zu können. Die Iraner kalkulierten, dass in der kurdischen Schwächezone ein Durchbruch möglich sein müsste.
Der Preis für die Kurden war hoch: 8000 in Gefängnissen internierte Männer wurden umgebracht, mehr als die Hälfte aller kurdischen Dörfer und Städte geschliffen und ihre Einwohner deportiert, zwanzig kurdische Dörfer mit Giftgas bombardiert.
Am 16. März 1988 zu Mittag fallen Napalmbomben auf die Stadt Halabdscha, am frühen Nachmittag donnern erneut Kampfflugzeuge über die Dächer und versprühen eine Wolke tödlichen Gases.

Mein Vater wollte, dass wir uns ein Vorstellung vom Leid der Bevölkerung machten. Er deutete auf den Bildschirm:
»Schaut euch das an, damit ihr es genau wisst und etwas von dem Schmerz fühlt!«
Die Schiiten im Landessüden haben unter Saddam viel mitgemacht, aber noch mehr leiden mussten die Kurden.

Verrat

Zuweilen warf Vater uns vor, dass wir verwöhnt waren: »Ihr müsst wissen, dass nur die wenigsten Iraker in den Genuss dessen gelangen, was ihr habt. Ihr solltet deshalb anfangen, das Eure zu schätzen. Und überhaupt: Bereitet euch für die Zukunft auf das Schlimmste vor!«
Mich brachte er mit solchen Vorhaltungen zum Lachen: »Du gehörst zur irakischen Upperclass, bist Oppositionsführer – du leidest sogar im Luxus!«

Damals war mir vielleicht noch nicht so bewusst, wie sehr Vater wirklich litt. Aller Luxus der Welt hätte ihm wenig bedeutet.
Dennoch traf es ihn wie ein Keulenschlag, als eines Tages ein Bote des Stammes mit der Mitteilung kam, dass die Güter in Bagdad nun endgültig verloren waren. Das war keine Frage des Luxus. Da ging es um Familienbesitz, um Verantwortung und, langfristig, um unsere Existenzgrundlage.
Asis al-Siggams Bevollmächtigung war ein kapitaler Fehler gewesen. Mein Vater war für Unehrlichkeit einfach nicht gerüstet. Er hatte als Heranwachsender kein ausreichendes Misstrauen entwickelt. Ich schätze, er fühlte sich als Scheich durch den in seiner Jugend noch gültigen, strengen Ehrenkodex des Stammes gegen Vertrauensbruch gefeit. Trotz seiner sonst so zeitgemäßen Einstellungen lebte er diesbezüglich in der Vergangenheit, und das war sein Unglück.
Mutter erzählte uns, was sich zugetragen hatte. Wie meistens, wenn sie mit uns Ernstes besprechen wollte, versammelten wir uns bei ihr im Schlafzimmer. Jetzt waren auch schon Noura und Sara, unsere Jüngsten, ihren Nannys entwachsen und alt genug, um über Familienangelegenheiten Bescheid zu wissen.
»Ich mache mir schreckliche Vorwürfe!«, ging Mutter mit sich ins Gericht. »Der Schuft hat sich bei uns eingeschlichen, und weil er ein Tamimi ist, bin ich nicht misstrauisch geworden! Es wäre klüger gewesen, die Güter weiterhin ohne Aufsicht zu lassen. Die Bauern wären schon irgendwie zurechtgekommen. Was verwahrlost wäre, wäre eben verwahrlost!«
Nun aber war eingetreten, was Hammat mit seiner Tapferkeit so lange aufgehalten hatte.
»Wäre Siggam nicht unser Geschäftsführer gewesen, so wäre niemand auf legalem Weg an den Besitz herangekommen. Jetzt hat dieser Mensch mit seiner Vollmacht alles an die Regierung abgetreten!«
Vater war getroffen, verlor aber nicht mehr viele Worte über die Enteignung. Es war geschehen, und er konnte es nicht mehr ändern. Mutter litt noch lange darunter.

Ungeachtet der komplizierten Situation unserer Familie waren wir Mädchen in Jordanien voll integriert. Hier wohnten unsere besten Freunde, wir reisten mit jordanischen Pässen und hatten unseren Platz in der jordanischen Gesellschaft. Als König Hussein den Ausnahmezustand aufhob und erstmals Parlamentswahlen veranstaltete, arbeiteten drei von uns bei führenden Politikern als Wahlhelferinnen mit: Ich zusammen mit Sana' Abu Raghab in der Kampagne ihres Onkels Ali, Alia mit einer ihrer besten Freundinnen für den früheren Premier Taher al-Masri und Sherine für die Abu-Hassan-Familie.

Unser Vater erklärte damals scherzend, er könnte noch vier Töchter für die Kampagnen der Jordanier zur Verfügung stellen. Es war eine tolle Zeit für uns, jeder Tag brachte neue Erfahrungen, wir kamen mit den Menschen im Land in einer Form in Berührung, wie es sonst nicht möglich gewesen wäre, und wir erlebten unmittelbar, wie die politischen Spielchen abliefen – wer mit wem zusammenspielte und wer wen wie hinterging.

Wir fühlten uns bei den Jordaniern zu Hause, waren aber Irakerinnen und sprachen libanesischen Dialekt. Zwar sehen sich die arabischen Länder gern als Angehörige einer Nation, doch unterscheiden sich die einzelnen Länder in ihrer gesellschaftlichen Mentalität und ihren politischen Systemen stark voneinander. Mit unseren Wurzeln im Irak, Libanon und in Jordanien empfanden wir uns als ungefähr ebenso international wie etwa junge Menschen in Europa, wenn sie in Italien, Frankreich und Portugal aufwachsen. Auf amerikanische Verhältnisse umgelegt, ist die kulturelle Distanz zwischen New York und Los Angeles bestimmt kleiner als jene zwischen Bagdad und Beirut.

Wahrscheinlich hatte mein geheimer Traum von der Karriere als Diplomatin zwei Ursprünge: mein Leben zwischen den Ländern und die vermittelnde Rolle, in die ich als Vaters Assistentin hineingewachsen war. Nun, im Sommer 1988, als ich mein Abschlusszeugnis von der Uni als diplomierte Administratorin und Politikwissenschaftlerin in Händen hielt, wurde die Angelegenheit spruchreif. Der bevorstehenden Unterredung mit Vater über meine weitere Laufbahn sah ich mit Beklemmung in der Brust entgegen. Ich wartete auf eine günstige Gelegenheit.

Die ergab sich, als der Krieg gegen den Iran im Juli 1988 zu Ende ging. Obwohl wir die Kriegsjahre hindurch mit unserem Land fühlten und seine Verluste bedauerten, war Saddam unverändert unser Feind, dem wir nichts Gutes wünschen konnten. Es war eine emotional komplizierte Situation für uns. Nun hatte er zwar die Oberhand behalten und ließ sich als Sieger feiern, aber immerhin waren wir von unserem Zwiespalt erlöst. Zugleich wurde immer deutlicher, dass Saddam im Begriff war, den Bogen zu überspannen. In den Bildern meiner Erinnerung spinnen sich Hoffnungsfäden durch diese Zeit.

Eines ruhigen Nachmittags klopfte ich an die Tür zu Vaters Zimmer. Er hatte sich schon vor einem Weilchen zurückgezogen, und ich konnte davon ausgehen, dass seine Siesta vorüber war. Wirklich saß er bei meinem Eintreten schon im Lehnstuhl und las Zeitung.

»Ya Baba, hättest du vielleicht ein Stück Schokolade für mich?«

»Aber ja, Sousou, mein Mädchen.«

Gemeinsam durchforsteten wir den Bestand in seiner Schublade und entschieden uns, einer Tafel libanesischer Schokolade zu Leibe zu rücken. Wenn Vater nicht selbst gerade im Libanon war, so sorgte George Terjanian dafür, dass unser Vorrat an der im ganzen Nahen Osten berühmten Köstlichkeit nicht ausging. Zwar hatte der Bürgerkrieg auch in Bezug auf die Qualität der Schokolade seinen Tribut gefordert, doch waren wir unserer Marke aus alter Gewohnheit treu geblieben.

»Ya Baba, ich möchte etwas mit dir besprechen.«

»Was willst du denn besprechen?«

Ich hatte den Verdacht, dass er der Frage meiner Berufswahl nicht so viel Bedeutung beimaß wie ich selbst. In seinen Augen war ich nun mit meinem Studium fertig, bald dreiundzwanzig, und würde irgendwann vermutlich heiraten.

»Ich möchte mich im Herbst nach einem Job umsehen. Am liebsten im Außenamt. Aber es ist sehr schwierig, hineinzukommen. Ich könnte einmal mit meinem Professor sprechen, mit Kamel Abu Dschaber. Was meinst du?«

»Aber Sousou, mein Liebling, hast du dir nicht überlegt, dass du dafür die jordanische Staatsbürgerschaft brauchst?«

Ich hatte es in meinen Träumereien immer vermieden, mich in dieser Frage zu verhaken. Natürlich wusste ich, dass das der springende Punkt war.

»Na ja, für Saddam kann ich ja schwerlich die Diplomatin abgeben!«

»Aber du bist doch Irakerin! Einmal wird es mit ihm ein Ende haben, vielleicht können wir es sogar beschleunigen, und dann gehen wir zurück nach Bagdad. Anschließend trittst du, wenn du möchtest, in den diplomatischen Dienst deines Landes ein.«

»Und was mache ich bis dahin?«

»Es wird sich schon etwas finden!«

Mit einem Telefonat hätte Vater mir damals alles ebnen können. Er tat es nicht, und ich drang nicht in ihn. Die Idee, für die jordanische Regierung zu arbeiten, kam mir plötzlich vor wie Landesverrat. Aber es ist mir nicht leicht gefallen, meinen lang gehegten Traum von einer Karriere als Diplomatin zu begraben. Er entsprach meiner Ausbildung und hatte mich während des Studiums, wenn ich mich zum Arbeiten überwinden musste, beflügelt. Bis heute beschleunigt sich mein Herzschlag, wenn ich daran denke, welchen Weg ich gern gegangen wäre. Aber wir mussten uns mit so vielen enttäuschten Hoffnungen und Schicksalsschlägen abfinden, dass wir gelernt haben, uns nicht zu verlieren im »Was wäre gewesen, wenn …«.

Unser Vater wollte es nun einmal nicht, dass wir einen unserer Wohnorte im Exil zu unserem Heim machten, nicht einmal Jordanien, wo wir so lange gelebt hatten. Er formte uns in einer Weise, dass wir uns in Amman bis heute als Gäste fühlen.

Wenige Tage nach unserem Gespräch saß wieder einmal Ahmed Chalabi in unserem Salon. Beiläufig erwähnte Vater: »Safia möchte gern arbeiten.«
Der Scheich musste Ahmed nicht fragen, ob er einen Job für mich hätte. Es reichte aus, dass er auf meinen Wunsch zu sprechen kam. Ahmed reagierte sofort: »Warum fängt sie nicht bei uns an?« Und zu mir gewandt setzte er hinzu: »Du sprichst doch gut Englisch. Wie würde es dir denn in der Bank gefallen, in der Auslandsabteilung?«
Eine Woche später begann ich mein Praktikum in Chalabis Petra-Bank. Alle paar Wochen volontierte ich in einem anderen Geschäftsbereich. Nach zwei Monaten ging ich wieder. In der Fremdwährungsabteilung beschlich mich das Gefühl, dass etwas nicht stimmte. Aber ich wusste zu wenig über das Bankgeschäft, um meinen Eindruck stichhaltig begründen zu können. Deshalb erzählte ich auch Vater nichts davon. Er hielt große Stücke auf Ahmed, und ich hätte ihm mit Fakten kommen müssen und nicht bloß mit einer vagen Ahnung.
So war ich von der sich in Amman mit Lichtgeschwindigkeit ausbreitenden Kunde weniger überrascht als der Scheich: »Die Petra-Bank ist gecrasht! Ahmed Chalabi steht unter Hausarrest.« Das Bankenimperium der Familie Chalabi war wie ein Kartenhaus in sich zusammengebrochen, ausgehend von Genf über Beirut, bis sich auch die Petra-Bank in Amman nicht mehr halten konnte.
Was besonders traurig für uns war: Nicht allein Jordanier, sondern vor allem Iraker hatten Einlagen in der Bank. Unter ihnen viele kleine Leute, die froh waren, dass es in Jordanien, das sie mit dem Auto erreichen konnten, eine irakische Bank gab. Kein Mensch im Irak wusste mit Sicherheit, ob nicht auch er eines Tages vor Saddam würde fliehen müssen. Wer etwas Geld hatte und nicht reich genug war, um es in London, Zürich oder Wien anzulegen, vertraute Ahmed Chalabi und brachte seinen Notgroschen bei ihm in vermeintliche Sicherheit. Tausende Kleinanleger sahen sich um ihre Reserve betrogen.
Mein Vater und andere Freunde redeten Ahmed zu: »Bleib hier und

arbeite mit der Untersuchung zusammen. Wenn du fortgehst, können wir nichts zu deiner Verteidigung tun, und deine Reputation ist verloren!«
Ahmed hörte nicht auf sie. In einer Nacht-und-Nebel-Aktion machte er sich über Syrien nach London aus dem Staub.
Ein Jahr später hörten wir wieder von ihm, nun nicht mehr als Banker. Stattdessen hatte er begonnen, sich als irakischer Oppositionspolitiker im Exil zu betätigen.

In Jordanien steht Ahmed Chalabi wegen des 400-Millionen-Dollar-Bankskandals weiterhin auf der Liste gesuchter Verbrecher. Ein jordanisches Gericht verurteilte ihn wegen Betrugs und Veruntreuung zu 22 Jahren Zwangsarbeit.

Ein Abschied

Während ich, Haarklemmen zwischen den Lippen, den Kopf nach vorne neige, um meine Locken in einer Rolle hochzustecken, trifft mein Blick die beiden Projektile zwischen den Dosen und Fläschchen auf dem Schminktisch. Vergiss nicht, sie einzustecken, sage ich mir. Als die Frisur endlich sitzt, nehme ich die vom Aufprall an der Badezimmerwand abgeplatteten kleinen Stahlklumpen in die Hand, lasse sie auf meiner Handfläche hin und her rollen, spüre ihr Gewicht und stecke sie in meine Kosmetiktasche. Seit unserer Kindheit fliegen ich und Ouroud heute zum ersten Mal wieder in den Libanon. Die Kriegsenergie unter den Parteien ist weitgehend verpufft, aber hier und dort flackern immer noch Feindseligkeiten auf. Ich brauche also meine Talismane.
Teta Taufiqa, Großvater Badreddin und unsere Tanten waren schon ein Jahr zuvor, 1988, nach Nabatija heimgekehrt. Mutter war vor einigen Wochen zu ihnen gefahren, denn Großvater war hinge-

fallen und hatte sich die Hüfte gebrochen. Er wurde operiert, und alles schien gut. Plötzlich aber brach sein ganzes System zusammen, und nun lag er im Spital der Amerikanischen Universität in Beirut im Koma und war nicht mehr ansprechbar. Wir wollten ihn sehen. Ouroud war dazu aus Kuwait angereist.
Beirut bot einen betrüblichen Anblick. Das gleißende Juwel am Mittelmeer, das wir hinter uns gelassen hatten, war zur Ruinenstadt geworden. Nur vereinzelt waren Flecken von größeren Beschädigungen verschont geblieben. Aber das Leben pulsierte schon wieder durch die mit notdürftig zugeschütteten Bombenkratern übersäten Straßen.
Wir betreten das Krankenzimmer, küssen Teta und Mutter, die rund um die Uhr an Großvaters Bett sind, und fangen an, auf den zusammengeschrumpften alten Mann in den Kissen einzureden: »Dscheddo, ya Dscheddo! Sousou ist da, Ouroud ist da!« Immer wieder sagen wir das Sprüchlein.
Und plötzlich macht unser Großvater die Augen auf, und ein Lächeln huscht über sein Gesicht. Alle im Raum bestätigen, was wir gesehen haben, und wir sind glücklich über die Lebensäußerung, glücklich, dass er sich freut, uns zu sehen. Der Arzt meinte dazu, es mochte wohl sein, dass er uns wahrnahm.
Wir konnten nicht lange in Beirut bleiben. Ouroud wollte zurück zu ihren beiden Kindern nach Kuwait – inzwischen war auch ihr Sohn Hamoudi auf der Welt. Und ich musste wieder nach Amman, um dort die Stellung zu halten, denn Vater befand sich gerade in Dubai.
Die neue Wohnung war noch nicht fertig eingerichtet, und so hatten wir ein Zimmer im Hotel Bristol genommen. Wir fühlten uns dort auch sicherer. Am Morgen unserer Abreise läutete das Telefon. Es war Vater aus Abu Dhabi. Er machte sich Sorgen um uns, denn auf dem Weg zum Flughafen mussten wir durch eine kritische Zone, vorbei an den Lagern Sabra und Schatila. In den beiden Lagern hatten maronitische Milizen während des Krieges palästinensische Flüchtlinge grausam niedergemetzelt. Zum gegenwärtigen Zeitpunkt befehdeten sich die Amal-Milizen mit den Palästinen-

sern in den Lagern, und auf der vorbeiführenden Flughafenstraße konnte einen schon einmal ein verirrtes Geschoss treffen.
Vater stand sich mit Amal-Chef Nabih Berri gut, dem späteren Parlamentspräsidenten im Libanon. Er teilte uns am Telefon mit, er habe Berri angerufen, und die Amal werde dafür sorgen, dass wir sicher zum Flughafen kämen. Als wir reisefertig waren, standen schwer bewaffnete Amal-Leute mit zwei Autos bereit, uns abzuholen. Auf Nebenstraßen brachten sie uns ohne Zwischenfall zum Flughafen.
Unseren geliebten Großvater Dr. Ali Badreddin, Arzt, Dichter, Denker und einstiger Bürgermeister von Nabatija, haben wir bald darauf verloren.

1990–1994

Aufmarsch am Golf

Wöchentlich erreichen uns in den Jahren 1988 und 1989 Berichte von haarsträubenden Aktionen Saddams. Nach dem von ihm schamlos aufgeblasenen knappen Sieg über den Iran hat er nun völlig durchgedreht. Er fühlt und gebärdet sich als altbabylonischer Herrscher, lässt sich einen Triumphbogen aus zwei gekreuzten Schwertern errichten, die von Skulpturen seiner eigenen Hände gehalten werden, verteilt Geldpacken an Günstlinge, nur um sie gleich darauf mit einem Bankett zu beehren, in dem Süß- und Fleischspeisen durcheinander gemischt sind wie in einem Schweinetrog. Seine Frauengeschichten werden immer brutaler – mit Vorliebe lässt er die Gattinnen von Prominenten entführen, vergnügt sich kurz mit ihnen und schickt sie wieder heim zu den gedemütigten Männern. Ausländische Chefredakteure beglückt er mit teuren Limousinen. Inländisches Radio und Fernsehen triefen vom Persönlichkeitskult des Diktators: Rund um die Uhr klingen den Irakern abwechselnd mehr als zweihundert blumige Loblieder auf den »großen Führer Saddam« in den Ohren. Fast schon regelmäßig erheben sich Offiziere, wagen Mordanschläge, werden unweigerlich ertappt und hingerichtet. Höhere Militärs, deren Loyalität Saddam anzweifelt, fallen einer Epidemie »zufälliger« Hubschrauberabstürze zum Opfer. Auf diese Weise entledigt er sich auch Adnan Chairallahs, der in einer Person Saddams Verteidigungsminister, Cousin, Kindheitsfreund und Schwager war.

Obwohl die hohen Kriegsschulden die Wirtschaft erdrücken, gilt Bagdad weiterhin als gute Geschäftsadresse, denn der Paranoiker an der Spitze rüstet sein Arsenal an Massenvernichtungswaffen dramatisch auf. Die Kurden sind weiterhin seine bevorzugten Opfer: Wieder sterben in Giftgasattacken auf kurdische Dörfer 5000 Menschen, 100 000 fliehen vor den tödlichen Wolken in den Iran,

250 000 in die Türkei. Erneut hat sich im Irak vor einer tatenlos zusehenden Weltöffentlichkeit eine humanitäre Katastrophe unfassbaren Ausmaßes abgespielt.

Das Fass zum Überlaufen bringt Saddam schließlich, als er am 15. März 1990 einen Reporter des britischen Observer, Farzad Bazoft, als angeblichen Spion des israelischen Geheimdienstes Mossad erhängen lässt. Mit einem Mal wenden sich Saddams Schutzpatrone im Westen und in den Golfstaaten von ihm ab. Die Sowjetunion ist zu sehr mit dem eigenen Zerfall beschäftigt, um sich noch um den Irak zu kümmern.

In einem Zustand, der sich nur als Panik beschreiben lässt, beginnt Saddam Hussein, Drohungen gegen die Golfstaaten auszustoßen. Aus seiner Sicht vielleicht nicht ganz unbegründet: Kuwait und Saudi-Arabien hatten den Krieg gegen den Iran mitfinanziert, Saddam danach jedoch mit seinem Schuldenberg im Stich gelassen. Nun versucht er, ihnen das Geld abzupressen und eine Erhöhung des Erdölpreises durchzusetzen, damit auch die irakischen Öleinkünfte steigen. Besonderen Druck übt er auf Kuwait aus. Denn anstatt ihre Ölförderung zu drosseln und damit den Preis, wie gewünscht, hochzutreiben, pumpen die Kuwaitis, was das Zeug hält, aus einem unterirdisch in den Irak hineinreichenden Ölfeld.

Damit nicht genug, meint der Diktator einen historischen Anspruch auf Kuwait anmelden zu können, der sich aus der Zeit nach dem Ersten Weltkrieg herleitet.

Kuwait bleibt ungerührt. Bevor Saddam im August 1990 die viertgrößte Armee der Welt zum Sturm auf das kleine Emirat am Persischen Golf in Bewegung setzt, bestellt er noch sicherheitshalber die Botschafterin der Vereinigten Staaten in Bagdad, Ms. April Glaspie, zu sich. Eingebettet in einen Schwall von Drohungen kündigt er ihr den Vorstoß gegen Kuwait an. Niemand im Westen scheint seine Tiraden mehr ernst zu nehmen – oder ist es eine Falle, die ihm bewusst gestellt wird?

Jedenfalls gibt Glaspie ihm den Bescheid: »Wir haben über arabisch-arabische Konflikte (...) keine Meinung.«

Saddam hält diese Äußerung für das Okay der Amerikaner zum Einmarsch.
Ich habe in Diskussionen über den Irak immer wieder zu hören bekommen, dass die USA Saddam nach Kuwait gelockt hätten. Oft wird auch argumentiert, das Ausland habe ihn im Krieg gegen den Iran als Bollwerk gegen den islamischen Extremismus benutzt. Ich konnte dazu nur immer wieder sagen:
»Hier geht es um den Irak und um die Führung des Irak. Als Regierungschef muss Saddam dieser Verantwortung entsprechend handeln. Es gibt keine Entschuldigung: Er steht an der Spitze dieses Landes und hat sich zu überlegen, was das Beste für sein Land ist. Es ist in unserem Interesse, gute Beziehungen mit allen Nachbarländern zu haben. Warum müssen wir unbedingt gegen den Iran in den Krieg ziehen? Wenn wir über bestimmte Dinge uneins sind, dann können wir uns hinsetzen und darüber sprechen, auch wenn es dazu Jahre braucht. Das Gleiche gilt für Kuwait. Warum muss er hinhören, selbst wenn Glaspie ihm den roten Teppich ausrollt und sagt, Amerika ist nicht interessiert?
So etwas ist verrückt! Warum muss er alle diese Kriege anzetteln und die irakische Bevölkerung für nichts leiden lassen? Jedes Mal hat er die Gebiete, für die er in den Krieg gezogen ist, am Ende verloren.
Wenn ich mich in die Lage einer Mutter versetze, deren Sohn in einem dieser Kriege gefallen ist, dann frage ich mich doch: Wofür hat er eigentlich gekämpft? Wofür habe ich meinen Sohn verloren? Was ist das für eine Regierungsverantwortung, wenn nichts dabei herauskommt als schreckliche Verluste?«

Am Vorabend jenes Tages, da Saddam Hussein den größten Fehler seines Lebens begehen würde, waren bei uns bis spät in die Nacht Besucher im Haus. Angeregt unterhielten wir uns im Salon, als das Telefon klingelte: für Vater, aus Bagdad.
Wir konnten beobachten, wie die Sorgenfalten auf seiner Stirn tiefer wurden.
»Ja, ja, ich verstehe. Ich danke dir. Gute Nacht.«

Nachdem er aufgelegt hatte, sagte er zu uns gewandt: »Eine irakische Armee hat sich nach Süden in Marsch gesetzt.« Die Zeichen deuteten seit längerem darauf hin, dass sich etwas gegen Kuwait zusammenbraute, doch aus den Informationen ließen sich keine präzisen Schlüsse ziehen. Nun, zusammen mit der Truppenbewegung, liegt plötzlich alles sonnenklar zutage: Saddam ist im Begriff, in Kuwait einzumarschieren.

»Und Ouroud?«, fragt Alia.

»Sie muss unbedingt da raus!.«

Erst wenige Tage zuvor hatte meine Schwester ihre Tochter Mufida und ihren Sohn Hamoudi zu uns nach Amman gebracht. Sie war anschließend für zwei Wochen nach Kuwait zurückgeflogen, um ein bisschen für sich allein zu sein, und wollte dann die Kinder abholen und mit ihnen den Rest der Sommerferien in Europa verbringen. Ourouds Mann Mufid befand sich gerade in Kairo.

Vater schläft nicht in dieser Nacht. Lange erhält er keine Telefonverbindung nach Kuwait. Zuletzt kommt er doch durch zum Haus der Eltern von Mufid und hat dessen Schwester an der Strippe.

»Wo ist Ouroud?«

»In ihrem Haus, nicht bei uns!«

»Gibt es in eurem Umkreis Militär?«

»Ya Ami, das ganze Haus ist von Militär umstellt!«

»Und wer ist bei Ouroud?«

»Ihr Chauffeur und das Personal.«

»Bitte, holt Ouroud zu euch!«

Dann ist die Leitung tot. Gut, dass Mufida und Hamoudi schon im Bett liegen. Es ist besser, sie erfahren nicht, in welcher Gefahr ihre Mutter sich befindet.

Wir zerbrechen uns den Kopf, wie wir Ouroud schnellstmöglich zu uns holen können. Es wird sehr riskant werden. Jeder andere Iraker in Kuwait kann das Emirat im Schutz des irakischen Militärs über die Nordgrenze verlassen – wenn er nicht gerade ein Gegner Saddams ist. Aber Ouroud hat ein zweifaches Problem: Sie ist nicht nur die Tochter von Scheich Taleb Al-Souhail, sondern auch die Schwiegertochter von Mohammed Derwisch al-Aradi, der ja dem

Palast von Saddams neuestem Todfeind, dem Emir von Kuwait, vorsteht.
Vater kontaktiert Madschid al-Timimi. Zusammen mit anderen zuverlässigen Männern aus dem Irak soll Madschid im Auto nach Kuwait fahren und Ouroud auf einem Schleichweg nach Bagdad bringen. Von dort würde sie mit dem Flugzeug nach Jordanien kommen. Ein tollkühner Plan.
Ein weiteres Problem besteht darin, dass Ouroud nur noch einen kuwaitischen Pass besitzt, mit dem sie auf dem Flughafen in Bagdad auffallen und in Schwierigkeiten kommen würde.
Vater wendet sich um Hilfe an König Hussein. Der König lässt die jordanische Botschaft in Kuwait City instruieren, Ouroud einen neuen jordanischen Reisepass auszustellen. Dieser offiziellen Weisung hinzugefügt ist eine kodierte Nachricht für unsere Schwester. Sie enthält Vaters Plan.

In diesen Tagen des Bangens um Ouroud veranstaltete die Präsidentin des jordanischen Wohlfahrtsverbandes in Amman einen großen Empfang. Meine Mutter war dazu eingeladen. Zunächst sagte sie ab – wegen ihrer Sorgen um Ouroud und weil in Jordanien über die Invasion in Kuwait ein absurder Jubel herrschte. Doch die Gastgeberin ließ nicht locker, und um sie nicht vor den Kopf zu stoßen, gab Mutter schließlich nach und ging hin.
Mitten im Saalgedränge tritt plötzlich die Frau des irakischen Botschafters in Jordanien auf sie zu und stellt sie mit erhobener Stimme sarkastisch zur Rede: »Sie sind doch Irakerin, ya Madame Al-Souhail! Wie kommt es, dass wir Sie nicht bei uns in der Botschaft gesehen haben, um das irakische Volk zur Invasion Kuwaits zu beglückwünschen?«
»Wie können die Iraker erwarten«, entgegnet Mutter, »dass ich ihnen zu einer schrecklichen Tat gratuliere, die ich und meine Familie verurteilen?«
Um die beiden Frauen hat sich Publikum versammelt; neugierig verfolgt die Damenschar aus Ammans Society den Schlagabtausch.
»Bilden Sie sich nicht ein, dass Sie hier in Sicherheit sind! Wir

können Ihnen Handschellen anlegen und Sie in den Irak zurückbringen. Sie wissen, was Ihnen dort blüht!«
»Sagen Sie das bitte noch einmal – ich glaube, ich habe Sie nicht recht verstanden.«
Mutter will, dass auch die umstehenden Frauen die Drohung ungeschminkt vernehmen. Die Botschafterin ist so in Fahrt, dass sie sich hinreißen lässt, die Äußerung vor den vielen Zeuginnen zu wiederholen.
Wie wir später herausfanden, hatte die jordanische Gastgeberin den Eklat schon im Vorfeld zusammen mit der irakischen Botschaft ausgeheckt. Auch sie gehörte zu jener Gruppe Jordanier, die damals für die irakische Regierung tätig waren.
Am selben Abend bekam Vater zu Hause Besuch von einem älteren irakischen Stammeshäuptling. Wir kannten ihn und ließen ihn ein, ohne uns etwas dabei zu denken. Im Salon öffnet der Mann seine Aktentasche und zieht ein Bild Saddams hervor:
»Der irakische Botschafter hat mich gebeten, dir zu bestellen, dass die irakische Regierung weder deine Tochter Safia noch die anderen Frauen der Familie schonen wird, bloß weil sie Frauen sind. Sie können jederzeit in den Irak zurückgebracht werden. Sei vernünftig und verhalte dich ruhig.«
Vater wirft den Mann hinaus, nicht ohne ihm noch über Saddam und das Regime die Meinung zu sagen.

In Kuwait City indessen stehen mitten in der irakischen Invasion plötzlich drei Männer vor Ourouds Haus. Es sind Madschid al-Timimi und seine Helfer.
Ouroud ist nicht überrascht: »Die jordanische Botschaft hat mich schon verständigt, aber ich habe keine Fotos für den Pass bei mir!«
Vater hat von Jordanien aus sogar dafür gesorgt, dass Madschid eine Polaroidkamera bei sich hat. Er fotografiert Ouroud, und während er und seine Begleiter mit ihr zur jordanischen Botschaft gehen, um den Reisepass abzuholen, erklärt er ihr im Flüsterton:
»Ihr Vater lässt Ihnen bestellen, dass Sie so viel mitnehmen können, als Sie möchten und im Auto Platz hat.«

Gemeint ist ihr ganz besonders schöner Schmuck, aber auch andere Dinge, an denen sie hängt. Doch Ouroud lässt den Schmuck im Haus zurück. Sie könnte auch Wertsachen ihres Mannes in Sicherheit bringen, doch alle fliehenden Kuwaitis lassen ihre Dinge zurück, und sie will es genauso halten. Sie verabschiedet sich noch von der Familie ihres Mannes, und dann geht es los. Vor ihr und den Männern liegen mehr als 500 Kilometer Fahrtstrecke durch das besetzte Kuwait und den gesamten Südirak. Überall wimmelt es von irakischem Militär. Madschid und seine Leute vollbringen das unglaubliche Kunststück: Sie bringen Ouroud aus Kuwait City in Richtung Norden heraus, über die Grenze und ohne Zwischenfall nach Bagdad!
Auf ihrer abenteuerlichen Flucht sieht Ouroud als Einzige von uns in all den Jahrzehnten Bagdad wieder. Sie besucht unsere Tanten und Onkel. Nur wenige Menschen erfahren, dass sie im Land ist. Die Verwandten führen Ouroud in Bagdad herum, zeigen ihr den Palast und unser vor kurzem enteignetes Land. Auf einer der Ländereien arbeitet am Straßenrand ein Fellache. Ouroud bittet unsere Cousins, das Auto anzuhalten, und der Bauer tritt auf das Fahrzeug zu. Er lässt seinen Blick von Ouroud zu unseren Cousins und dann zurück zu Ouroud schweifen. Schließlich fragt er: »Ist sie nicht die Tochter von Ami Taleb?«
Viele Menschen sagen, dass meine älteste Schwester im Aussehen stark nach Vaters Familie schlägt. Nach all den Jahren hat der Fellache sie erkannt. Als er sie zum letzten Mal sah, konnte sie nicht älter als fünf gewesen sein
Zwei Tage nach ihrem Eintreffen in Bagdad sitzt Ouroud im Flugzeug nach Amman, und zwei Wochen nach der Invasion schließen Mufida, Hamoudi und wir Ouroud in die Arme. Aus der geplanten Reise nach Europa wird nichts mehr in diesem Jahr. Nach der überstandenen Gefahr, zur Geisel Saddams zu werden, hat sie jetzt das verständliche Bedürfnis, länger bei den Eltern zu bleiben.
Als Saddam von Ourouds Flucht erfuhr, soll er einen Tobsuchtsanfall bekommen haben. Selten habe ich unseren Vater so strahlend erlebt.

König Hussein von Jordanien blieb Saddam-freundlich – er lehnte es nach der Invasion Kuwaits ab, die sich gegen Saddam formierende internationale Allianz zu unterstützen. Dabei gehörten ihr mächtige arabische Länder an wie Saudi-Arabien, Syrien oder Ägypten. Der jordanische König stellte sich auf den Standpunkt, dass das Kuwait-Problem auf innerarabischem Weg gelöst werden müsste.
Seit Ourouds Flucht erhielten wir fast täglich Drohanrufe, die der jordanische Sicherheitsdienst in die irakische Botschaft zurückverfolgen konnte. Vater ersuchte daraufhin die jordanische Regierung um erhöhten Schutz. Keine Reaktion. Unterdessen legte ein guter Freund aus dem Palast dem Scheich nahe, Amman rasch zu verlassen, denn Jordanien stehe in Wahrheit auf der Seite des Irak.
Vater nahm den nächsten Flug nach Kairo, blieb dort zehn Tage als Gast in der Residenz des libanesischen Botschafters und überlegte sich seinen nächsten Schritt. Anschließend ging er in den Libanon, wo er sich für die folgenden eineinhalb Jahre niederlassen sollte. Ich und Mutter blieben in Amman bei meinen jüngeren Schwestern, damit sie nicht aus der Universität und der Schule herausgerissen wurden. Vater würde uns immer wieder kurze Besuche abstatten und ich zu ihm nach Beirut fliegen. Die Ferien wollten wir alle mit ihm verbringen.
Said, der Vater nun schon sehr lange diente, bat, seinen Abschied nehmen zu dürfen. Er hatte in Amman eine Irakerin geheiratet und mit ihr eine Familie gegründet. Mit einem Startkapital, das Vater ihm zur Verfügung stellte, machte er einen Handel auf. Mit Said verließ uns nun auch der letzte aus der Riege treuer Helfer, die noch aus Bagdad mitgekommen waren. Unsere Nanny Sreiha war schon vor Jahren zu ihren Leuten zurückgekehrt. In Beirut stellte Vater einen neuen Sekretär ein, Ahmed, und ich übernahm nun alle Arbeiten in Amman.

Als Saddam am 2. August 1990 um zwei Uhr früh seine Armee in Kuwait einmarschieren lässt, rechnet er nicht mit den erbosten Reaktionen aus aller Welt, allen voran der USA. Sie gipfeln in einer

Resolution des UNO-Sicherheitsrates, der ein Wirtschaftsembargo über den Irak verhängt und seine Ölausfuhr unterbindet.
Schon am 7. August treffen erste amerikanische Einheiten im Golfgebiet ein. Das ist der Beginn eines gigantischen Truppenaufbaus durch eine internationale Koalition von mehr als dreißig alliierten Ländern. Inzwischen plündert die irakische Armee Kuwait aus und terrorisiert die Bevölkerung. Entführungen und Ermordungen von Kuwaitis sind an der Tagesordnung. Bis zuletzt steht Saddam die Chance offen, sich bedingungslos aus dem Emirat zurückzuziehen. Doch er weigert sich, ohne Gewinn aus dem Abenteuer auszusteigen.
Und so beginnt am 16. Januar 1991 ein massiver, aus der Luft geführter Kurzkrieg auf Bagdad, auf irakische Militärbasen, Öleinrichtungen und Nachschublinien wie auch auf die Invasionstruppen in Kuwait. Gegen die Bombardements aus der Luft nützen Saddam seine Massenvernichtungswaffen wenig. Zum Abschluss der »Operation Wüstensturm« vertreiben die Alliierten die irakischen Truppen in einer Landoffensive von nur zwei Tagen aus dem Emirat am Persischen Golf.
Ende Februar ziehen die letzten Iraker aus Kuwait ab. Saddams fehlgeschlagener Beutezug ins reiche Arabien hat 100 000 irakische Soldaten und 150 000 Zivilisten das Leben gekostet.
Auf der Seite der Koalition fielen 240 Soldaten im Kampf, davon 148 Amerikaner. Darüber hinaus kamen 145 Amerikaner während des ersten Golfkrieges durch Unfälle und andere Fährnisse ums Leben. An den langfristigen Folgewirkungen – Stichwort Golfkriegssyndrom – starben inzwischen allein in den USA 8306 Veteranen. Die US-Regierung hat seit 1991 160 000 Entschädigungs- und Pensionsansprüche für gesundheitliche Folgewirkungen des Krieges positiv beschieden.

Der Prinz

Der Herbst 1990, ausgerechnet jene Zeit, da alle Welt in Hochspannung die Kraftprobe am Golf verfolgte, bescherte mir einen der schönsten Monate meines Lebens.

Meine Freundin Nayifa stand mir damals besonders nahe. Ihre Eltern gehörten zu den führenden Familien zweier mächtiger jordanischer Stämme, aber sie hatten sich scheiden lassen, und Nayifa litt sehr unter dem Rosenkrieg, den die beiden sich lieferten. Ich wollte für den September nach London gehen, und um Nayifa auf andere Gedanken zu bringen, fragte ich sie: »Wie wär's, wenn du mit mir kämst?«

In London hing die Nervosität greifbar in der Luft. Die Briten schickten in der internationalen Allianz gegen Saddam Truppen in die arabische Wüste. Ebenso wie Iraker und Kuwaitis betraf auch sie die Frage direkt: Würde Saddam nachgeben und aus Kuwait abziehen oder mussten die Amerikaner und ihre Verbündeten ihn herausbomben?

Viele der dreihunderttausend kuwaitischen Flüchtlinge hatte es nach London getrieben. In der britischen Metropole begegneten sie nun den Exilirakern, die sich dort aufhielten, plötzlich als Leidensgenossen auf der Flucht vor Saddam. Dabei gab es unweigerlich Streit, denn den Kuwaitis fiel nicht Besseres ein, als den Irakern Vorwürfe wegen der Invasion zu machen. Ich redete mich bei solchen Gelegenheiten rasch in Rage.

Eines Abends – ich und Nayifa sind bei Freunden zum Dinner eingeladen – kommt das unvermeidliche Irak-Kuwait-Thema wieder auf. Ein junger Mann aus der Runde, den die Gastgeber mir als Mohammed vorgestellt hatten, fängt plötzlich an, über die Iraker herzuziehen. Ich kritisiere im Gegenzug die Kuwaitis:

»Der Amir und seine Regierung haben doch Saddam immer unterstützt! Wir haben ihnen ununterbrochen gesagt, wer er ist und was er dem irakischen Volk antut, und sie haben nie zugehört, bis sie selbst dran glauben mussten. Ich sehe nicht ein, weshalb wir für

Herrengesellschaft vor dem Palast von Safias Großvater Scheich Ali Al-Souhail (fünfter von rechts) bei Bagdad. *Foto: privat*

Scheich Taleb als junger Mann zu Pferd.
Foto: privat

Bagdad, 1966. Die einjährige Safia mit ihren Eltern, Scheich Taleb und Minerva Badreddin. Foto: privat

Brummana, Winter 1970: Safia (links) im Alter von fünf Jahren mit ihren Schwestern Ouroud (hinten), Seinab (Mitte vorn) und Alia (rechts). Foto: privat

Familienidyll 1993 in Beirut, fotografiert von Safia. Von links nach rechts: Sara, Ouroud, Scheich Taleb, Minerva Badreddin, Scherine, Alia, Seinab, Noura. Foto: privat

Safia im Alter von 14 Jahren. Foto: privat

Scheich Taleb Al-Souhail in seinen letzten Lebensjahren. Foto: privat

London, Mai 1994. Trauerfeier 40 Tage nach dem Mord an Scheich Taleb. Safia in der Mitte, flankiert von ihrer Mutter und Schwester Seinab.
Foto: privat

Die angehende Politikerin auf einer Pressekonferenz in London.
Foto: © Associated Press, AP

Safia im Gespräch mit Premier Tony Blair im Dezember 2002. Foto: © PA

Nach dem Treffen vor Downing Street Nr. 10: Safia vor der Presse im Kreise irakischer Frauen. Foto: © Associated Press, AP

Einsame Frau in der irakischen Opposition. Foto: © Ahmed Al-Hayderi

Austausch mit einer Mitkämpferin (Amman). Foto: © dpa

Safias Mann Bakhtiar Amin im Büro der Allliance Internationale pour la Justice in Paris.
Foto: © Peter von Felbert

Halloween, Washington 2002: Safia und der einjährige Miro Taleb.
Foto: privat

Rückkehr nach Bagdad: Safia im Transportflugzeug der US-Airforce.
Foto: © Ahmed Al-Hayderi

Porträt einer Powerfrau. Foto: © Peter von Felbert

Dinge verantwortlich gemacht werden, die Saddam Hussein verschuldet hat!«

Da ruft der junge Mann aus: »Warum verteidigst du die Iraker? Du bist doch keine Irakerin!«

»Wer hat dir gesagt, dass ich keine Irakerin bin? Ich bin Irakerin, aber ich vermag nur im libanesischen Dialekt zu sprechen. Das verdanke ich Saddam Hussein höchstpersönlich! Seinetwegen hatte ich nämlich nicht die Chance, in meinem eigenen Land aufzuwachsen. Und weil ihr anderen Araber uns nie dabei helfen wolltet, dieses Regime loszuwerden, nur deshalb ist es überhaupt möglich, dass eine junge Frau meines Alters nicht den Dialekt ihres eigenen Landes spricht!«

Er setzt an, etwas zu sagen, aber ich bin noch nicht fertig:

»Und du? Bist du etwa ein Kuwaiti? Du sprichst selbst im libanesischen Dialekt! Warum verteidigst denn du die Kuwaitis?«

»Ich bin ja Kuwaiti, aber meine Mutter ist aus dem Libanon. Deshalb meine Aussprache. Ich spreche beide Dialekte. Darf ich vielleicht deinen Namen erfahren?«

»Ich heiße Safia Al-Souhail.«

»Wie heißt dein Vater?«

»Taleb Al-Souhail.«

Er ist einen Augenblick sprachlos.

»Kennst du meinen Vater? Du bist zu jung! Woher solltest du meinen Vater kennen?«

Er lacht in sich hinein.

»Und woher kommst du?«, versuche ich es andersherum.

»Mein Vater ist Abdullah Salem al-Sabah.«

Er ist also aus der Fürstenfamilie von Kuwait.

»Und wie heißt deine Mutter?«

»Meine Mutter ist aus der Kaaki-Familie.«

Nun müssen wir beide lachen, denn ausgerechnet die Exfrau meines Vaters ist seine Tante! Wir empfinden es als schicksalhaften Zufall, dass wir familiär verbunden sind.

In den folgenden Wochen traf ich Mohammed noch oft. Eine eigentümliche Atmosphäre hatte sich unserer Gemüter bemächtigt.

In den Monaten zwischen der Invasion Saddams und dem Gegenschlag der Alliierten herrschte ein Zustand wie im Limbo, und die gewohnten Gesetze des Lebens schienen außer Kraft gesetzt. Niemand wusste, was passieren würde.
Er war, wie ich, sehr besorgt um jene unter seinen Freunden, die es nicht mehr rechtzeitig aus Kuwait heraus geschafft hatten. Was würde mit ihnen geschehen? Er hatte mit der königlichen Familie noch rechtzeitig fliehen können. Wir empfanden denselben Zorn auf Saddam Hussein und das Regime in Bagdad. Wir hatten ein ähnliches Anliegen – ein Ende des Leidens für Kuwaitis und Iraker –, und wir kamen uns auf diese Weise immer näher.
Bevor ich aus London abreiste, sagte er zu mir: »Ich spüre, du bist die richtige Frau für mich; ich möchte dich heiraten. Was hältst du davon?«
Ich fing an zu lachen: »Das ist nicht der rechte Zeitpunkt. Wenn du, inscha'allah – so Gott will –, in dein Land zurückkehrst und ich in meines, dann können wir ernsthaft und auf andere Weise darüber nachdenken.«
Ich war voller Hoffnung, dass Saddam seine jüngste Irrsinnstat nicht überleben würde und meine Rückkehr in den Irak nahe bevorstand.

Erste Telefonverbindung aus Kuwait

Noch am Abend meiner Rückkehr nach Amman läutete das Telefon. Noura nahm ab. Sie war zu einer auffallend hübschen jungen Dame herangewachsen, mit dem Oliventeint einer Italienerin und wallendem schwarzem Haar, das in der Sonne rot aufleuchtete.
Ich hörte sie sagen: »Ja, einen Augenblick! Sie ist schon angekommen.« Die Hand auf dem Mundstück, mit einer vielsagenden Kopf-

bewegung und einem Blick aus glitzernden Augen zischte sie in meine Richtung: »Sousou, für dich! Mohammed heißt er.«

Ungeachtet ihrer erst sechzehn Jahre stellten sich bei Noura bereits die Verehrer an, und ihr späterer Ruf als eines der schönsten Mädchen im Nahen Osten begann sich abzuzeichnen. Mein Desinteresse in puncto Beziehung reizte sie, bei mir zu sticheln. Sie würde keine Ruhe geben, bis sie jede Einzelheit erfahren hatte.

»Hallo, Mohammed!«

»Ich vermisse deine Stimme, ya Safia.«

»Schön, dass du anrufst!«

Wir hatten uns zum letzten Mal beim Mittagessen gesehen – in einem feinen indischen Restaurant der Londoner City mit plätschernden Springbrunnen, gedämpfter Beleuchtung und sanft erklingender Sitar-Musik, inmitten von Business-lunchenden Geschäftsleuten und Anwälten.

Auch am folgenden Abend rief er an: »Bitte sag es deinem Vater, sag es deiner Mutter! Oder glaubst du, dass dein Vater mich nicht akzeptieren würde, da seine frühere Frau meine Tante ist? Könnte das ein Hindernis sein?«

»Mein Vater hat niemandem gegenüber negative Gefühle. Die Sache liegt doch schon so lange zurück! Oder hat etwa deine Familie meinem Vater etwas angetan?«

Er lachte. Von nun an läutete für mich jeden Tag Schlag zehn das Telefon.

Noura ließ erwartungsgemäß nicht locker, und dann erzählte ich die Geschichte im selben Durchgang gleich auch noch Vater, der aus Beirut anrief, und anschließend meiner Mutter. Beide stellten mir die gleichen Fragen: »Ist er ein netter Bursche? Hat er einen guten Ruf?«

»Er ist nicht reich«, sagte ich. »Er kommt aus der königlichen Familie, aber er ist nicht reich. Er hat einen guten Job. Im Innenministerium ist er Assistent des Leiters der Abteilung für Auswärtige Beziehungen.«

Mohammed war ein Jahr älter als ich, hatte eine sehr gute Ausbildung, nahm seinen Job ernst und respektierte seine Familie. Mir gefiel es, dass er sich auf seine Arbeit verließ und nicht auf den Reichtum seiner Leute.

Nach einigen Wochen fragte Vater: »Glaubst du, er ist der Richtige für dich?«

»Ich muss darüber noch nachdenken. Wir werden sehen.«

Daheim war mittlerweile für alle klar, dass Mohammed ernste Absichten hatte. Ich ließ ihn den Standpunkt meiner Eltern wissen: »Sie sagen: Wenn er einen guten Ruf hat, ein guter Mann ist und für mich sorgen kann, dann haben sie nichts dagegen. Aber im Augenblick warten wir alle, um zu sehen, wie sich die Dinge zwischen Kuwait und dem Irak entwickeln, und hoffentlich werden unsere beiden Länder bald befreit sein!«

»Ich freue mich auf diesen Augenblick, Safia! Wir werden die Befreiung feiern ...«

»... und wenn wir möchten und Gott es will, werden wir wirklich heiraten«, setzte ich hinzu.

Die Alliierten starteten ihre Militäroffensive, und wir telefonierten weiterhin jeden Abend miteinander. Mohammed war nun in Saudi-Arabien, bereit, nach dem Ende der Feindseligkeiten sofort nach Kuwait zurückzukehren. Die Stimmung bei Kuwaitis und Irakern war von Ambivalenz gequält. Beide Seiten fürchteten den bevorstehenden Krieg und sehnten ihn zugleich herbei, hoffend, dass danach alles besser sein würde. Die Kuwaitis litten unter dem Leben im Ausland; sie waren das Exil ja nicht gewohnt. Für Ouroud hofften wir, dass sie bald wieder in ein normales Leben zurückkehren konnte.

Vater befand sich in London, als die Alliierten Saddam aus Kuwait vertrieben. Er führte viele Gespräche mit Irakern, Kuwaitis, mit britischen Politikern und Journalisten. Sie alle teilten unser Gefühl: Saddam Hussein würde im Irak von der Bildfläche verschwinden. Wir waren uns sicher, dass das große Fest nahe bevorstand.

Mohammed ging an Bord der ersten Maschine, die von Saudi-Arabien ins befreite Kuwait flog. Sofort stürzte er sich in den mit unglaublicher Schnelligkeit vorangehenden Wiederaufbau des

Landes. Eine der ersten Telefonverbindungen, die nach dem schrecklichen Spuk ins Ausland hergestellt wurde, war ein Anruf nach Jordanien, zu unserem Haus in Amman. Es war ein Anruf von ihm, aus Kuwait, für mich!

Intifada

Ouroud kehrte gleich nach dem Krieg nach Kuwait zurück. Die Kinder blieben vorerst noch bei uns. Nach der Vertreibung der Besatzer musste sie das ganze Haus neu einrichten. Alles war gestohlen, natürlich auch der Schmuck, und nun bereute sie: Im Schutz von Madschid hätte sie die Wertsachen der ganzen Familie retten können. Es war unmöglich festzustellen, wer ihr Haus geplündert hatte, ob Iraker oder Kuwaitis. Im Besatzungschaos bestahl jeder jeden, und wer es unter den Einheimischen irgendwie schaffte, ging außer Landes.

Nun rissen die Kuwaitis ihre vielfach handsignierten Porträts Saddam Husseins von den Wänden der ausgeraubten Wohnungen und Geschäfte, schätzten ihre Schäden und gingen daran, sie zu beseitigen. So unbeirrbar sie in früheren Jahren auf der Seite Saddams gestanden hatten, so erbittert war nun ihr Zorn auf den Irak und die Iraker.

In Bagdad verstärkte Saddam trotz seiner vernichtenden Niederlage und der katastrophalen Lage des Landes den Druck auf unsere Familie und den Stamm. Cousins und Onkel von mir wurden verhaftet. Die meisten kamen bald wieder frei, manche verschwanden spurlos. Je mehr Saddam mit dem Rücken zur Wand stand, desto rücksichtsloser ging er gegen tatsächliche oder vermeintliche Opponenten vor.

Zugleich kamen die Souhail wirtschaftlich ins Trudeln. Nur wenige von ihnen konnten auf Regierungsgehälter zählen. Viele unserer Verwandten waren Geschäftsleute, und bei dem totalen Stillstand,

der nun herrschte, fehlten ihnen die Einkünfte. Um über die Runden zu kommen, fingen sie an, Land zu verkaufen.
Sehr eng wurde es für jene Menschen, die keinen großen Landbesitz hatten – etwa für Hammat und die Eltern meiner im Krieg vermissten Freunde Farhan und Schaker oder den alten Ami Matrud. Matrud hatte noch meinen Großvater Ali Al-Souhail als Vertrauter und Diener über weite Strecken seines Lebens begleitet. An Hammat, Matrud und andere Stammesleute, die für uns gearbeitet hatten, schickten wir Geld. In unseren Botschaften ins Landesinnere versuchten wir, den Menschen Hoffnung zu machen: »Seine Macht ist gebrochen. Er hat kaum mehr Freunde. Bald ist alles ausgestanden!«
Zu diesem Zeitpunkt gaben die Analysten der westlichen Nachrichtendienste Saddam noch höchstens ein Jahr. Alliierte Truppen waren von ihrer Basis in Basra aus weit ins irakische Landesinnere, bis Nasirija, vorgestoßen, und US-Präsident George Bush hatte an die Iraker appelliert, Saddam zu stürzen.
Tatsächlich erhoben sich wenige Tage nach Kriegsende die Schiiten in Basra zu einer Revolte. Binnen kurzem erreichte der Aufruhr die heiligen Stätten Nadschaf und Kerbala. Die Kunde vom Aufstand der Schiiten im Süden brachte auch die Kurden im Norden in Bewegung. Innerhalb weniger Wochen waren vierzehn der achtzehn irakischen Provinzen vom Regime abgefallen, und in Bagdad tobten Straßenkämpfe. Saddam war im Begriff, die Kontrolle über die Hauptstadt zu verlieren. Nach mehr als zwanzig Jahren Terror waren die Iraker drauf und dran, sich aus eigener Kraft von Saddam Hussein zu befreien! Wenn alles gut ging, würde unser Putsch sich erübrigen.
Über die aufständischen Provinzen ließen alliierte Flugzeuge und Hubschrauber millionenfach Flugblätter herabregnen. Sie waren bedruckt mit flammenden Parolen in arabischer Sprache: »Wir stehen hinter euch in eurem Kampf gegen Saddam!«, »Sagt nein zu Saddam Hussein!«. Oder: »Wir unterstützen eure Befreiung!«
So wie die Menschen im Land, die sich mit der Rückendeckung der riesigen alliierten Militärmaschinerie endlich gegen Saddams

grausame Übermacht zur Wehr setzen konnten, jubelten auch wir, Iraker und Kurden, im Exil: »Das ist das Ende Saddam Husseins!« Vaters stehenden Ausspruch »Nächsten Sommer in Bagdad!«, der Jahr für Jahr unsere Hoffnung lebendig gehalten hatte, führten wir nun in abgewandelter Form ständig im Mund:
»Diesen Sommer in Bagdad!«
Im Irak waren die Menschen an den Lärm von Kampfflugzeugen über ihren Köpfen gewöhnt, und so dachten sie sich nichts dabei, als an einem strahlenden Märztag wieder der Luftraum zu dröhnen begann. Doch diesmal waren es keine amerikanischen oder britischen Flugzeuge, die ermunternde Sprüche vom Himmel flattern ließen. Was an jenem Tag die Sonne verdunkelte, war Saddams Luftwaffe, oder besser gesagt das, was nach dem Golfkrieg davon übrig geblieben war.
Er verfügte immer noch über genug Bomber und Helikopter, um gegen seine Bevölkerung vorzugehen. Und die Alliierten sahen zu, wie er sich anschickte, die Schiiten im Süden zu bombardieren, und wie seine Helikopter im Norden die Kurdengebiete mit Maschinengewehrfeuer eindeckten. Von Zeit zu Zeit streuten die Flugzeuge weißes Pulver über die flüchtenden Massen. Die Menschen dachten, es sei Gift, gerieten in Panik, ihre Flucht kam ins Stocken, und sie boten ein noch leichteres Ziel. Wie Urzeitlibellen fielen die Helikopter aus der Luft über sie her und mähten sie nieder, während abseits stehende Angehörige tatenlos zusehen mussten. Bei näherem Hinsehen entpuppte sich das weiße Pulver als List von teuflischer Tücke – es war Mehl! Saddam wollte wieder einmal seinen internationalen Ruf schonen.
Innerhalb von sechs Wochen wurden im Norden zwei Millionen Kurden zur iranischen Grenze getrieben. Die Menschen starben dahin im unfassbaren Tempo von 1000 Toten pro Tag.
Im Süden wurden im selben Zeitraum 200 000 bis 250 000 Schiiten getötet. Hunderttausende flohen über die Grenzen in den Iran und nach Saudi-Arabien.
Um den Schiiten die Lust an einem Aufstand für immer zu vergällen, schickte Saddam Hussein seinen Cousin Ali Hassan Al-

Madschid gegen sie vor. Dieses Mal tobte »Chemie-Ali« seine unglaubliche Brutalität hemmungslos an den Schiiten aus, und die Welt schwieg dazu. Heute verfolgt sie mit Erschütterung, wie die grauenhaften Indizien des Völkermordes ans Tageslicht gezerrt werden – die Leichen aus den Massengräbern. 15 000 Tote verscharrt in einem einzigen Grab! Und die Erde des Irak birgt noch Hunderte großer und kleiner geheimer Friedhöfe aus der Ära Saddam. Angesichts solcher Zeugnisse verblasst sogar die Erinnerung an das ausgebombte Heiligtum der Schiiten in Kerbala, das Hunderten von Menschen, die sich hineingeflüchtet hatten, zum Grab wurde.

Auch wir mussten der Gewalt hilflos zusehen, die jenseits der jordanischen Grenze entfesselt wurde und von der uns nur die Wüste trennte. Vater flog nach Saudi-Arabien, besuchte die irakischen Scheichs im Flüchtlingslager Rafha und handelte für die Zigtausend Lagerinsassen mit seinen königlichen Freunden in Riad menschenwürdigere Bedingungen aus.

Endlich reagierten die Alliierten und mit ihnen die Vereinten Nationen und verhängten für die irakische Luftwaffe ein Flugverbot über dem Landesnorden. Den Schiiten im Süden blieb solcher Schutz vorläufig verwehrt. Erst als Saddam im Sommer 1991 die Revolte der Sumpfaraber niederbombte, wurde seiner Luftwaffe auch das Überfliegen des Landessüdens untersagt.

Unser Stamm war, wie alle schiitischen Stämme, vertrieben, verängstigt und dezimiert. Jede Familie trauerte um ihre Toten. Von Basra über die Sümpfe bis Bagdad erstreckte sich der Lebensraum der Beni Tamim, und somit boten auch sie ein breites Angriffsziel für die zweite Phase von Saddams Rachefeldzug gegen Schiiten und Kurden. Nach den Massenmorden wurden nun die Lebensgrundlagen der Rebellen systematisch zerstört.

In den Kurdengebieten hatte Saddam noch vor dem Flugverbot über weite Landstriche die Bäume entlauben lassen. In den betroffenen Gebieten überlebte kein Walnussbaum, kein Pistazien- oder Olivenbaum die Giftattacken. Jahrhundertealte Pflanzungen sind für immer vernichtet. Hunderte Quellen ließ er sprengen, Brunnen zubetonieren. Im Süden schickte er die Armee aus, um die Dattelhaine zu roden. Aus den alten Hainen, um die die Menschen ihre Kultur und ihre Lebensweise gewoben hatten, wurden tote Felder aus sinnlos aufragenden, zerfledderten Palmstümpfen.

Mitten durch das Zweistromland hindurch wurde ein fünfhundert Kilometer langer Kanal gezogen – natürlich hieß er »Saddam-Fluss« –, der die Sümpfe zwischen Euphrat und Tigris trockenlegen sollte, den letzten Rest des Gartens Eden. Seit undenklichen Zeiten lebte in dieser weltweit einzigartigen Kulturlandschaft das Volk der Sumpfaraber. In ihrer uralten kleinen Welt standen Zivilisation und Natur in vollkommenem Einklang. In jüngerer Zeit hatten in den unzugänglichen Schilfgürteln der Sümpfe Tausende Regimegegner und Armeedeserteure Unterschlupf gefunden.

Als sich auch die Sumpfaraber in einer Revolte erhoben, schickte Saddam ihnen seine Republikanischen Garden, die sie zu Zehntausenden töteten. Das Vernichtungswerk an ihrer Gesellschaft vollendete schließlich der Kanal. Wo einst in den Sümpfen üppiges Leben gedieh, breitet sich heute die Wüste aus, und die Sumpfaraber existieren nicht mehr.

All dieses Grauen nahm der Liebe zweier junger Menschen aus verfeindeten Nationen damals das Licht, das sie gebraucht hätte, um zu wachsen und sich zu entwickeln. Ich und Mohammed waren bis dahin noch nicht verlobt.

Als die Alliierten im Frühjahr 1991 die »Intifada« – die »Volkserhebung« – der Schiiten und Kurden schürten, schwebte ihnen vermutlich vor, dass alles in einen der klassischen irakischen Militärputsche münden würde.

Doch der Aufstand nahm eine unerwartete Wende, als Ajatollah Baqir al-Hakim alsbald im Süden einen »Gottesstaat« ausrief. Nun wurde den Amerikanern unheimlich bei dem, was sie selbst ausgelöst hatten.

Auch ihre Verbündeten in der Region machten sich Sorgen. Ein arabischer König soll Präsident George Bush sen. angerufen und ihn vor den islamischen Fundamentalisten gewarnt haben. Tatsächlich fürchteten die sunnitischen Monarchen Arabiens seit langem, dass das schiitische Regime im Iran und die Alawitische Minderheitsregierung in Syrien sich mit einer schiitischen Regierung im Irak zu einer Achse verbünden könnten.

In Kreisen der »Intifada« wird kolportiert, dass die US-Regierung sich nach der Niederschlagung des Aufstandes durch einen diplomatischen Vertreter entschuldigt habe: Die USA bedauerten, was geschehen war. Sie hätten befürchtet, dass die Aufständischen zu den iranischen Schiiten gehörten.

Nördlich des Irak verfolgte die Türkei den anfänglichen Siegeszug der Kurdenrevolte mit großen Bedenken: Das Beispiel jubelnder irakischer Kurden, die sich aus der Konkursmasse der zerbrechenden Saddam-Herrschaft bedienten, war geeignet, die türkischen Kurden anzustecken und in unkontrollierbaren Aufruhr zu versetzen.

Den Verrat an den Kurden und Schiiten hatten die Alliierten gewiss nicht kaltblütig geplant. Doch war er die Folge einer Politik, der es an Voraussicht mangelte für die Entwicklungen, die sie heraufbeschwor, und anschließend am nötigen Mut, um mit diesen Entwicklungen umzugehen.

Den unvorstellbar hohen Preis haben die Menschen im Irak bezahlt: zunächst in Form von Saddams Rache, sodann mit weiteren zwölf Jahren Schreckensherrschaft, mit Armut infolge der UNO-Sanktionen zur »Zähmung« des Regimes und, zuletzt, mit einem neuerlichen Krieg gegen Saddam, mit Tausenden Toten, schweren Zerstörungen in ihren Städten und einem zugrunde gerichteten Land.

Die Schiiten haben dem Westen bis heute nicht verziehen.

Seit dem Ausbruch des Krieges gegen den Iran 1980 und umso mehr nach Saddams wahnwitzigem Kuwait-Abenteuer zehn Jahre später nährten wir die Hoffnung, dass das irakische Regime sich totlaufen würde. Die ganze Zeit über bauten wir an unserem Netzwerk, hofften aber zugleich darauf, dass die Vernunft siegen und die westlichen Staaten und ihre reichen arabischen Verbündeten sich für ein Ende des Albtraums im Irak stark machen würden.

Der Verrat an der Intifada riss uns jedoch die Augenbinde herunter, und nun wussten wir es ganz genau: Keine außenstehende Macht war interessiert daran, dass das irakische Volk selbst über sein Geschick entschied. In Wahrheit war Saddam dem Ausland an seinem Platz gerade recht, und er sollte möglichst noch lange dort bleiben: Angesichts des Risikos einer schiitischen Wende im Irak wog sein Terror gering.

Wir waren in unseren Plänen stets davon ausgegangen, dass sich die Irakis ohne Hilfe des Auslands befreien müssten und könnten. Doch nach dem Umsturz würden wir für die neue irakische Regierung die Unterstützung aller arabischen Nachbarn dringend brauchen. Deshalb versuchte mein Vater, sie als Verbündete zu gewinnen.

Die Rolle Saudi-Arabiens hatte sich als äußerst zwiespältig erwiesen. Wohl unterstützten die Saudis schon seit einiger Zeit die irakische Opposition und hielten Treffen mit irakischen Oppositionsführern ab. Doch nach den Ereignissen dieses Jahres ließ es sich nicht mehr verdrängen: Unser Bemühen um die Hilfe der arabischen Monarchien war reine Energieverschwendung.

Die Intifada war auch in anderer Hinsicht ein Wendepunkt in unserem Denken. Wir lösten uns von der Vorstellung, dass eine konstitutionelle Monarchie für den Irak die einzig mögliche Lösung wäre. Nun fingen wir an darüber nachzudenken, wie sich eine liberale und demokratische Führung allein aus dem Volk – ohne die

Integrationsfigur eines Königs – aufstellen ließe. Obwohl mein Vater stets ein Anhänger der Demokratie als Regierungsform gewesen war, hatte er als Staatsform die Monarchie bevorzugt. Etwa nach dem Beispiel Belgiens, Englands oder Jordaniens, wo Monarchen eine heterogene Bevölkerung hinter sich sammeln konnten. Jetzt war er bereit, seine Verbindungen und seine Glaubwürdigkeit auch für eine republikanische Führung einzusetzen.

Saddam war zu diesem Zeitpunkt so schwach wie nie zuvor. Plötzlich schien sich die ganze Welt gegen ihn verbündet zu haben. Die Vereinten Nationen verabschiedeten gegen ihn eine Resolution nach der anderen, und die internationale Gemeinschaft machte sich ernsthaft ans Werk, seine Chemie- und Biowaffenarsenale und das irakische Atomwaffenprogramm zu demontieren. Keine dieser Maßnahmen zielte darauf ab, das irakische Volk von Saddams Diktatur zu befreien. Es ging der Welt darum, ihn an weiteren Genozid-Aktionen im eigenen Land möglichst zu hindern und ihn für seine Umwelt unschädlich zu machen. In der Reichweite seiner Waffen lag außer den Golfstaaten auch das im ersten Golfkrieg 1991 attackierte Israel.

Dass zu diesem Zeitpunkt nichts geschah, um Saddam wegen seiner unfasslichen Verbrechen zur Verantwortung zu ziehen, bestätigte, was wir erkannt hatten: Außer den Millionen Irakern, die unter seinem Regime zu leiden hatten, wünschte zu diesem Zeitpunkt niemand den Sturz Saddams.

Rendezvous in Beirut

Für Vater und mich, für Saad Saleh Dschabr, Dschasim Muchlis und ihre Verbündeten war der Zeitpunkt zum Handeln gekommen: jetzt oder nie. Wir machten uns an die Arbeit, um unseren auf Eis liegenden Coup zu aktivieren. Für die Zeit danach mussten wir nun andere Vorbereitungen treffen – entsprechend

unserem neuen Zugang, dass das Volk selbst über die zukünftige Regierungsform des Irak entscheiden sollte.
Alte Vereinbarungen mussten bestätigt, veränderte Gegebenheiten in unsere Planung einbezogen werden. Ich und mein Vater verbrachten jede freie Minute damit, unsere Kontaktpersonen unter größter Geheimhaltung in Hotels, Restaurants oder auf lebhaften Straßen und Plätzen in Amman und Beirut zu treffen.
In dieser schicksalhaften Zeit telefonierten ich und Mohammed zwar weiterhin miteinander, doch war unsere Verbindung nicht mehr so regelmäßig wie am Anfang. Ihn nahm seine Arbeit beim Aufbau von Kuwait in Beschlag. Und meine Energien konzentrierten sich jetzt auf den Coup. Ich hatte keine Valenzen mehr frei für eine Beziehung.
Aber auch das Verhältnis unserer beiden Völker im Gefolge des Krieges trug dazu bei, dass ich mich zurückzog. Angesichts ihres verwüsteten Emirats waren die Kuwaitis erfüllt von Zorn und Hass auf die Iraker und alles Irakische. Es würde seine Zeit brauchen, bis sie einen neuen Blick auf die Dinge gewannen und sich beruhigten.
Viele Menschen in Kuwait kennen mich, meine Familie und meinen Vater, und alle wissen, dass wir Saddam Hussein nie unterstützt haben. Aber als Irakerin empfand ich, dass es nicht der richtige Zeitpunkt war, um jemanden zu heiraten und mit ihm in einem Land zu leben, das solchen Hass gegen mein Volk empfindet. Obwohl ich Mohammeds tiefes Interesse an mir spürte und obwohl ich fühlte, dass er damals der Richtige für mich war, hatte ich keine Wahl, als mich von ihm zu lösen.
Sechs Monate nach der Befreiung Kuwaits rief er an und bat mich, ihn in Beirut zu treffen. Normalerweise wäre er nach Amman gekommen, doch war das damals unmöglich: Jordanien und König Hussein unterstützten immer noch das irakische Regime und waren in den Augen der Kuwaitis Feinde.
Eine Irakerin in Jordanien, das war für die Kuwaitis ein rotes Tuch! Da half es wenig, dass mein Vater sich öffentlich gegen die Invasion ausgesprochen hatte und ein guter Freund des Kronprinzen von Kuwait, Scheich Abdullah al-Sabah, war.

Also trafen wir uns in Beirut in einem Café in der Nähe unserer Wohnung.
Mohammed beschwor mich: »Safia, gehen wir zu deinem Vater. Ich möchte deinen Vater kennen lernen und so, wie es in unseren Ländern üblich ist, um seine Tochter anhalten.«
Doch ich war nicht bereit dazu. In dem Café in Beirut sahen wir uns zum letzten Mal.
Ich und Mohammed sind Freunde geblieben. Es ist relativ leicht, einen Mann zu finden, mit dem die Gefühle passen, aber ungleich schwieriger, auch die äußeren Umstände, Interessen und Wertigkeiten passend zu machen.

Stahl gegen Stahl

1992 tat Kronprinz Hassan von Jordanien, der Bruder König Husseins, mit dem uns immer schon besondere Sympathie verband, einen entscheidenden Schritt: Er rief den Scheich der Beni Tamim nach Jordanien zurück. Der Königsfamilie schien es Leid zu tun, dass sie Vater den erbetenen Schutz nicht gewährt hatte. Schließlich genoss er in Amman politisches Gastrecht. Nun wollten sie eine Versöhnung einleiten.
Mein Vater entschloss sich, das Angebot anzunehmen, denn Jordanien lag dem Irak näher und war eine günstigere Basis für seine Operationen als der Libanon. Sein libanesischer Sekretär Ahmed, der sich als loyaler, zuverlässiger junger Mann erwiesen hatte, erklärte sich bereit, mit ihm nach Amman zu kommen.
Nach dem leidigen Hin und Her der vergangenen eineinhalb Jahre kehrte Vater endlich heim zu uns, wie wir es von Kindheit an von ihm gewohnt waren: beladen mit Schachteln. Allmählich gab es in Beirut wieder schöne Dinge zu kaufen. Wir küssten und umarmten ihn, servierten ihm sein geliebtes Glas Willkommenstee, und dann ging er daran, die Geschenke auszupacken: Kleider und Süßig-

keiten für seine Mädchen und einen funkelnden blauen Anhänger aus Saphir für seine Frau, Minerva Badreddin.
Ich genoss es unsagbar, wieder lange politische Gespräche mit ihm zu führen, bei denen er seine Schokolade mit mir teilte. Uns allen schnürte in jener Zeit die Liebe zu diesem Mann die Kehle zu. Öfter als sonst bekamen wir sein Motto zu hören: »Menschsein ist eine Geisteshaltung.«
Es war, als würde er uns vorbereiten.
Als Datum für den Coup legten wir den Tag der nächsten Revolutionsfeiern in Saddams Palast, den 14. Juli 1993, fest.
Nun traten unsere Organisationsarbeiten in die intensivste Phase. Der erste Schritt des Plans war, Saddam zu töten, der zweite, eine Übergangsregierung zu etablieren, und der dritte, die Bevölkerung zu dem Punkt zu geleiten, wo sie in der Lage sein würde, demokratisch zu wählen, wen sie künftig in ihrer Führung haben wollte.
Die Oppositionsführer im Exil spielten bei unserem Vorhaben nur eine begrenzte Rolle. Wir konzentrierten uns auf das Landesinnere, denn wir wussten, dass der Regimewechsel nur dann erfolgreich sein würde, wenn wir mit dem Establishment im Irak zusammenarbeiteten, mit den Leuten, die das nötige Wissen hatten und in den Institutionen verwurzelt waren. Wenn die Menschen im Land das Gefühl bekamen, wir hätten alle wichtigen Positionen bereits unter den Exilpolitikern verteilt, dann gab es keine Chance auf Erfolg.
Das Militär sollte Saddam bei den Feiern töten und den Putsch ausführen. Denn nach der Zerschlagung der Volksaufstände im Vorjahr war nur noch das Militär in der Lage, einen Regimewechsel durchzusetzen. In der Zeit unmittelbar nach dem Umsturz sollten Militärs die zivilen Verwaltungspositionen von Saddams Gefolgsleuten übernehmen. Und unsere Technokraten – wir konnten Hunderte Iraker, die als Ingenieure, Manager oder Ärzte in Amerika und Europa arbeiteten, dafür gewinnen – würden den Fortbestand der Infrastruktur sichern. Ich habe heute noch die Listen. Die Schlüsselpositionen in Armee, Polizei, Verwaltung, Wirtschaft und Medien sollten in den Händen von Personen sein, die mit uns kooperierten und der Aufgabe auch gewachsen waren.

Das Land würde in allen Bereichen Aufbauarbeit brauchen. Zum Teil, wie etwa im Ölsektor, benötigten wir dafür hoch spezialisierte Leute.
Ich kontaktierte sie alle und teilte ihnen mit:
»Der Umbruch steht kurz bevor. Das Land braucht euch, es braucht euren Beitrag!«
Für die Konsolidierungsphase danach sahen wir einen schrittweisen Rückzug des Militärs aus der Regierung vor und wollten uns dafür auf die Macht der Stämme stützen, denn sie würden sich für eine demokratische Beteiligung stark machen. Es war ein gründlich durchdachter, aber risikoreicher Plan. Viele Interessen standen auf dem Spiel, doch es gab noch mehr zu gewinnen, und wir waren zuversichtlich, dass wir die Kräfte gut ausbalanciert hatten.
Jeder, der an dem Putsch teilnahm, wusste selbstverständlich um die Risiken. Aber gleichzeitig war der Druck, sich gegen Saddam zu wehren, so stark, dass Tausende Menschen unterschiedlichster Herkunft und Überzeugung ihr Leben auf diese große Chance setzten: Saddam aus eigener Kraft loszuwerden und unser schwieriges, in seiner Vielfalt wunderbares Land in den Griff zu bekommen und in eine Demokratie zu überführen.
In meiner Verantwortung lag auch der geheime Geldtransfer in den Irak, damit Waffen beschafft werden konnten. Zwar war die Armee immer noch gut ausgerüstet, und in den Stämmen besaß jeder Mann sein Maschinengewehr, doch mussten wir die am Putsch beteiligten Einheiten so aufrüsten, dass sie sich bei Bedarf tagelang behaupten konnten. Dabei kam uns entgegen, dass wegen der katastrophalen Wirtschaftslage viele Armeeangehörige bereit waren, billig Waffen zu verkaufen.
Wir schickten also unseren Verbündeten auf der Führungsebene Geld, damit sie geheime Arsenale anlegten. Natürlich war es undenkbar, diese Gelder offiziell auf dem Bankweg zu überweisen. Stattdessen organisierte ich einen ausgeklügelten Botendienst: Unsere Männer schmuggelten in Kuverts kleine Beträge ins Land und gaben sie bei bestimmten Sammelstellen ab. Die Botentätigkeit barg hohes Risiko. Ich arbeitete jeweils mit Gruppen aus drei bis

vier Männern, die beruflich regelmäßig auf der fast 800 Kilometer langen Straße von Amman durch die syrische Wüste nach Bagdad unterwegs waren: Händler, Taxifahrer, Bus- und Lastwagenchauffeure. Nach wie vor stammten sie großteils aus den Reihen der Beni Tamim. Nach zwei oder drei Monaten wechselte ich die Gruppen aus, damit sie nicht unter Beobachtung kamen. Trotzdem wurde einer unserer Boten aus seinem voll besetzten Reisebus heraus verhaftet. Bis heute weiß ich nicht, was sie danach mit ihm gemacht haben und ob er überhaupt noch am Leben ist.

Wenn sich nach dem jüngsten Krieg die Lage in Bagdad wieder beruhigt hat, will ich nach ihm suchen, ebenso wie ich viele andere Menschen aus dem Kreis meiner Verwandten, Freunde und Helfer werde suchen müssen.

Wir pumpten Millionenbeträge ins Land: unser eigenes Geld, das von Saad Saleh Dschabr und die Beiträge anderer Mitverschwörer. General Beschir al-Taleb verkaufte seine Wohnung im Libanon, um Geld zu beschaffen, Dschasim al-Muchlis einen wertvollen Diamantring. Ich könnte noch viele Namen nennen. Abgesehen von den Waffenkäufen brauchten wir das Geld, um Leute für ihre Dienste zu bezahlen. Nicht alle unserer Helfer konnten es sich leisten, ihr Werk aus reiner Überzeugung zu tun.

Die Boten schlichen zu den unmöglichsten Tageszeiten durch den Kücheneingang in unser Haus. Wenn die Luft nach meinem Gefühl nicht rein war, so traf ich sie frühmorgens, bevor sie Amman in Richtung der Wüstenpiste nach Bagdad verließen. Wir wussten, dass sich nicht nur die irakischen Geheimdienste, sondern auch die Jordanier, Amerikaner, Briten und Russen für unsere Aktivitäten interessierten.

Vater oder ich fuhren zu Meetings nach London und Beirut, koordinierten unser Vorgehen mit Dschasim al-Muchlis in Bagdad und warben um Verbündete, die ihrerseits Teilnehmer gewannen.

Unser Netz breitete sich immer weiter aus: Hohe Offiziere der Republikanischen Garden und Armeegeneräle gehörten dazu, Regierungsbeamte, Manager, schiitische Stammesfürsten und kurdische Führer, so auch Massud Barsani, der Sohn von Mullah Mustafa, dem einstigen Mitverschwörer meines Vaters. Jeder dieser Bundesgenossen repräsentierte viele Menschen, so dass wir zuletzt Tausende erfasst hatten.

Bei der Auswahl kam es nicht darauf an, welcher Partei oder Religion die Menschen angehörten, sondern darauf, welche Aufgaben bei der Durchführung des Plans zu bewältigen waren. Das große Vertrauen, das die Beteiligten meinem Vater entgegenbrachten, rührte aus ihrer Erfahrung, dass er sich nicht persönlich bereichern wollte, im In- und Ausland geachtet wurde und für jeden alles tun würde, was in seiner Macht stand.

Den Verbindungsmann zur Al-Souhail-Familie machte ein Beni Tamim, dessen Namen ich, wie die aller heute noch im Irak lebenden Mitverschwörer, nicht nennen kann. Die Situation ist weiterhin zu unsicher, um die Details unseres Komplotts zu veröffentlichen. Bei unseren Kontakten zu den Al-Souhail mussten wir besonders vorsichtig sein, da sie wegen der nahen Verwandtschaft mit uns unter schärfster Beobachtung standen.

Wir operierten wie ein regelrechter Geheimdienst und mussten damit rechnen, dass einige unserer Leute als Doppelagenten nicht nur für uns, sondern auch für Saddam Hussein arbeiteten. Eine Person jedoch setzte Vater schon seit Jahren gezielt ein, um die Iraker mit Fehlinformationen zu täuschen: seinen Verbindungsmann im Libanon, George Terjanian. Er weihte mich erst ein, als ich in den Coup-Vorbereitungen eigene Entscheidungsverantwortung übernahm.

Es war ein notwendiges, aber sehr gefährliches Doppelspiel, wie mit einer Waffe, die allzu leicht gegen ihren Träger losgehen kann. Die in mir aufkeimende Sorge beruhigte ich damit, dass Vater George zu vertrauen schien. Ich selbst wusste nicht allzu viel über die schillernde Gestalt des polyglotten armenischen Hemdenschneiders mit den vier Staatsbürgerschaften – Irak, Syrien, Jordanien und Österreich –, denn Vater hatte sich in Bezug auf ihn immer schon ein wenig in Schweigen gehüllt. Deshalb vermag ich auch nicht zu sagen, ob der Scheich sich schon am Anfang der Beziehung im Klaren war, dass der Mann auch für Saddam arbeitete.

Für mich bedeutete die Enthüllung, dass ich kritische Informationen nicht an George weitergeben durfte.
Die Amerikaner entdeckten jetzt, nachdem ihre wankelmütige Reaktion auf die Intifada so viele Hunderttausend Schiiten und Kurden das Leben gekostet hatte, plötzlich ihr Interesse für die irakische Opposition im Exil. Allerdings weniger, um sie tatkräftig zu unterstützen, sondern vielmehr, um sie unter ihre Kontrolle zu bekommen.
Da Vater sich weder mit der US-Regierung einlassen wollte noch etwas davon hielt, den Coup als Initiative der irakischen Exilopposition aufzuziehen, fuhr er auch nicht zur ersten Oppositionskonferenz, die die CIA im Juni 1992 in Wien aufzog. Bei der Konferenz sollten die rund 40 teilnehmenden irakischen Exilgruppen unter der Schirmherrschaft des neu gegründeten Irakischen Nationalkongresses (INC) zusammengefasst werden. Der INC war ein großzügig dotiertes Kind der CIA. Mehr als zwanzig Millionen Dollar Starthilfe gab es bereits im ersten Jahr für das angebliche Ziel, Saddam zu entfernen.
Wir glaubten nicht daran, dass es möglich sein würde, das Terrorregime Saddams von außen mit kleineren Aktionen auszuhebeln. Dagegen konnte das irakische Militär, so wie die Dinge damals noch lagen, die immer noch mächtige Regierung stürzen, um dann selbst in die Bresche zu springen. Vater fasste es zusammen in der Redensart: »Gegen Stahl hilft leider nur Stahl.«
Tatsächlich entpuppte sich die CIA-Aktion zur Unterstützung der Exilopposition bald als Schaumschlägerei. Die Aktivitäten des INC gegen Saddam waren nicht mehr als Nadelstiche, denn in Wahrheit wollte die CIA Saddam nicht entfernen, sondern lediglich in Schach halten. »Containment« – »Eingrenzung« – hieß die Devise der US-Politik gegenüber Saddam bis zum 11. September 2001. Die simple Grund, der jedem Nahostkenner bewusst war, lautete: Wer weiß, ob jene, die nach ihm kommen, nicht noch schlimmer sind als er!
Die USA mussten in der Tat darauf gefasst sein, dass Saddams Nachfolger ihren Interessen weniger dienlich sein würden. Aber

was war mit den Interessen des Irak? Eine Demokratie, wie wir sie anpeilten, sollte unserem Land dienen und niemandem sonst.
Bei der Wiener Konferenz hievten die Amerikaner ausgerechnet den Ex-Banker Ahmed Chalabi an die Spitze des INC. Eine Zeit lang hatten mein Vater und Saad Saleh Dschabr versucht, Ahmed für unseren Coup zu gewinnen. Er lehnte jedoch ab, denn er wusste, dass den Vereinigten Staaten unsere Umsturzpläne nicht ins Programm passten.
Innerhalb von wenigen Jahren hatte Ahmed als Exilpolitiker in den USA kometenhaft Karriere gemacht. Zunächst als Protegé des US-State Departments – des Außenministeriums –, anschließend der CIA und zuletzt des Pentagon. 1995 ging die CIA, nunmehr über Chalabi verärgert, an die Öffentlichkeit und ließ die Medien wissen, dass für seine Umtriebigkeiten sehr viel amerikanisches Geld durch seine Hände geflossen sei. Gerüchte sprachen von astronomischen Summen von bis zu 150 Millionen Dollar.
Im Zuge einer Aufarbeitung der Geschehnisse im Irak wäre es bestimmt interessant zu untersuchen, wer Ahmed wofür bezahlt hat und was er mit dem Geld getan hat. Ich bin überzeugt, dass ganz im Sinne der amerikanischen Politik, Saddam in Schach und die irakische Opposition unter Kontrolle zu halten, unter dem Strich eine große Null steht.

Die Frage drängt sich auf: Wer hat wen mehr benutzt – die USA Ahmed Chalabi oder Ahmed Chalabi die USA? Jedenfalls brachte das Pentagon nach dem Fall des Regimes in Bagdad den Mann im Triumphzug als ersten Exilpolitiker in den Irak. Einen Augenblick lang sah es fast so aus, als hieße der Nachfolger Saddam Husseins Ahmed Chalabi.

Count-down

Im Frühjahr 1993 fuhr mein Vater noch einmal zusammen mit Dschasim al-Muchlis zu einem Treffen nach London. Wie beim letzten Mal trafen sie gründlichste Sicherheitsvorkehrungen, damit auch nicht der Schatten eines Verdachts auf Dschasim fallen konnte. Während im Ausland die Fäden der gesamten Verschwörung bei uns zusammenliefen, war er die Zentrale in Bagdad, in der Höhle des Löwen.

Außer Saad Saleh Dschabr nahmen diesmal auch Vertreter der US-Regierung teil. Obwohl wir die Amerikaner nicht in die Pläne einbezogen hatten, hatten wir beschlossen, sie zu informieren. Wir hofften, dadurch ihr Stillhalten erwirken zu können.

Das Meeting nahm leider keinen günstigen Verlauf. Da ich selbst nicht dabei war, vermag ich nur wiederzugeben, was Vater mir nach seiner Rückkehr erzählte: »Nachdem wir den Amerikanern unsere Absicht auseinandergesetzt hatten, sprachen sie sich ganz energisch dagegen aus: ›Wir wollen jetzt keinen Coup. Das ist nicht der richtige Zeitpunkt.‹ Da habe ich ihnen entgegnet, wir müssten sie nicht um Erlaubnis fragen und bräuchten von ihnen auch keine Unterstützung.«

Dschasim Muchlis habe dann gegenüber den Amerikanern offen zu sprechen begonnen und den Namen eines Luftwaffenoffiziers aus dem Raschid-Camp im Irak erwähnt.

»Du kannst dir nicht vorstellen, Sousou, die Amerikaner haben ihn korrigiert und gesagt: ›Nein, der Mann ist nicht in Raschid, er ist in Ain al-Mussim.‹ Darauf lachte Dschasim: ›Ja, Sie haben fast Recht! Bis vor vier Tagen war er tatsächlich in Ain al-Mussim. Jetzt aber ist er in Raschid!‹«

Mir jagte es Schauer über den Rücken, zu hören, wie detailliert der US-Geheimdienst über alles informiert war, was im irakischen Militär vorging. Es lag klar zutage: Sie hatten erstklassige Informationsquellen im Land.

Ende Juni waren alle Vorbereitungen getroffen. Jeder Beteiligte kannte seine Aufgabe. Die ersten Schritte waren auf die Minute abgestimmt: Eine Einheit der Republikanischen Garden würde Saddam töten, während er in seinem Palast die Revolution zelebrierte. Zur selben Zeit würden Armeeeinheiten die Camps Saddam-treuer Republikanischer Garden, das Hauptquartier der Baath-Partei und die Zentren der Geheimdienste umstellen. Die Armee würde Brücken und Hauptstraßen, das Rundfunk- und Fernsehgebäude, die Telekommunikationszentrale, den Flughafen von Bagdad und die wichtigsten Ministerien sichern.

Die bewaffneten Männer befreundeter Stämme standen bereit, um einzugreifen, wo die Armee Unterstützung brauchte. Mit Hilfe der Stämme würde die Armee ihren Putsch in den anderen großen Städten des Landes durchsetzen können. Für den Landesnorden hatten wir uns der Kooperation kurdischer Peschmerga versichert.

Auch die folgenden Phasen, in denen es darum ging, die Infrastruktur am Funktionieren zu halten, waren sorgfältig vorbereitet. Die Wasser-, Strom- und Krankenversorgung sollte aufrechterhalten, die Erdölfelder sollten gesichert werden. In Bagdad hatten wir auch den Schutz der Nationalbank und der Museen eingeplant.

Jeder Beteiligte hatte sein »Los!«-Signal für den 14. Juli erhalten.

Wenn sich die Pannen nicht häuften, so musste der Plan gelingen, das – damals – Zwanzig-Millionen-Land Irak Saddam und seinem Regime zu entwinden und mit einer Notstandsführung funktionsfähig zu erhalten.

Wir wussten, wir hatten alles Menschenmögliche getan und versucht, jede Eventualität zu berücksichtigen. Unsere Arbeit war vollendet. Für meine Familie war das ein ganz fremdartiger Zustand, den wir in jenen Sommertagen des Jahres 1993 erlebten. Jahrzehnte hindurch hatte das Hoffen, Planen und Arbeiten für den Sturz dieses Unrechtsregimes unser Leben bestimmt. Zum ersten Mal seit Jahrzehnten konnten wir uns zurücklehnen, tief durchatmen und sagen: »Nun liegt es in Gottes Hand!«

Ich war nun siebenundzwanzig.

Bei meinem Vater stand schon seit längerem eine schwierige

Operation an. Den Termin vereinbarte er für den 5. Juli. Erschöpft, aber von tiefer Ruhe erfüllt flog er in den ersten Julitagen mit Mutter und meinen Schwestern Seinab, Scherine und Noura zur Operation nach Deutschland. Infolge seines Diabetes traten bei dem Eingriff Komplikationen auf, und er musste auf die Intensivstation. In jenen Tagen, in denen mein Vater in der Universitätsklinik Erlangen mit dem Leben rang, entschied sich die Zukunft.

Warten auf den 14. Juli

Ich blieb mit Alia und Sara zurück, um Vater während seines Krankenhausaufenthaltes in Amman zu vertreten. Mit jedem Tag, den der 14. Juli näher rückte, stieg in mir nun wieder die Spannung. Die verschiedenen Elemente des Plans drängten sich in mein Bewusstsein, und ich fing wieder einmal an, ihn auf mögliche Schwachstellen abzutasten: Was, wenn unsere Republikanischen Gardisten im Palast der Mut verließ, wenn Saddam im letzten Augenblick einen Hinweis bekam und die Feiern in einen anderen Palast verlegte oder wenn es uns nicht gelang, nach seiner Ermordung in Bagdad die Ruhe zu wahren?

Natürlich mussten wir einkalkulieren, dass unter der großen Zahl von Teilnehmern irgendjemand nicht dichthalten würde. Deshalb gab es nur einen einzigen unter den Verschwörern, der über die gesamte Aktion den Überblick besaß – mein Vater. Er befand sich außer Landes und somit außerhalb Saddams unmittelbarer Reichweite. Nur wenige zentrale Persönlichkeiten im Land hatten große Bereiche im Griff; die meisten kannten gerade die paar Beteiligten, die in der Hierarchie des Plans über ihnen und vielleicht noch unmittelbar neben ihnen standen. Nach menschlichem Ermessen hatten wir eine Aufdeckung durch die irakischen Geheimdienste weitgehend blockiert.

Einen – den beunruhigendsten – Gedanken allerdings schoben wir

konsequent von uns, denn hätten wir ihn zugelassen, so wären wir nicht imstande gewesen, den Coup zu organisieren.
Am Abend des 8. Juli schien Vater in der Klinik in Erlangen das Schlimmste überstanden zu haben. Er lag zwar immer noch auf der Intensivstation, doch stuften die Ärzte seinen Zustand als stabil ein. Noch war er zu schwach, um mit mir am Telefon zu sprechen, aber vor einer halben Stunde hatte Mutter mich vom Krankenbett aus angerufen und mir erzählt, dass es heute rapide bergauf ging. Ich hatte Vater und den Mädchen meine Grüße bestellt.
Um 18.30 Uhr läutet es am Tor. Es ist ein Bote aus dem Irak, mit erschöpft eingefallenen Gesichtszügen. In mir krampft sich alles zusammen. Noch ehe der Mann zum Sprechen ansetzt, weiß ich, dass mit unserem Coup etwas passiert sein muss.
»Allah! Mein Gott!«, schießt es mir durch den Kopf. »Gib, dass nur ein kleiner Bereich hochgegangen ist!«
Wir hatten diese Möglichkeit ja eingeplant und deshalb die Durchführung des Plans in kleinstmögliche Bausteine zerlegt. Wenn einer umfiel, würde nicht gleich das ganze Gebäude einstürzen. Der Coup wäre zwar vereitelt, doch die anderen gefährdeten Teilnehmer könnten sich durch Flucht vor Saddams Rache retten, und vieles käme vielleicht nie ans Tageslicht.
»Allah, bitte, lass es nur eine Kleinigkeit sein!«
Noch in der Vorhalle gibt mir der Bote seine Meldung weiter:
»Dschasim al-Muchlis wurde gestern verhaftet, und seit einigen Tagen schon sind General Beschir al-Taleb, sein Sohn Safar al-Neghreri und Ahmed al-Timimi im Gefängnis.«
Er nennt noch eine ganze Reihe von Namen. Außer Ahmed al-Timimi befinden sich noch mehrere Tamim darunter. Die Genannten waren Spitzenleute, und Dschasim der Knotenpunkt im Irak. Das war die absolute Katastrophe!
Ich breche in Tränen aus und fange an zu schreien. Es ist Sommer und noch taghell um die Zeit, aber die Sonne steht nicht am Himmel. Der Coup, den wir so lange mit so viel Mühe vorbereitet hatten, war gescheitert, und ich weiß: Alle diese Menschen, deren Verhaftung mir der Mann gemeldet hatte, sind so gut wie tot.

Im selben Augenblick keimt in mir kindliche Hoffnung: Diese Schlüsselleute – Dschasim, Beschir, Safar – kommen aus Tikrit; sie sind aus Saddams Stamm! Er wird sie nicht vernichten. Eine Kettenreaktion der Blutrache wäre die Folge. Immer naiver werden meine Wunschgedanken: »Saddam wird die Beteiligten an diesem Coup nicht verfolgen! Er wird über diesen Coup hinweggehen!«
Wie an einen Strohhalm klammere ich mich an diese irrationale Vorstellung. Denn Saddam macht schon seit langem nicht mehr vor seiner Familie Halt. Der unerbittlichen Wahrheit schleudere ich immer noch Stoßgebete entgegen: »Mein Gott, lass das nicht wahr sein! Ich träume das alles nur!«
Lieber möchte ich den Verstand verlieren als die Nachricht des Boten akzeptieren. Ich suche nach einem realen Ausweg: »Es passieren so viele Fehler, Verwechslungen!«
Farhan fällt mir ein, der Totgeglaubte. In Saddams Welt ist alles möglich.
Es war keine Verwechslung, und in der Tat war alles möglich: Saddam Husseins Sicherheitsdienste nahmen binnen weniger Tage 2000 Menschen fest. 600 von ihnen waren nach Angaben aus zuverlässigen Quellen innerhalb von zwei Wochen tot, hingerichtet. Dschasims Tochter Maisera, unsere Freundin, holten und verhörten sie:
»Wen haben Sie bei Ihren Aufenthalten im Haus von Scheich Taleb getroffen? Waren Iraker unter ihnen? Jordanier? Können Sie die Leute beschreiben, die Sie dort gesehen haben?«
Maisera, deren Vater, Onkel und Cousin im Gefängnis saßen und, wie wir alle wussten, von Saddams Schergen gnadenlos nach Informationen ausgepresst wurden, zog sich mit bewundernswerter Ruhe aus der Affäre. Sie wiederholte in einem fort:
»Aber ich war immer nur mit den Mädchen zusammen! Mit den Leuten, die im Madschlis saßen, hatte ich nichts zu tun.«
Ich durchlebte furchtbare Tage der Ungewissheit, denn aus dem gnadenlos an die Kandare genommenen Land sickerten nur sporadisch Nachrichten zu mir durch. Wer saß im Gefängnis? Wer war bereits tot? Wer hatte noch eine Chance, lebend herauszukommen?

Der Gedanke, den wir so sorgsam von uns fern gehalten hatten, war die Möglichkeit, dass jemand von außen uns gezielt verraten könnte. Gegen die Nachrichtendienste der Iraker wussten wir uns und den Plan abzuschirmen, aber es hätte uns überfordert, auch noch ausländische Geheimdienste einzukalkulieren. Wir hätten unser Vorhaben begraben müssen.

Einen Tag nachdem ich vom Scheitern des Coups erfahren hatte, rief ich wieder auf der Intensivstation in der Erlanger Klinik an. Ich musste mich sehr zusammennehmen, damit Mutter nicht an meiner Stimme merkte, dass etwas im Argen lag. Die Bestürzung würde ihr ins Gesicht geschrieben sein und Vater sofort alles wissen. Er aber sollte sich von der Operation erholen.

Die Genesung machte nun rasche Fortschritte, und nach wenigen Wochen konnten meine Eltern und die drei Mädchen nach London fliegen, wo Vater noch seine angegriffenen Augen untersuchen lassen wollte. Seine Freunde dort wussten bereits von den Verhaftungen, und so erfuhr er die Hiobsbotschaft von ihnen. Er rief mich an: »Warum hast du mir nichts gesagt?«

»Ich habe die Nachricht bewusst vor dir verborgen, denn du warst in einem sehr kritischen Zustand. Ich wollte dir den Schock ersparen. Noch dazu, wo du ein Risikopatient bist! Die Leute sind jetzt im Gefängnis, und du kannst nichts für sie tun.«

Hinter meinem schnippischen Ton verbarg sich Beschämung, weil ich es nicht übers Herz gebracht hatte, meinem Vater die Katastrophe schonend beizubringen, bevor er sie von Saad und den anderen erfuhr.

Vater hielt es nicht lang in London. Wieder zurück in Amman, gingen er und wir mit ihm durch eine schwere Depression. Noch stand nichts in den Gazetten, und unsere Freunde und Bekannten in Amman wussten nichts vom Scheitern des Coups. Sie stellten sich ein, um beim Aid al-Adha, dem großen Opferfest, ein Lamm zur Feier von Vaters Genesung zu schlachten. Feiern war das

Letzte, wonach uns zumute war, aber wir mussten hindurch, denn je länger die Sache geheim blieb, desto besser standen die Chancen für jene Menschen, deren Schicksal in Saddams Hand lag.
Wir kannten seinen Charakter bis in die hintersten Winkel und wussten, dass für ihn stets die erste Prioriät war, sein Gesicht zu wahren, und die zweite, zur Abschreckung grausame Exempel zu statuieren. Erst an nächster Stelle stand bei ihm die Aufklärung der Hintergründe. Wenn er jetzt schon Hunderte hatte hinrichten lassen, wie würde er erst durchgreifen, wenn die Öffentlichkeit von der Verschwörung gegen ihn erfuhr! Das Leben vieler Menschen konnte davon abhängen, ob etwas von dem Coup in die Medien drang.
Immer mehr Namen von Opfern drangen zu uns durch. Eine lange Prozession Toter formierte sich vor unserem inneren Auge, darunter viele Freunde meines Vaters und Stammesleute der Beni Tamim. Wir bangten um Madschid al-Timimi, von dem überhaupt jede Spur fehlte, um Dschasim, Beschir und Safar im Gefängnis und um viele andere Menschen im Irak.
Es war wie ein Paukenschlag, als dann im Herbst plötzlich die Meldung vom Putsch in den Zeitungen stand. Saad Saleh Dschabr hatte in London ein Interview gegeben und Details ausgepackt! Obwohl uns sein Handeln unverständlich war, kannten wir den Beweggrund.
Viele irakische Exilpolitiker, die aus dem alten Establishment kamen, aber keinen Stammeshintergrund hatten – so auch Saad oder Ahmed Chalabi –, plagte ständig eine Sorge: Es fehlte ihnen an Rückhalt und Popularität bei der irakischen Bevölkerung. Und wie viel Zeit, Kraft oder Geld sie auch investierten, sie mussten damit rechnen, dass sie, wenn es einmal zu Wahlen im Irak kommen sollte, durch den Rost fallen würden.
Wenn Saad nun die Kunde vom Coup ausposaunte, so wollte er sich Publicity verschaffen, indem er den Irakern deutlich machte, dass er die Macht besaß, von außerhalb des Landes Dinge zu bewegen. Das war ein verhängnisvoller Fauxpas. Saddam reagierte in erwarteter Weise, denn wenig später rief jemand bei der Familie al-Muchlis an: »Kommt und holt euren Onkel!«

Sie fuhren nach Abu Ghreb und bekamen den Leichnam General Beschir al Talebs ausgehändigt. Die Einschlagwunde der Kugel hinter seinem linken Ohr war beredter als jeder Obduktionsbericht: klassische Hinrichtung à la Saddam.
Zwei Tage später durften sie den Leichnam von Dschasim al-Muchlis holen. Der gewaltsame Tod des vorsichtigen Diplomaten, der sich niemals aufgelehnt hatte und zuletzt doch dem Ruf seines Gewissens gefolgt war, wird mir mein Leben lang auf der Seele liegen. Ausgerechnet in Abu Ghreb, dem glücklichen Ort meiner frühen Kindheit, hatte Saddam ihn töten lassen.
Noch einmal zwei Tage später bekamen sie General Beschirs Sohn Safar ausgehändigt, ebenfalls tot.
Dschasims Tochter Maisera glückte die Flucht aus dem Irak, zuerst nach Amman und anschließend in den Yemen. Ihre Mutter Heisa war völlig gebrochen. Sie hatte ihren Mann Dschasim, ihren Bruder Beschir und ihren Neffen Safar verloren. Sie erkannte niemanden mehr, sprach zu niemandem. Einer ihrer Söhne, Hatem, der als Notarzt und Exilpolitiker in Amerika lebt, nahm sie zu sich, und sie hat sich schließlich wieder gefangen. Doch sie ist über Nacht alt geworden.

Am Coup beteiligt war auch Saddams Leibarzt, General Dr. Radsch al-Tikriti. Während sich die Iraker über sein weiteres Schicksal bislang erzählten, Saddam habe ihn von ausgehungerten Kampfhunden zerfleischen lassen, erklärte sein Sohn im Juni 2003 in einem Interview, Tikritis Leiche sei der Familie mit Erhängungsspuren zugestellt worden.

Dr. Hatem Muchlis träumt heute von einem Projekt: Er möchte ein Monument errichten, um die Opfer der Unterdrückung im Irak zu ehren. Ihre Namen wünscht er sich in schwarzen Granit gemeißelt. Das Denkmal soll unweit des Gefängnisses von Abu Ghreb auf einer Wiese entstehen, inmitten eines Parks mit blühenden Blumen

und plätschernden Brunnen, an einem Ort, wo die Landsleute der Toten sich des Lebens freuen können, sich erinnern und beten für die Menschen, deren Andenken der Granit bewahrt.
Mein Vater sagte zu Saads Indiskretion nur immer wieder: »Das war eine Dummheit!«
Aber er sah in ihm keinen Verräter.

Domino

Es war sehr schwierig, sich ein Bild der Ereignisse von Anfang Juli zu machen. Bis heute kann ich eigentlich nicht mit Sicherheit sagen, was falsch gelaufen ist, und bin auf Vermutungen angewiesen. Am sinnvollsten setze ich bei der Frage an: »Wem nützte unser Scheitern?«
Zunächst natürlich vor allem Saddam, dem dadurch noch viele Jahre seines Lebens geschenkt wurden, und dem Baath-Regime. Allerdings waren wir uns sicher, dass die Iraker ohne Informationen aus anderen Quellen nicht imstande gewesen wären, die Aktion aufzudecken. Dafür spricht, dass der Coup im letzten Moment aufflog. Wenn das Regime unsere Aktivitäten so gut im Visier hatte, dass es trotz unserer Sicherheitsmaßnahmen alles wusste, so hätte es mit der Aufdeckung nicht bis knapp vor dem 14. Juli gewartet. Wir waren ja schon seit längerem fertig gewesen mit den Vorbereitungen. Auch Jordanien hatte ein nachvollziehbares Interesse daran, den Coup zu verhindern. Die Geschäfte mit dem Irak gingen seit den verschiedenen Embargos immer besser, der Schwarzmarkt über die irakisch-jordanische Grenze florierte. Das kleine Königreich unterlief den internationalen Erdölboykott gegen Saddam und bezog seinen Bedarf am schwarzen Gold zu Dumpingpreisen. Wir wussten, dass der jordanische Geheimdienst vom irakischen unterlaufen war und mit diesem auch kooperierte.
Die anderen arabischen Staaten hätten durch unseren Coup nichts

zu verlieren, sondern vielmehr einiges zu gewinnen gehabt. Sie kannten meinen Vater gut und wussten, dass er im Irak Stabilität garantieren konnte und dafür sorgen würde, dass alle irakischen Gruppierungen – nicht nur die allseits gefürchteten Schiiten – an der Regierung teilhatten. Dafür standen Leute wie Dschasim Muchlis und Beschir al-Taleb, mit ihren tiefen Wurzeln und ihrem großen Einfluss unter den arabischen Sunniten.

Von den Russen hingegen ließ sich durchaus annehmen, dass sie Saddam einen Gefallen tun wollten, indem sie uns verrieten. Auch sie waren immer noch in guter Geschäftsverbindung mit ihm. Außerdem stand Saddam bei ihnen wegen der gigantischen Waffenlieferungen tief in der Kreide. Würde ein neues Regime in Bagdad zu den Abkommen stehen, die Saddam mit der Sowjetunion geschlossen hatte?

Die Amerikaner hatten uns wissen lassen, dass sie an einem Regimewechsel nicht interessiert waren; sie hatten ein Jahr zuvor ihre eigene Initiative mit dem INC und Ahmed Chalabi gestartet, in die schon einiges Geld geflossen war. Unser Coup hätte die Situation im Irak ihrem Einfluss entzogen. Wir hätten auch dafür gesorgt, dass der immense Ölreichtum unter irakischer Kontrolle blieb.

Obwohl es uns an konkreten Beweisen fehlte, tendierten Vater, Saad Saleh Dschabr, ich und viele andere aus unserem Kreis zu der Vermutung, dass die Amerikaner nach dem Meeting in London den Irakern Informationen zugespielt hatten. Hatten sie nicht Vater, Saad und Dschasim unverhohlen demonstriert, wie gut sie über alles Bescheid wussten?

Verschiedenes spricht dafür, dass der Coup durch ein »Leak«, eine gezielte Indiskretion von außen, verraten wurde und nicht in langwierigen Nachforschungen von den Irakern aufgedeckt. Warum etwa vereitelten sie den Coup nicht mit einer Massenverhaftung, sondern nahmen zunächst nur einen Verschwörer nach dem anderen fest? Es schien, als wäre wie beim Domino zuerst ein einziger, gut gewählter Stein zu Fall gebracht worden, dem alle anderen folgten.

Unübersehbar wurde der Schaden, als sie an Dschasim Muchlis

kamen. Er hatte in seinem Haus Aufzeichnungen über die Verschwörung, und in diesem Moment setzten die Massenverhaftungen ein.
Interessanterweise blieben ganze Komponenten des Plans völlig unberührt. An die Menschen, die daran beteiligt waren, ist Saddam nie herangekommen. Sie lebten bis zuletzt unter ihm im Land und befanden sich in Sicherheit, soweit im Irak überhaupt von Sicherheit die Rede sein konnte. Es gibt bis heute viele geheime Informationen über den Coup, die ich erst preisgeben werde, wenn sich die Lage beruhigt hat, wenn wirklich Sicherheit herrscht und die Aufarbeitung der Ereignisse unter Saddam Hussein ihren Lauf nimmt.

»Der König!«

Der Katastrophensommer 1993 neigte sich dem Ende zu. Obwohl meine Freundin Nayifa nicht wusste, in was für einem schwarzen Tunnel wir uns befanden, spürte sie, dass es mir nicht gut ging. Sie war mittlerweile mit dem saudi-arabischen Prinzen Fahd Ben Sultan verheiratet, einem Sohn des Verteidigungsministers. Ihre Tochter, Prinzessin Sara, war schon geboren, und ihr Mann hatte, wie unter Saudis üblich, für den Sommer eine Zimmerflucht in einem Londoner Hotel belegt.
Ich und Nayifa telefonierten oft miteinander, und sie lud mich ein: »Sousou, komm und besuch uns doch! Ich würde mich riesig freuen, wieder einmal mit dir die Geschäfte abzugrasen. Wir könnten uns in die Parks setzen, stundenlang miteinander plaudern und Sara an der Sonne spielen lassen.«
Es kostete mich einige Überwindung, mich zu der Reise durchzuringen. Meine Familie und Vater in einer solchen Zeit in Amman zurückzulassen erschien mir unverantwortlich. Zumal Saddams Drohmaschinerie gegen uns nun wieder voll ins Laufen kam. Versteckt oder offen, in Andeutungen durch jordanische Sicher-

heitsleute oder durch Telefonanrufe zu jeder Tag- und Nachtzeit bekamen wir zu hören: »Ihr entkommt uns nicht!«
Vater hatte bereits einen Brief an König Hussein verfasst und um erhöhte Bewachung für die Villa gebeten, doch war bis jetzt keine Antwort gekommen.
Ich erzählte im Kreis der Familie von Nayifas Einladung und meinte: »Ich kann das jetzt nicht annehmen!«
Aber meine Mutter reagierte ganz entschieden: »Natürlich nimmst du das an, Sousou!«
Meine Schwestern drängten mich ebenfalls, und Vater sah mich lange an und sagte: »Geh nach London, ya Sousou. Ich hab auch einen Job für dich. Einigen Leuten wären Nachrichten zu überbringen.«
Die Trauer in seinen Augen schnürte mir die Kehle zu. Aber ich war froh, einen Grund für die Reise zu haben.
Diesmal also war es, umgekehrt, Nayifa, die *mich* auf andere Gedanken brachte. Zwar verlief mein Aufenthalt nicht ganz so ferienmäßig, wie sie es sich ausgemalt hatte, denn ich hatte meine Aufträge von Vater zu erledigen und, wie stets in London, viele Freunde zu besuchen. Alle unsere Bekannten, die nichts vom Coup und seinem Scheitern wussten, wunderten sich: »Warum kommt Scheich Taleb nicht selbst nach London?«
Ich entschuldigte ihn mit seinem labilen Gesundheitszustand nach der Operation. Aber in Wahrheit befand Vater sich seelisch in einem solchen Tief, wie ich es noch nie bei ihm erlebt hatte. Mehr als zehn Jahre sorgfältige Vorbereitungsarbeit, immer unter Einsatz des eigenen Lebens – und am Ende standen Hunderte Hinrichtungen und Tausende Verhaftungen. Wir machten uns große Sorgen, ob er jemals wieder zu sich selbst finden würde. Ich fand in London wieder zu mir.
Eines Mittags telefoniere ich in der Dorchester-Lobby mit Saad Saleh Dschabr und frage ihn: »Haben Sie mir eine Nachricht hinterlassen?«
»Ja, ich habe schon einen Brief vorbereitet, damit du ihn für deinen Vater nach Amman mitnehmen kannst.«

In diesem Augenblick sehe ich, wie König Hussein das Hotel betritt, und kreische in den Hörer: »Wow! Der König!«
Saad muss ziemlich erschrocken sein. Ich beeile mich, zu erklären: »König Hussein ist soeben hereingekommen. Ich muss ihn unbedingt sehen. Darf ich mich später noch einmal melden?«
Der König befindet sich in Begleitung von Königin Nour und seinem Sohn Hamsa. Die kleine Gruppe schlendert durch die Lobby. Ich trete auf sie zu und wende mich an den König:
»Majestät – verzeiht, dass ich störe. Ich möchte mich nur kurz vorstellen: Ich bin Safia Taleb Al-Souhail.«
Erfreut ruft er aus: »Wie geht es Ihrem Vater?«
»Meinem Vater? Danke, es geht ihm gut.«
»Wo ist er jetzt? Es ist nun schon einige Zeit her, dass ich zum letzten Mal von ihm gehört habe.«
»Tatsächlich? Aber ich glaube, er hat Euch eine Botschaft geschickt, in der er Euch mitteilt, dass unsere Situation gerade sehr kritisch ist und wir in einem fort Morddrohungen bekommen.«
Ich gewinne den Eindruck, dass der König von Vaters Krankheit nichts weiß. Aber es ist doch nicht möglich, dass er auch vom Coup nichts erfahren hat! Die Massenverhaftungen waren seinem Geheimdienst bestimmt nicht verborgen geblieben.
»Mein Vater hält sich gerade wieder in Jordanien auf. Er hatte eine schwierige Operation und ist noch nicht ganz wiederhergestellt. Außerdem ist er sehr betroffen über viele Dinge, die in letzter Zeit passiert sind. Er hat viele Freunde verloren und wird selbst dauernd bedroht.«
Ich blicke ihm ins Gesicht, um den Ausdruck darin zu lesen. Er scheint besorgt, aber allein um Vaters Gesundheit. Offenbar weiß er wirklich nicht, dass Vater wieder in Jordanien lebt.
»Ich hatte nie Gelegenheit, den Brief zu lesen, von dem Sie mir erzählen.«
»Aber Vater bat Euch darin um ein Treffen!«
»Davon weiß ich nichts.«
Er erscheint mir aufrichtig. Vielleicht haben König Husseins Mitarbeiter den Brief meines Vaters wirklich nicht an ihn weitergegeben?

Ich wechsle das Thema und erkundige mich nach der Gesundheit des Königs. Er litt damals bereits an seiner schweren Krebserkrankung und flog oft in die USA zur Behandlung.
Als ich die Gruppe hinein ins Restaurant begleite, fordert der König mich auf, ihnen beim Lunch Gesellschaft zu leisten. Voll Stolz deutet er auf seinen Sohn: »Haben Sie Hamsa schon kennen gelernt? Das ist Hamsa!«
Natürlich bin ich nicht zum Lunch geblieben. Ich glaube, sie hatten sehr selten Gelegenheit zu einem privaten Lunch miteinander, und es war sehr gnädig vom König und von der Königin, mich einzuladen. Aber es wäre unpassend gewesen, wenn ich mich zu ihnen gesetzt hätte. Ich bleibe jedoch noch ein Weilchen stehen und plaudere mit ihnen. Immer noch versuche ich, abzutasten, was er weiß und was nicht.
Nun mischt sich Königin Nour ins Gespräch: »Woher kommen Sie denn? Sind Sie Jordanierin?«
»Ich komme aus dem Irak«, antworte ich lachend, »bin aber stolz zu sagen, dass ich mich auch als Jordanierin fühle, denn ich habe den größten Teil meines Lebens in diesem Land verbracht, und ich bin mit den Familien, mit den Traditionen und der Kultur Jordaniens sehr vertraut. Mein eigenes Land, den Irak, kenne ich ja nur von außen.«
König Hussein zeigt sich erfreut: »Das ist aber sehr schön, dass Sie das sagen!«
»Ich habe zwei Nationalitäten. Ich habe einen jordanischen Pass. Ich bin in Amman zur Schule gegangen, habe an der Universität von Jordanien studiert und bin glücklich, dass wir einen König haben wie Hussein.«
Und das kam mir von Herzen.
Der König sagt nun: »Ich werde Ihren Vater anrufen, sobald ich wieder in Amman bin.«
»Ja, ich bitte Euch, tut das! Denn er wird viel mit Euch zu besprechen haben.«
Auch Königin Nour hat meine Antwort gefallen, und sie fragt mich: »Kann ich irgendetwas für Sie tun?«

Wenn Monarchen einen fragen, ob man etwas braucht, so gehört es sich nach jordanischer Tradition, einen Wunsch zu äußern. Ich weiß das aber nicht.

Jetzt wiederholt der König die Frage: »Safia, brauchen Sie irgendetwas? Kann ich etwas für Sie persönlich tun?«

Für den Bruchteil einer Sekunde schießt mir der Gedanke durch den Kopf: Ich wollte doch immer so sehnlich ins Außenamt! Aber gleich ist er wieder fortgewischt.

»Nein, danke, Majestät. Ich bin glücklich, Euch getroffen zu haben. Danke!«

Ich sah König Hussein tatsächlich als meinen König. Ich lebte seit früher Jugend in Jordanien und war aufgewachsen mit der Idee, dass er als Haschemit auch zum Irak gehörte.

Mein Vater aber hat nichts mehr von ihm vernommen. Kein Anruf kam vom Palast, um ein Treffen zwischen ihm und König Hussein zu arrangieren.

Sinneswandel

Ich freute mich darauf, bald wieder in Amman zu sein, denn ich hatte zwei gute Nachrichten für Vater: König Hussein schien das Verhältnis zu uns als ungetrübt zu empfinden, und Madschid al-Timimi war nach einer Odyssee durch die Kurdengebiete und über die Türkei in London aufgetaucht. Madschid war ein Mann, wie er in früheren Zeiten Dichter inspiriert hätte. Ich traf den mutigen Tamimi, und er bestätigte, was wir dachten: Dass in den ersten Schritten der Durchführung unseres Plans etwas schief gelaufen war, dass das Regime unmittelbar vor dem Coup auf rätselhafte Weise von der Sache Wind bekommen hatte.

Rätselhafte Vorgänge beunruhigten mich auch bei meiner Heimkehr. Seit mehr als einem Jahr hatte Vater sich konstant gegen Nouras Heiratswünsche gesträubt. Meine wunderschöne Schwester hatte sich einen Mann in den Kopf gesetzt, der bedeutend älter war als sie und mit dem sie, nach Vaters Dafürhalten, allzu wenig Gemeinsames verband.

Sie lag ihm in den Ohren: »Ya Baba, aber was hast du gegen ihn? Ich liebe ihn, und er ist doch völlig in Ordnung!«

»Ja, mein Liebling, das mag schon stimmen, aber du bist doch erst neunzehn, und die Welt steht dir offen. Du musst dich jetzt noch nicht binden.«

Dasselbe Spiel hatten wir bereits ein Dutzend Mal erlebt.

Nun plötzlich schien sich Vaters Sinn gewandelt zu haben, und er sagte: »Gut, also wenn du ihn unbedingt haben möchtest, dann arrangieren wir deine Hochzeit.«

Noura war selbstverständlich sehr erfreut, aber ganz wohl war uns allen nicht dabei, dass unser allzeit konsequenter Vater nun plötzlich seinen Standpunkt änderte.

Die Hochzeitsvorbereitungen liefen bereits an, als uns aus dem Libanon die Nachricht ereilte, dass es Teta Taufiqa gar nicht gut ging. Mutter flog sofort zu ihr, und eine Woche später war Taufiqa Schahin tot. Fast unser ganzes Leben hindurch war die verwöhnte Grande Dame, die sich ihrem Mann mit Leib und Seele verschrieben hatte, ein positiver, stärkender Fixpunkt gewesen. Meine frühkindlichen Zerwürfnisse mit ihr versanken daneben in Bedeutungslosigkeit.

Vater war entschlossen, am Begräbnis in Nabatija teilzunehmen, obwohl die Libanesen ihn warnten, denn im Südlibanon arbeiteten viele Leute als Informanten für den irakischen Geheimdienst. Er hatte die Absicht, mit dem Auto über Syrien hinzufahren. Davor wiederum warnten ihn die Jordanier. Er brach trotzdem auf, nahm aber nach Beirut ein Flugzeug. Die Trauerfeierlichkeiten dauerten zwei Tage.

Er blieb anschließend noch vier Tage im Libanon, um die Zustimmung unserer Tanten und Onkel und der gesamten Verwandtschaft meiner Mutter einzuholen, dass Nouras Hochzeit nur zwei Wochen nach Großmutters Tod stattfinden konnte. Nach arabischer Tradition hätten wir das Trauerjahr einhalten müssen. Mutter

war ein solcher Verstoß gegen die Sitten gar nicht recht. Aber Vater sagte zu ihr:
»Ich denke, wir müssen das jetzt machen. Wer weiß, wie lang ich noch am Leben bin und für meine Töchter da sein kann. Ich möchte sichergehen, dass Noura in Frieden leben kann mit dem Mann, den sie sich gewählt hat.«

Anschlag

Vaters Sorge war wohl begründet.
Die Drohungen übers Telefon wurden immer direkter. Eines Tages räumten wir in unsäglicher Hast alles, was uns wichtig und teuer war, auf die Straße vor unserem Haus und warteten bange, dass die Ankündigung eintraf: »In 15 Minuten fliegt Ihr Haus in die Luft!«
Es flog nicht, und wir räumten unsere Habseligkeiten wieder an ihren Platz. Wirklich entspannen konnten wir uns freilich keinen Augenblick mehr.
Meine Nichte und mein Neffe, Mufida und Hamoudi, waren wieder einmal zu Besuch in Amman, und ich führte sie mit dem Auto in den *Royal Automobile Club* aus, wo auch wir uns in unserer Kindheit und Jugend vergnügen durften.
Wir freuen uns auf einen unbeschwerten Nachmittag und albern fröhlich herum. Die zwölfjährige Mufida sitzt vorne neben mir, und der jüngere Hamoudi wippt auf seinem Platz im Fond übermütig auf und ab. Als routinierte Autofahrerin bemerke ich schon aus größerer Entfernung, wie ein parkender Lastwagen auf der gegenüberliegenden Straßenseite plötzlich viel zu weit ausschert und unnötig rasch auf uns zu beschleunigt. Ich verreiße das Lenkrad, doch es ist zu spät. Ein Aufprall, ein Schock. Das Nächste, was ich wahrnehme, ist, dass der Fahrer des Lkw nach rechts rutscht, auf der Beifahrerseite die Tür aufstößt und aus der Kanzel springt.

Für einen Sekundenbruchteil sehe ich sein Gesicht, und, während die Stöße auffahrender Fahrzeuge meinen Rücken durchschütteln, erkenne ich in ihm einen Iraker aus Amman. In diesem Augenblick hat ihn schon ein anderer in den Unfall verwickelter Fahrer am Hemd gepackt. Aber der Mann reißt sich los, springt in ein Taxi und flieht von der Szene.

Der andere Fahrer beugt sich zu mir und fragt durchs offene Fenster: »Alles in Ordnung bei euch?«

Ich bin mir noch nicht ganz im Klaren. Doch, ja, mir fehlt nichts außer einem stechenden Schmerz im Genick vom Auffahrunfall. Mufida und Hamoudi sitzen schreckensbleich, aber unversehrt auf ihren Plätzen. Der Lastwagen hat uns nicht frontal erwischt, und so ist es Gott sei Dank glimpflich ausgegangen.

Der Mann steht immer noch an meinem Fenster: »Der Kerl hat Sie absichtlich angefahren! Wollte der Sie umbringen?«

Die polizeilichen Ermittlungen nach dem Unfall ergaben tatsächlich eine Verbindung zwischen dem Eigner des Lkw und dem Iraker, doch dann wurde das Verfahren eingestellt. Es sei ein ganz normaler Autounfall gewesen.

Von Freunden aus Studientagen, die für den jordanischen Nachrichtendienst arbeiteten, erfuhr ich später, es habe keinen Zweifel gegeben: Der Fahrer war vom irakischen Geheimdienst beauftragt.

Hochzeit mit Leibwächtern

Die Vorbereitungen für Nouras Hochzeit in Amman liefen auf Hochtouren. Lag es an der positiven Stimmung, die das Ereignis in seinem Vorfeld verbreitete, oder an Vaters angeborener Unbeugsamkeit – jedenfalls fing er wieder an, sich in Gedanken mit dem Sturz Saddam Husseins zu beschäftigen. Den Plan eines Militärcoups mussten wir allerdings ad acta legen.

Saddam hatte seine Armeeführung in den vergangenen Monaten

so umstrukturiert, dass er von ihr nichts mehr zu befürchten hatte. Soweit möglich, entfernte er Offiziere mit Stammesverbindungen aus kritischen Positionen, und wenn das nicht ging, dann umgab er einen General aus einem Stamm mit drei Generälen, auf die er sich verlassen konnte. Und nach der beklemmenden Erkenntnis, dass er nicht einmal mehr seinen Eliteeinheiten, den Republikanischen Garden, trauen konnte, ließ er eine Sondereinheit zu seinem persönlichen Schutz aufstellen. Diese auf ihn eingeschworene »Goldene Garde« rekrutierte er hauptsächlich aus Tikritern und hielt sie mit besonderen Vergünstigungen bei Laune.

Es waren aber nicht allein diese Maßnahmen, die meinen Vater dazu zwangen umzudenken. Die Coupvorbereitungen hatten unsere finanziellen Ressourcen stark angegriffen. Besonders meine Mutter fand es beängstigend, dabei zuzusehen, wie ein so großes Vermögen innerhalb so kurzer Zeit rapide dahinschmolz. Allein unsere Überzeugung, dass wir bald wieder auf das Vermögen im Irak Zugriff haben würden, hatte diesen Zustand erträglich gemacht. Vater hatte sehr viel auf den Erfolg des Plans gesetzt.

Nichtsdestotrotz sahen wir in dem Kampf gegen Saddam Hussein unseren Lebenssinn, und solange Saddam an der Macht blieb, würde sich daran nichts ändern. Die Enttäuschung über die Amerikaner wischte Vater nun beiseite, und er sagte sich, dass realistischerweise ohne die Hilfe des Westens nichts mehr zu erreichen war. Vielleicht ließe sich der Westen dazu bewegen, der irakischen Opposition mit Geld und moderner Technologie, wie zum Beispiel Telekommunikation, unter die Arme zu greifen. Über Bodenwaffen verfügten die uns loyalen Kräfte in ausreichendem Maß. Aber wir würden Luftwaffenunterstützung brauchen.

Mit diesem Hoffnungsschimmer am Horizont kam Vater seelisch allmählich wieder auf die Beine. Das war im Herbst 1993. Doch der nächste Tiefschlag bahnte sich bereits an.

Einen Tag vor Nouras Hochzeit forderte der Chef des jordanischen Geheimdienstes, Mustafa al-Qaisi, Vater auf, das Land auf schnellstem Weg zu verlassen: »Ein Tötungskommando des irakischen Geheimdienstes befindet sich bereits in Amman. Wir haben

Informationen, dass Saddam Hussein Sie um jeden Preis töten wird. Er ist bereit, dafür auch den Abbruch der Beziehungen zwischen Jordanien und dem Irak zu riskieren. Bitte bringen Sie uns nicht in Verlegenheit. Wir können Ihre Sicherheit nicht mehr garantieren.«

Vater bohrte nach: »Ist das ein Befehl oder eine Empfehlung? Ist König Hussein im Bilde, was Sie soeben von mir verlangt haben?«

Die Antwort war ausweichend: »Es geht um Ihre Sicherheit und auch um die vieler Offizieller in diesem Land. Das Kommando hat offenbar große Vollmachten und ist zu allem entschlossen.«

Wir alle waren außer uns, dass Vater praktisch des Landes verwiesen wurde. 1991 war der Scheich aus freiem Entschluss gegangen, als die jordanische Regierung ihm den besonderen Schutz nicht gewährte, um den er gebeten hatte. Doch ein Landesverweis war eine unfassbare Kränkung. Nach meinem Gespräch im Dorchester hatte ich wohl zu voreilig wieder Vertrauen in König Hussein gefasst. Vater fühlte sich zutiefst verletzt. Er meinte, der König habe ihn verraten. Er rief deshalb niemanden im Palast an, um Rücksprache zu halten, redete nicht einmal mit Kronprinz Hassan.

Immerhin stellte al-Qaisi unser Haus und unsere Familie noch am selben Tag unter schwere Bewachung. Für die Hochzeit kündigte er höchste Sicherheitsvorkehrungen an. Das Einzige, was Vater in der Sache seiner Ausweisung unternahm, war, einen Journalisten des britischen *Independent* bei sich zu empfangen. Er lud den Mann auch zu Nouras Hochzeit ein, die am Nachmittag im Amman-Intercontinental, dem schönsten Hotel der Stadt, stattfinden würde.

Mutter und wir gerieten trotz allem in den Sog des großen Festes. Obwohl sie uns ständig im Weg herumstanden, waren wir froh über die Sicherheitsleute, die das Haus in Beschlag und das Hotel unter Bewachung genommen hatten. Niemand und nichts gelangte mehr in die Villa oder ins Hotel, ohne von ihnen untersucht zu werden. Bei den Eingängen standen Frauen, die weibliche Besucher überprüften. Auch Nouras Friseurin musste sich und ihren Utensilienkoffer nach verborgenen Waffen absuchen lassen. Mit geübten

Händen tasteten die Beamten Dutzende Blumenbuketts ab, die von überall her an unsere Adresse geliefert wurden, und im Hotel überwachten sie die Köche beim Aufbau des Buffets und ließen keine einzige Girlande unbehelligt. Vater war nun auf Schritt und Tritt von fünf Bodyguards umgeben. Auch ich wich keinen Augenblick von seiner Seite.

In unserer Tradition richtet üblicherweise die Familie des Bräutigams die Hochzeit aus, aber in diesem Fall bestanden wir darauf, die Kosten zu teilen, damit wir uns bei den Einladungen keine Schranken auferlegen mussten. Angesichts der kritischen Zeiten, die wir damals durchlebten, war es uns wichtig, unseren riesigen Bekanntenkreis zu dem Ereignis zu versammeln. Es war als Bekräftigung bestehender Verbindungen gedacht. Wir hatten die gesamte jordanische Führung eingeladen, Angehörige des Königshauses, Minister, Abgeordnete. Eine Redensart besagt, dass in Jordanien jede Familie einen Minister oder zumindest einen Parlamentsabgeordneten stellt. Tatsächlich band König Hussein sein Volk über die Stammes- und Familienverbindungen sehr klug und gezielt in die Regierung und die Gesellschaft ein.

Beim Empfang der Gäste lachte Vater plötzlich spöttisch auf. Obwohl ich eigentlich mit meinen Schwestern ein wenig abseits hätte stehen sollen – dem Brauch nach begrüßen die Eltern der Braut und des Bräutigams als erste die Gäste –, stand ich neben ihm und fühlte jede Regung, die ihn an diesem von Enttäuschung tief überschatteten Festtag überkam. Zu seiner Rechten stand Mutter in einem schwarzen Abendkleid, das ihre üppige Figur, ihre helle Haut und ihr helles Haar großartig zur Geltung brachte. Doch trug sie nicht Schwarz, weil es ihr so gut stand, sondern weil sie wegen Großmutter Taufiqa in Trauer war. Vater trug seine formelle schwarze Abaja mit der schweren Goldstickerei über einer ebenfalls schwarzen Dischdascha aus dünnem Wollstoff. Doch hatte das nichts mit dem Trauerjahr zu tun. Männer tragen in unserer Kultur keine Trauerkleidung. Seinen Kopf bedeckte eine rot-weiß gemusterte Hatta, gehalten von einem schweren Aqal. Er sah prächtig aus, und das Herz quoll mir wieder einmal über vor Stolz und Liebe.

Vater lachte, und ich verstand auch, warum. Nach einiger Zeit kristallisierte sich nämlich heraus, dass nur etwa die Hälfte unserer geladenen Gäste erschienen war. Mitglieder des Königshauses waren da und die Regierung mit Premierminister Abdel Salam al-Madschali an der Spitze. Doch fehlte ein guter Teil der Society Ammans.

Al-Madschali war in meiner Studienzeit Rektor der Universität gewesen, und wir plauderten ein Weilchen mit ihm. Der britische Journalist trat zu uns und wandte sich an den Premier: »Sonderbar – Sie sind hierher gekommen, obgleich Scheich Taleb Al-Souhail erst gestern aufgefordert wurde, das Land zu verlassen, da Sie nicht mehr für seine Sicherheit einstehen können!«

Der Premier war überrascht, lachte verlegen und erwiderte: »Daran ist nichts Sonderbares. Scheich Taleb ist einer von uns, wir betrachten ihn als einen Jordanier, wir achten ihn, und er hat all unsere Unterstützung. Deshalb bin ich heute hier. Er ist ein teurer Freund für mich und meine Familie. Der König und das ganze Volk schützen ihn.«

Diplomatischer hätte er sich kaum aus der Affäre ziehen können.

Unsere neunzehnjährige Noura führte Vater an diesem Abend nach langem Drängen ihrem geliebten Samer Schahin zu. Die Ehe hielt fünf Jahre.

Am Abend ließen wir uns in den langen Kleidern erschöpft, aber froh über die trotz allem gelungene Hochzeit im Salon unseres zur Festung verwandelten Heims nieder. Schon jetzt fehlte uns Noura mit ihrem sprühenden Charme. Im Kopf gingen wir die Gästeliste durch und überlegten hin und her, wer wohl aus welchem Grund nicht gekommen sein mochte. Immer wieder drängte sich als Beweggrund auf, dass die Betreffenden in irgendeiner Form geschäftlich mit dem Irak zu tun hatten. Vater legte die Abaja ab und setzte sich zu uns, beteiligte sich aber nicht an unseren Überlegungen.

Ich betrachtete ihn und fragte mich, was wohl jetzt in ihm vorging. Vermutlich plante er seine Abreise am folgenden Tag. Mutter würde ihn begleiten. Sie wollten nach Saudi-Arabien. In dem abgeschlossenen Königreich war es für den Scheich jetzt am sichersten.

Anruf des Königs

Am Morgen nach der Hochzeit klopft es früh an meine Tür. Wir hatten erst spät in unsere Betten gefunden, und ich habe das Gefühl, soeben erst eingeschlafen zu sein.

»Hm«, lasse ich verlauten. Eine richtige Antwort bringe ich nicht zustande.

»Sousou!«, höre ich Vater draußen leise rufen.

»Ya Baba, komm herein!«

»Guten Morgen, Sousou, mein Mädchen!«, sagt er, während er an mein Bett tritt und mich auf die Stirn küsst.

»Komm, steh auf, ich möchte, dass du mich auf die Bank begleitest.«

Natürlich! Er muss ja wieder für längere Zeit fort. Zuvor wird er wohl noch ein paar Sachen mit mir gemeinsam klären wollen.

»Ich möchte dir eine Bankvollmacht ausstellen.«

Wir gehen also, und er trifft Vorkehrungen, damit wir an alle Konten herankönnen. So umfassend hat er mich noch nie bevollmächtigt. Ich reagiere verwundert: »Aber Baba, ist denn das nötig?«

»Ich möchte, dass ihr alle Rechnungen bezahlen könnt. Vielleicht müsst ihr auch Flugtickets kaufen, um euch uns später anzuschließen.«

Er erwähnt mit keinem Wort, ob und wann er zurückkehren will.

Am Nachmittag begleiten wir unsere Eltern zum Flughafen. Sie wollen über Beirut nach Riad fliegen. Wir umarmen und küssen unsere Mutter, umarmen und küssen unseren Vater. Noch heute kann ich das Gefühl seiner glatten, nach Rasierwasser duftenden Wangen auf meinen Lippen spüren. Ich halte ihn fest und möchte ihn nie mehr loslassen. Er streicht mir übers Haar, verharrt mit seiner warmen, kräftigen Hand in meinem Nacken und sieht mich eindringlich an: »Sousou, meine Tochter, gib gut Acht auf dich und deine Schwestern! Ich verlasse mich auf dich!«

Noch lange, nachdem sie die Sperre passiert haben, winken wir unseren Eltern nach.

Am nächsten Tag bleibe ich zu Hause in der immer noch bewachten Villa und versuche, nach den Aufregungen der vergangenen Tage ein wenig zur Ruhe zu kommen. Den ganzen Tag läutet das Telefon, weil sich die Nachricht von Vaters überstürzter Ausreise herumgesprochen hat und unsere Freunde ihre Sympathie kundtun möchten.

Einer der Anrufer weiß jedoch offenbar nicht, dass er nicht mehr im Haus ist: »Könnten wir mit Scheich Taleb Al-Souhail sprechen?«

»Nein, er ist nicht in der Stadt; wer spricht?«

»Wir rufen an vom Büro König Hussein Ibn Talals.«

»Aber wissen Sie nicht, dass er auf Befehl Ihres Sicherheits- und Geheimdienstes das Land verlassen musste?«

Nach einem Augenblick der Stille am anderen Ende der Leitung kommt es aus dem Hörer: »Nein.«

»Wer möchte mit Vater sprechen – König Hussein selbst? Es ist wirklich zu spät, er ist abgereist.«

Der Mann antwortet, er habe nun nichts mehr zu sagen.

Ich war sehr, sehr zornig. Es stand für mich außer Zweifel, dass hinter dem Verhalten der Jordanier irakischer Druck stand. Die Situation meines Vaters in Amman war auch früher schon wiederholt riskant gewesen, und sie hatten ihm höflich geraten, um seiner Sicherheit willen für einige Zeit außer Landes zu gehen. Zugleich aber hatte der König stets signalisiert, dass Vater in Jordanien willkommen sei. In Jordanien ist die Lage allerdings so, dass sehr oft in Fragen des Landesinteresses der Geheimdienst das Sagen hat, und nicht der König. Mich bewegt bis heute die Frage: Wusste König Hussein vom Befehl des Geheimdienstes an meinen Vater, oder wusste er nichts davon?

Bei Einbruch der Nacht in Beirut

In Riad hob sich die Stimmung meiner Eltern allmählich. Die königliche Familie hatte sie sehr freundlich aufgenommen und ihnen ein Gästehaus angeboten, das sie sich selbst aussuchen sollten. Beide wohnten gern in schöner Lage, und so entschieden sie sich für ein renovierungsbedürftiges Haus in einem Viertel, das al-Ouroud heißt. Wir mussten darüber lachen, denn nach arabischem Brauch trugen Mutter und Vater seit der Geburt ihrer ersten Tochter die Beinamen »Om Ouroud« und »Abu Ouroud«. Nun also würden Om und Abu Ouroud im Ouroud-Viertel leben. Wortspielereien dieser Art sind im Arabischen weit verbreitet, und man lacht gern und viel darüber

Während das Haus für sie hergerichtet wurde, wohnten sie im Hotel, und als alles fertig war, hatten sie sich einigermaßen gefangen. Vater fing bereits an, sich die Details seines neuen Vorhabens gegen Saddam zu überlegen. Eine meiner Kindheitsfreundinnen aus Amman, Maiada, war zu dieser Zeit ebenfalls in Riad und besuchte meine Eltern fast täglich. Es tat ihnen gut, mit der jungen Frau, die sie schon als Kind gekannt hatten, zu plaudern, und ich werde Maiada ihren Liebesdienst niemals vergessen.

Drei Monate nachdem sie Amman so überstürzt verlassen hatten, waren meine Eltern wieder unterwegs. Ihre erste Reise führte sie in den Libanon. Zusammen mit Scherine und ihrem Mann Faris al-Jawar – wie Ouroud und Noura hatte auch Scherine sehr jung geheiratet – flog ich, sie in Beirut zu besuchen. Mit uns kamen Scherines Söhnchen Ardschil und der Sekretär Ahmed. Er würde sich nun Vater anschließen. Ich war glücklich. Beiden Eltern ging es eigentlich recht gut, und Vater war fast schon wieder der Alte. Er schickte mich nach London, damit ich dort als Botin für ihn einige Freunde traf.

Meine Eltern hatten für den nächsten Tag einen Flug zurück nach Saudi-Arabien gebucht. Ich selbst machte einen Stoppover in Amman. Am Abend wollten ich und meine Schwestern die Eltern noch in Beirut erreichen, erhielten aber keine Verbindung. Als ich endlich eine Leitung bekam, hob am anderen Ende niemand ab.

Ich wunderte mich ein wenig, denn zur Stunde meiner Abreise am Nachmittag war der große Salon der Wohnung in Beirut voller Gäste gewesen. Dutzende Menschen besuchten uns an diesem Tag. Deshalb brachte mich Ahmed, der mit meinen Eltern reiste, zum Flugzeug.

Tatsächlich hatte in Beirut bei meinen Eltern Punkt halb neun der große Aufbruch eingesetzt. Als letzte Besucher verließen die Schwester meiner Mutter, Tante Mervat, und ihr kleiner Enkelsohn das Haus. Vater sagt zu Ahmed: »Ahmed, warum gehst du nicht und besuchst deine Mutter? Wir fliegen morgen. Es ist neun Uhr, und ich bin sicher, sie möchte dich noch ein Weilchen bei sich haben. Komm, so geh doch!«

Ahmed entgegnet lachend: »Aber ich habe meine Mutter gestern und vorgestern gesehen, und heute würde ich gern bei Ihnen bleiben.«

»Warum bist du noch da?«

Also geht Ahmed los und lässt Vater in Mutters Obhut zurück. Sie wird sich schon um ihren Mann kümmern, denkt er bei sich.

Der elektrische Strom ist ausgefallen, und überall in der Wohnung brennen Kerzen. Der Libanon war damals immer noch im Begriff, sich vom Krieg zu erholen, und die Infrastruktur funktionierte noch nicht so richtig. Mutter will aufstehen, in die Küche gehen und das Abendessen richten.

Da schlagen Scherine und Faris vor: »Lass doch das Kochen heute!«

Im Libanon gehen wir gern außer Haus essen, aber Vater war davor gewarnt worden, sich viel in der Öffentlichkeit zu bewegen.

»Was hältst du davon, Mutter: Wir fahren schnell und holen für uns alle ein Abendessen aus dem Restaurant!«

»Gut, dann richte ich inzwischen ein wenig Salat.«

Scherine und Faris machen sich auf den Weg und lassen ihren Kleinen bei den Großeltern zurück. Vater geht auf die Toilette, nimmt seine Pistole aus dem Halfter und legt sie auf einem Tischchen im Vorzimmer ab.

Wenig später klopft es an der Tür. Wegen des Stromausfalls funktioniert die Klingel nicht. Mutter ruft laut aus der Küche: »Wer ist da?«

Wenn es läutet oder klopft, geht Vater in diesen Tagen nie selbst zur Tür. Er weiß, dass er jeden Augenblick mit einem Attentat zu rechnen hat. Sein Blick fällt auf die Pistole auf dem Tischchen.

»Die Hemden von George sind fertig!«, tönt es in libanesischem Dialekt von draußen herein.

»Ach so«, denkt Vater. Er hatte George Terjanian gebeten, ihm bis zu seiner Abreise zwei neue Hemden zu liefern. Ohne noch viel nachzudenken, öffnet er die Tür, und der Bote von George reicht ihm die in Zellophan verpackten Hemden. Während der Scheich dem Mann ins Gesicht blickt, um ihm zu danken, schnellt dessen Rechte unter den Hemden mit einem Revolver hervor. Der erste Schuss trifft meinen Vater mitten in die Brust. Wegen des Dämpfers auf dem Revolver bleibt er ungehört. Der zweite verfehlt sein Ziel und schmettert laut in eine Vitrine. Vater schreit auf vor Schmerz, Mutter stürzt aus der Küche heraus und sieht ihn auf dem Boden liegen, röchelnd, die beiden Hemden mit dem vertrauten Etikett »George« neben ihm. Fremde Männer stehen auf dem Gang, und sie fährt sie wild an:

»Verschwindet von hier!«

Sie hat das Gefühl, dass sie in die Wohnung wollen. Sie schlägt die Tür zu und schreit, ihren blutenden Mann im Arm, mit aller Kraft um Hilfe: »Sie haben ihn getötet! Fangt die Verbrecher!«

Erst als sie draußen den Portier und andere bekannte Stimmen aus der Nachbarschaft vernimmt, macht sie wieder die Tür auf. Es würde jetzt zu lang dauern, auf einen Krankenwagen zu warten. Mehrere Männer nehmen Vater auf die Schultern, tragen ihn zu einem Auto und fahren in halsbrecherischem Tempo ins Spital.

Der Portier berichtet, er habe die fliehenden Männer gesehen und beobachtet, wie einer von ihnen seine Waffe in der hinteren Hosentasche verschwinden ließ, bevor sie in einen wartenden BMW sprangen und davonfuhren.

Inständig hofft meine Mutter, dass Vater wieder zu Bewusstsein kommen wird. Sie weiß nicht, dass er in Wahrheit schon tot ist, in ihren Armen gestorben. Sie bleibt in der Wohnung zurück, um zu verhindern, dass jemand eindringt und Papiere entfernt. Vaters Aufzeichnungen in den Händen Saddams wären gefährliches Beweismaterial, das erneut Menschen im Irak ihr Leben kosten könnte.

Der Stern der Beni Tamim

Spät in der Nacht vom 12. April 1994, der sich unauslöschlich in unsere Erinnerung eingebrannt hat, nimmt in Beirut endlich jemand den Hörer ab. In der Sekunde zwischen dem Abreißen des Verbindungssignals und dem Einatmen meines Schwagers am anderen Ende ahne ich in Amman, dass meine allerschlimmste Befürchtung eingetreten ist. Ich spüre, wie der Boden unter meinen Füßen wankt und wie ein Loch in meiner Seele aufreißt.

Aber eigentlich bin ich keine Frau, die Vorahnungen hat. »Sousou«, sage ich mir daher in diesem Bruchteil einer Sekunde, »sei nicht hysterisch!«

Da meldet sich schon die Stimme meines Schwagers: »Hallo?«

»Ya Faris, Sousou hier. Ist Baba etwas passiert?«

»Sie haben auf ihn geschossen. Deine Mutter möchte mit dir sprechen.«

»Lebt er?«

Meine Frage verhallt ungehört. Als Nächstes höre ich die belegte Stimme meiner Mutter. Es bricht aus ihr hervor:

»Sousou, meine Tochter! Euren Vater haben sie umgebracht! George Terjanian hat sie hergeschickt, mit den Hemden. Er hat sich sicher gefühlt, ist zur Tür gegangen, da haben sie auf ihn geschossen und sind davon. Euren Vater haben sie erschossen!«

Ein urgründiger Schrei, wie ich ihn noch nie geschrien hatte und erst wieder bei der Geburt meines Sohnes schreien würde, entringt sich meiner Brust. Und ich kann nicht aufhören zu schreien. Meine Schwestern umringen mich, in Nachthemden, Schlafröcken, mit schreckgeweiteten Augen, und übernehmen meine Schreie. Es ist eine Szene wie aus einer griechischen Tragödie. Drei junge Frauen und das Mädchen Sara – Scherine ist ja in Beirut, Noura im Haus ihres Mannes und Ouroud in Kuwait – brechen zusammen, halten einander, raufen sich das Haar, schlagen sich ans Haupt und an die Brust:

»Sie haben ihn getötet! Baba, ya Baba! Oh Gott! Ya Baba!«

George Terjanian ist noch am Abend verhaftet worden. Sie verhören ihn gerade, wie Faris mir sagt, als ich mich schließlich so weit gefangen habe, dass ich wieder mit ihm sprechen kann.

Mit dem nächsten Flug sind wir in Beirut, mit Mutter und Scherine vereint. Ouroud kommt mit ihrem Mann aus Kuwait. Mit dick verschwollenen Augen sitzen wir in dem Salon der Wohnung, den ich erst einen Tag zuvor hinter mir gelassen habe, voller Gäste, und mein Vater in ihrer Mitte, endlich wieder mit froherer Miene. Wieder füllen sich die Räume mit Menschen. Schluchzende Frauen, Männer mit gesenkten Mundwinkeln und bekümmerten Augen kondolieren uns und setzen sich auf die vielen Stühle, um unsere Trauer zu teilen. Den ganzen Tag reißt der Strom nicht ab. Die Nachricht verbreitet sich von Mund zu Mund und über die Medien. Beileidstelegramme der Könige von Saudi-Arabien und Jordanien, der Fürsten von Kuwait, Qatar und anderer Golfstaaten, von Regierungen, Präsidenten, Ministern, Parlamentariern aus dem ganzen Nahen Osten treffen ein.

Am meisten bedeutet uns im Gedanken an den bitteren Bruch der vergangenen Monate das Telegramm von König Hussein. Mit ihm hatte Vater eine Lebensfreundschaft verbunden. Hussein Ibn Talal spricht von den »Verbrechern von Bagdad«, die den großen Scheich der Beni Tamim auf dem Gewissen hätten. Eine Stellungnahme von solcher Härte hätte ihm keiner zugetraut. Und er veröffentlicht es in allen jordanischen Medien, im Radio, Fernsehen, in der amtlichen Zeitung.

König Hussein bietet an, den Leichnam unseres Vaters nach Jordanien zu überführen. Wir lehnen ab. Gerade im Hinblick auf die enge Freundschaft zwischen dem jordanischen Königshaus und unserer Familie wiegt es doppelt schwer, dass Jordanien uns trotz unserer vielfachen Bedrohung keinen erhöhten Schutz gewährte und Vater aus dem Land wies. So findet das Begräbnis am folgenden Tag in Beirut statt.

Hunderte Menschen schließen sich dem Trauerzug an. Aus Angst vor Beobachtung durch die Iraker kommen viele maskiert. Sie fürchten, erkannt und als Anhänger meines Vaters denunziert zu werden. Tatsächlich nimmt sich der irakische Sicherheitsdienst bei nächster Gelegenheit einen Universitätsprofessor aus Bagdad vor, der am Begräbnis teilgenommen hat. Sie verhören ihn und zeigen ihm Fotos, aufgenommen während der Begräbnisfeierlichkeiten, auf denen er inmitten des Trauerzugs zu sehen ist.

In unseren Schock, unsere Trauer mischt sich das Verlangen nach Vergeltung. George Terjanian hat gestanden, die Hemden als Tarnmaterial bei der irakischen Botschaft abgegeben zu haben. So also war die gefährliche Waffe, die der Doppelagent George in unseren Händen darstellte, nach hinten losgegangen. Vater hatte ihn doch nicht im Griff gehabt.

Von George und durch Zeugenaussagen erfuhren die Ermittlungsbehörden, dass sich unter den Tätern ranghohes Botschaftspersonal befand: der irakische Handelsattaché und der Kulturattaché.

Bereits am Morgen nach der Tat nahm die libanesische Polizei die beiden Attachés auf dem Weg in die Botschaft fest. Im Verhör gaben sie den Botschaftsrat und einen Angehörigen des Wachpersonals als Mittäter an. Der Killer, der als Handelsattaché posierte, war kurz zuvor eigens aus der Schweiz nach Beirut beordert worden. Zusammen bildeten die vier eines von Saddams berüchtigten »Todesgeschwadern«.

Die libanesische Regierung reagierte ohne Verzug. Die irakische Botschaft wurde von Polizei umstellt. Der libanesische Außenminister forderte seinen Amtskollegen in Bagdad auf, die beiden noch in der Botschaft verschanzten Täter auszuliefern und die diplomatische Immunität aller vier Männer aufzuheben.

Natürlich verweigerten die irakischen Behörden jede Kooperation, mit der Folge, dass der Libanon bereits eine Woche nach dem Mord an unserem Vater alle diplomatischen Beziehungen mit dem Irak abbrach: Bagdad habe die Souveränität des Libanon, seine Gesetze und internationales Recht verletzt und sich den Status von Diplomaten für ein schreckliches Verbrechen zunutze gemacht. Binnen 72 Stunden musste das gesamte Botschaftspersonal den Libanon verlassen.

Auch die libanesische Polizei arbeitete gut. In der Erwartung, dass die beiden flüchtigen Täter wohl auf dem schnellsten Weg den Libanon verlassen wollten, hatte sie den Flughafen abgeriegelt. Ihr Netz zog sich um die beiden Killer zusammen, als diese im Begriff waren, zusammen mit dem übrigen Personal der irakischen Botschaft an Bord eines Alia-Flugzeugs nach Amman zu gehen.

Wir blieben zwei Wochen in Beirut und empfingen Trauergäste. Am Tag des Begräbnisses hielt Saad Saleh Dschabr in der Großen Moschee in London einen Trauer- und Kondolenztag für die Iraker in Großbritannien und Europa, und in jedem arabischen Land öffnete eine mit uns befreundete Familie ihr Haus einen Tag lang für Beileidsbezeugungen. Unser Stamm im Irak trauerte um den, wie sie klagten, »gefallenen Stern« der Beni Tamim. Al-Souhail bedeutet auf Arabisch tatsächlich »heller Stern«, und in lang verflossener Zeit bedachten arabische Astronomen einen Stern der Konstellation *lambda verlorum* mit dem Namen »Souhail«.

Ich, Mutter und meine Schwestern sind zutiefst getroffen, und unerbittlicher Zorn nimmt von unseren Seelen Besitz. Wir müssen rasch agieren, da sich herausstellt, dass alle vier Mörder unter dem Schirm der diplomatischen Immunität handelten. Wir ahnen, dass es schwierig sein wird, die Täter zu belangen, und so setzen wir alles in Bewegung, damit es bald zu einem Gerichtsverfahren kommt. Unter der Genfer Konvention können sich Diplomaten vor Verfolgung im Gastland sicher fühlen. Nach der Wiener Konvention liegen die Dinge bei einem Kapitalverbrechen wie Mord allerdings nicht mehr ganz so eindeutig.

Zehn Tage nach Vaters Tod haben wir einen Termin im Babda-

Palast, beim Staatspräsidenten des Libanon, Elias Hrawi. Er versichert uns, der »Familie des Märtyrers«: »Im Libanon wird die Gerechtigkeit ihren Lauf nehmen, und die Mörder werden zum Tode verurteilt!«

Parlamentspräsident Nabih Berri, Vaters Freund und Amal-Führer, schäumt: »Wir dulden nicht, dass auf unserem Boden arabische Dispute ausgetragen werden!«

Und: »Nach dem Prozess und ihrem Schuldspruch werden die Verbrecher so lange im Libanon einsitzen, bis im Irak eine neue Regierung an die Macht kommt. Wir werden sie unter keinen Umständen dem derzeitigen Regime übergeben. Sonst werden sie für ihr Verbrechen womöglich noch belohnt!«

Meine Schwester Sara steht unter einem schweren seelischen Schock. Sie soll in zwei Wochen zum Abitur antreten, aber ihr Gehirn verweigert den Dienst. Sie kann jetzt nicht einmal lesen oder schreiben, geschweige denn lernen.

Wieder in Amman, während wir unser Haus drei Tage für Trauergäste geöffnet halten, tritt sie tapfer zu den Prüfungen an. Sie schafft alle – bis auf ein Fach, zu dem sie nach den Ferien im Herbst wieder antreten kann.

In Amman wiederholt sich, was wir im Libanon erlebt haben. In schwarzen Kleidern, schmucklosen Pantoffeln, das Haar achtlos hochgebunden und unsere Gesichter vom vielen Weinen zerstört, nehmen wir die Beileidsbezeugungen von Hunderten Menschen entgegen, die den Verlust des Scheichs betrauern. Auch die Schwestern vom Rosenkranz schicken eine Abordnung. Sie haben unseren Vater fast zwanzig Jahre lang gekannt und seine sieben Töchter durch Kindheit und Jugend begleitet. Sie liebten den Scheich. Die Schwestern weinen mit uns im Madschlis, und die Oberin sagt, während sie sich die Tränen trocknet:

»Er war einer unserer besten Männer. Kein einziges Mal, dass er uns besucht hätte und nicht gefragt, ob er etwas für uns tun könnte! Wann immer wir seine Hilfe brauchten, was es auch sein mochte, er war für uns da.«

Unsere Bitterkeit darüber, dass Jordanien Vater im Stich gelassen hat, lässt sich trotz aller Anteilnahme, die wir erfahren, nicht überspielen. Deshalb bleibt unser Haus in Amman auch kürzer offen als in Beirut.

In den arabischen Ländern ist die 40-Tage-Marke nach einschneidenden Ereignissen Anlass zu speziellen Riten. Die 40 Tage nach dem Mord am Scheich der Beni Tamim begehen wir in London. Saad Saleh Dschabr und Vaters Bruder, Amo Habes Al-Souhail, organisieren im Namen aller irakischen Oppositionsgruppen einen Empfang im Paddington-Hotel.

Zu diesem Anlass ergreift nun unsere Mutter erstmals öffentlich das Wort. In machtvollem, poetischem Arabisch beschreibt sie die Situation. Ihre kräftige Stimme füllt den großen, voll besetzten Saal:

»Du träumtest davon, einst wieder im Irak zu sein.
Ich weiß, deine Seele ist heimgekehrt.
Ich teile deine Freude und dein Glück!
Saddam hat dich mit dem Tod bedroht, er hat dich getötet, um dich zu hindern.
Doch heute sehe ich dich dort, inmitten der Menschen, die du so sehr liebst und die du so vermisst hast.«

Die Gattin des Scheichs, Madame Al-Souhail, Minerva Badreddin, Om Ouroud, unsere Mutter trieb der vornehmlich aus Männern bestehenden Versammlung die Tränen in die Augen.

Exil im Exil

Ich wusste es schon seit geraumer Zeit: Nicht nur mein Vater, sondern auch ich stand auf der schwarzen Liste, mit der Saddam über seine Feinde Buch führte. Spätestens seit dem Versuch, mich bei einem als Autounfall getarnten Anschlag umzubringen, ließ es sich nicht mehr verdrängen, dass ich ins Fadenkreuz geraten war. So, wie Saddam unbequeme Militärs mittels Helikopterab-

sturz beseitigte, pflegte er Zivilisten in provozierten Autounfällen loszuwerden.
Vielleicht dachten Saddam und seine Helfer, ich würde nach dem, was Vater geschehen ist, Ruhe geben. Dass sie den gegenteiligen Effekt erzielt hatten, dämmerte ihnen, als ich begann, in der libanesischen Regierung vom Parlament über Außenamt und Justizbehörden bis zum Präsidenten alle und jeden für einen Prozess gegen die Täter zu mobilisieren. Vater hatte mir ja vorsorglich volle Verfügung über die Familienfinanzen eingeräumt, und so waren wir in der Lage, ein Team der besten Anwälte Beiruts aufzustellen, im Bemühen, die Mörder aus dem Schutz ihres Diplomatenstatus herauszubrechen.
Das Kesseltreiben gegen mich ging in Amman los. Kaum ein Tag verging, ohne dass sich im Briefkasten eine Drohbotschaft befand oder eine anonyme Stimme mit irakischem Akzent mich am Telefon zu erpressen suchte:
»Denken Sie nicht, Sie wären außerhalb der Reichweite unserer Hände! Wir zerstören Ihr Haus, und zwar dann, wenn Sie und Ihre Familie sich drinnen aufhalten! Bilden Sie sich nicht ein, Sie wären vor uns sicher, weil Sie eine Frau sind!«
In Beirut, wo ich wenig später mit den Anwälten und Regierungsbeamten Material für unseren Fall zusammentrug, läutete um zwei Uhr nachts das Telefon:
»Machen Sie nicht den Fehler zu glauben, dass Sie sich schützen können. Nicht einmal Ihr Vater, der bei weitem wichtiger und mächtiger war als Sie, konnte uns stoppen. Falls Sie meinen, Sie können sich im Libanon vor uns verstecken: Wir garantieren Ihnen, wir finden Sie und wir erschießen Sie genau so, wie wir Ihren Vater erschossen haben.«
Weder in Amman noch in Beirut konnten wir uns jetzt noch länger aufhalten. Präsident Hafes al-Assad bot uns seinen Schutz in Syrien an. Aber Saudi-Arabien erschien uns sicherer. Die Königsfamilie wiederholte ihre Einladung, die sie zuvor schon an meine Eltern ausgesprochen hatte, und ließ uns wissen, dass wir alle willkommen waren. Das Gästehaus war groß genug für uns alle. Zu diesem Zeit-

punkt lebten ich, Alia, Zeinab und Sara ja noch unverheiratet bei unserer Mutter.

Im Exil in Saudi-Arabien, ein Land, wo Exil sich am allerschlimmsten anfühlt, brach ich zusammen. Seit ich denken konnte, hatte ich um meinen Vater gefürchtet. Seit ich mich allein in Amman bewegen konnte, hatte ich für ihn gearbeitet. Seit dem Scheitern des Coups hatte ich mich zunächst um sein körperliches und seelisches Wohlbefinden gesorgt und dann mit ihm über neue Unternehmungen nachzudenken begonnen. Seit seinem Tod hatte ich mich in einem Wirbel von Zeremonien, Beileidsbekundungen und Kampf für die Bestrafung der Täter gedreht. Und jetzt war nur noch Nichts, das absolute Nichts in Riad, der Hauptstadt des Saudischen Königreichs, mitten auf dem Wüstenplateau des Nedschd, von wo einst die Beni Tamim in die fruchtbaren Landstriche Mesopotamiens aufgebrochen waren.

Saudi-Arabien hatte uns freundlich aufgenommen, die königliche Familie uns in großer Gastfreundschaft ein Refugium gewährt. Riad war einer der ganz wenigen Orte im Nahen Osten, wo Saddam Husseins Macht nicht hinreichte. Wahrscheinlich haben sie mir das Leben gerettet. Ich bin ihnen sehr dankbar dafür.

Und doch drohte uns jetzt der Schmerz zu zerreißen, in der von den Umständen aufgezwungenen Untätigkeit. An endlos langen Abenden bewegten sich unsere Gespräche zwischen den Abgründen von Verrat, Mord und Vergeltung im Kreis. Zugleich wussten wir: Mit jedem Tag unserer Abwesenheit vom Libanon verringerten sich die Chancen, dass wir die Mühlen der Gerechtigkeit bis zur Verurteilung der Täter in Schwung halten konnten. Ich erfuhr von einem meiner Kontaktleute im Irak – jetzt war ich zur Betreiberin unseres Netzwerks geworden –, dass die Frau eines der Täter bei Saddam Hussein vorstellig geworden war und ihn mit Vorwürfen überschüttet hatte:

»Sie wissen, Herr Präsident, mein Mann hat Ihnen gedient und einen Ihrer Feinde getötet. Er sitzt immer noch im Libanon im Gefängnis, und Sie tun nichts für ihn.«

Die Frau trifft damit bei Saddam einen Nerv. Er weiß, dass er sich nur dann auf seine Leute verlassen kann, wenn sie ihrerseits sicher gehen können, dass er alles tun wird, um sie zu schützen.

»Sorgen Sie sich nicht«, soll Saddam sie beruhigt haben, »solange wir Geld haben, können wir die Männer heimbringen.«

Am liebsten wäre ich ins nächste Flugzeug nach Beirut gestiegen und hätte erneut alle Türen eingerannt. Aber im Augenblick war das nicht möglich. Nach der Schärfe der letzten Drohungen musste ich mich still verhalten, bis ein wenig Gras über die Geheimdienstakte Al-Souhail gewachsen war. Während der Tage vor unserem Rückzug nach Riad hatte ich schon die gleiche Gefahr in der Luft gerochen wie in der Zeit nach dem Scheitern des Coups. Das Rechtsverfahren über das Erbe, das uns Vater hinterlassen hatte, lief noch. Mich hatte er bevollmächtigt, über die Konten zu verfügen. Falls mir etwas zustieß, konnten Mutter und meine Schwestern bis zur Abwicklung nicht an Geld heran.

Als Schiitinnen hatten wir in der Erbschaftsangelegenheit einen Vorteil. Dem hohen Status, den Fatima, die Tochter des Propheten und Gattin Imam Alis, in der Schia einnimmt, verdanken schiitische Frauen, dass sie rechtlich besser gestellt sind als ihre sunnitischen Glaubensgenossinnen. Es gelten für sie günstigere Scheidungsbedingungen, und sie haben einen großen Vorteil im Erbrecht. Im Islam allgemein gilt für das Erbe nach dem Tod des Vaters: Die Söhne sind Haupterben und übergeben ihrer Mutter und ihren Schwestern genau festgelegte Anteile. Falls kein Sohn vorhanden ist, geht bei den Sunniten das Recht des Haupterben auf den nächsten männlichen Verwandten über, der dann den Frauen ihre Anteile überlässt.

Bei den Schiiten hingegen kommen in diesem Fall die hinterbliebenen Frauen uneingeschränkt zum Zug. Das gesamte Erbe geht auf sie über, und es wird kein männlicher Erbe bestimmt. Wir würden also keinem Onkel oder Cousin etwas abtreten, sondern das Erbe nur unter uns aufteilen müssen. Sosehr ich meine Onkel schätze – wir waren trotzdem froh, dass uns die Auseinandersetzung ums Geld erspart blieb.

Am ärgsten mitgenommen von Vaters Ermordung war meine

Schwester Sara – vielleicht, weil sie als Nesthäkchen eine besondere Geborgenheit gewohnt war. Wochenlang schleppte sie sich blass und mit dunklen Ringen unter den Augen herum und war kaum ansprechbar. Einen Monat vor dem Termin zu ihrer Nachprüfung fürs Abitur raffte sie sich schließlich auf und fing an zu lernen. Trotzdem erschien sie uns weiterhin ungewöhnlich niedergedrückt. Sie wurde fast durchsichtig in ihrer Zartheit, und wir fingen an, uns ernste Sorgen um sie zu machen.

Eine andere Entwicklung hingegen machte uns Mut: Die US-Außenministerin Madeleine Albright kam nicht nur vor den Vereinten Nationen, sondern auch in ihrem Regierungsbericht zur Lage im Irak auf den Mord an unserem Vater zu sprechen. Innerhalb der amerikanischen Regierung vertrat das Außenministerium die umsichtigste Politik. Endlich signalisierte jemand dem Regime in Bagdad, dass seine Verbrechen gegen die eigenen Bürger zumindest genau beobachtet wurden.

Indessen blieb das Gesamtbild der amerikanischen Politik – und jener vieler anderer Länder – verstörend uneinheitlich. In unseren hoch emotionalen Trauertagen in Saudi-Arabien machte uns diese Mehrdeutigkeit schwer zu schaffen. Immer wieder ließen uns ermutigende Stellungnahmen wie jene Ms. Albrights oder König Husseins aufhorchen, während die Taten, die folgten, verwirrend inkonsequent waren. So war es bestimmt kein Zufall, dass die irakischen Botschaftsleute, inklusive zweier Mörder meines Vaters, nach ihrem Hinauswurf aus Beirut ausgerechnet in einer Maschine der königlichen jordanischen Fluglinie den Libanon verließen.

Sogar Ahmed Chalabi wurde zum Opfer der politischen Zickzackkurse gegenüber dem Irak: Bei seiner wohl einzigen größeren Aktion gegen Saddam ließen ihn die CIA und der britische Geheimdienst M16 im letzten Augenblick im Regen stehen. Wir haben gelernt, dass in Regierungen vielfach die eine Hand nicht weiß, was die andere tut. Und wenn es besonders schlimm kommt, so zerstört die eine Hand das, was die andere aufgebaut hat.

Ahmed Chalabis Schirmorganisation der irakischen Opposition, der Irakische Nationalkongress (INC), hatte sich 1994 zusammen mit der CIA in der Stadt Salahuddin in den nordirakischen Kurdengebieten etabliert. Von dort aus planten sie, in Zusammenarbeit mit dem britischen Geheimdienst und der Patriotischen Union Kurdistans (PUK) einen begrenzten Militärstreich gegen Saddam Hussein zu führen. Der Plan war, die in Saddams Zone gelegenen großen kurdischen Städte Mossul und Kirkuk einzunehmen. Sowohl Mossul als auch Kirkuk sind Ölförderzentren.

Alles war bereit zum Angriff, als der Nationale Sicherheitsberater Präsident Clintons dem INC mitteilen ließ, dass die USA seine Pläne nicht unterstützen würden; sie passten nicht in die Politik des »Containment«. Wieder einmal waren die USA im letzten Moment vor einer militärischen Verwicklung im Irak zurückgewichen.

Chalabi und PUK-Chef Dschalal al-Talabani starteten ihre Offensive dennoch. Vergeblich hofften sie, dass die USA ihnen im letzten Augenblick doch noch zu Hilfe kommen würden. Die Aktion verlief im Sand. Wieder einmal waren Anti-Saddam-Kräfte im Stich gelassen, wieder einmal die Kurden um eine Hoffnung betrogen worden.

Ahmed Chalabi war mit seinem Coup-Versuch in Kurdistan der CIA aus dem Ruder gelaufen. Plötzlich hatte er im Weißen Haus Hausverbot und war dermaßen in Ungnade gefallen, dass die CIA mit Informationen über seinen horrenden Geldverbrauch an die Öffentlichkeit ging.

1995–1999

Feldzug der Frauen

Über unsere Anwälte in Beirut erfuhren wir nach und nach, was die Ermittlungen der libanesischen Behörden im Mordfall Scheich Taleb Al-Souhail ergeben hatten.

Die vier Verdächtigen hatten gestanden, irakische Geheimdienstagenten zu sein und von ihrem Hauptquartier in Bagdad den Befehl zur Ermordung unseres Vaters erhalten zu haben. George Terjanian habe die zur Tarnung verwendeten Hemden in der irakischen Botschaft abgegeben und die Attentäter über die Gewohnheiten unserer Familie instruiert.

Mehrere Tage hindurch hatten die Agenten auf eine günstige Gelegenheit gelauert. Am 12. April 1994 hielten sie das Haus, in dem unsere Wohnung lag, seit dem späten Nachmittag unter Beobachtung. Sie verfolgten, wie unsere Gäste nacheinander aufbrachen, und als Tante Mervat mit ihrem kleinen Enkel und schließlich auch noch Ahmed, Scherine und Faris das Haus verlassen hatten, sahen sie ihren Augenblick für gekommen. Aufgrund der Trauerkleidung hielten sie Tante Mervat fälschlich für meine Mutter. Nach ihren Überlegungen musste sich der Scheich also nun allein in der Wohnung aufhalten, die Tür persönlich öffnen, und sie würden nach der Tat ungehindert eindringen können. Mutter hatte Recht gehabt mit ihrer Intuition, dass die Männer Vaters Papiere in ihren Besitz bringen wollten.

Nach dem Anschlag warfen sie die inzwischen eindeutig identifizierte Mordwaffe, eine mit Schalldämpfer bestückte Armeepistole, auf eine Deponie in der Nähe des Casino de Liban. George Terjanian und die vier Attentäter würden bis zur Vorlage des gerichtsmedizinischen Reports – das war eine Voraussetzung, damit Anklage erhoben werden konnte – in Untersuchungshaft bleiben.

Inzwischen war es Februar geworden, und die Erbangelegenheiten

waren geregelt. Wir hatten die Idee gehabt, dass es das Beste für Sara wäre, in London zu studieren, um dort auf andere Gedanken zu kommen. Ich begleitete sie, weil ich ihr an ihrem ersten Uni-Tag bei dem Papierkram für die Einschreibung behilflich sein wollte. Von London flog ich jedoch nicht mehr nach Saudi-Arabien zurück, sondern geradewegs nach Beirut. Auch wenn es riskant war – keine zehn Pferde hätten mich mehr in Riad halten können. Es drängte mich, Hand in Hand mit den Anwälten zusammenzuarbeiten, sie zu motivieren, Ideen für Initiativen vorzuschlagen. Wir mussten auf der einen Seite den Mordfall, also ein lokal begangenes Verbrechen, vor Gericht bringen, auf der anderen Seite aber ging es um einen zwischenstaatlichen Disput, der nicht unter den Teppich gekehrt werden durfte. Wir mussten uns dazu ins Völkerrecht, in Fragen diplomatischer Immunität vertiefen. Ich belagerte die Büros von Justizbeamten, Staatsanwälten und Richtern, denn ich wusste, Saddam würde sein Blut dafür geben, die Täter nach Bagdad zurückzubekommen. Er stand unter dem Druck, den Sicherheitsdiensten zu beweisen, dass er niemanden im Stich ließ, der ihm diente.
Viel Auftrieb gab uns ein Ereignis im Herbst 1995: In einer spektakulären Flucht hatten sich Saddam Husseins eigene Schwiegersöhne, die Brüder Saddam Kamel und Hussein Kamel, aus dem Irak nach Amman abgesetzt. In einem Interview für die internationale arabische Tageszeitung *al-Hayat* bekannten sie öffentlich, dass Scheich Taleb auf direkten Befehl Saddam Husseins getötet wurde.
Während ich den Rechtsfall vorantrieb, kümmerte ich mich auch weiter um unser Verbindungsnetz im Irak und unter den Exilirakern. Es war das Lebenswerk meines Vaters, in das auch ich, nunmehr dreißig Jahre alt, immerhin zwei Lebensjahrzehnte Kraft investiert hatte und das ich nicht verkommen lassen durfte. Saddam hatte Vater vermutlich weniger wegen seiner Rolle im Putschversuch als deshalb ermorden lassen, weil er dieses Netzwerk fürchtete und es ausschalten wollte. Dafür war er sogar bereit, internationale Verwicklungen in Kauf zu nehmen.

Ich verbiss mich in die Mörder meines Vaters, um sie am Entkommen zu hindern, und zugleich spürte ich, wie ich allmählich in Vaters Schuhe glitt.

Zunächst einmal aber rückte Mutter nach in die Lücke, die sein Tod in die Stammesführung gerissen hatte. Immer zahlreicher flohen Beni Tamim im Verlauf des allgemeinen Exodus aus dem Irak über Jordanien ins Ausland. Wo Mutter sich auch gerade befand, ob in Jordanien, im Libanon, in Saudi-Arabien, ja sogar in London – immer gab es Menschen, die von Madame Al-Souhail Hilfe erwarteten. Sie baten sie, ihnen bei der Beschaffung aller möglichen Papiere zu helfen, oder um finanzielle Unterstützung. So, wie sie sich früher eben an Vater gewandt hätten.

Besonders aus der Al-Souhail-Familie drängten viele Menschen nach Vaters Tod ins Exil, und ihnen waren wir zur Hilfe absolut verpflichtet. Dabei musste Mutter trotz unserer seit dem Coup stark angegriffenen Reserven weiterhin einen großen Haushalt führen mit vier unverheirateten Töchtern. Sie fing an zu grübeln, was für eine Arbeit sie annehmen könnte. Obwohl sie gebildet war, hatte sie keinen Beruf erlernt. Vielleicht hätte sie über ihre Verbindungen irgendwo einen 200-Dollar-Job bekommen, aber was hätten ihr 200 Dollar genützt bei all den Ausgaben!

Es war eine sehr schwierige Situation, aber irgendwie kamen wir über die Runden, bis es sich herumsprach, dass die Frauen aus der Familie Scheich Talebs wohl gerne mit ihren Verbindungen und ihrem Know-how halfen, aber kein Geld mehr zu verschenken hatten.

Mit fortschreitender Zeit zeichnete sich zu unserer Bestürzung ab, dass die libanesische Justiz den Mordfall verschleppen wollte. Das Untersuchungsverfahren konnte wegen des ausstehenden medizinischen Berichts nicht abgeschlossen werden, und mittlerweile saßen die Täter bereits seit zwei Jahren in Untersuchungshaft. Unsere Anwälte hatten, wie ihnen und uns schien, hieb- und stichfeste Argumentationsketten aufgebaut. Allein, es fehlte das Gerichtsverfahren, in dem wir unseren Standpunkt hätten vertreten können. Von den libanesischen Behörden bekamen wir immer öfter zu

hören: »In Bagdad wird es bald einen Regimewechsel geben. Dann übergeben wir die Täter der irakischen Justiz.«
Wieder einmal wurde ich bei Parlamentspräsident Nabih Berri vorstellig. Er versuchte mich mit Phrasen zu beruhigen:
»Sorge dich nicht, Safia. Schau dir an, was König Hussein, die königlichen Familien in Saudi-Arabien, Kuwait, Katar gesagt haben. Dein Vater hat überall Freunde, er ist in unseren Herzen. Wegen der Genfer Konvention können wir den Verdächtigen aber nicht den Prozess machen.«
Ich wollte mit ihm diskutieren: »Aber die Wiener Konvention nimmt Mörder aus, hier nützt ihnen ihre diplomatische Immunität nichts!«
Berri ist selbst Jurist und verstand es, auszuweichen: »Das Problem muss an der Quelle, von der UNO selbst, neu überdacht werden. Denn Leute wie Saddam missbrauchen die diplomatische Immunität. Reden wir Klartext: Wir von unserer Seite können nichts tun.«
Wir hatten so viel Hoffnung in den Prozess im Libanon gesetzt. Der Gedanke, dass diese Menschen, die Vater kaltblütig und feige im Libanon umgebracht hatten, unbestraft in den Irak entkommen sollten, raubte uns den Schlaf.

Eine Erholungspause in unserem Ringen um Gerechtigkeit verschaffte uns der zweite Todestag des Scheichs. Gemeinsam mit dem Stamm hatte ich beschlossen, im Namen der Beni Tamim und der Al-Souhail eine große Gedenkfeier in London zu veranstalten.
Das Organisieren von Gesellschaften bin ich von Kindheit auf gewohnt. Mit elf, zwölf Jahren hatte ich begonnen, in Abwesenheit der Eltern daheim Gäste zu empfangen. Vater wusste, er konnte sich darauf verlassen, dass ich alle Register der traditionellen Gastfreundschaft ziehen würde.
Ich fuhr also nach London und buchte den Ballsaal im Grosvenor House, setzte mich mit mehreren Freunden meines Vaters und meinem Onkel Sameh Al-Souhail zusammen und besprach mit ihnen, wen wir einladen würden. Damals gab es unter den irakischen Fraktionen viel Streit. Für den Fall, dass einer der Eingeladenen

die Teilnahme einer anderen Partei verhindern wollte, kamen wir überein zu sagen: »Das geht nicht, dies hier ist überparteiisch. Es ist ein Anlass, um uns an Scheich Taleb Al-Souhail zu erinnern. Alle werden zu Wort kommen – Kommunisten, Muslime, das ganze Spektrum.«

Als ich den Herren mitteilte, dass ich den großen Saal gebucht hatte, sahen sie mich entgeistert an: »Normalerweise würde man rechnen, dass zu einer solchen Feier siebzig, maximal hundert Gäste kommen! Was lässt dich glauben, dass so viele da sein werden?«

Ich sagte nur: »Ich weiß, dass alle Plätze besetzt sein werden.«

Am Vormittag des Ereignisses begebe ich mich ins Grosvenor House, um mich zu vergewissern, dass alles in Ordnung geht. Am Empfang erfahre ich, der Saal sei fertig vorbereitet. Ein Ordner sperrt mir auf, damit ich selbst nachsehen kann.

Meine Augen brauchen einige Sekunden, sich an die Notbeleuchtung zu gewöhnen. Unzählige Sitzreihen überbrückt mein Blick bis hin zum Podium, das wie ein Altar, mit Gestecken weißer Lilien zu beiden Seiten, darauf wartet, ausgeleuchtet zu werden und den Sprechern als Rahmen zu dienen.

Ich gehe einige Schritte im Mittelgang vor und setze mich auf einen der Plätze in den hinteren Reihen. Plötzlich spüre ich meinen Vater ganz nahe, so als säße er neben mir. Ich bewege mich nicht, atme kaum, um die Empfindung nicht zu zerstören. Gemeinsam sehen wir die Lichter im Saal angehen, die Reihen sich füllen, und ich weiß, er ist stolz auf das, was heute in diesem Raum geschehen wird.

Das Event begann um vier Uhr nachmittags und endete um elf Uhr nachts. 600 Menschen waren gekommen. Es war unbeschreiblich. In Wahrheit war es keine Trauerfeier – Vaters Tod lag ja schon längere Zeit zurück –, sondern ein Fest, bei dem er zugegen war. Wir hatten ein unglaubliches Echo. Alle arabischen Zeitungen berichteten darüber.

Am stärksten in Erinnerung ist mir ein Artikel aus *al-Hayat:* »Dieser Mann vermag es selbst im Tod noch, die irakische Opposition zu einen. Regierungen haben alles Mögliche versucht, um die Kommunisten mit der Hisb al-Dawa ins Gespräch zu bringen, haben beiden Parteien sogar Geld angeboten und sind gescheitert. Zu diesem Anlass nun haben sich die Gegner gemeinsam eingefunden, und ihre Vertreter lösten einander am Rednerpult ab.«

Keiner fehlte. Ja, sogar die einander damals bekriegenden kurdischen Parteien, KDP und PUK, hatten Vertreter geschickt und alle religiösen Gruppen. Für mich bedeutete die Feier eine Art Debüt in der Nachfolge meines Vaters. Diesmal hielt nicht meine Mutter die Rede im Namen unserer Familie, sondern ich.

Kaum waren wir wieder zurück im Nahen Osten – Mutter mit Alia in Amman, um dort nach dem Rechten zu sehen, und ich in Riad –, als unsere Anwälte uns benachrichtigten, dass die libanesischen Behörden im Begriff waren, die Täter an den Irak auszuliefern. Die Empörung darüber, dass die Libanesen uns hintergehen wollten, mobilisierte uns noch einmal zu höchster Aktivität. Mutter verständigte unsere Freunde am jordanischen Hof und flog zusammen mit Alia nach Beirut, um dort als Gattin des Ermordeten in aller Form zu protestieren. Da ich in Riad war, setzte ich mich mit den Saudis in Verbindung, denn wir wussten, dass sie sich über die Entwicklungen in unserem Fall auf dem Laufenden hielten. Das war verständlich, denn sie beherbergten uns als politische Flüchtlinge in ihrem Land.

Unser Kontaktmann im Außenministerium fragte nur erstaunt: »Aber sagen Sie, haben die Libanesen Sie nicht informiert?«

Die Behörden in Beirut hatten ihren Entschluss vor uns geheim gehalten, denn sie wollten verhindern, dass wir Lobbying betrieben und als Familie geschlossen vor die Medien traten. Sie wussten um unsere guten Kontakte zu libanesischen Politikern und zur Bevölkerung. Sie wollten alles möglichst schnell über die Bühne bringen, damit uns keine Chance zum Handeln blieb.

Doch dann kam ein ermutigender Anruf aus Amman, von Awn al-Khasawneh, dem Chef des jordanischen Königspalastes: »König Hussein sendet Ihnen seine Grüße, und ich darf Ihnen mitteilen, dass Sie demnächst mit einem Ereignis rechnen können, das Sie sehr glücklich machen wird. Sorgen Sie sich nicht um den Ausgang dieser Geschichte.«

Der Palastchef äußerte sich nicht im Detail, doch konnten wir seinen Worten dem Sinn nach entnehmen: Die Jordanier würden ihr Bestes für uns tun.

Al-Khasawneh, ein von Cambridge graduierter Völkerrechtler, amtiert heute als Richter am Internationalen Gerichtshof in Den Haag. Während wir darauf warteten, dass der Libanon nun tatsächlich die Mörder herausrücken würde, schätzten wir uns glücklich, dass er sich des Falles annahm. Wir konnten uns keinen besseren Unterstützer für unser Anliegen erhoffen.

Wenig später versammelten ich, Mutter und meine Schwestern uns in Beirut. Es war fast wie am Tag nach der Ermordung: Politiker, Freunde, auch Libanesen, die sich über den Fall empörten, kamen und boten uns ihre Hilfe an.

Mittlerweile wussten wir, was genau al-Khasawneh mit seiner verschlüsselten Mitteilung gemeint hatte. Die Spatzen pfiffen es von den Dächern, und die Zeitungen schrieben darüber. Der ursprüngliche Plan der Libanesen und Iraker war gewesen, die Täter per Flugzeug nach Jordanien zu schicken. Von dort aus sollten sie auf dem üblichen Landweg in den Irak gebracht werden. Doch diesmal hatten sie ihre Rechnung ohne den Wirt gemacht. König Hussein weigerte sich, sein Land für diese jedem Recht spottende Transaktion zur Verfügung zu stellen. Er beschloss mit seinem Palastchef al-Khasawneh, die Mörder des Scheichs festzunehmen. Der König stellte sich auf den Standpunkt, die angeblichen Botschaftsleute hätten einen Jordanier ermordet – Vater war ja im Besitz eines jordanischen Diplomatenpasses gewesen –, und deshalb habe Jordanien das Recht, sie vor Gericht zu stellen.

Doch einmal mehr erwies sich nun, wie zutiefst verstrickt das jordanische Establishment mit Saddam Husseins Regime war. Trotz allergrößter Geheimhaltung war König Husseins Plan dem irakischen Botschafter in Amman zu Ohren gekommen. Die Folge war ein Zerwürfnis, diesmal zwischen dem Libanon und Jordanien, das in den Medien viel Staub aufwirbelte.

Nun blieb für Aun al-Khasawneh kein anderer Weg mehr, als zu versuchen, mit den libanesischen Behörden offen zu verhandeln. Er legte ihnen die rechtliche Situation aus jordanischer Sicht sorgfältig dar, bekam jedoch eine grobe Abfuhr.

Allerdings standen nun die Libanesen vor dem Riesenproblem, wie sie die Mörder an den Irak loswerden konnten. Die vier Iraker, und mit ihnen George Terjanian, waren bereits aus der Haft entlassen und campierten seit zwei Tagen im Büro des libanesischen Sicherheitsdirektors. Obwohl der Irak von sechs Ländern umgeben ist, hatten damals nur zwei davon offene Grenzen zu ihm: Jordanien und die Türkei. Nachdem Jordanien nun für die Täter zur Falle geworden war, blieb nur noch die Türkei. Die Türken zogen sich geschickt aus der Affäre, indem sie erklärten: »Theoretisch müssten wir damit rechnen, dass diese Leute bei uns um politisches Asyl ansuchen werden. In eine solche Situation können wir uns nicht begeben.«

Von Saudi-Arabien, Kuwait oder dem Iran durfte Saddam nach allem, was er sich geleistet hatte, keine Hilfe erwarten. Syrien hielt seine Grenze zum Irak seit achtzehn Jahren geschlossen.

Wir saßen mit den vielen Besuchern in unserem Salon in Beirut zusammen und übten uns in Galgenhumor: »Der Sicherheitschef wird sich wohl darauf einrichten müssen, diese Verbrecher bis ans Ende ihrer Tage in seinem Büro zu beherbergen!«

Und da geschah etwas, woran niemand im Traum gedacht hätte: Plötzlich kooperierte das Baath-Regime im syrischen Damaskus mit seinen Erzrivalen in Bagdad und öffnete die seit fast zwei Jahrzehnten gesperrte Grenze eigens für den Transport der Mörder! Die Medien reagierten schockiert, und wir waren wieder einmal fassungslos angesichts dessen, welch ein Maß an Rechtlosigkeit in unserer Region möglich ist.

Mutter setzte sich ins nächste Flugzeug nach Damaskus, versuchte, unsere hochgestellten Freunde dort zu mobilisieren, stieß jedoch an Mauern. Wie stets, wenn die Syrer sich aus etwas heraushalten wollen, lautete ihre Antwort: »Wir wissen nichts von diesem Fall. Wir haben nie etwas von der Ermordung erfahren.«

Einige unserer Leute – Iraker im Libanon – boten nun an, auf das Auto, in dem die Verbrecher überstellt werden sollten, einen Anschlag zu verüben. Meine Mutter winkte ab: »Nein, wir sind keine Kriminellen. Wir werden so etwas nicht tun. Denkt daran, dass der Fahrer ein unschuldiger Mensch ist, und wir wollen keine Fehler machen. Wir wollen, dass die Gerechtigkeit ihren Lauf nimmt.«
Das ist meine Mutter. Ich sah die Sache damals anders, aber dank Minerva Badreddin behielt ich meine sauberen Hände.

Für uns brach nun eine Welt zusammen. Wir hatten erfahren, dass das Recht auch außerhalb Saddam Husseins Irak keine objektive Instanz war, auf die wir uns verlassen konnten.
Ein kleiner Nachtrag: Jahre später trat bei einer Konferenz von Exilirakern in Michigan, USA, ein Mann mittleren Alters auf mich zu: »Darf ich Sie für fünf Minuten sprechen?«
»Ja, selbstverständlich!«
»Ich bin ehemaliger Offizier des Sicherheitsdienstes. Ich habe eine Information für Sie, die Sie vermutlich interessieren wird.«
»Und die wäre?«
»Zum Zeitpunkt, als die fünf Mörder Ihres Vaters überstellt wurden, tat ich an der syrischen Grenze Dienst. Was sich dort ereignete, war haarsträubend. Wenige Kilometer nach der Grenze erwartete die Täter ein festlicher Empfang. Zelte waren eigens dafür aufgebaut worden, es gab Musik, üppiges Essen – kurz gesagt, eine tolle Party. Zusammen mit den Soldaten tanzten die Mörder ausgelassen die ›Dabka‹ – den Rundtanz der Männer. Sie feierten bis ins Morgengrauen.«
Bald nach der Herausgabe der Täter nahmen der Libanon und der Irak wieder volle diplomatische und politische Beziehungen miteinander auf.
Ich aber war um eine Lehre reicher, die seither mein Leben geprägt hat. Ich hatte bereits erfahren, wie Frauen mit der Autorität eines Mannes im Rücken – in unserem Fall jener des Scheichs – ernst genommen werden und Dinge bewegen können. Und nun hatte ich hautnah erlebt, wie machtlos wir plötzlich gegen Wände liefen, als

wir auf uns allein gestellt waren. Es war ein Unterschied wie Tag und Nacht. Statt mich zu entmutigen, hat diese Erfahrung mich jedoch angestachelt zu dem Vorsatz: Ich werde mich durchsetzen. Als Frau, als Mensch und als Politikerin.

Das war 1996. Seither bin ich auf diesem Weg ein gutes Stück vorangekommen. Doch es ist harte Knochenarbeit und geschieht um einen hohen Preis an Lebensqualität für mich und meine Familie. Inzwischen sprechen mich meine Stammesbrüder mit dem Ehrentitel einer »Scheicha« an. Ich habe es mir erstritten, dass ich an dem Tauziehen um eine politische Rolle im »neuen Irak« teilnehmen kann. Die nächste Etappe wird sein, in der schwierigen Aufbauphase gestaltend mitzuwirken, damit der Traum von einem funktionierenden, zivilgesellschaftlichen und demokratischen Irak endlich einmal Wirklichkeit werden kann.

Erste Schritte in der Politik

1996 lud Saad Saleh Dschabr in der Londoner Kensington Hall zu einem großen Meeting für die irakischen Exilgruppen. Das Ziel war – als Antwort auf Ahmed Chalabis Irakischen Nationalkongress (INC) –, eine Führung für die irakische Opposition zu etablieren, die von den USA unabhängig war, und sie ebenfalls unter einen gemeinsamen Schirm zu stellen.

Auch mich hatte Saad eingeladen, und ich fuhr voller Erwartung hin. Endlich unternahm jemand etwas dagegen, dass Chalabi die Opposition als seine Privatshow betrieb.

Von allem Anfang an gab es aber leider einen Wermutstropfen: Obwohl rund 200 Teilnehmer gekommen waren, vertraten sie nur ein Teilspektrum der Oppositionsparteien. Zugleich war Saad der unglücklichen Gepflogenheit der irakischen Exilopposition treu geblieben, bereits im Vorfeld abzusprechen, wer bei dem Meeting das Sagen haben würde. Die drei Sprecher standen also schon fest. Viele

der Anwesenden waren mit der getroffenen Wahl nicht einverstanden und erhoben Einspruch. In die nun folgende heftige Diskussion versuchte ich einzugreifen:
»Es geht hier doch wohl darum, dass die irakische Opposition im Ruf steht, heillos zerstritten zu sein. Es heißt auch immer, dass wir im Land kein Gewicht haben, sondern nur große Reden führen. Wollten wir dieses Bild nicht korrigieren?!«
Bei der im Weiteren folgenden Abstimmung, wer die Sprecher nun sein sollten, kam mein Name als Vertreterin der parteiunabhängigen Oppositionellen auf die Liste.
Ich dachte: »Mein Gott, wie geschieht mir da!«
Rundum murmelten die Kollegen: »Sieh da, Safia!«, und ermunterten mich: »Nimm's an!«
Zuletzt aber, wie so oft davor und danach, entschieden sich die Oppositionsbosse gegen das demokratische Prozedere und blieben bei den drei vorab nominierten Kandidaten.
Im Stillen dachte ich mir damals schon: »Nein, so kann es einfach nicht funktionieren!«

Menschenrechte gegen Saddam

Seit dem Desaster der Intifada im Jahr 1991 stand Saddam Hussein als notorischer Verbrecher gegen die eigene Bevölkerung unter internationaler Beobachtung. Nicht allein Menschenrechtsorganisationen, sondern auch das US-Außenministerium und die Vereinten Nationen berichteten regelmäßig über die Lage der Bevölkerung im Irak. Max von der Stoel, niederländischer Sonderberichterstatter der UNO, bezeichnete das Regime in Bagdad als »totalitäres System und rücksichtsloseste Diktatur, die die Welt seit dem Zweiten Weltkrieg gesehen hat«.
Dennoch war es möglich, dass Saddam auch in den neunziger Jahren seinen Terrorapparat weiter betrieb. Sein Sohn Udai konnte

sich ungehindert hervortun als Volksquäler von ausgesuchtem Sadismus. Gezielt benützte Udai die Frauen des Landes, um Druck auszuüben. Indem er sie systematisch entehren ließ, sich an diesen Aktionen gar selbst beteiligte – er erfreute sich eines Rufs als gefürchteter Vergewaltiger –, zerstörte er die Familien seiner Gegner. (Die Dienstbeschreibung einer bestimmten Gattung von Sicherheitsleuten fand ihren Weg ins Ausland. Darin war »Vergewaltigung« als Teil des Jobs ausdrücklich gelistet.)

Wenn Frauen sich besonders aufmüpfig verhielten, so ließ er sie als Prostituierte köpfen. Viele Dutzend, wenn nicht Hunderte Frauen erlitten dieses Schicksal, unter ihnen, erst im August 2002, eine 70-jährige christliche Nonne in ihrer Kirche in Mossul. Vor der Tat war sie vergewaltigt worden.

Auf der weiblichen Bevölkerung lag ohnehin schon die Last des wirtschaftlichen Drucks und des Regimeterrors. Die Frauen hatten nach dem hunderttausendfachen Verlust von Ehegatten, Vätern und Söhnen für ihre Familien zu sorgen, und es gab niemanden, an den sie ihr Leid hätten weitergeben können.

Und so tat es unsäglich weh mitzuerleben, wie trotz all dieses perversen Wahnsinns, der den verantwortlichen Politikern in seinem ganzen Ausmaß bekannt war, bis zum 11. September 2001 lediglich zwei Faktoren das Handeln der Welt gegenüber Saddam bestimmten: sein Arsenal an Massenvernichtungswaffen und die Ungewissheit, wer nach ihm kommen würde. Deshalb konnte das Saddam-Regime die Bevölkerung im Irak noch elf Jahre lang terrorisieren, nachdem bereits 1991 mit der Intifada sein Verfallsdatum abgelaufen war.

Ich will gar nicht bestreiten, dass die Massenvernichtungswaffen zu einer bestimmten Zeit tatsächlich eine schwerwiegende Bedrohung waren – für die Menschen im Irak und auch für das Ausland –, und es mag auch noch irgendwo versteckt Lager solcher Waffen geben. Aber die größte Massenvernichtungswaffe war immer Saddam Hussein selbst. Die gefallenen Soldaten und Kurdenkämpfer noch nicht einmal eingerechnet, hat er mindestens eine Million Menschen auf dem Gewissen.

Hätte die internationale Gemeinschaft im vergangenen Jahrzehnt außer den Massenvernichtungswaffen auch das unsagbare Leid der irakischen Bevölkerung, das Morden, die Tyrannei, das Flüchtlingselend und den Jammer der Frauen und Kinder bekämpfen wollen, dann wäre vielleicht ein Konsens möglich gewesen, um über die Vereinten Nationen gemeinsam etwas gegen Saddam zu unternehmen. Schon seit 1991 gibt es eine Resolution des Sicherheitsrates, Nummer 688, die dazu eine Handhabe geboten hätte. Hätten die internationalen Medien über das Elend und die Unterdrückung im Irak ebenso viel berichtet wie über die Massenvernichtungswaffen, dann wären die Menschen in vielen Ländern vermutlich *für* das Ende von Saddams Herrschaft auf die Barrikaden gegangen, anstatt 2003 gegen seine Entfernung zu demonstrieren.

Die Verurteilung Saddams vor einem internationalen Tribunal wurde nach der Erfahrung mit den Mördern meines Vaters zu meinem ganz persönlichen Anliegen. Mein Interesse stimmte mit dem meines Landes überein. Aus dieser Synergie ist mir viel Kraft erwachsen.

Der Arabische Leuchtturm

Wer die Öffentlichkeit mobilisieren will, braucht ein Forum, um sich Gehör zu verschaffen. Ich kämpfte nun an zwei Fronten – an der irakischen und an der internationalen –, um Saddam Hussein zu unterminieren. Entsprechend musste ich dafür sorgen, dass meine Stimme lautstark ins irakische Inland drang, in der Exilopposition nicht zu überhören war und zugleich das Ausland aufrüttelte.

Die Ziele lagen klar vor mir, und wie das so ist im Leben, fand ich bald die geeigneten Helfer und Werkzeuge, um sie zu realisieren. Rückblickend erkenne ich in dem Ablauf, wie eins ins andere überführte, eine Stimmigkeit, die mich in hochfliegenden Augenblicken an ein Wunder denken lässt.

Aus heiterem Himmel treten eines Tages über einen Mittelsmann zwei Beni Tamim an mich heran, Brüder und Journalisten, die das Schicksal in das vor Saddam geschützte Kurdengebiet im Landesnorden verschlagen hatte. Heute kann ich ihre wahren Namen preisgeben: Mahdi Abdullah Saad al-Timimi und Mohammed Abdullah Saad al-Timimi.

Die beiden hatten eine Idee, brauchten aber im Hintergrund und als Aushängeschild einen Sponsor mit gutem Namen und guten Kontakten. Sie wollten eine Untergrundzeitung mit Basis im Kurdengebiet gründen. Mit dem Blatt wollten sie Informationen unverfälscht im gesamten Irak unter ein breites Publikum bringen.

Mir gefiel die Idee auf Anhieb. Sie rührte an meine journalistische Ader, die seit der lang zurückliegenden Mitarbeit als junges Mädchen bei Saad Saleh Dschabrs Zeitung brachlag. Seit langem schon hatte ich zusammen mit meinen Schwestern davon geträumt, einmal eine Zeitung zu gründen. Bis dahin hatten wir, befangen in der hartnäckigen Vorstellung, dass unsere Rückkehr nur noch eine Frage von Monaten wäre, dabei aber immer nur an Bagdad gedacht.

Als die beiden Tamim mir den Vorschlag einer Exilzeitung machten, sah ich plötzlich die Möglichkeiten deutlich vor mir: Die offizielle Presse war Saddam hörig und objektive Berichterstattung über Ereignisse im Landesinneren von ihr nicht zu erwarten. Es gab wohl einige Oppositionszeitungen, die auch in den Irak gelangten, doch waren sie allesamt Sprachrohre politischer Parteien. Von einem unabhängigen Medium fehlte weit und breit jede Spur. In dieses Niemandsland konnten wir vorstoßen. Und die Iraker brauchten Ermutigung, sich noch einmal aufzuraffen gegen das Regime.

Entsprechend antwortete ich den beiden Journalisten:

»Ich finde, das ist eine tolle Idee. Aber unser Blatt sollte nicht dazu da sein, um Rivalen zu bekämpfen. Ich stelle mir eine freie, unabhängige, für alle Seiten offene Berichterstattung vor, und wir sollten

nur wir selbst sein und uns von niemandem gegen jemand anderen benutzen lassen.«
Dank Computer und E-Mail hatten wir uns rasch über die Blattlinie und einen Titel verständigt und kamen im April 1998, im Monat von Vaters Todestag, mit der ersten Ausgabe von *Al-Manar al Arabi* – Der Arabische Leuchtturm – heraus.
Mahdi und Mohammed übernahmen die Redaktion. Sie schrieben unter den Pseudonymen Samer und Yusef al-Timimi und wurden unter diesen bald sehr bekannt. Damit sie kein leichtes Ziel für Anschläge boten, arbeiteten sie von wechselnden Standorten aus. Über ihre und meine Kontakte sammelten wir Informationen und Beiträge von Autoren aus dem Landesinneren. Unsere Quellen waren Menschen, die unsere politischen Ansichten teilten, nicht nur aus unserem Stamm, sondern aus dem ganzen Irak. Ich repräsentierte diese Menschen nicht, aber sie gaben mir ihre Informationen gern. Zuweilen waren die Informationen sogar so gut, dass wir sie nicht veröffentlichen konnten; Saddam hätte von ihnen auf die Personen schließen können, von denen wir sie erhalten hatten.
Persönlichkeitskult und Schmeichelei sitzen in unserer Gesellschaft sehr tief. Entsprechend wollten mir die Redakteure anfangs alle möglichen Titel anhängen. Sie nannten mich »Chefredakteurin für Politik« und ähnlich Großartiges. Sie setzten mein Foto auf die erste Seite.
Als ich das zu Gesicht bekam, stiegen mir die Grausbirnen auf. Eine Minute später ging ein E-Mail an die beiden hinaus: »Wartet, wartet! Wir wollen doch nicht den anderen nacheifern. Wenn ich mich zu etwas äußere, dann setzt mich auf die zweite Seite. Von Zeit zu Zeit könnt ihr mein Bild dazusetzen –, das ist immerhin hübscher als das von Saddam Hussein, der den Irakern millionenfach von Postern entgegenstarrt –, aber dosiert es gut! Schreibt nicht ›Scheicha‹. Wenn ihr wollt, nennt mich ›Ustasa‹ (wie wir auf Arabisch eine geachtete Frau ansprechen), aber das reicht. Bleibt bitte normal!«
Mahdi und Mohammed verlangten kein Honorar für ihre Arbeit. Sie sagten, sie seien das ihrem Land schuldig. Das Blatt gehörte uns

allen, wir alle arbeiteten daran, und wenn Geld nötig war, dann stellte ich es zur Verfügung. Die Kosten, die mir aus dem Projekt erwuchsen, hielten sich in Grenzen, denn Papier und Druck waren billig zu haben. Die Portokosten für den Versand an unsere Adressaten im Nordirak, Libanon, in Syrien, Jordanien und Europa lagen nicht sehr hoch. Der Löwenanteil der Auflage gelangte durch persönliche Kontakte auf Schmuggelpfaden über die Binnengrenze in den Irak. Einen Teil verbreiteten wir per E-Mail.
Es war sehr schwierig, Opposition gegen ein so reiches Regime wie jenes von Saddam Hussein zu betreiben. Ich finde, dass wir mit unserer Zeitung, die den Menschen Glaubwürdigkeit vermittelte, auf ökonomische Weise etwas Wichtiges geleistet haben.
Über einen Coup freute ich mich besonders: Es war uns zu Ohren gekommen, dass Saddam mit mehreren Stammesfürsten im Clinch lag. Wir fanden heraus, worum es genau ging und dass Saddam im Verlauf der Affäre nachgeben musste. Kein irakisches Medium hätte das jemals berichtet. Für die Menschen im Irak haben solche Vorgänge jedoch großen Orientierungswert, denn von Kindheit an sind uns die verwickelten Verhältnisse im Land vertraut, und unser Sensorium für Machtverschiebungen ist hoch entwickelt.
Wie das begeisterte Echo unserer Leserschaft zeigte, lagen wir genau richtig damit, ein Blatt zu machen, das niemandem zu Gefallen war. Jahrelang blieben wir die einzige Zeitung, die diesem Anspruch gerecht wurde, und wir wurden zu einer der populärsten Informationsquellen im Landesnorden, sogar in den Kurdengebieten. Inzwischen machen uns finanzkräftigere liberale Zeitungen, wie *Al-Ahali* und *Mu'tamar,* starke Konkurrenz. Aber ich freue mich darüber, denn Medienvielfalt ist eine Voraussetzung für Demokratie.
Obwohl später meine Zeit immer knapper wurde, habe ich bis zu Saddams Sturz für das Oppositionsblatt geschrieben. Meine Herausgebertätigkeit machte mich noch unbequemer für Saddam. Ich sollte es bald an einem Ansteigen der Drohgebärden gegen mich spüren.
Wegen der ständigen Todesgefahr, in der ich schwebte, griff *Repor-*

ter ohne Grenzen im Jahresbericht 2003 meinen Fall auf. Wie die Zukunft des Manar aussehen wird, steht noch in den Sternen. Doch fände ich es schön, wenn wir auf einer neuen Basis weitermachen könnten.

Erneuter Sinneswandel eines Königs

1998 verlegte ich meine Basis wieder in die Villa am Dschabal Amman. Das war für den Manar besser, weil ich ganz einfach näher am Puls der Ereignisse war als im abgekapselten Riad, und auch für meine sonstigen Aktivitäten. Ich reiste nun häufig in die Vereinigten Staaten, denn dort hatte sich neben London ein zweiter Schwerpunkt der Exilopposition gebildet. Viele Regimeflüchtlinge fanden nach dem Golfkrieg in den USA Aufnahme, und die einzige verbliebene Supermacht hatte nun einmal die Führungsrolle in der Nahostpolitik übernommen. Ich sah das ganz realistisch. Auch wenn die USA im Irak ihre eigenen Ziele verfolgten, so führte kein Weg um sie herum. All die Enttäuschungen, die wir erlebt hatten, änderten nichts daran. In der Politik gibt es, wie ein kluger Mensch einmal gesagt hat, »keine ewigen Freunde und keine ewigen Feinde«. Zugleich knüpfte ich Kontakte mit der britischen Regierung an.

Die Stimmung in Jordanien hatte begonnen, sich in unserem Sinne zu wandeln. Zu mehr als zwanzig Prozent bestand die Bevölkerung in der Hauptstadt Amman mittlerweile aus irakischen Flüchtlingen. Die Jordanier erlebten hautnah, wie irakische Frauen zu Tausenden auf den Straßen bettelten oder Zigaretten per Stück verkauften, und sie hörten die Erzählungen vom Leid unter Saddam. Allmählich setzte sich die Erkenntnis durch, dass mit dem Regime in Bagdad tatsächlich etwas faul sein musste. Der große Reichtum des Irak passte so gar nicht zu den Bildern des Flüchtlingselends in den Straßen Ammans. Es sprach sich herum, dass viele Jordanier durch

Saddam Hussein Millionen verdient hatten und dass er Familien von palästinensischen Selbstmordattentätern Pauschalen von 25 000 Dollar ausbezahlte. Auch das stand in krassem Gegensatz zur Armut der Iraker, die nach Jordanien strömten. Zugleich aber profitierte das kleine Königreich weiterhin massiv vom Irak, indem es das internationale Ölembargo unterlief. Die UNO sah dabei zu.

Im Januar 1999 machte König Hussein einen überraschenden Schritt: Von einem Behandlungsaufenthalt in den USA zurückgekehrt, änderte er unvermittelt die Thronfolge zugunsten seines Sohnes Abdullah. Seit 1965 war Hassan, der Bruder des Königs, Kronprinz gewesen. Er hatte die schwierigen politischen Verhältnisse im Nahen Osten ebenso im kleinen Finger wie Hussein selbst, war ein geschickter Diplomat und bei der Bevölkerung geachtet und beliebt. Den König, der in den letzten Jahren wegen seiner schleichenden Erkrankung häufig abwesend war, hatte er in wichtigen Staatsgeschäften stets kompetent vertreten. Husseins Sohn Abdullah war deshalb auf eine Amtsübernahme noch gar nicht vorbereitet.

Einen Tag nach der Ablöse Hassans liefen Ammans Gerüchteküchen heiß: Hassan habe sich in Gesellschaft über Königin Nour abfällig geäußert. Er sei in seiner Amtsführung zu liberal gewesen. Sogar einen Putsch gegen den König soll Hassan vorbereitet haben. Eine weitere Version war, Hussein habe befürchtet, Hassan würde seine eigenen Nachkommen in der Thronfolge einsetzen.

Ich glaube, die Dinge lagen anders. König Hussein zog schon seit Jahren durch die Spitäler der Welt, um sich behandeln zu lassen. Wenn er gewollt hätte, wäre es für Hassan ein Leichtes gewesen, seinen Bruder schon früher zu verdrängen. Am hartnäckigsten hielt sich bei den Jordaniern die Vermutung, dass der Westen und vor allem die USA den König zur Änderung der Thronfolge gedrängt hätten. Prinz Hassan sei ihnen eine zu starke Persönlichkeit gewesen und weniger leicht kontrollierbar als Abdullah, der selbst nie damit gerechnet hatte, die Macht zu übernehmen.

Jedenfalls flog König Hussein schon am Tag nach dem Beschluss wieder zurück in sein amerikanisches Spital, wo er zwei Wochen später, am 7. Februar 1999, an Krebs verstarb. Als ich von seinem Tod erfuhr, weinte ich aus ganzem Herzen. Bei den Trauerfeierlichkeiten in Amman saß ich mit einigen Freundinnen zusammen und nahm bewegt Abschied von dem König, der in unserem Leben eine so wichtige Rolle gespielt hatte. Da trat der Chef der Palastwache auf uns zu, grüßte mich und sagte zu mir: »Ich danke Ihnen für das, was Sie dem König sagten, als Sie ihn in London trafen. Er war sehr froh, mit Ihnen gesprochen zu haben.« Dass Jordanien uns 1993 im Stich ließ, hatte wohl auch mit der Krankheit des Königs zu tun.

Nach Ablauf der Trauerzeit bestieg der neue jordanische König, Abdullah, am 9. Juni den Thron. Für mich war das kein Glücksfall.

Oppositionskämpfe

In der mehrgleisigen, in sich zerrissenen Irak-Politik der amerikanischen Regierung waren durchaus auch wohlmeinende Motive zu erkennen. So etwa erhofften sich die USA, dass die von ihnen unterstützten Saddam-Gegner im Exil über ihre Kontakte ins irakische Volk investieren und Vertrauen für die Zukunft aufbauen würden.

Wenn ich mir die Situation im Irak heute vor Augen führe, so muss ich leider sagen, dass sich in dieser Beziehung überhaupt nichts bewegt hat. Und wie mir scheint, sind inzwischen auch der US-Regierung die Augen aufgegangen: Viele dieser angeblichen Exilpolitiker waren nur zum Abkassieren angetreten und lieferten für das Geld nichts als leeres Gerede.

Ahmed Chalabi nimmt in dieser Beziehung eine Sonderstellung ein. Ich glaube nicht, dass die gegen ihn erhobenen Vorwürfe, er habe sich mit seinen Oppositionsaktivitäten bereichert, zutreffen. Dennoch hat dieser smarte und gebildete Mann seinem Land Schaden zugefügt. Er befand sich nämlich in einer Position, aus der heraus er die Iraker im Ausland zu einer politisch wirksamen Kraft hätte zusammenführen können. Doch lieber spielte er die Gruppen gegeneinander aus, um sich selbst in seiner Führungsrolle zu stärken, nach dem alten Motto: »Teile und herrsche.« Das führte im INC in letzter Zeit zu starken Auflösungstendenzen.

So auch ist aus der INC-Initiative, ein Exilparlament aufzustellen, nichts geworden. 1999 berief Ahmed Chalabi zu diesem Zweck eine große Konferenz ein. Drei Tage hindurch sollten Hunderte Mitglieder der Exilopposition im Sheraton Manhattan über das Parlament und die Zukunft des »neuen Irak« diskutieren. Wieder einmal gab es keine demokratische Abstimmung, wieder waren die Namen im Vorhinein bestimmt worden. Auch dieses Mal stand mein Name auf der Liste – als einzige Frau – und auch der von Hatem al-Muchlis, dem Sohn unseres hingerichteten Mitverschwörers Dschasim. Doch als hätte er unter den Liberalen als Einziger etwas zu sagen, entfernte Ahmed Chalabi meinen und Hatems Namen einfach wieder von der Liste der Abgeordneten für das Exilparlament. Wir brachten diesen Skandal in alle arabischen Zeitungen.

Am Rande der Konferenz kam es natürlich zum Krach zwischen Ahmed und mir. Bei günstiger Gelegenheit griff ich mir den INC-Granden: »Weißt du, Ahmed Chalabi,« setzte ich ihm auseinander, »ich habe mich nie um einen Sitz in diesem Exilparlament beworben. Ich bin hergekommen, um mitzuhelfen, den Ruf der irakischen Opposition wiederherzustellen und um der Konferenz durch meine Anwesenheit Glaubwürdigkeit zu verschaffen – mit dem Namen meines Vaters. Ihr alle habt mich ausgewählt, dabei zu sein. Ich muss euch dafür nicht auf Knien danken, denn es ist eure Schuldigkeit, Leute wie mich dabeizuhaben. Und da ich nun einmal ausgewählt wurde und mein Name schon im Protokoll steht, kann niemand ihn wieder entfernen. Du würdest damit die ganze liberale Bewegung und meinen Stamm beleidigen. Und du wirst dafür bezahlen!«

Unsere Namen kamen nicht wieder auf die Liste. Ich glaube zu wissen, warum Ahmed mich und Hatem zur Seite zu schieben versuchte: Wir beide verfügen über eine starke Basis im Land. Obwohl ich als Frau nicht Stammesführerin werden kann, darf ich auf die Loyalität der Beni Tamim zählen.

Abgesehen von der undemokratischen Auswahl der Abgeordneten hatte der Kongress einen weiteren schweren Schönheitsfehler: Es fehlten drei wichtige Parteien. Weder Ajatollah Baqir al-Hakims einflussreicher Oberster Rat des Islamischen Widerstands im Irak (SCIRI) war erschienen noch die Vertreter der Hisb al-Dawa oder jene der Kommunisten. Alle drei Parteien weigerten sich, in New York unter dem Schirm der USA und der Führung von Ahmed Chalabi teilzunehmen. Da wir somit für die Opposition nicht repräsentativ waren, blieben die Verhandlungserfolge, die wir erzielen konnten, Schall und Rauch. Das war sehr schade, denn es hatte eine besonders wichtige Einigung gegeben: Wie Ahmed Chalabi am Ende der Konferenz stolz verkündete, wurde »beschlossen, dass der neue Irak demokratisch, parlamentarisch und föderalistisch verfasst sein wird«.

Einige der anwesenden Frauen brachen hierauf in die traditionellen Freudentriller aus, und mir rannen Tränen des Glücks über die Wangen: Gleiche Rechte für alle Parteien, Religionen und Volksgruppen! Das war es, wofür wir immer gearbeitet hatten. Hier war es nun so klar festgehalten wie noch nie zuvor.

Doch zuletzt war alles reine Zeitvergeudung. Dem Beschluss über die zukünftige Regierungsform fehlte die volle Anerkennung, und der Madschlis – das Exilparlament – trat nur zu einer einzigen Sitzung zusammen.

Ich sitze im Flugzeug nach London zu einem Meeting des Instituts für Orientalische und Afrikanische Studien der Universität und überfliege noch einmal die Unterlagen. Mein Blick fällt auf den Namen des Veranstalters: Bakhtiar Amin. Ich kenne ihn nicht persönlich, weiß nur, dass er irakischer Kurde ist und sich als Menschenrechtsaktivist einen Namen gemacht hat. Wir führten ein einziges Telefongespräch, in dem er sich als Vertreter von *Human Rights Watch* vorstellte und mich zu diesem Meeting einlud. Ich sollte ein Referat über den Mordfall Scheich Taleb Al-Souhail halten.

Am Telefon fiel mir auf, dass er fließend Arabisch sprach, jedoch mit dem charakteristischen Akzent vieler Kurden. Vergeblich hatte Saddam Hussein versucht, ihnen die Muttersprache auszutreiben, indem er sie in arabische Schulen und Universitäten zwang. Gern hätte ich mehr über den Mann erfahren, musste aber zu einem Termin und bat ihn, mir die Einladung zu schicken.

Die Papiere verrieten mir dann, dass er ebenfalls bei INDICT mitarbeitete, einer Organisation, die sich, wie ich, dafür einsetzte, Saddam Hussein und seine Mittäter vor ein internationales Tribunal zu bringen. Nun klingelte es bei mir. Natürlich! Dieser Mann steckte hinter dem Haftbefehl, der in Österreich gegen Essat Ibrahim al-Douri, einen von Saddams vertrautesten Beratern und Mitschuldigen an den Kurdenmassenmorden von 1988 und 1991, erlassen wurde.

Als früherer Innenminister war al-Douri der Vater des irakischen Biowaffenprogramms. Zuletzt diente er dem Regime als stellvertretender Vorsitzender des Revolutionären Kommandorates. Wie Saddam litt auch al-Douri seit Jahren an Krebs. Es ist absurd: Fast jeder hat schon miterlebt, wie ein geliebter Mensch innerhalb kurzer Zeit an dieser Krankheit gestorben ist. Aber Leute wie Saddam oder al-Douri tragen ihren Krebs zehn, zwanzig Jahre mit sich herum und wirken so, als lebten sie recht gut damit.

Die Sache mit dem Haftbefehl kam ins Laufen, als al-Douri sich im August 1999 zur Behandlung nach Wien begab. Bakhtiar Amin, der auf eine solche Gelegenheit gewartet hatte, flog ihm nach und schlug Alarm, dass einer der ganz großen Verbrecher des Irak nun in Reichweite der internationalen Justiz war. Ein Aufschrei unter den Menschenrechtsorganisationen war die Folge. Ein Politiker der österreichischen Grünen-Partei, Peter Pilz, zeigte al-Douri daraufhin bei der Wiener Staatsanwaltschaft an und verlangte seine Verhaftung. Als Begründung sagte Pilz, Österreich habe internationale Abkommen gegen Folter und für den Schutz der Menschenrechte unterzeichnet und sei daher moralisch verpflichtet, al-Douri in Gewahrsam zu nehmen.
Die österreichischen Behörden stellten sich aber auf den Standpunkt, al-Douri sei als Mitglied der irakischen Staatsführung gegen Verhaftung immun, und setzten ihn ins nächste Flugzeug nach Jordanien. Es war ein internationaler Skandal.
Zwei Tage lang hielt der Massenmörder sich anschließend in Amman, in der Residenz des irakischen Botschafters, fünfzig Meter von unserem Haus entfernt, auf. Ich und meine Familie waren schrecklich aufgeregt und forderten die jordanischen Behörden auf, ihn festzunehmen. Natürlich fruchtlos. In ohnmächtigem Zorn beobachteten wir die vielen Autos, die in diesen Tagen beim Botschafter vor- und wieder abfuhren. Jedes von ihnen konnte al-Douris Fluchtwagen sein. Ein jordanischer Politiker gestand mir später, dass er und andere jordanische Offizielle an einem Dinner für al-Douri teilgenommen hätten. Unbehelligt kehrte der Kriegsverbrecher und Völkermörder nach Bagdad zurück.
Mittlerweile jedoch hatte Österreich den Haftbefehl gegen ihn ausgestellt. Bis zum Krieg 2003 sollte dies weltweit der einzige Fall rechtlichen Vorgehens gegen ein Mitglied des irakischen Terrorregimes bleiben.
Bei dem Meeting in London beschränkt sich mein Kontakt mit Bakhtiar Amin leider auf ein flüchtiges »Hallo!« Es ist alles sehr straff organisiert, und ich bin auch ein wenig aufgeregt, denn es ist das erste Mal, dass ich ein Referat auf Englisch halten werde. Auf

Arabisch habe ich schon ungezählte Male von unserem vergeblichen Kampf um Gerechtigkeit berichtet, aber auf Englisch bin ich noch auf mein Manuskript angewiesen.
Doch während ich lese, spüre ich, wie die Menschen mit mir das Gefühl nachvollziehen, wie es ist, in einer modernen Welt zu leben und trotzdem der Willkür ausgeliefert zu sein. Dabei hegte ich damals noch Hoffnung, dass das schwebende Untersuchungsverfahren gegen die Mörder meines Vaters zu guter Letzt in unserem Sinn ausgehen würde.

2000–2003

Geraubte Ehre

Meinem jordanischen Reisepass verdankte ich es, dass ich in aller Freiheit reisen konnte, viele Menschen treffen und mit Politikern anderer Länder die neuesten Entwicklungen diskutieren. Mein Kontaktnetz in Europa und den USA wurde immer dichter.

Im Gegensatz dazu konnten sich andere prominente Flüchtlinge aus dem Irak aufgrund ihrer Staatsbürgerschaft im Ausland nur eingeschränkt bewegen. Die meisten Länder waren äußerst zögerlich, Irakern Einreisevisa zu gewähren, denn sie mussten damit rechnen, dass sie um Asyl ansuchten und nicht mehr loszubringen waren.

Die Flüchtlinge saßen somit in Ländern wie Jordanien, Syrien oder im Libanon fest und litten unter ihrer Isolierung, die es ihnen schwer machte, sich selbst zu helfen und in ihrem Leben voranzukommen. In dieser Situation befand sich auch Nadschib al-Salhi, ein 1996 aus dem Irak geflohener General der Republikanischen Garde. Er besuchte mich oft am Dschabal Amman, um mit mir die Situation im Irak zu besprechen und von mir zu erfahren, was es Neues gab. Er vertraute mir, und wir wurden gute Freunde.

Im Herbst des Jahres 2000 rief er mich an und bat mich, ihn so bald wie möglich zu sehen. Ich bot ihm einen Termin für den nächsten Tag an.

Er sagte:»Nein, es muss heute sein. Ich habe etwas ganz Wichtiges mit Ihnen zu besprechen, und wir werden sehr schnell reagieren müssen.«

»Natürlich, wenn es so dringend ist, so kommen Sie doch bitte jederzeit vorbei.«

Eine Stunde später sitzt er bei mir im Madschlis der Villa. Kreidebleich. Mit stockender Stimme berichtet er:

»Ich habe noch keinem Menschen davon erzählt. Gestern ruft mich ein Mann an und sagt: ›Ich habe ein Paket für Sie von Ihrer Familie aus Bagdad. Ich habe keine Zeit, mich mit Ihnen zu treffen, und ich werde das Päckchen beim Furn al-Sofara für Sie hinterlegen.‹«

Der Furn al-Sofara ist eine große Bäckerei in Amman. Unter den Irakern, die Jordanien besuchen, hat es sich eingebürgert, dass sie sich vor der Heimreise mit den köstlichen Backwaren vom Furn al-Sofara eindecken. Für die irakischen Geheimdienste war der Furn deshalb zu Saddams Zeiten ein idealer Umschlagplatz. Eine böse Ahnung steigt in mir auf, denn ich weiß, mit welchen Methoden das Regime sich die Militärführung gefügig macht.

»Es war ein Video«, fährt der General mühsam fort. »Es zeigte eine Vergewaltigung.«

Er sagt nicht, wer auf dem Video vergewaltigt wird. Und ich dringe nicht in ihn. Seine heftige Reaktion lässt darauf schließen, dass es sich entweder um seine Tochter oder seine Schwester handelte, jedenfalls eine ihm sehr nahe stehende unverheiratete Frau.

Von der Unberührtheit einer jungen Frau hängt ihre Ehre und die der gesamten Familie ab. Wenn der General nun nicht haargenau das tut, was Saddam im nächsten Zug des grässlichen Spiels von ihm verlangt, so wird seine gesamte Familie, sein ganzer Bekanntenkreis binnen kurzem Kopien des Bandes zu sehen bekommen.

Al-Salhi setzt hinzu: »Es ist Hunderten Frauen aus den Familien führender Armee- und Geheimdienstleute passiert. Und die Leute kennen nur eine Reaktion darauf: ›Himmel, seht euch an, was die und die getan hat. Das ist entsetzlich! Hat sie kein Schamgefühl?‹ Das Gerede wird nie aufhören.«

Es gibt keine schlimmere Schande in unserer Tradition, als wenn öffentlich bekannt wird, dass eine Frau vor der Ehe oder außerhalb sexuell aktiv geworden ist. Sie gilt automatisch als Hure, und keiner fragt danach, ob sie vielleicht dazu gezwungen wurde. Unter unaufgeklärten Menschen wird eine entehrte Frau von ihren Verwandten getötet. Das ist dann ein so genannter »Ehrenmord«. Saddam Hussein hatte mit der Legalisierung dieser verdammenswerten

Praxis all den Bürden, denen Frauen besonders im letzten Jahrzehnt seiner Herrschaft ausgesetzt waren, noch eine weitere hinzugefügt. General al-Salhi denkt natürlich keinen Augenblick an eine solche Lösung. Im Gegenteil, er will sich wehren und Saddam für derlei Taten in Zukunft den Wind aus den Segeln nehmen, indem er das Tabu aufbricht. Er ist entschlossen, die Öffentlichkeit von dem Vorfall zu informieren, und er will die Namen weiterer hoher Offiziere nennen, die ebenfalls durch die Vergewaltigung von Frauen aus ihrer Familie unter Druck gesetzt wurden. Er kennt die Namen aller betroffenen Offiziere.

»Das ist ein sehr mutiger und guter Schritt. Tun Sie es!«, ermutige ich ihn. »Wir müssen die ganze irakische Nation aufrütteln. Im arabischen und islamischen Raum kann ich sehr schnell sehr viel auf die Beine bringen. Leider bin ich keine Expertin, um die westlichen Medien zu mobilisieren.«

Obwohl solche Dinge an der Tagesordnung waren, hatte es bisher wegen der Tradition und der Ehre noch niemand gewagt, damit an die Öffentlichkeit zu treten. Der General jedoch will Nägel mit Köpfen machen: »Es wird nicht ausreichen, den Sachverhalt an die Zeitungen zu schicken. Die irakische Bevölkerung im Land muss mich hören. Es wird wohl notwendig sein, dass ich den Text über Radiostationen verlese.«

Ich nicke zustimmend und sage nach einer kurzen Denkpause: »Ich sehe nur ein Problem für Sie: Sie werden die jordanischen Behörden in Verlegenheit bringen. Die Jordanier werden Sie auffordern, das Land zu verlassen, denn der Irak wird mit politischen Konsequenzen drohen.«

Gleich nach unserem Gespräch setzte ich mich mit allen Medienleuten, die ich kenne, in Verbindung, von arabischen und internationalen Zeitungen und besonders von Radiostationen der Opposition, die im Irak populär sind. Ich tat mein Bestes, und der General konnte sein Statement im Radio verlesen. Die ganze irakische Bevölkerung scheint die Sendungen gehört zu haben, und es ging wie eine Schockwelle durchs Land.

Nach seinem mutigen Gang an die Öffentlichkeit bekam der General in Washington einen Termin bei den Irak-Verantwortlichen der Regierung. Sie arrangierten für ihn eine Anhörung im Kongress über seinen Fall. Das trug Saddam in den USA einen weiteren schwarzen Punkt ein.

Der Islam und die Frauen

Wenn Frauen in islamischen Gesellschaften unter Druck geraten, so halte ich das für eine Folge fehlgeleiteter Tradition, für den Ausdruck einer leider häufig verbreiteten gesellschaftlichen Krankheit, die es zu heilen gilt. Der Fehler liegt nicht in den religiösen Schriften, sondern in ihrer Umsetzung. Wer meint, es liege am Islam oder am Heiligen Koran, wenn ein Mann seine Frau erniedrigt und ihre Rechte missachtet, der liegt falsch. Die Situation islamischer Frauen hängt ab vom Land, in dem sie sich befinden, und von ihren gesellschaftlichen und individuellen Umständen. Dass Frauen etwa in Saudi-Arabien nicht Auto fahren dürfen, ist in Wahrheit kein religiöses, sondern ein gesellschaftliches Verbot. Und dass in einigen Ländern neuerdings der islamische Fundamentalismus die Rechte der Frauen beschneiden kann, ist ebenfalls die Folge einer gesellschaftlichen Entwicklung.

Ich bin keine Religionsexpertin, aber ich komme aus einem Haus, in dem die Religion eine wichtige Rolle spielt. Ich lese den Koran, kenne die islamische Scharia und habe mich mit meinem Glauben auseinander gesetzt. Der Islam ist nicht dogmatisch und war – wie sein Verhältnis zu anderen Religionen in der Geschichte beweist – von seinem ursprünglichen Gedanken her bahnbrechend tolerant. Das ist es, was ich denke und was viele Moslems denken.

An vielen Stellen des Heiligen Korans geht es darum, dass Männer ihre Frauen gut behandeln und sich um ihr Wohl kümmern müssen. Musliminnen konnten beispielsweise viele Jahrhunderte vor ihren Geschlechtsgenossinnen im Westen von Rechts wegen über ihr eigenes Vermögen und bis zu einem gewissen Grad auch über sich selbst verfügen.

Im modernen gesellschaftlichen Leben treten nun in einem fort Situationen auf, die es früher einfach nicht gegeben hat. Um den islamischen Frauen zeitgemäße Rechte zu geben, ist es daher meiner Ansicht nach nötig, das Konzept des Idschtihad – der Bemühung – auch auf das Thema Frauen anzuwenden.

Es gibt seit den Anfängen des Islam Frauenrechte, die ein Ergebnis von Idschtihad sind – etwa das volle Erbrecht der Schiitinnen für den Fall, dass es in einer Familie keinen Sohn gibt. Dank dieser Regelung konnten wir nach Vaters Tod sein volles Erbe antreten. Sunnitischen Frauen kann es in einer Situation wie der unseren, wenn ein Mann lauter Töchter hinterlässt, passieren, dass sie ihr einziges Haus verkaufen müssen, um dem männlichen Erben seinen Anteil auszuzahlen.

Der ursprüngliche Gedanke im Islam war, dass dieser Mann mit seinem Anteil die Verantwortung für das Wohl der vaterlosen Familie übernehmen würde. Es kam den Menschen damals nicht in den Sinn, dass der Mann seine Verantwortung missbrauchen könnte – worauf es heute in den meisten Fällen hinausläuft. Der Gruppenzwang ist weniger stark, wir sind heute materialistischer, und die Regeln müssen durch Idschtihad angepasst werden, damit Frauen für sich selbst sorgen können.

Ähnliches gilt auch für die Möglichkeit, vier Frauen zu heiraten. In der Frühzeit des Islam gab es gute Gründe, dass ein Mann mehrere Frauen ehelichte. Die mehrfachen Ehen des Propheten dienten politischen Zwecken, um den Islam zu verbreiten und Bündnisse zu schließen. Da ging es nicht darum, sich zu amüsieren, sondern um politische Räson. Ich glaube, wir werden anfangen müssen, die volle Bandbreite des Islam auszuschöpfen, damit auch fromme Muslime mit den neuen Umständen umgehen können. Es ist für eine islamische Frau von ihrer Religion her durchaus möglich, ein modernes Leben zu führen und ihre Integrität, ihre Selbstachtung zu wahren. Ich lebe das ja selbst.

Für mich löse ich viele Probleme mit dem Bild einer Waage für meine

guten und weniger guten Taten. Zum Beispiel verlangt der Islam von mir, dass ich den Hidschab – die vorgeschriebenen Frauenkleider – trage. Wenn ich mich nicht daran halte, so senkt sich die Waage auf der Sollseite. Aber ich kann dafür gute Taten auf die Habenseite legen und damit meinen Regelverstoß kompensieren.
Der Islam sagt, dass es einem Muslim, in dessen Leben das Gute überwiegt, zwar nicht erspart bleibt, für eine gewisse Zeit seine Fehler abzubüßen, dass er zuletzt aber ins Paradies kommt. Es gibt also Kompromisse, nicht nur die völlige Einhaltung der Gebote oder den völligen Verstoß. Eine Person kann ein richtiges Leben führen, auch wenn sie die islamische Bekleidungsvorschrift nicht erfüllt hat. Oder ist es etwa besser, jemand lügt und stiehlt, trägt aber islamisches Gewand? Wenn eine Frau in ihrem Leben alles vereint – die islamische Kleidung und eine perfekte Moral –, so ist das natürlich das Allerbeste.
Viele unter uns urteilen streng über die anderen und verteilen Noten, ob wir gute Moslems sind oder nicht. Sie halten uns Vorträge darüber, was wir tun und was wir lassen sollen. Dafür habe ich kein Verständnis. Ich kenne meine Religion, ich lese die heiligen Texte und weiß selbst, was ich zu tun habe. Und so nützt es auch nichts, wenn andere mich schulmeistern, wann ich in der Hölle rösten muss oder in den Himmel darf.

Millenniums-Gipfel

Anfang 2000, fast sechs Jahre nach der Mordtat an meinem Vater in Beirut, gab der Untersuchungsrichter seinen Abschlussbericht heraus. Das Ergebnis: Die vorhandenen Geständnisse und Beweise würden ausreichen, um die vier Botschaftsangehörigen wegen illegalen Waffenbesitzes und Mordes unter Anklage zu stellen. Doch erübrige sich eine Anklage, da die vier zum Tatzeitpunkt unter diplomatischer Immunität standen. Der Schneider

George Terjanian müsse hingegen in Beirut vor ein Gericht gestellt werden.
Ich glaube, inzwischen wundert sich niemand mehr darüber, dass der Prozess gegen George trotz mehrfacher Folgeanträge von unserer Seite bis heute nicht stattgefunden hat.
Im Spätsommer desselben Jahres ruft mich einer meiner Onkel aufgeregt aus London an: »Safia, es tut mir Leid; ich war verreist und habe die Nachricht selbst erst heute bekommen: Du bist zum Millenniums-Gipfel eingeladen, Anfang September, in New York!«
Wir schreiben den 30. August. Viel Zeit bleibt mir also nicht mehr.
Mein Onkel fügt hinzu: »Gib bitte Bakhtiar Amin Bescheid, ob du hinkommen kannst.«
Ich notiere mir die Telefonnummern in Paris und Washington.
Wie so oft, wenn etwas besondere Eile hat, meldet sich niemand unter den angegebenen Nummern. Also klinke ich mich ins Internet und suche: »Millenniums-Gipfel«. In elegantem Blau-Grau öffnet sich die Homepage: 6. bis 8. September 2000. Also nicht ganz so knapp, wie ich zunächst befürchtete.
Am nächsten Tag habe ich mehr Glück und erreiche Bakhtiar Amin. Ich entschuldige mich für die späte Rückmeldung, und er freut sich: »Ich habe schon nicht mehr mit Ihnen gerechnet. Schön, dass Sie nach New York kommen können. Im UNO-Hauptquartier findet während des Gipfels eine Pressekonferenz statt, bei der Opfer Saddam Husseins zu Wort kommen werden.«
Für mich ist ein Event wie dieses, mit viel Medienrummel, eine gute Gelegenheit, unsere Empörung über den Entscheid des libanesischen Untersuchungsrichters in die internationale Presse zu tragen und mich für das Tribunal gegen Saddam einzusetzen.
Nach unserem Gespräch lege ich den Hörer nicht auf, sondern wähle gleich die Nummer unseres Reisebüros und buche meinen Flug nach New York. Anschließend setze ich mich an den Computer und beginne fieberhaft, meine Rede zu entwerfen. Wie von selbst reiht sich ein Satz an den anderen:
»Im Namen des gnädigen, barmherzigen Gottes.«

Das ist der Einführungsvers des Heiligen Korans. Wichtige Dinge packen Muslime mit diesen Worten an.

»Ich möchte Sie im Namen des Friedens begrüßen, des Friedens, dessen Licht meinem Land seit dem Machtantritt Saddam Husseins verwehrt ist.«

Den ganzen restlichen Tag und die Nacht hindurch arbeite ich an dem Text. Er fließt aus meinem Gehirn durch meine Finger in die Maschine, Seite um Seite, und als ich fertig bin, liefert mir der Drucker einen leidenschaftlichen Appell an die internationale Gemeinschaft.

Am Abend vor meinem Abflug saß Noura im Schneidersitz auf meinem Bett und leistete mir beim Einpacken Gesellschaft. Schon lange fand sie, ich solle endlich heiraten. »Sag mal, du warst doch eben erst in Kairo. Hast du denn noch immer niemanden gefunden, in keiner dieser Städte?«

Ich hatte schon so oft zu potenziellen Anwärtern nein gesagt. Mittlerweile war ich vierunddreißig. Nach unseren Begriffen ein biblisches Alter für eine Braut.

»Und jetzt gehst du nach New York. Du hast gar keine Wahl, du musst mit einem Bräutigam heimkommen.«

»Aber in New York gibt's niemanden. Dort werde ich nur Bakhtiar Amin treffen. Willst du, dass ich etwa ihn heirate?«

Es war als Witz gemeint.

Noura wiederholte, was sie mir vor jeder Reise auf den Weg mitgab: »Vergiss bei all deinem Kampf gegen Saddam nicht, auch etwas für dich zu tun. Beispielsweise, dich zu verlieben …«

Im UNO-Hauptquartier ist das prestigeträchtige Internationale Pressezentrum gesteckt voll.

Ich nehme meinen Platz auf dem Podium ein, neben der Vorsitzenden, flankiert von Bakhtiar Amin. Mit einem langen Blick fange ich die Aufmerksamkeit der versammelten Journalisten ein, hole tief Atem, begrüße die Anwesenden und stürze mich in meinen Text.

Eine geschlagene Stunde lang gelingt es mir, die Zuhörer mit der

Schilderung meiner Erfahrungen zu fesseln. Als ich auf der einundzwanzigsten Seite angelangt bin und mich dem Ende meiner Rede nähere, lade ich sie alle dazu ein, sich doch einmal in die Hölle hineinzuversetzen, die Saddam Hussein seinem Volk im Irak bereitet hat, und schließe mit den Worten:
»Wer das Kapitalverbrechen begeht, über sein Regime zu lästern, bekommt neuerdings die Zunge abgeschnitten – eine weitere Spielart im Repertoire teuflischer Quälereien, mit denen er sein Volk in Schach hält.«
Es herrscht betroffenes Schweigen. Nach einer solchen Darstellung applaudiert man nicht. Sekunden vergehen, ehe sich der erste Journalist mit einer Frage meldet.
Am Abend gehen Bakhtiar und ich gemeinsam zum Dinner aus. Wir sind beide etwas aufgedreht – ich nach dem emotionsgeladenen Auftritt und er nach der geglückten Organisation des Events –, und wir kommen ungezwungen ins Reden.
Wir haben viel gemeinsam: das Exil, den Kampf gegen Saddam und unsere Verletzungen durch ihn. Beide wollen wir, dass unser Land von ihm befreit und er zur Verantwortung gezogen wird. Wie viele Menschen im Irak und praktisch alle in der Exilopposition kennt er meine Geschichte. In seinen Augen bin ich die Tochter eines Märtyrers: mit diesem Ehrentitel werden in unserer Kultur auch heute noch Menschen bedacht, die für ihre Überzeugungen – und stellvertretend für die vieler anderer – in den Tod gehen.
Normalerweise gibt es nicht allzu viele Berührungspunkte zwischen den Kurden im Norden des Irak und den schiitischen Arabern im Süden. Mein Vater und Mullah Mustafa Barsani hatten zwischen den beiden Bevölkerungsgruppen eine Brücke geschlagen. Doch das war eher die Ausnahme. Bakhtiar Amin erzählte mir an diesem Abend in New York von einem Schlüsselerlebnis, das ihn den Schiiten nahe gebracht hatte:
»Ich bin in Kirkuk aufgewachsen. Es war jene hoffnungsvolle und gefährliche Zeit nach Mustafa Barsanis Rückkehr aus dem russischen Exil, als er zum großen Schwung ansetzte, um die Kurden aus der Unterdrückung herauszuführen. Meine Mutter war die erste

Frau Kirkuks, die wegen ihres politischen Einsatzes im Gefängnis landete. Mein Vater, ein Kaufmann, wurde ebenfalls ständig festgenommen, freigelassen, festgenommen.
Einmal, ich war noch ein kleines Kind, begleitete ich meinen Vater in Geschäften übers Land. Nie werde ich meine Angst vergessen, als wir in unserer Herberge vom Lärm von Faustschlägen an der Zimmertür geweckt wurden. Vater steht auf, dreht den Schüssel im Schloss herum, die Tür fliegt auf, und vier Polizisten drängen in den Raum.
›Du kommst mit!‹, herrschen sie meinen Vater an.
›Aber der Junge!‹
›Der kommt auch mit.‹
Ich verstehe genug Arabisch, um zu wissen, was vorgeht.
›Jalla, Jalla – vorwärts!‹
Die Uniformierten lassen uns kaum Zeit, unsere Gewänder überzuziehen. Im Treppenhaus wickelt Vater sich noch rasch den Turban um den Kopf.
Im Gefängnis diskutiert Vater mit dem Direktor, was nun mit mir geschehen soll. Wir haben Verwandte in der Gegend. Sie könnten mich holen kommen. Der Mann lässt ihn telefonieren. Vater erklärt durch den Hörer unsere Situation und dass mich jemand abholen muss. Nach einigem Hin und Her legt er betroffen auf. Der Kurde und Cousin am anderen Ende war nicht bereit, uns zu helfen. Ob er noch jemand anderen anrufen dürfe, fragte Vater den Gefängnisvorsteher. Auf das Nicken des Mannes wählt er eine weitere Nummer. Es ist die eines arabischen Freundes, eines Schiiten, der aus dem Landessüden ins Kurdengebiet gezogen war.
Dieser Mann kam zum Gefängnis, um meinem Vater den kleinen Buben – mich – abzunehmen. Der schiitische Freund brachte mich anschließend zu meinen Angehörigen nach Suleimanija, die sich weiter um mich kümmerten.«
Betroffen habe ich seiner Erzählung zugehört. Das Steak auf meinem Teller ist darüber kalt geworden. Wir bestellen also das Dessert, und während ich die Cremekomposition des New Yorker Kochs koste, erzählt mir mein Begleiter, wie er in den vergangenen

Jahren hinter den Kulissen zwischen den beiden sich bekriegenden Kurdenparteien KDP und PUK vermitteln konnte …
Während er spricht, sehe ich mir diesen Mann näher an, der offenbar lieber leise im Hintergrund Dinge ermöglicht, als selbst im Rampenlicht zu stehen. Und ich muss mir eingestehen, mir gefällt der attraktive, breitschultrige Intellektuelle mit den glühenden Augen, die das in seinem Inneren lodernde Feuer ahnen lassen. Ich spüre, dass viel Schmerz in ihm steckt. An diesem Abend erfahre ich auch, woher dieser Schmerz rührt: Sechzig Menschen aus Bakhtiar Amins Familienkreis hat Saddam Husseins Regime auf dem Gewissen.
Für mich gibt es keinen Zweifel: Wie ich wird auch dieser Mann nicht ruhen, bevor die Massenmörder, die unser Land in den vergangenen drei Jahrzehnten zerstört haben, nicht Buße getan haben. Er verfügt über die hohe Frustrationstoleranz und die Motivation, die notwendig ist, um in einer so verfahrenen politischen Situation wie jener des Irak Positives zu bewirken. Auch ich hatte es von meinem Vater gelernt: Nicht aufgeben. Immer wieder einen neuen Anlauf nehmen und hoffen, dass er diesmal zum Ziel führt. Immer wieder – bis der Bann eines Tages gebrochen sein wird.
Als wir uns verabschieden, fragt er mich, wie lange ich noch in New York bleiben werde.
»Einen Tag noch. Übermorgen fliege ich weiter nach Washington. Ich werde dort einige Leute treffen.«
»Ich bleibe noch ein wenig länger. Meine Mutter ist hier im Krankenhaus. Anschließend gehe ich auch nach Washington. Ich habe dort eine Wohnung, weil ich bei der US-Regierung und im Kongress für die Kurden Lobbying betreibe. Vielleicht könnten wir uns in Washington wiedersehen?«
»Vielleicht. Aber was fehlt Ihrer Mutter?«
»Der Stress während ihres ganzen Lebens hat sie kaputtgemacht. Sie hat schweren Diabetes, ist nierenkrank und laviert ständig am Rande eines Zusammenbruchs. Den Ärzten gelingt es immer wieder, sie für einige Zeit auf die Beine zu bringen, dann aber versagen wieder alle möglichen Organe.«

»Und wie geht's ihr jetzt?«
»Sie erholt sich soeben. Wenn ich sie morgen besuche, werde ich mehr wissen.«
»Warum gehen wir nicht zusammen hin?«
»Möchten Sie das?«
»Ja natürlich, sehr gern!«
Am folgenden Tag finde ich mich zur vereinbarten Zeit in der Klinik ein. Gemeinsam betreten wir das Krankenzimmer. Wie ich mir ausrechnen kann, ist die Frau nicht sehr alt, zwischen sechzig und fünfundsechzig. Sie wirkt aber viel älter, wie sie da liegt, vom Leben gezeichnet, mit ungesunder Gesichtsfarbe und von der Behandlung aufgeschwollenem Gesicht. Wir plaudern ein wenig über nichtige Dinge – ich will sie nicht aufregen und vermeide es, über den Grund meiner Anwesenheit in New York zu sprechen. Beim Abschied nehme ich ihre Hand, küsse sie auf beide Wangen. Als Bakhtiar sich zu ihr neigt, höre ich, wie sie einige Worte auf Kurdisch zu ihm sagt. Er will noch mit den Ärzten sprechen, und so begleitet er mich hinaus. Während wir nebeneinander durch die Korridore des Krankenhauses gehen, im Lift hinunterfahren, fühle ich, wie sich zwischen mir und ihm ein Band zu weben beginnt. Seit vielen Jahren habe ich dieses Gefühl nicht mehr gehabt. Als ich mich im Taxi umdrehe, um einen Blick durch die Heckscheibe zu werfen, sehe ich ihn beim Klinikeingang stehen und winken, einen sehr einsamen, leisen Kämpfer.
Wir haben uns in Washington nicht mehr getroffen.

Daheim empfängt Noura mich mit gespielter Entrüstung: »Du hast mich schön verkohlt. Da fährst du nach New York, tust so ahnungslos und fragst auch noch: ›Soll ich vielleicht den Mann heiraten, der mich zu dieser Konferenz eingeladen hat?‹!«
Von Washington aus hatte ich nämlich mit unserer Mutter telefoniert und ihr von Bakhtiar berichtet.
Er ruft schon an diesem Tag an und an den folgenden Tagen auch. Der Zustand seiner Mutter ist immer noch zu labil, um sie jetzt aus dem Krankenhaus zu holen. Nun nimmt Noura mich ins Kreuz-

verhör. Sie kann aber nichts aus mir herausquetschen, denn es gibt nichts. Wie kann ich ahnen, dass Bakhtiar zwei Wochen später vor der Tür unserer Villa in Amman stehen wird?

Lebensgefahr

Mit Lichtgeschwindigkeit breitete sich die Neuigkeit in Amman aus: Einer der vier Mörder meines Vaters, der Geheimdienst-General Mohammed Kadim al-Mussaui, war von irakischen Landsleuten in einem Viertel der jordanischen Hauptstadt erkannt worden. Mussaui wurden inzwischen noch zwei andere Morde zur Last gelegt. Der Geheimdienst-General war unter falschem Pass durch die irakisch-jordanische Grenze geschlüpft. Die jordanischen Behörden stellten ihn unter Haftbefehl, indessen hatte der Topagent die aufziehende Gefahr bereits gewittert und war untergetaucht.

Dieser Vorfall, zusammen mit der Entscheidung des Untersuchungsrichters, dass die Mörder meines Vaters davonkommen sollten, goss frisches Öl ins Feuer meines Zorns: Wenigstens George Terjanian, der Verräter aus unserem eigenen Kreis, sollte seinen Prozess im Libanon bekommen!

Ich stellte ausführliche Nachforschungen nach dem Hemdenschneider an. Den entscheidenden Hinweis verdanke ich unseren Verbindungen zu irakischen Christen im Exil, den Kindheits- und Jugendfreunden meines Vaters: George Terjanians Spur führte nach Österreich. Dort allerdings verlor sie sich im Nebel. Der Mann und seine Familie waren offenbar unter geändertem Namen untergetaucht. Auf diese Weise hatte er sich ebenfalls dauerhaft der Gerechtigkeit entzogen.

Während ich George suchte, braute sich über meinem eigenen Kopf Unheil zusammen.

Der Außenminister des Irak verlangte im Jahr 2000 von der jordanischen Regierung, dass sie alle irakischen Oppositionsmitglieder auslieferte, die sich in Jordanien aufhielten. Jordanien reagierte nicht offiziell auf diese unverschämte Forderung. Aber so, wie schon zu Vaters Zeiten, kam sehr schnell eine inoffizielle und unmissverständliche Botschaft an die Betroffenen. Der Leiter der Irak-Abteilung im Sicherheitsdienst besuchte mich persönlich und sagte zu mir: »Seien Sie bitte vorsichtig und denken Sie in allem, was Sie tun, auch an sich selbst!«

Andere Saddam-Gegner in Amman berichteten dasselbe: Sie sollten sich so schnell wie möglich aus Jordanien entfernen.

Seit der Machtübernahme König Abdullahs hatten sich die Beziehungen Jordaniens zum Irak bis zur Abhängigkeit vertieft. Der neue Herrscher fühlte nicht mehr die geringste Verpflichtung, mich oder meine Familie zu schützen. Für ihn standen die wirtschaftlichen und innenpolitischen Vorteile einer Freundschaft mit dem Irak im Vordergrund. Unter Abdullah hatten die irakischen Geheimdienste Jordanien zu ihrem uneingeschränkten Spielfeld gemacht.

Als Lohn fürs Stillhalten erhielt Jordanien gratis Erdöl im Wert von 375 Millionen Dollar und für alle weiteren Lieferungen einen garantierten Sonderpreis von 20 Dollar pro Barrel. Der Weltmarktpreis für Rohöl betrug damals 32 Dollar. Auf diese Weise sicherte sich der Irak in Jordanien das absolute Erdölmonopol. Kein anderer Lieferant war bereit, mit solchen Dumpingpreisen zu konkurrieren.

Hinzu kam, dass unter jenen zwei Dritteln der jordanischen Bevölkerung, die palästinensischen Ursprungs sind, die Sympathie für Saddam Hussein ein irrationales Ausmaß annahm.

Wenn ich mich also tatsächlich einmal ruhig hinsetzte und nachdachte, so musste ich mir sagen: Safia, du bist deines Lebens nicht mehr sicher! Da ich das Fürchten verlernt habe, braucht es bei mir immer einen bewussten Denkprozess, um mir ein Risiko zu vergegenwärtigen. Wenn ich nicht meine Aktivitäten vollkommen einstellen und mich in Luft auflösen wollte, so hatte ich keine andere Wahl, als die einzige Macht, die dazu noch imstande schien, um Schutz zu bitten: die Vereinigten Staaten von Amerika.

Ich verfiel deshalb nicht in Illusionen über die Irak-Politik der USA. Jedoch konnte ich wegen meiner subversiven Tätigkeit als Herausgeberin des *Arabischen Leuchtturms* und als aktive Nachfolgerin meines Vaters nur noch dort ein Mindestmaß an Sicherheit erwarten. Mein Beitrag zu der Affäre um General al-Salhi und der Auftritt beim Millenniums-Gipfel hatten die Sache sicherlich nicht besser gemacht. Erneut kam ich ins Kreuzfeuer einer Einschüchterungskampagne, wie damals, als ich mich vorübergehend nach Saudi-Arabien zurückzog. Nun aber bekam ich die Drohungen nicht nur am Telefon zu hören oder in Briefen zu lesen; das Regime trat auch an meine Onkel in Bagdad heran, dass sie mir die Botschaft ausrichteten. Durch mich gerieten die Al-Souhail im Irak wieder in Gefahr: »Sagt eurer Nichte in Amman, sie soll klug sein und sich ruhig verhalten und mit ihrem leeren Gerede aufhören. Sie soll sich nicht einbilden, dass ihr nicht das Gleiche passieren könnte wie ihrem Vater!«

Pilgerweg zu den Scheichs

Ausgerechnet zu dieser Zeit steht Bakhtiar in Amman vor unserer Tür. Noura ist in ihrem Element. Endlich hat jemand ihre große Schwester aus der Reserve gelockt! Noura hängt sich ans Telefon und sorgt für Stimmung, indem sie die Nachricht von unserem Besucher unter den Freunden verbreitet und zusieht, dass sich für mich und Bakhtiar viele Gelegenheiten ergeben, miteinander auszugehen.

Mutter begegnet Bakhtiar mit freundlicher Zurückhaltung. Ebenso wie ich weiß sie, dass es für diese Beziehung ein großes Problem gibt: Wieder habe ich einen Mann getroffen, der für mich der Richtige ist. Und diesmal passt es in jeder Hinsicht. Es stimmen nicht nur unsere Gefühle, es decken sich auch unsere Interessen. Doch ich werde einen Kampf ausfechten müssen, um diesen Mann zu

heiraten: Ich bin die Tochter eines schiitischen Scheichs. Nach der Stammestradition sollte ich in eine Scheichfamilie heiraten. Bakhtiar aber ist Kurde.
Diese ersten Tage unserer Beziehung in Amman habe ich heute in wunderbarer, beschwingter Erinnerung. Das verdanke ich Noura, meiner Lebensfreude versprühenden Schwester. Ohne ihre Mithilfe wären ich und Bakhtiar vermutlich in der Politik versunken, und die Romantik wäre unbemerkt an uns vorbeigeglitten.
Für unseren letzten gemeinsamen Abend in Amman übernimmt Bakhtiar die Organisation und reserviert einen Tisch im L'Olivie in Abdun. In der entspannten, von den Klängen einer Live-Band untermalten Atmosphäre des Lokals hält der kurdische Wahl-Washingtoner, der zugleich Wahl-Pariser und schwedischer Bürger ist, bei mir um meine Hand an. Ich antworte einfach und klar: »Ja.« Und das war's.
Ich bin vierunddreißig Jahre alt und habe hiermit beschlossen, den Kampf um mein Glück mit dem Stamm aufzunehmen. Wenn der Scheich noch lebte, wäre alles ganz einfach, denn er würde Bakhtiar ohne Schwierigkeiten akzeptieren. Vater war ein offener Mensch, er hätte Bakhtiar richtig eingeschätzt und als Menschen respektiert. Einen Gedanken wie »Er ist Kurde, sie Araberin« hätte er niemals zugelassen. Einen Unterschied zu machen zwischen Arabern und Kurden, Schiiten, Sunniten und so fort entsprach einfach nicht seiner Persönlichkeit. Vaters Wort hätte genügt, um uns den Weg zu ebnen.
Aber so, wie die Dinge lagen, wäre es völlig inakzeptabel gewesen, wenn ich, die ich meine Familie repräsentiere, ohne Erlaubnis meiner männlichen Verwandten der älteren Generation geheiratet hätte. Und deshalb musste ich den traditionellen Pilgerweg durch die Stammesführung antreten, von Onkel zu Onkel, jedem einzelnen meinen Fall darlegen und um Heiratserlaubnis bitten. Nicht nur die Brüder, auch die Cousins meines Vaters hatten ein Wort mitzureden. Es fiel mir nicht leicht, und es war auch nicht einfach, zumal ich jene Verwandten, die im Irak lebten, ja nur auf dem komplizierten Weg über Boten kontaktieren konnte.

Ich flog zu den Stammesälteren im Exil, nach London und Damaskus, und schickte Nachrichten nach Bagdad. Mein Anliegen musste ich sehr geschickt vortragen. Der Tradition, im eigenen Kreis zu heiraten, liegt der Gedanke zugrunde, dass sich auf diese Weise Macht und Einfluss konzentrieren lassen. Ich musste den Scheichs nahe bringen, dass meine Verbindung mit einem Kurden ganz im Sinne meines Vaters gewesen wäre. Er hatte sich nie darum gekümmert, welchem Lager seine Bündnispartner angehörten, vorausgesetzt, sie waren zuverlässig und handelten moralisch vertretbar. Im Gegenteil, er suchte sogar Partner in anderen Lagern, da er auf diese Weise größere Breitenwirkung erzielen konnte.
Meine Rolle, in der ich den Stammesälteren gegenübertrat, war knifflig: Sie lag angesiedelt zwischen selbstbewusster Scheichtochter, die sich und den Stamm und deshalb auch die alten Traditionen respektiert, und modern erzogener Nichte, die um die Erlaubnis bittet, etwas tun zu dürfen, was sie bei sich schon längst beschlossen hat. Ich musste klug, aber unaufdringlich argumentieren, so dass keiner etwas dagegen sagen konnte.
Dabei kam mir Bakhtiars guter Ruf im Land zu Hilfe. Während die Iraker ihrer Exilopposition sonst eher kritisch gegenüberstehen, war von ihm bekannt, dass er sich für das ganze Volk, nicht nur für die Kurden, uneigennützig einsetzte. So konnte damals niemand offen gegen ihn Stellung nehmen. Inzwischen hat der Stamm meinen Mann voll akzeptiert.
Damals aber habe ich mir vorgenommen, dass ich, wenn die Zeit gekommen ist, den jungen Frauen in unserem Stamm das Tor zu größerer Freiheit bei der Partnerwahl öffnen will.

War es ein Zufall? Ich musste meine Zelte im Nahen Osten abbrechen, und der einzige Schutzhafen, den es, wenn ich mich nicht aus der Politik zurückziehen wollte, noch gab, waren die Vereinigten Staaten. Und jetzt hielt ein Mann um mich an, der in den USA lebte und arbeitete. Ich wäre auch ohne Bakhtiar in Washington gelandet, aber so war die Aussicht natürlich bei weitem erfreulicher.

Was mich an diesem Mann besonders faszinierte – sofern sich Faszination überhaupt beschreiben lässt –, war, dass er in der Kultur des Nahen Ostens stark verwurzelt war, zugleich aber dachte wie ein Europäer. Ich bin da anders, denke wie eine Araberin.

Mit siebzehn Jahren verließ er seine Heimatstadt Kirkuk, um im Ausland zu studieren. Er wollte sich kein arabisches Studium aufzwingen lassen und sein Fach frei auswählen. Die Kurden identifizieren sich gefühlsmäßig sehr stark mit ihrer Herkunft, und er litt darunter, dass er in der Schule seine Sprache verleugnen musste.

Dazu kam die Atmosphäre der Auflehnung, in der er daheim aufwuchs. Seine Mutter arbeitete für die Partei von Mullah Mustafa Barsani, und sie war eine der ersten Aktivistinnen in der kurdischen Frauenbewegung. Sie hat Bakhtiars Entwicklung stark geprägt. Als kleiner Junge mit vier, fünf Jahren begleitete er sie nach Bagdad, um kurdische Frauen und Männer in den Gefängnissen zu besuchen. Sie brachte ihnen Essen und versorgte sie mit Nachrichten von ihren Familien.

In jenen Zeiten genügte es, wenn jemand Kurde war, um im Gefängnis zu landen. Beamte des Regimes in Bagdad suchten die Menschen auf, hielten ihnen ein Papier hin und sagten zu ihnen: »Du bist Araber und kein Kurde! Unterschreibe hier, dass du Araber bist.« Wer sich weigerte, verschwand oft für Jahre hinter Gittern.

Bakhtiars erste Station war Jugoslawien. Da er sich aber sofort in der kurdischen Bewegung engagierte, erregte er die Aufmerksamkeit von Saddams Geheimdienst. Es dauerte nicht lange, und die irakische Staatsbürgerschaft wurde ihm entzogen. Als es in Jugoslawien für ihn zu gefährlich wurde, floh er nach Schweden. In Schweden konnte er studieren und bekam auch eine neue Staatsbürgerschaft. Anschließend wandte er sich nach Frankreich, studierte in Paris weiter und arbeitete für die humanitäre Stiftung der Gattin des ehemaligen französischen Staatspräsidenten, Danielle Mitterrand. Die ganze Zeit stand er unter Beobachtung durch irakische Agenten. An ihre Einschüchterungsversuche hatte er sich so gewöhnt, dass er ihnen mittlerweile keine Beachtung mehr schenkte.

Dass Bakhtiar sich damals, als es beim Millenniums-Gipfel in New York zwischen uns funkte, mit einundvierzig Jahren endlich auf seine Gefühle einließ, verdankt er seiner Mutter. Später einmal verriet er mir, was sie ihm damals, im Krankenbett, auf Kurdisch zugeflüstert hatte:

»Schau, mein Sohn, das wäre eine Frau für dich!«

Das neue Jahr 2001 war noch ganz jung, als wir am 11. Januar in Beirut Hochzeit feierten. Weil ich jeden Augenblick mit einem Anschlag auf mein Leben rechnen musste, konnten wir keinen großen Empfang in einem Hotel veranstalten, und so bekam ich eine gemütliche Hochzeit in unserem Heim in Beirut im Kreis der Al-Souhail und der Badreddins und all unserer guten Freunde.

Meine Kindheits- und Jugendfreundinnen aus Amman waren gekommen, Sana' und Harasa Abu Raghab, Rania, Maiada und natürlich Nayifa mit ihrer Tochter, Prinzessin Sara. Auch einige Freunde Bakhtiars aus Paris hatten sich eingefunden. Ich war ein wenig traurig für ihn, dass niemand von seiner Familie kommen konnte. Für seine Mutter wäre der lange Flug aus den USA zu beschwerlich gewesen, und Bakhtiars Vater lebte in Suleimanija im irakischen Teil Kurdistans.

Um die Dinge zu vereinfachen, hatten wir beschlossen, die beiden Zeremonien, den Abschluss des Ehevertrags und die »Dachla«, das Hochzeitsfest, zusammenzulegen. Der Scheich kam dazu in unser Haus. Nachdem wir in seiner Gegenwart zusammen mit zwei

Zeugen unsere Unterschrift unter den Ehevertrag gesetzt hatten, schloss der Scheich unsere Ehe. Ich stand Bakhtiar gegenüber, sah ihm offen ins Gesicht und sprach die islamische Hochzeitsformel der Frau: »Ich habe mich dir um das vereinbarte Brautgeld zur Frau gemacht.«

Und Bakhtiar antwortete: »Ich akzeptiere die Heirat.«

Unter den Freudentrillern der Frauen begeben wir uns zu den beiden thronartigen Sesseln, die für uns an der Mittelwand des großen Salons aufgestellt waren, Bakhtiar im dunklen Anzug mit einem Büschelchen weißen Jasmins im Knopfloch. Es ist das Pendant zu den frischen, duftenden Jasminblüten, die ich anstelle eines Schleiers im Haar trage. Er sieht blendend aus und verbreitet um sich die souveräne Aura eines Diplomaten. Um mich hinzusetzen, muss ich mich ein wenig nach hinten beugen, um die angedeutete Schleppe meines weißen Seidenkleides zur Seite zu raffen. Meine stilbewusste ältere Schwester Ouroud, unglaublich elegant in ihrem schmalen lachsroten Kleid aus seidenunterlegtem Organza, tritt herbei und drapiert den Stoff der Schleppe und meines Kleides dekorativ für den Fotografen.

Zwischen den Blitzen der Kamera erblicke ich Amina, die auch sonst als guter Geist in Mutters Haushalt hilft, wie sie sich mit einem Tablett voller Gläser mit bunten Obstsäften durch die Gästeschar bewegt. Ich winke sie zu uns her und nehme ihr zwei rot gefüllte Gläser mit Granatapfelsaft ab. Eines reiche ich Bakhtiar, und wir stoßen miteinander an. Ich sehe in seine Augen und spüre wieder ganz stark, was ich seit unserer ersten Begegnung in New York weiß: Auf diesen Mann werde ich mich verlassen können.

Ich muss an Vater denken, der Bakhtiar mit offenen Armen aufgenommen hätte. Mutter tritt zu uns, küsst mich und beglückwünscht meinen Mann, dann kommt die Reihe an meine Schwestern – meine ältere und ewig junge Schwester Ouroud, die ruhig-ernste Alia, unsere etwas verträumte, aber von allen geliebte Seinab, die gewandte, flotte Edelhausfrau Scherine, die funkelnde, temperamentvolle Noura und die schlanke Sara, mein kleines Schwesterchen, das sich in London zu einer faszinierenden Mi-

schung aus Jeans-Mädchen und intellektuell fundierter Frau entwickelt hat.
Dann sind meine Freundinnen und alle anderen Gäste an der Reihe, uns zu gratulieren. Später drückt Mutter mir und Bakhtiar als dem Brautpaar je eine Platte mit weichen, hufeisenförmigen weißen Butterkeksen, »Ghoraibi«, in die Hand, damit wir sie nach libanesischem Hochzeitsbrauch den Gästen anbieten können.
Jemand hat eine Sängerin organisiert. Begleitet von einer Band mit orientalischen Instrumenten singt sie gefühlvolle Liebesballaden. In die Refrains stimmen alle ein. Irgendwann binden ein paar von den ganz jungen Mädchen, die noch nicht befürchten müssen, sich dadurch den Ruf der Koketterie einzuhandeln, Tücher um ihre Hüften und fangen an, zur Musik zu tanzen. Nachher lösen die Männer sie beim Tanzen ab. Es wird ein sehr fröhliches Fest. Die meisten Gäste bleiben bis in die frühen Morgenstunden.
Als sich die letzten verabschiedet haben, öffne ich die Türen der Glasfront zur Terrasse, um die stickige, verrauchte Luft hinauszulassen. Der brackige Geruch des winterlichen Meeres dringt an meine Nase. Ich nehme mir von einem der Tischchen im Salon eine Zigarette, zünde sie mit einem tiefen Zug an und mache ein paar Schritte hinaus in die Dunkelheit bis zum Geländer. In den klaren Nächten des Sommers hätte ich an der beleuchteten Linie der Corniche den Küstenverlauf erkennen können, diesseits die Stadt mit ihrem nächtlichen Leben und jenseits die endlose Schwärze des Meeres.
Heute dringt der Lichtschein von den großen Kandelabern an der Corniche gedämpft durch die Schwaden des Winternebels. Ich spüre hinter mir eine Bewegung, wende mich nicht um, veranstalte mit mir selbst ein kleines Ratespiel: Wer ist es? Mutter? Eine meiner Schwestern? Oder der, von dem ich mir wünsche, dass er es ist? Zwei große, warme Hände legen sich auf meine Schultern, ich lasse die halb gerauchte Zigarette auf den Fliesenboden fallen, wo ihre Glut in einem Miniaturfeuerwerk aufprallt, und bin zum ersten Mal in meinem Leben allein mit meinem Mann.
Meine Mutter erzählt bis heute, wie angenehm sie unser intimes

Hochzeitsfest empfunden hat, und ich bin heilfroh, dass es mir erspart geblieben ist, unter einem blumengeschmückten Baldachin hochgeputzt wie eine Puppe in eine Menschenmenge lächeln zu müssen.
Am übernächsten Tag traten ich und Bakhtiar unsere Reise in die gemeinsame Zukunft an. Aus der Hochzeitsreise wurde eine Lobbying-Tour durch europäische Hauptstädte. Sie stand im Zeichen unserer gemeinsamen Forderung nach einem Kriegsverbrechertribunal gegen Saddam Hussein. Als Opfer und Zeugin Saddams würde ich unseren Standpunkt glaubhaft vertreten können.

Arlington, Virginia

Die erste Station unserer Fahrt war Paris. Wir trafen Mitglieder der Regierung und der Nationalversammlung, Medienleute und Angehörige der in Frankreich zahlreich vertretenen irakischen Exilopposition. Die Nationalversammlung wollte eine Konferenz über die Menschenrechtsverletzungen im Irak organisieren und erbat unsere Mithilfe. Obwohl wir nicht in Paris bleiben konnten, erklärten wir uns bereit, potenzielle Teilnehmer zu kontaktieren und im Anschluss an unsere Tour auch selbst dabei zu sein. Die Konferenz wurde für Ende Januar anberaumt.
Bakhtiar baute zu diesem Zeitpunkt eine Organisation mit Sitz in Paris auf, die »Alliance Internationale pour la Justice«, abgekürzt AIJ. AIJ versteht sich als Speerspitze der Bemühungen von insgesamt 275 Menschenrechtsorganisationen weltweit, die ein Tribunal gegen die irakische Führung wegen Verbrechen gegen die Menschlichkeit, Kriegsverbrechen und Völkermord herbeiführen wollen.
Bakhtiar stellte mir seine Mitarbeiterin vor, Françoise Brié, eine aktive, energische Französin, mit der er schon unter Madame Mitterrand zusammengearbeitet hatte. Sie führte in seiner Abwesenheit in Paris das Büro und war gegen die ständigen Drohbotschaften, mit

denen Saddams Leute die Organisation eindeckten, inzwischen schon fast ebenso abgehärtet wie wir selbst.
Unsere nächste Station war Schweden. Wieder standen viele Meetings in unserem Kalender – mit Regierungs- und Parlamentsangehörigen, Beamten des Außenministeriums und Vertretern von Menschenrechtsorganisationen und des Olof-Palme-Zentrums. Drei Tage später flogen wir weiter nach Oslo und rührten auch dort kräftig die Trommel. Dann war es Zeit für uns, zur Irak-Konferenz nach Paris zurückzufliegen, bei der wir beide Referate halten würden.
Am Ende unserer Reise hatten wir das Gefühl, dass es uns gelungen war, in Europa etwas aufzurütteln. Wir waren zuversichtlich, dass die Länder, die wir besucht hatten, für ein Tribunal gegen Saddam Hussein eintreten würden.
Am 6. Februar 2001 traf ich mit meinem Mann in Washington ein. Nun kam mir zum ersten Mal zu Bewusstsein, was die vielen Termine in Europa überdeckt hatten: Ich befand mich auf der Flucht. Washington in Februar ist kein besonders einladender Ort. Der graue Himmel über der Stadt, ihre breiten, zugigen Straßen und überdimensionierten Gebäude trugen dazu bei, dass mich diese Tatsache unerwartet hart traf. Ich fühlte mich abgeschnitten – nicht allein von meiner Familie, sondern auch von den Ereignissen im Nahen Osten, die bis dahin mein Leben ausgemacht hatten. Im Gegensatz zu Bakhtiar hatte ich mich noch nie für sehr lange aus meiner Heimatregion entfernt.
Kurz nach meiner Ankunft suchte ich in den Vereinigten Staaten um politisches Asyl an. In dem Verfahren attestierte mir die Einwanderungsbehörde, dass ich mit an Sicherheit grenzender Wahrscheinlichkeit von der irakischen Regierung getötet würde, wenn ich wieder nach Jordanien zurückkehren müsste. Innerhalb weniger Monate gab die US-Regierung meinem Asylantrag statt.
Mittlerweile war der Sommer ins Land gezogen, und Washington hatte sein dichtes grünes Vegetationskleid angelegt, das der Stadt ein ganz neues Gesicht verleiht. Meine Stimmung hatte sich wieder gehoben, denn ich war schwanger geworden.

Ich begann mich in Washington einzuleben. Bakhtiar bewohnte eine hübsch gelegene Wohnung in Arlington, Virginia, in einer begrünten und verkehrsberuhigten Ansiedlung fünf Autominuten vom Pentagon entfernt. Obwohl er mich in die Arbeit von AIJ einbezog – die Organisation betreibt einen Nachrichtenservice mit Schwerpunkt Irak und veranstaltet in Europa und Amerika Informationsmeetings für Regierungsverantwortliche und Medien –, setzte bei mir nun das Bedürfnis ein, mich zur Abwechslung einmal als Privatperson zu fühlen. Allmählich bereitete ich mich seelisch auf das Baby vor und richtete mich häuslich ein.

Ich durchstreifte die Einkaufszentren, um unsere kleine Wohnung mit hübschen Accessoires aufzupeppen, fertigte aus bizarren Zweigen, Gräsern und Samenkolben dekorative Gestecke an, lieferte weiterhin Artikel an den Manar al-Arabi und tauchte ein in die Gemeinde der Exiliraker in der Stadt, unter denen sich auch viele aktive Frauen befanden. Dabei holte mich natürlich wieder die Politik ein. Viele der Frauen hatten erschütternde Geschichten aus ihrem Leben zu berichten, und allmählich reifte in mir die Idee heran, sie als Zeuginnen für die Verbrechen Saddams zu mobilisieren.

Bislang war in der internationalen Irak-Diskussion viel zu wenig vom Leid der Frauen zu hören gewesen. Wohl waren Kurdinnen mit ihrer speziellen Problematik an die Öffentlichkeit getreten, und zuweilen machten auch Frauen der irakischen Linken, aus der Union Sozialistischer Frauen oder Kommunistinnen, von sich reden. Doch die mächtigen USA hatten kein Interesse daran, linke Irakerinnen zu fördern. Deshalb drangen deren Berichte kaum in die internationalen Medien. Ich überlegte mir, dass unser Zeugnis am wirksamsten wäre, wenn wir ein breites gesellschaftliches Spektrum repräsentierten. Ich begann nun, mich unter den Frauen gezielt umzusehen, auch unter den orthodoxen Musliminnen.

Eine dieser Frauen bot mir an, mich im Dar al-Salam einzuführen, im Gemeindezentrum der Muslime in Virginia. Ich sollte mich selbst mit einer kleinen Ansprache vorstellen. Mit Spannung sah ich meinem Auftritt entgegen. Obwohl es für mich selbstverständlich ist, mich den Gepflogenheiten meiner Umgebung anzupassen, vermeide ich es, dabei meine eigenen Grenzen zu überschreiten. So wie ich in London nicht leichtgeschürzt durch die Straßen laufe, lasse ich mich auch nicht gern zwingen, einen Schleier zu tragen. In gewissen Situationen aber habe ich kein Problem, mich aus Respektgefühl vor den Menschen, unter denen ich mich bewege, an ihre Traditionen zu halten.

Als ich und Bakhtiar beim Dar al-Salam eintrafen, standen die Menschen in Gruppen vor dem Eingang plaudernd beisammen. Mit einem Blick stellte ich fest, dass in der Menge keine einzige Frau ihr Haar unbedeckt trug. Ich hatte einen langen, dunklen Rock angezogen und mir einen breiten, dünnen Schal über die Schultern gelegt. Die Schleiergeschichte wollte ich nach meinem Gefühl spielen. Sobald ich spürte, dass die Leute meinen unbedeckten Kopf als Ärgernis empfanden, wollte ich den Schal hochziehen. Doch er blieb den ganzen Abend hindurch auf meinen Schultern liegen, sogar während ich vom Podium aus sprach.

Noch heute freue ich mich darüber, dass Frauen in der Menge da und dort ihre Schleier herunterrutschen ließen. Als Tochter des ermordeten Scheichs genieße ich eine gewisse Freiheit. Es erfüllt mich jedes Mal mit großer Befriedigung, wenn ich sie auf andere Frauen übertragen kann.

Der 11. September

Mein Leib beginnt schwer zu werden, und ich freue mich an den Bewegungen des wachsenden Kindes. Der Arzt hat mir gesagt, dass es ein Bub werden wird. Ich glaube, Bakhtiar würde sich über ein Mädchen genauso freuen.

Es ist eine glückliche Zeit für mich, dieses Warten, bis es so weit ist, eine aufgezwungene Ruhepause, die ich genieße. Wie jeder irakische Haushalt haben wir ständig Gäste oder sind irgendwo eingeladen. Überrascht stelle ich fest, dass mir keinen Augenblick langweilig ist. Zurzeit hält sich meine Cousine Salma, die Tochter meiner Tante aus Michigan, bei mir zu Besuch auf. Wir wollen an diesem Tag zusammen zur britischen Botschaft fahren, um ihren Reisepass zu verlängern.

Während wir uns zum Ausgehen bereit machen, lachen wir über die verrückten Umstände unseres Lebens. Salmas Mutter ist die Schwester meiner Mutter. Sie ist geborene Libanesin, besitzt aber die amerikanische Staatsbürgerschaft. Salma hat die britische Staatsbürgerschaft ihres Mannes, und ich bin geborene Irakerin mit jordanischem Pass, verfüge über ein brandneues amerikanisches Reisedokument und lebe in Washington verheiratet mit einem schwedischen Kurden oder kurdischen Schweden.

Da läutet das Telefon. Es ist Salmas Mutter aus Michigan, außer sich vor Aufregung: »In New York ist etwas Furchtbares passiert! Ein Turm des World Trade Center wurde angegriffen. Geht nicht aus dem Haus!«

Und in dem Augenblick, da ich den Hörer auflege, ertönt auch schon ein entsetzlicher Krach in nächster Nähe. Wir beide fangen an zu schreien. Salma hat den Bürgerkrieg im Libanon miterlebt. Die alten Ängste müssen in ihr hochgestiegen sein, denn sie kann gar nicht mehr aufhören.

Mitten in unserem Schreck kommt mir plötzlich alles so absurd vor, und ich kann nicht anders, als über die Situation zu lachen: Wie erleichtert war meine Mutter gewesen, als ich Bakhtiar heiratete und meinen Wohnsitz nach Amerika verlegte. Sie meinte, jetzt endlich wisse sie mich an einem sicheren Ort, wenige hundert Meter Luftlinie vom Pentagon entfernt!

Ich schalte den Fernsehapparat ein und sehe ungläubig zu, wie ein Flugzeug in den zweiten Turm des World Trade Center kracht. Minuten später erfahren wir, dass die Explosion, die wir gehört hatten, von einem Anschlag direkt auf die amerikanische Militärzentrale herrührte.

Das irrwitzige Schauspiel in unserer Wohnung – meine Cousine schreit immer noch, und ich kann nicht aufhören, wie eine Ver-

rückte zu lachen – spiegelt den Wahnsinn der Realität draußen. Mein erster Gedanke ist: Saddam!
Bisher hatte stets nur er uns mit der Hölle konfrontiert. Aber obwohl auch ich heute glaube, dass al-Qaida hinter den Anschlägen vom 11. September 2001 steht, halte ich eine Verbindung zu Saddam Hussein immer noch für möglich. Ich habe mich stets über jene Menschen gewundert, die eine Verbindung zwischen Saddam und al-Qaida bestreiten konnten. Ich weiß beispielsweise mit Sicherheit, dass die militante Kurdengruppierung Ansar al-Islam von der al-Qaida ausgebildet wurde und mit Saddam zusammenarbeitete.

Miro Taleb

Das Leben geht trotz allem weiter. Ich spüre es besonders intensiv, denn mein Entbindungstermin rückt näher, und Alia, meine nächstjüngere Schwester, ist nach Washington gekommen, um bei mir zu sein, wenn ich mein erstes Kind bekomme, und mir in der Zeit danach zu helfen.
In den Ländern, wo wir normalerweise leben, haben Frauen aus wohlhabenderen Familien viel Hilfe. Haushaltspersonal ist nicht teuer, und die Frauen stehen einander in einem recht tragfähigen System familiärer und freundschaftlicher Solidarität bei. Wenn beispielsweise eine Schwester nicht berufstätig ist, so können die anderen ihre Kinder mit großer Selbstverständlichkeit zu ihr bringen.
Natürlich gibt es dabei Regulierungsmechanismen. Wir achten darauf, die Grenzen dessen zu wahren, was wir einander zumuten können, und auch dessen, was wir bereit sind füreinander zu tun. Keine Frau will sich den peinlichen Ruf einhandeln, die anderen auszunutzen, und deshalb funktioniert dieses System recht gut. Im Grunde bieten die sozialen Beziehungen in unseren Gesellschaften, die Geborgenheit der Menschen in der Religion und das

langsamere Tempo, in dem wir uns bewegen, eine echte Chance auf Lebensqualität. Wenn wir nur die Schattenseiten unserer Nahost-Existenz – Kriege, Krisen, soziale Spannungen, Korruption und Armut – in den Griff bekämen!

Es ist ein kalter, aber klarer Novembertag. Zusammen mit Alia fahre ich in die Pentagon-Mall und will Babysachen einkaufen. Um das Schicksal nicht durch zu viel Vorfreude herauszufordern, habe ich erst in den vergangenen Wochen begonnen, die Ausstattung für den Kleinen zusammenzustellen, und aus demselben Grund gibt es bis jetzt auch noch keinen Namen für ihn.

Gemeinsam bummeln wir durch die Marmorhallen der überdachten Mall und freuen uns an den schönen Geschäften. Plötzlich fährt mir wie ein Blitz ein schneidender Schmerz durch den Unterleib. Ich krümme mich, Alia geht noch zwei, drei Schritte weiter, bemerkt, dass ich nicht mehr an ihrer Seite bin und wendet sich um.

»Das ist zu früh«, presse ich als Antwort auf ihren überraschten Blick hervor. Es ist der 9. November, und nach Berechnung des Arztes sollte das Kind erst in zehn Tagen kommen. Dann erhole ich mich wieder und hoffe kurz, dass es nur ein Wetterleuchten war. Aber zwei Minuten später belehrt mich der nächste Blitz eines Besseren. Ich schleppe mich zur nächsten Treppe und setze mich auf die Stufen. Alia kennt sich mit meinem amerikanischen Handy, das nach eigenen Gesetzen funktioniert, nicht genug aus, um die Telefonnummer meines Arztes anzurufen. Während ich mich mit zitternden Fingern durchs Menü arbeite, bleiben schon die ersten Menschen stehen, fragen, ob alles in Ordnung ist.

Ja und nein. Mein Kind will auf die Welt kommen. Die Amerikaner sind in dieser Beziehung großartig: Sie werden sofort aktiv. Irgendjemand sagt: »Die Rettung ist schon auf dem Weg!«

Die Situation reizt mich zum Lachen. Muss ausgerechnet ich mein Kind in einer amerikanischen Shopping-Mall gebären? Ich raffe mich auf und wandere an Alias Arm langsam auf und ab, versuche, ruhig zu atmen und den Wehen die Schärfe zu nehmen. Ein kleiner Junge unter den Umstehenden beobachtet uns mit ängstlich fragendem Blick. Schneller als erwartet kommen die Rettungsleute. Erleichtert stelle ich fest, dass sie einen Rollstuhl vor sich herschieben. Ich hatte schon befürchtet, mich auf eine Bahre legen zu müssen. Im Laufschritt, Alia hinter uns her, bringen sie mich zum Krankenwagen. Auf dem Weg dahin sage ich ihnen, dass ich im Crystal City Hospital angemeldet bin. Vor bald zwanzig Jahren hat dort Ouroud in ihrer ausgeflippten Zeit Mufida auf die Welt gebracht.

In den Krankenwagen hinein, mit Sirenengeheul zum Krankenhaus, aus dem Wagen heraus und wieder im Lauftempo auf die Entbindungsstation. Mein Kleiner war brav und hat durchgehalten. Aber jetzt ist er innerhalb von Minuten bereit, sich von mir mit einem Riesenschrei in die Welt befördern zu lassen. Sekunden später schreit auch er, und schluchzend vor Freude und Staunen halte ich gleich darauf meinen Sohn im Arm.

Alia ist es gelungen, auf meinem Handy Bakhtiar zu erreichen. Als er ins Zimmer tritt, sehen wir beide schon wieder recht zivilisiert aus, der Kleine neben mir in einem übergroßen weißen Strampelgewand, mit rotem, etwas verdrückten Köpfchen und friedlich geschlossenen Augen, und ich in Spitalskluft und sauber gebettet.

»Wir werden ihn Taleb nennen«, sagt Bakhtiar und macht mir damit eine unendliche Freude. Taleb, der Name meines Vaters.

»Nein, wir nennen ihn Amir (Prinz) auf Kurdisch. Was ist das kurdische Wort für Amir?«

»Miro«, antwortet Bakhtiar und strahlt in seiner verhaltenen Art. Einen Augenblick lang hoffe ich, sein Gesicht würde sich in einem Ausdruck des Glücks ganz öffnen. Aber der Kurdenschmerz sitzt zu tief. »Ja, nennen wir ihn Miro Taleb.«

»Gut, mein Sohn: Miro Taleb«, sage ich zu dem Kleinen, den ich sodann seinem Vater in die Arme lege.

Ich bin Gott dankbar für meine großartige Schwester Alia! Ich weiß nicht, wie ich ohne sie in der ersten Zeit mit meinem Baby zurechtgekommen wäre.

Als ich und Bakhtiar vor der Hochzeit besprachen, wie wir unser Leben einrichten wollten, trafen wir eine Abmachung: Bakhtiar arbeitet im so genannten Non-profit-Bereich, das heißt, für Organisationen, die sich aus Spenden und Projektgeldern finanzieren. Die Gehälter auf diesem Sektor sind bekannt mager. Wenn jemand, wie mein Mann mit AIJ, selbst eine solche Organisation betreibt, muss sein finanzielles Gebaren über jeden Zweifel erhaben sein. Ein guter Ruf ist leicht verspielt, und im Hinblick auf den in der irakischen Exilopposition blühenden Neid mussten wir uns doppelt korrekt verhalten.

Damit kein Schatten übler Nachrede auf uns fallen konnte, vereinbarten wir, dass wir unseren Lebensstandard Bakhtiars Einkommen entsprechend gestalten würden. Für mich bedeutete das, auf die eine oder andere Erleichterung auch dann zu verzichten, wenn ich sie mir selbst hätte finanzieren können. In den Monaten, als wir noch zu zweit, ohne Kind, in Washington lebten, war das kein Problem. Ich koche gern, und die übrige Hausarbeit erledigten wir gemeinsam.

Nun aber, nach Schwangerschaft und Geburt, fühlte ich mich doch ziemlich zerschlagen, und in den ersten Wochen lief alles unvorstellbar zäh zwischen Miro Taleb stillen, Miro Taleb wickeln und Miro Taleb beruhigen. Spätestens jetzt war mir klar, weshalb Mütter in unserem Weltteil sich vierzig Tage nach der Geburt nicht aus dem Haus rühren und von den anderen Frauen in der Familie mit Kraftsuppen und allen möglichen Gebräuen aufpäppeln lassen: dieses für den Milchfluss, jenes für die Gebärmutter und noch etwas gegen Blähungen beim Baby.

Täglich hing ich am Telefon und holte bei Mutter und den beiden anderen erfahrenen Müttern in unserer Familie, Ouroud und Scherine, Rat ein, was ich in welcher Situation zu tun hatte. Dazwischen kamen immer wieder Besucher, um uns zu unserem ersten Sohn zu gratulieren. Sie brachten Geschenke für Miro Taleb und gaben ihm ihre Glückwünsche auf den Lebensweg mit. Es war für mich amüsant zu beobachten: Die Araber nannten meinen Sohn Taleb Effendi – Herr Taleb – nach meinem Vater und vergaßen auf das kurdische Miro. Umgekehrt hieß er für die Kurden schlicht Kaka Miro – Herr Miro.

Kinder mit übertriebenem Respekt anzureden entspricht dem etwas ironischen Humor der Menschen im Nahen Osten. Sie wollen damit den stolzen Eltern Reverenz erweisen und die große Zukunft andeuten, die sie dem kleinen Geschöpf wünschen.

Alia unterstützte mich auf ihre geduldige, ausgeglichene Weise, löste mich auf meinen Märschen mit dem Kleinen durch die Wohnung ab und sorgte dafür, dass ich zum Schlafen kam. Sie stellte Listen zusammen, damit Bakhtiar auf dem Heimweg von seinem Büro in der Nähe des Kapitols in einem Einkaufszentrum Halt machen und unsere Besorgungen erledigen konnte. Meiner Schwester verdanke ich es, dass über mir nicht das Chaos zusammenschlug. Nach vier Wochen war ich erholt genug, um mich zum ersten Mal wieder an den Computer zu setzen und meine inzwischen längst blockierte Mailbox zu leeren.

Ein paar Tage später schrieb ich schon meinen ersten Artikel als frisch gebackene Mutter für den Manar, während Bakhtiar mit unserem Sohn spazieren fuhr. Es war Mitte Dezember, und das Wetter in der küstennahen Stadt am Potomac-Fluss, wie zur Zeit meiner Ankunft vor einem Jahr, nasskalt – nach meinem und Bakhtiars Dafürhalten unzumutbar für unser Kind. So kam es, dass Miro Taleb seinen ersten Ausflug wie ein echter Amerikaner in ein Einkaufszentrum unternahm. Wieder daheim, packte Bakhtiar, ganz stolzer Vater, einen Sack voll Babysachen aus – putzige Jeans, Jäckchen und Pullis für einen Einjährigen, denn der Kleine würde ja schnell wachsen.

Als unvergessliches Ereignis erlebten wir den Moment, als unser Kind zum ersten Mal lächelte. So, als hätte er unsere Begeisterung registriert, lächelte er fortan jedes Mal, wenn einer von uns ihn hochhob und neckend auf ihn einsprach. Wir gingen nun wieder häufig aus und begannen darüber nachzudenken, wie es für uns weitergehen sollte. Als Miro sechs Wochen alt war, fand Alia, dass ich allein zurechtkommen würde. Nur widerstrebend ließ ich sie ziehen.

Solange Miro so klein war, wollte ich ihn noch keinem fremden Babysitter anvertrauen. Bakhtiars Mutter lebte bei ihrem zweiten Sohn in Washington. Sofern sie sich einigermaßen fit fühlte, nahm sie uns den Kleinen gern ab, wenn wir einen Termin hatten, zu dem wir ihn nicht mitbringen wollten. Bei einem Seminar im Kongress oder zu einem Gespräch im Außenministerium konnte ich schwerlich mit Baby erscheinen. Zur Not sprangen auch die anderen Angehörigen meines Mannes ein. Trotzdem vermisste ich die Frauenwelt meiner eigenen Familie.

Unmoralisches Angebot

Während mein Kind wöchentlich an Gewicht und Widerstandskraft zunahm, begann ich, die gemütliche Seite meiner neuen Rolle als Mutter auszukosten. Es war wie ein Echo jener fernen, paradiesischen Tage, als ich und Ouroud im Garten des Qasr Taleb mit unseren Puppen spielten.

Ich genoss es, mich auf Bakhtiars Heimkehr zu freuen, wenn ich das Abendessen zubereitete, der Kleine in seiner Wippe friedlich vor sich hin sang und ich im Haus alles in Ordnung gebracht hatte. Als angenehme Unterbrechung läutete dazwischen das Telefon, dessen Geräusch mich früher in Alarmbereitschaft versetzt hatte. In Washington konnte ich den Hörer wieder abnehmen, ohne auf eine Tirade von Drohungen gefasst sein zu müssen.

Im Hintergrund lief rund um die Uhr der Fernseher, denn seit den Attentaten vom 11. September standen die islamischen Länder im

Zentrum des weltpolitischen Interesses. Die Berichterstattung der Medien beherrschten Osama Bin Laden, al-Qaida, Afghanistan und die Taliban, wie auch plötzlich der so lange Zeit tolerierte Saddam Hussein mit seinem Terrorregime im Irak.
Zum ersten Mal in seinem mit Unrecht beladenen Leben schoss sich die Supermacht USA ernsthaft auf Saddam Hussein ein. US-Präsident George W. Bush erklärte den Irak im Januar 2002 in seiner Rede zur Lage der Nation zusammen mit dem Iran und Nordkorea zu einem Teil der »Achse des Bösen«.
Auf der einen Seite begannen wir zu hoffen, dass es mit Saddam nun wirklich und wahrhaftig zu Ende gehen würde. Zugleich nahmen wir mit wachsender Besorgnis wahr, wie sich die Strategie der US-Regierung auf Saddams Massenvernichtungswaffen konzentrierte. Seine jahrzehntelangen schrecklichen Verbrechen gegen die eigene Bevölkerung brachte Washington nur am Rande ins Spiel. Fassungslos und verletzt hörten und lasen wir Medienanalysen, denen zufolge erst in den vergangenen Jahren Flüchtlinge begonnen hätten, die Kunde von den Schrecken im Irak in der Welt zu verbreiten.
Tatsache war: Viele tausend Opfer und Zeugen der Verbrechen des Baath-Regimes befanden sich seit Jahrzehnten im Exil, in Paris, London und Washington, und verbrachten ihre Zeit vornehmlich damit, um Unterstützung des Auslands zu werben. Pumpten nicht die USA selbst seit zehn Jahren Geld in die Exilopposition? Wie konnten sie da behaupten, nichts von deren Anliegen zu wissen?
Waren etwa all die Menschen ungehört geblieben, die wie mein Vater, wie Mullah Mustafa Barsani, Sajjid Mahdi al-Hakim, Ajjad Alawi und Saad Saleh Dschabr ihr Vermögen, ihre Kraft, ihr Leben gegeben hatten, um die Welt aufzurütteln und Saddam zu bekämpfen? Hatten nicht Hunderte von Organisationen und Parlamentariern weltweit Saddams Taten deutlich genug angeprangert? Hatten nicht ich und Bakhtiar selbst uns den Mund in der Öffentlichkeit wund geredet?
Wir konnten nur Spekulationen darüber anstellen, weshalb die Regierung Bush auf den Massenvernichtungswaffen herumritt, die

vielleicht gar nicht mehr existierten, während darüber die internationale Allianz, die den Krieg gegen den Terror in Afghanistan unterstützt hatte, im Fall des Irak zerbröckelte.
Die Leichen in Saddams Massengräbern waren zugleich Leichen im Keller des Westens und vor allem der USA, die das irakische Volk so oft im Stich gelassen hatten, dass einem schon vom Gedanken daran schwindlig wurde. Wer gibt schon gern die eigene Mitschuld zu am Tod von Hunderttausenden? Doch genau dies würde sich nicht umgehen lassen, wenn die Verbrechen Saddams und das Leid seines Volkes in einem UNO-Verfahren aufgerollt würden. Somit waren Saddams Massenvernichtungswaffen als Kriegsgrund weitaus bequemer als das Leid der Menschen im Irak.
Vielleicht auch wollten die USA gar kein internationales Bündnis, keinen UNO-Schirm über ihrem Vorgehen gegen Saddam? Denn dann hätten sie teilen müssen – nicht nur das irakische Öl und jene acht Milliarden Dollar, die unter dem Lebensmittel-für-Erdöl-Deal auf einem UNO-Sperrkonto zusammengekommen waren, sondern auch die Wirtschaftsaufträge für den Wiederaufbau des Irak. Der wirtschaftliche Impuls, der für die Befreier Kuwaits Anfang der neunziger Jahre aus dem Wiederaufbau des Emirats erwuchs, war der Regierung Bush junior, die zum Teil bereits unter jener Bush seniors gedient hatte, in bester Erinnerung.
Falls es tatsächlich so war, dass die USA nie ernsthaft ein internationales Bündnis für den Krieg gegen Saddam anstrebten und sich deshalb auf den umstrittenen Kriegsgrund der Massenvernichtungswaffen versteiften, so haben die Vereinten Nationen und Staaten wie Frankreich, Deutschland und Russland sich kräftig in die Irre führen lassen.
Monatelang betete ich vergeblich darum, dass die Vereinten Nationen sich an die Spitze der Aktion gegen Saddam stellten. Ich wollte keine amerikanischen Besatzer im Irak, die wir unter Umständen weiß Gott wie lange nicht mehr loswerden würden.
Während ich mich zunehmend an die Annehmlichkeiten im Leben einer glücklichen jungen Mutter gewöhnte und anfing, mir ein normales Leben ohne Bedrohung und ohne große Aufgaben aus-

zumalen, reagierte mein Kopf auf die politischen Entwicklungen bereits mit neuen Ideen.

In Europa und Amerika hatten wir und andere Aktivisten die Forderung nach einem internationalen Tribunal gegen Saddam Hussein und seine Gesellen lautstark verbreitet. Nicht so jedoch im Nahen Osten. Ich verfüge über gute Kontakte zum Zentrum für Strategische Studien in Amman, und das brachte mich auf den Gedanken, dieses Forum zu nutzen, um auch in unserer Region für ein Tribunal Stimmung zu machen. Als international anerkannter Menschenrechtsexperte wäre Bakhtiar dafür genau das richtige Zugpferd.

Ich rief meine Freunde im Zentrum an, und wir vereinbarten, dort im Frühjahr 2002 gemeinsam eine Konferenz zu organisieren. Einer von ihnen gab mir einen tollen Tipp: »Safia, im März kommt Essat al-Douri nach Amman!«

»Na, dann setzen wir doch unser Treffen für dieselbe Zeit an! Der wird seine Freude haben!«

Es gelang mir, den gesamten Reiseplan des Saddam-Stellvertreters und Massenmörders in Erfahrung zu bringen. Im Anschluss an Amman war vorgesehen, dass er nach Beirut weiterfuhr und zuletzt nach Kairo. Wir beschlossen, uns an seine Fersen zu heften und in Jordanien und Ägypten seine Festnahme zu fordern. Im Vorfeld schrieben wir Briefe an die Arabische Liga und kontaktierten die arabischen Länder durch ihre Botschaften in Washington.

Schon eine Woche vor dem Konferenztermin flog ich mit Miro Taleb voraus nach Amman, um für die letzten Vorbereitungen an Ort und Stelle zu sein. Zuletzt war ich schon ungeduldig geworden in Washington und hatte die Tage gezählt bis zu dem Moment, wo ich mich mit dem Kleinen im Schoß meiner Familie einfinden konnte. Ich liebe meinen Sohn über alles, und wenn ich ihn ansehe, geht mir das Herz über. Aber in den kommenden Wochen war viel zu tun, und ich brauchte Bewegungsfreiheit. Während wir nach Beirut und Kairo flogen, würden meine Mutter und meine Schwestern auf ihn aufpassen.

Unser Event fand in der Form eines Seminars statt. Fünfzig hochrangige jordanische Persönlichkeiten nahmen daran teil: der Außenminister, andere Kabinettsmitglieder, Parteichefs, Parlamentsabgeordnete, der Universitätspräsident, Professoren und andere Intellektuelle. Bakhtiar hielt seinen Vortrag. Er forderte die Entfernung Saddam Husseins und eine Lösung für die Katastrophe im Irak. In den anschließenden Diskussionen äußerten sich die Teilnehmer sehr kritisch über die irakische Exilopposition, besonders über Ahmed Chalabi, der, wie sie sagten, aus Jordanien »abgehauen« sei.

Wir fanden starkes Echo in den jordanischen und arabischen Medien. Al-Hayat berichtete auf der Titelseite, dass ein irakischer Kurde in Amman just zu jenem Zeitpunkt ein Tribunal für die Verbrechen im Irak forderte, da Essat al-Douri sich zu einem Treffen mit dem jordanischen König in der Stadt aufhielt. Während des Kongresses verteilte ich an den Außenminister und die anderen Offiziellen einen Brief mit meiner Forderung, Essat al-Douri festzunehmen.

Die ganze Aktion war ein großes Wagnis. Da wir in Jordanien einen guten Namen haben, würde die Bevölkerung unsere durch die Presse verbreiteten Informationen ernst nehmen. In der irakischen Botschaft herrschte Alarmstimmung. Informanten wurden darauf angesetzt herauszufinden, wer für die Bewilligung des Seminars verantwortlich war. Eine Veranstaltung dieser Art hätte normalerweise durch das Innen- und Außenministerium und den Geheimdienst abgesegnet werden müssen. Für uns hatten die Leiter des Zentrums alles arrangiert. Als jemand versuchte, sie zur Verantwortung zu ziehen, antworteten sie:

»Wissen Sie denn nicht, wer Bakhtiar Amin ist? Er ist mit Safia Al-Souhail verheiratet. Safia ist wie eine Jordanierin, ihre Familie gehört zu unserem Land. Wir konnten ihr das nicht abschlagen!«

Ahmed, Vaters einstiger Sekretär, half uns in Amman. Als er unsere Pässe auf die libanesische Botschaft trug, um Visa für die Weiterreise zu besorgen, hatte er einen Plausch mit dem Botschaftspersonal. Da er selbst Libanese ist, sprachen die Beamten offen mit ihm. Sie erzählten, dass die irakische Botschaft vier Pässe geschickt habe,

mit dem Ersuchen um Erledigung bis zum Nachmittag. Diese Iraker wollten noch am selben Tag nach Beirut fliegen.
Während Ahmed mir unsere Pässe mit den Visa aushändigte, warnte er mich: »Pass auf, Safia, diese Leute werden dir folgen, wenn ihr heute nach Beirut abreist.«
Offenbar trampelte ich auf den Nerven des irakischen Regimes herum. Tatsächlich suchte mich in Beirut ein Bote Saddam Husseins auf und unterbreitete mir ein Angebot: »Wenn Sie und Ihre Familie Ihre Aktivitäten einstellen, dann garantieren wir Ihnen die Rückerstattung Ihrer Besitztümer im Irak. Sie selbst wären hochwillkommen und könnten ein besseres Leben führen.«
Ich lehnte natürlich ab. Mein Vater hatte sich nicht erpressen lassen, und auch ich würde es nicht zulassen. Außerdem konnte ich davon ausgehen, dass Saddam sein Wort mit hundertprozentiger Sicherheit brechen würde. Hatte er nicht seine eigenen Schwiegersöhne Hussein und Saddam Kamel nach ihrer Flucht nach Jordanien wieder heimgelockt, um sie dann eiskalt abknallen zu lassen?

Wie Jordanien befand sich auch der Libanon in einem heiklen Verhältnis zu Saddam, war auf sein Erdöl angewiesen und profitierte vom Handel mit dem Irak. Aber am meisten Gewinn hatte Syrien vom irakischen Schleichhandel mit dem Öl. Die Syrer behielten die gute Qualität für sich und schickten den Rest in den Libanon, der auch noch einem Mittelsmann Provision zahlen musste. Armer Libanon!

Am Ende des libanesischen Bürgerkrieges hatte Syrien 1989 mit westlichem Segen die Oberaufsicht über die Angelegenheiten des Libanon erhalten.
Das Billigöl, das Saddam gegen das Embargo nach Syrien schmuggelte, hatte seinen früheren Erzfeind, Hafes al-Assad, kooperationsbereit gemacht. Die daraus resultierende Irak-freundlichere Politik Syriens wirkte auch im Libanon.

Entsprechend fiel die Entscheidung zur Wiederaufnahme der Beziehungen des Libanon mit dem Irak – sie waren nach dem Attentat auf Safias Vater abgebrochen worden – eigentlich in Damaskus. Die Fluchthilfe, die der Libanon und Syrien entgegen ihrer sonstigen Haltung zur Familie Al-Souhail den Mördern des Scheichs leisteten, gehörte offenbar zu dem Preis, den die beiden Länder für Saddams Öl bezahlten.

Politische Ethik

Nun, im Jahr 2002, schien die Zeit günstig, um in Beirut Druck zu machen für die Wiederaufnahme des Justizverfahrens im Mordfall Scheich Taleb Al-Souhail.

Ich suchte unsere Anwälte auf, und einer von ihnen, Ibrahim Halawa, ein früherer Minister, sagte etwas zu mir, das mir noch lang im Gedächtnis bleiben wird: »Safia, ich sehe dir gerade dabei zu, was du tust. Du bist auf demselben Weg, den dein Vater gegangen ist. Wirst du auch so anständig sein wie er?«

Ich wusste nicht genau, worauf er hinauswollte, und erwiderte:

»Ich bin die Schülerin meines Vaters. Ich werde nicht anders sein als er.«

»Nein, das sollst du aber! Dein Vater hat sein Geld und sein Leben hergegeben. Am Ende des Tages haben solche Menschen keinen Platz in dieser Welt. Gib nicht alles von dir. Du musst schauen, wo dein Vorteil liegt. Achte darauf, dass du die Reiterin bist und nicht der Esel!«

Im Libanon dreht sich immer alles ums Geld. Ich dachte anfangs, er sprach davon, dass ich meinen finanziellen Vorteil im Auge behalten sollte. Vielleicht wollte ich ihn damals auch nicht verstehen. Jedenfalls antwortete ich ein wenig unwirsch:

»Ich werde nie etwas tun, woran ich nicht glaube. Ich kann nicht so denken wie Sie alle hier im Libanon.«

Aber eigentlich lautete seine Botschaft an mich: »Gib dich keinen Obsessionen hin und sei auch nicht zu perfekt. Das allzu Reine, allzu Gute kann sich im realen Leben nicht durchsetzen. Bring Gleichgewicht in dein Leben! Setze dem Teil deines Wesens, den du von deinem Vater hast, dein Eigeninteresse entgegen.«
Während der letzten Etappe unserer Rundreise, in Kairo, deponierten ich und Bakhtiar unseren Antrag auf die rechtliche Verfolgung Saddams und die Verhaftung al-Douris beim Vorsitzenden des Konsultativrates im Parlament, Mustafa Faqi. Er versprach: »Ich werde alles dem Madschlis vorlegen.« Und zum Abschluss unseres Meetings sagte der Ägypter, ein sehr kluger Politiker: »Wir sind nicht daran interessiert, Saddam zu fördern. Er ist kein guter Mann. Aber es gibt politische Wechselwirkungen in der Region, die wir in Betracht ziehen müssen.«
Wieder einmal waren wir an das große Fragezeichen gestoßen, das alle bewegte und ihre politische Ethik über Bord werfen ließ: Wer wird den Irak nach Saddam regieren?

Die Zeuginnen

Alsbald zeigte sich, wie angemessen die Warnung unseres Anwalts Ibrahim Halawa war. Dass ich es wagen konnte, das Rückkehrangebot des irakischen Regimes abzulehnen, wurde in Bagdad als grober Affront aufgenommen, und dazu kam noch die Kette von Peinlichkeiten, die wir Essat al-Douri bereitet hatten. Mir konnten sie nach meiner Rückkehr in die USA zwar nichts anhaben. Doch nun gingen sie auf meine Familie in Jordanien los. Fortan hatten meine Mutter und meine Schwestern keine Ruhe mehr.
Ein gnadenloses Bombardement mit Drohanrufen setzte ein. Dann stellte sich heraus, dass der langjährige Chauffeur meiner Mutter, ein Sudanese, sich von der irakischen Botschaft als Spion hatte

anheuern lassen. Seinab ertappte den Mann dabei, wie er ein Diktiergerät mit Informationen besprach. Die Aufnahmekassette enthielt die Namen der Besucher in unserem Haus und Details über die mit ihnen geführten Gespräche. Auch der Tagesablauf meiner Mutter war festgehalten. Mutter hatte ihm vertraut und war ganz besonders nett zu ihm gewesen. Oft und oft hatte sie seine Tickets bezahlt, damit er heimfliegen konnte, und auch die Geschenke, die er für seine Familie mitnahm.

Die jordanische Polizei setzte den Mann für ein paar Tage fest, ließ ihn aber bald laufen. Mutter wollte gar nicht darüber sprechen, sie fühlte sich enttäuscht, verärgert und erniedrigt, dass jemand, der so lange in unserem Haus gearbeitet hatte, uns für Geld ausspionierte. Wir sind schon so oft Verrätern aufgesessen, dass ich mich frage, wann meine Familie endlich lernen wird, wem wir trauen können und wem nicht.

Der gesamte asiatische Teil des Nahen Ostens ist bis heute eine tief verwurzelte Stammesgesellschaft. Eines unserer großen Probleme ist, dass wir die strengen Traditionen der Stammesverbände, die über Jahrtausende funktioniert haben, nicht vereinbaren können mit der Flexibilität und Freiheit des modernen Lebens. Unser innerer Widerstand gegen die Moderne mag damit zusammenhängen, dass Freiheit auch die Freiheit zum Bösen einschließt. Es lebt sich friedlicher in der Vorstellung, das Böse aus den eigenen Mauern bannen zu können.

Meiner Mutter und meinen Schwestern blieb nun nichts anderes übrig, als zur altbewährten Ausweichtaktik zurückzukehren: in Bewegung bleiben und kein Angriffsziel bieten. Sie hatten nun drei Wohnsitze – Beirut, Amman und Riad –, zwischen denen sie ständig hin- und herpendelten. Dazu kamen Kairo und London, wo wir gute Freunde haben.

Mutter begann, sich nach einem neuen Haus in Amman umzusehen. Die Villa des Scheichs war für die irakischen Geheimdienste nun schon allzu lang Angriffsziel gewesen. Meine Familie würde sich dort nie mehr in Sicherheit fühlen können. Eine Lösung bot sich an in Gestalt eines freien Hauses in unmittelbarer Nachbarschaft der schwer bewachten amerikanischen Botschaft. Mir fiel ein riesiger Stein vom Herzen, als Mutter und Alia, Seinab und Noura dort einzogen. Meine Schwester Sara, unser Nesthäkchen, hatte im Sommer in London einen jungen Mann aus dem Irak geheiratet und war mit ihm in England geblieben.

Ich und Bakhtiar reagierten, indem wir uns an die UNO in New York wandten. Tatsächlich verfasste der UN-Sonderberichterstatter für Menschenrechte im Irak einen Brief über unsere Causa an Bagdad. Außer ihm setzten noch fünf weitere Berichterstatter und ein Vertreter des UNO-Generalsekretärs ihre Unterschrift darunter. Es kommt selten vor, dass sich so viele ranghohe UNO-Vertreter zu einer gemeinsamen Aktion zusammenfinden.

Wie nicht anders zu erwarten, erklärte Bagdad in seiner Antwort, die in dem Brief enthaltenen Behauptungen entbehrten jeder Grundlage. Dabei hatten die vier Mörder vor dem libanesischen Untersuchungsrichter gestanden, dass sie in Wahrheit irakische Geheimdienstleute waren und das Verbrechen als Diplomaten getarnt begangen hätten. Ohne jede Reue hatte einer von ihnen sogar zu Protokoll gegeben: »Wenn ich wieder den Auftrag bekäme, würde ich es noch einmal tun: Taleb Al-Souhail hatte sich gegen den großen Führer Saddam gestellt; er war ein irakischer Staatsfeind und Verräter seiner Heimat.«

Die sieben UNO-Vertreter verfassten anschließend einen Bericht an die UNO-Vollversammlung, der, wie alle vorhergehenden Berichte über den Regierungsterror im Irak, ohne Wirkung blieb. Kein einziges UNO-Gremium fasste einen Beschluss, um mit Saddam abzurechnen und seine Verbrechen für die Zukunft zu unterbinden.

Nun, fand ich, war es höchste Zeit, mein vor Miros Geburt begonnenes Frauenprojekt in Angriff zu nehmen: Gemeinsam mit anderen Irakerinnen in den Hauptstädten des Westens wollte ich öffentlich Zeugnis über Saddams Verbrechen ablegen. Ein wichtiges Kriterium war, dass die beteiligten Frauen den verschiedenen irakischen Bevölkerungs- und Religionsgruppen angehören sollten. Nur wenn wir einen breiten Querschnitt repräsentierten, konnten wir glaubwürdig gegen Saddam argumentieren.

Für unser erstes Treffen am 4. Oktober 2002 gelang es mir, einen Pressekonferenz-Termin im berühmten National Press Club in Washington zu bekommen. Zuvor hatte ich mit einigen Freundinnen und Bakhtiar nächtelange Diskussionen geführt, wen wir einladen und unter welches Motto wir unsere Initiative stellen wollten. In einem kollektiven Geistesblitz fanden wir den Titel »Unheard voices of Iraqi women« – »Ungehörte Stimmen irakischer Frauen«. Wir waren begeistert.

Indessen spürte ich an den Tagen nach unseren Nachtsitzungen, wenn Miro Taleb bereits um sieben Uhr morgens sein Frühstück und Aufmerksamkeit einforderte, ziemlich krass, wie mich der Schlafmangel plagte. Der ist inzwischen chronisch geworden, denn ab Oktober 2002 überstürzten sich die politischen Entwicklungen, und meine Aktion gewann eine Eigendynamik, die mich monatelang von einer Stadt in die nächste trieb.

Da ich selbst keine Expertin in Frauenfragen bin, bat ich Dr. Katrine Michael, bei dem Meeting im National Press Club den Vorsitz zu übernehmen. Sie setzte sich schon seit längerem mit den Problemen irakischer Frauen auseinander. Die chaldäische Christin aus dem Nordirak ist ausgebildete Erdölingenieurin. 1982 hatte sie sich den kurdischen Peschmerga-Kämpfern angeschlossen und wurde 1988 Opfer von Saddams Giftgasattacken. Ein Jahr verbrachte sie in einem überfüllten türkischen Flüchtlingslager.

Jede einzelne der Frauen legte Zeugnis ab über ganz reales Leid, das Saddam seinem Volk zugefügt hatte. Die wenigsten von uns besaßen Medienerfahrung, und so erhielten unsere Darstellungen einen authentischen, bewegenden Charakter, der nicht einmal die abgebrühtesten unter den anwesenden Medienleuten kalt ließ. Ein amerikanischer Fernsehsender strahlte den Auftritt der irakischen Frauen live aus, Zeitungen im Westen und im Nahen Osten, internationale Nachrichtenagenturen und die BBC berichteten darüber.

Ich schilderte die Ermordung meines Vaters nach unserem gescheiterten Coup und unseren vergeblichen Kampf um Gerechtigkeit. Ich beschrieb, wie meine Familie in ohnmächtiger Frustration fest-

stellen musste, dass wir als Frauen von den Behörden in der Region nicht ernst genommen wurden und dass nicht einmal die Vereinten Nationen etwas gegen die rechtliche Willkür ausrichten konnten.
Die Scheichtochter und orthodoxe Muslimin Nidal Muhi al-Scheich Schallal berichtete von der fast gänzlichen Auslöschung ihres Stammes in Bagdad, der al-Dschibur, die in der Hauptstadt eine prominente Rolle gespielt hatten. Nidals Onkel war Bürgermeister von Bagdad gewesen. Der Stamm hatte sich wiederholt gegen Saddam aufgelehnt.
Sie zeichnete ein Bild von der Hölle, in der die Frauen des Irak in den neunziger Jahren lebten. Nachdem in den Kriegen so viele Männer gestorben waren, entstand ein gewaltiger Frauenüberschuss. Doch anstatt an Macht zu gewinnen, wurden die Frauen zum Freiwild für die verrohten Söhne Saddams, Udai und Qusai, und ihre Banden. Auf offener Straße, in Clubs und Restaurants wurden junge Mädchen verschleppt, um von den beiden Bossen, deren Promifreunden und womöglich noch von Bandenmitgliedern vergewaltigt und anschließend gemartert und entehrt zu ihren Familien zurückgeschickt zu werden. Sondereinheiten Saddams führten Ende der achtziger und Anfang der neunziger Jahre nach den Aufständen im Norden und Süden des Landes Prozessionen gefangener Frauen nach Tikrit, damit sich die Männer in Saddams Heimatstadt an ihnen vergehen konnten.
Frauen von Regimegegnern mussten damit rechnen, vor den Augen ihrer Männer gequält, mit dem Tod bedroht und getötet zu werden. Auf diese schreckliche Weise sollten den Männern Geständnisse abgepresst werden. Sie konnten sich glücklich schätzen, wenn sie bloß ihren Job verloren oder zum Beitritt in die Baath-Partei gezwungen wurden.
Auch Nidal verlor ihren Job. Ihr Mann wurde als Intifada-Teilnehmer im Gefängnis gefoltert. Er hatte Glück und kam nach vier Monaten lebend heraus, jedoch für sein Leben gezeichnet mit einer gebrochenen Nase, gebrochenen Rippen und den Spuren der Schock-Elektroden an seinem Körper.
Selbst die Polygamie im Irak feierte ein Comeback, nachdem

Saddam Hussein mit seinen fünf Frauen und Essat al-Douri mit gar sieben den Freibrief dazu erteilt hatten.
Katrine ging daran, den Mythos von der guten Stellung der Frau unter dem Baath-Regime aus rechtlicher Sicht zu widerlegen. Unter der Verfassung, in Gesellschaft, Familie und Arbeitsleben sind Irakerinnen in Wahrheit massiv benachteiligt. Katrine forderte rechtlichen Schutz für Frauen vor gewalttätiger Behandlung in der Familie, vor Beschneidungsritualen, Vergewaltigung und so genanntem Ehrenmord bei Ehebruch. Und sie verlangte das Recht auf freie Partnerwahl, die Freiheit, ohne männliche Begleitung zu reisen, und die Schaffung aller Voraussetzungen, damit Frauen gleichberechtigt am Arbeitsleben teilnehmen können.
Die Juristin Sakija Ismail Haqqi, die erste Richterin des Irak, sprach bewegend über das unvorstellbare Martyrium von mindestens 20 000 Fayli-Kurden, jungen Männern und Knaben, die Saddam 1980, zu Beginn des Irak-Iran-Krieges, in Geiselhaft nehmen ließ, weil ihr Volk das Pech hatte, Kurden und zugleich Schiiten zu sein. Ihre Familien wurden in den Iran deportiert, wo sie laut Saddam hingehörten. Niemand wusste, was aus diesen Männern geworden war, ob sie in den über den ganzen Irak verstreuten Gefängnissen vegetierten oder bei Experimenten mit Bio- und Chemiewaffen ums Leben gekommen waren.
Peiman Halmat und Hetau Ibrahim Ahmed, beide prominente kurdische Aktivistinnen, beschrieben die Schrecken von Saddams Genozid-Kampagnen gegen die Kurden und ihre lebenslange Flucht von einem Ort zum anderen.
Zum Abschluss schilderte Sabria Mahdi Naama, ebenfalls eine Muslimin im Hidschab, wie sie, nach der Intifada der Schiiten von ihrem Mann getrennt, allein mit ihren fünf Kindern von Dorf zu Dorf floh. In einem dreitägigen Gewaltmarsch durch die Wüste, ohne Nahrung, durch die sengende Hitze des Tages und die kalten Winde der Nacht, erreichte sie mit ihren Kindern die saudi-arabische Grenze und das Flüchtlingslager Rafha.
Dorthin verschlug es auch den Vater, und nach eineinhalb Jahren landete die vereinte Familie am J.F.K.-Flughafen in New York in

der Freiheit. Als sie von Bord gingen, brachen sie, von der Macht des Augenblicks überwältigt, in »Happy Birthday«-Rufe aus, und die Besatzung des Flugzeugs stimmte mit ein.

Am Ende von Sabrias Bericht blieb keiner der ungefähr 50 Medienmenschen mehr ungerührt. Der Reporter von der Voice of America in kurdischer Sprache, der vor mir in der ersten Reihe saß, weinte buchstäblich, und dem Journalisten von der kuwaitischen Nachrichtenagentur rannen ebenfalls die Tränen über die Wangen, als er seine Frage stellte.

Es war die erste Veranstaltung dieser Art, die ich organisierte, und wenn wir uns blamiert hätten, so wäre das für mich und die anderen Frauen sehr entmutigend gewesen. Doch nun war das Eis gebrochen.

Am Ende der Pressekonferenz drängten sich die Menschen um einen Tisch im hinteren Teil des Saales. Dort lag eine Petition auf, die wir entworfen hatten. An ihrem Ende stand die Forderung nach »Bildung eines Komitees unter dem UNO-Generalsekretär oder dem UNO-Sicherheitsrat, um die Verbrechen des irakischen Regimes gegen die Menschheit zu untersuchen«. Kaum jemand im Saal, der nicht unterschrieb.

Während die Tage verflossen und der militärische Aufbau der amerikanischen und britischen Streitkräfte am Golf voranschritt, fragten wir uns mit schwindendem Verständnis:

»Warum, um Gottes willen, reden immer noch alle nur von den Massenvernichtungswaffen? Braucht es denn unbedingt einen ›Krieg gegen den Terror‹, um mit einem Regime wie jenem Saddams aufzuräumen? Warum kann es denn nicht im Namen der Menschlichkeit geschehen?«

In der zweiten Jahreshälfte 2002 spitzte sich die internationale diplomatische Debatte darauf zu, ob ein Angriffskrieg zulässig wäre, um irgendein Regime – wie unerfreulich auch immer – zu entfernen. Die Mehrheit der Kriegsgegner, ihnen voran Frankreich, Deutschland und Russland, argumentierten, dass die UNO einen

Krieg nur dann absegnen durfte, wenn die militärische Intervention nach der UNO-Charta gerechtfertigt sei, und dem Irak könne zurzeit kein aggressives Verhalten in diesem Sinn nachgewiesen werden. Die Minderheit der anderen, mit den USA und Großbritannien an der Spitze, dehnten und streckten die Tatsachen, um aus Saddams einstmals Besorgnis erregendem Arsenal an Massenvernichtungswaffen einen Kriegsgrund zu konstruieren.

Das Völkerrecht stützt sich in der Frage der Legitimität eines Krieges auf die Charta der Vereinten Nationen. Diese verbietet allgemein jede Art von Gewaltanwendung unter Staaten. Allein im Fall, dass ein Staat den Frieden gefährdet, den Frieden bricht oder eine Angriffshandlung unternimmt, setzt dieses Verbot aus. Darüber zu entscheiden, ob ein solcher Fall von Notwehr und Selbstverteidigung vorliegt, obliegt allein dem UNO-Sicherheitsrat und niemals einzelnen Staaten. Ein militärischer Angriff ohne Erlaubnis des Sicherheitsrates ist somit ein klarer Bruch geltenden Völkerrechts.
Für den Fall, dass ein Diktator die Bevölkerung innerhalb seiner Machtgrenzen terrorisiert, sieht die UNO-Charta keine Lösung vor. So erfolgte bereits das NATO-Bombardement Serbiens im März 1999 ohne die Billigung des Sicherheitsrates und somit am Völkerrecht vorbei. Damals hätte Russland eine entsprechende Resolution mit seinem Veto blockiert.

Donnergrollen vor dem Krieg

Obwohl ich viel von meinem Schlaf opferte, kam mein kleiner Sohn Miro in letzter Zeit bei mir zu kurz. Bakhtiar musste ihn oft bei der Oma abgeben, dabei hätte ich nur zu gern mit dem Kleinen all die Dinge unternommen, die einem Einjährigen so viel Vergnügen bereiten können. Doch anstatt mit ihm ins Schwimmbad zu fahren oder in den Zoo zu den Pandabären, kontaktierte ich

Irakerinnen in London und Paris für die nächsten geplanten Pressekonferenzen der »Ungehörten Stimmen irakischer Frauen«. Es war nicht ganz einfach, in Europa irakische Frauen zu finden, die sich mit ihrer Geschichte an die Öffentlichkeit wagen würden. Zu mächtig war noch die Präsenz der Geheimdienste Saddams, die jeden Iraker bedrohten, der Regimekritik übte. Viele Frauen fürchteten auch, sich bloßzustellen, wenn sie sich als Opfer outeten. Deshalb zogen sie sich am liebsten in ihre eigenen Kreise zurück und sprachen mit keinem Fremden über ihr Land und seine Probleme.

Es wäre zu teuer gewesen, die Frauen, die sich in Washington beteiligt hatten, nach Europa zu bringen, denn das Projekt fand unter dem Schirm von AIJ statt, und wir mussten die Kosten so niedrig halten wie möglich. Aber nach vielen Telefonaten und E-Mails hatte ich endlich zwei sehr interessante Gruppen beisammen. Es glückte mir auch, die Konferenzräumlichkeiten gratis zu bekommen.

Alsdann pilgerte ich zu den Botschaften und besorgte unsere Visa. Zu allem Überfluss sollte ich auch noch zu einem Foto- und Interviewtermin im Außenministerium erscheinen, das mich auf einer Internet-Seite zusammen mit einigen anderen jüngeren Irakern unter dem Titel »Voices for Freedom« – »Stimmen für die Freiheit« – vorstellte. Darunter befand sich auch Sajjid Abdel Madschid al-Chui, ein schiitischer Kleriker aus einer der führenden Ajatollah-Familien des Irak, auf den ich große Stücke hielt.

Ich hatte ihn vor zwei Jahren in London kennen gelernt. Er befasste sich intensiv mit dem im Irak stets brandaktuellen Thema, wie sich die Volks- und Religionsgruppen zusammenführen ließen. Er stand der »Al-Chui-Stiftung« vor, die von Großbritannien aus weltweit islamische Gemeindezentren betreibt. Sein Vater, der die Stiftung gegründet hatte, und zwei Brüder waren bei einem als Autounfall getarnten Mordanschlag ums Leben gekommen. Der Mann – wie ich in den Dreißigern – gehörte zu jener ganz seltenen Art von »Turban-Trägern«, die überzeugte Demokraten und prowestlich eingestellt sind. Ich war mir sicher: Al-Chui würde in einem neuen Irak vermitteln können – nicht nur zwischen Schiiten und anderen Volksgruppen, sondern auch innerhalb des einflussreichen, aber keineswegs geeinten religiösen Establishments. Das Spektrum irakischer Schia-Führer ist nämlich sehr vielfältig und reicht von spirituell-zurückgezogenen Religionsgelehrten über eine Gruppe gemäßigter Geistlicher, die sich demokratisch in der Politik engagieren wollen, bis hin zum radikal-religionskämpferischen Flügel.

Obwohl er ganz anders aussah, erinnerte al-Chui mich in seiner klugen, zurückhaltenden Art und mit seinem durch nichts getrübten Blick aus guten schwarzen Augen ein wenig an unseren »Diebsonkel« Sajjid Mahdi al-Hakim, den das irakische Regime in Khartum ermorden ließ. Es war beruhigend zu wissen, dass es immer noch solche Menschen gab.

Mein Terminkalender für die Monate November und Dezember quoll allmählich über. Von geruhsamem Familienleben würde bis Weihnachten keine Spur mehr sein. Im Anschluss an die Pressekonferenzen der Irakerinnen in London und Paris wollte ich Ende November eine Delegation irakischer Frauen nach Beirut führen, zur Konferenz der Internationalen Demokratischen Frauenföderation. Mitte Dezember sollte in Anbetracht des drohenden Krieges ein großes Treffen der irakischen Exilopposition in London stattfinden, zu dem ich eingeladen war.

Miro Taleb würde mit uns reisen. Während unserer Termine in London wollte ich ihn mit einem Babysitter bei Sara lassen. Zusammen mit ihrem Mann bewohnte sie eine hübsche Wohnung in der Nähe des Hyde Parks. Sara studierte noch und würde ein Auge auf ihren kleinen Neffen haben können. Zur Pressekonferenz in Paris konnte Miro mitkommen und, während seine Mutter auf dem Podium saß, das Geschehen auf dem Arm seines Vaters verfolgen. Wenn er weinte oder zu laut plauderte, würde Bakhtiar mit ihm aus dem Raum gehen und ihn draußen beruhigen.

Am 8. November verabschiedete der UNO-Sicherheitsrat seine berühmte Resolution Nummer 1441. Darin wurde der Irak einstimmig aufgefordert, innerhalb von dreißig Tagen eine vollständige Aufstellung über seine Waffenprogramme vorzulegen und dem

Team von UNO-Waffeninspektoren unter Hans Blix und Mohammed al-Baradei sofortigen, unbeschränkten Zugang zu allen von ihnen gewünschten Örtlichkeiten im Land zu ermöglichen. Die Chefinspektoren würden binnen 60 Tagen dem Sicherheitsrat Bericht erstatten. Für den Fall, dass der Irak die Resolution nicht einhalten sollte, wurden »ernsthafte Konsequenzen« angedroht.

Welche Konsequenzen das sein würden, vermied der Sicherheitsrat jedoch zu definieren. In diesem Punkt schieden sich nun wieder die Geister von Kriegsgegnern und Kriegsbefürwortern. Die Ratsmitglieder Frankreich, Russland und China waren der Meinung, dass Verstöße des Irak gegen die Resolution nicht automatisch einen Kriegsgrund lieferten. Dagegen hielten die beiden anderen Mitglieder des Sicherheitsrates, USA und Großbritannien, solche Verstöße für einen Freibrief zum Krieg.

Dass Saddam seine Massenvernichtungswaffen oder deren Fehlen aufdecken würde, war unwahrscheinlich. In beiden Fällen konnte er nur verlieren. Besaß er Waffen, so lieferte er den Kriegsgrund. Gab er zu, keine zu haben, so verriet er seine Verwundbarkeit und machte sich erst recht angreifbar. Er saß in der Zwickmühle. Wie wir ihn kannten, würde er aber mit Sicherheit nicht kapitulieren.

Für uns Exiliraker gab es aufgrund der Signale von der US-Regierung schon zu diesem Zeitpunkt keinen Zweifel mehr: Die USA würden den Irak auch ohne Verbündete angreifen. Wegen des heißen Klimas im Irak und der hohen Kosten der amerikanisch-britischen Truppenpräsenz am Golf war zu erwarten, dass der Krieg zum frühestmöglichen Zeitpunkt im Jahr beginnen würde. Wir rechneten mit Februar, wenn die sechzigtägige Frist für den Bericht der Inspektoren abgelaufen sein würde.

Zugleich hofften wir weiterhin auf eine breite internationale Koalition. Je mehr Länder sich an der Aktion gegen Saddam Hussein beteiligten, desto geringer war die Gefahr, dass sich die Amerikaner als Besatzungsmacht in unserem strategisch so enorm wichtigen Erdölland festsetzten. Es würde gewiss einige Zeit dauern, bis die irakische Bevölkerung nach der Saddam-Diktatur auf eigenen Füßen stehen konnte. Aber wenn sich die Lage einmal normalisiert

hätte, würde sie es sich nicht gefallen lassen, wenn weiter ausländische Besatzer im Land blieben.
Bis zum letzten Augenblick wollten ich und Bakhtiar nichts unversucht lassen, um hier oder dort in Europa zu einem Stimmungsumschwung beizutragen. Vielleicht ließ sich endlich erwirken, wofür wir uns schon seit Jahren einsetzten: Dass es eine völkerrechtliche Diskussion im Sicherheitsrat gäbe über das Thema Diktatoren. Denn immer noch herrschte ein rechtliches Vakuum in Bezug auf die Frage, was eine Diktatur ihrer eigenen Bevölkerung eigentlich antun darf. Gäbe es eine Rechtsgrundlage, dann wäre eine internationale »Polizeiaktion« gegen Saddam Hussein völkerrechtlich legitimiert, und es würde einer größeren Koalition zu diesem Zweck nichts mehr im Wege stehen.
Doch es war fünf vor zwölf, und wir waren ratlos, weshalb Europa nicht schon vor Monaten in dieser Richtung agiert hatte. Es ließ sich spekulieren, dass die Länder Europas aus Rücksicht auf ihre Beziehungen zur arabischen Welt und ihre muslimischen Minderheiten es lieber den Amerikanern und Briten überließen, die heißen Kohlen aus dem Feuer zu holen.
Vielleicht fürchteten Deutschland, Frankreich und die anderen Kriegsgegner, dass ein westlicher Militärangriff auf den Irak Saddams Heldenmythos zu gefährlichen Höhen treiben könnte. Die Regierungen dieser Länder wussten jedoch, ebenso wie wir, von der Existenz der Massengräber und Folterkammern im Irak. Sie wussten, dass nach dem Sturz Saddams die Zeugnisse aller Gräuel offen daliegen würden. Sie hätten sich eigentlich darauf verlassen können, dass in dem Augenblick, wo die arabisch-islamischen Massen diese Dinge auf dem Fernsehschirm erblickten, von ihrer Heldenverehrung für Saddam Hussein nicht mehr allzu viel übrig bleiben würde.
Im Irak und unter den Exilirakern stieg die Spannung. Das Volk im Land wusste, was es erwartete. Nun würden wieder Bomben vom Himmel fallen und die Menschen sich in notdürftigen Bunkern verstecken und um ihr Leben rennen müssen. Die Krankenhäuser würden überfüllt sein mit zerfetzten Körpern, plündernde Horden

würden durch die Städte ziehen, und wahrscheinlich würde es weder Wasser noch Nahrungsmittel geben.
Dennoch bin ich überzeugt, dass der Großteil der Bevölkerung im Irak den Sturz Saddams herbeisehnte, auch um den Preis eines Krieges. Die Bilder der Fernsehstationen von Irakern, die sich in den Straßen Bagdads gegen den Krieg aussprachen, hatten in meinen Augen keinen dokumentarischen Wert. Solange Saddam noch an der Macht war, hätte niemand gewagt, offen gegen ihn Stellung zu nehmen. Die Informationen, die wir von Menschen aus dem Landesinneren erhielten, sprachen da eine ganz andere Sprache. Freilich waren das unsere eigenen Kontakte, regimekritisch wie wir selbst. Aber das Regime hatte nicht viele aufrichtige Freunde.
Für uns Iraker im Ausland bedeutete das nahe Ende Saddams, dass nun auch das Ende unseres Exils abzusehen war. Irgendwann im November kam für mich schließlich der Zeitpunkt, wo ich die ganze Diskussion um die Massenvernichtungswaffen, die das Leid, die Angst und die Demoralisierung der Menschen unter Saddam völlig ausklammerte, nicht mehr ertragen konnte. Es war ein unsinniges Tauziehen, während im Irak Frauen und Männer getötet, gefoltert, vergewaltigt und unschuldig in Kerkern gehalten wurden.
Ich hoffte auf ein schnelles Ende, hatte aber zugleich schreckliche Angst davor, dass Saddams Eliteeinheiten im sunnitischen Landeszentrum und vor allem in Bagdad erbitterten Widerstand leisten und ein sinnloses Gemetzel unter der Zivilbevölkerung verursachen würden.
Es schmerzte mich, dass viele Europäer den Exilirakern vorwarfen, verantwortungslose Kriegshetze auf Kosten der Menschen im Irak zu betreiben. Alle Iraker, ob im In- oder im Ausland, hatten bereits einen dreieinhalb Jahrzehnte währenden Horrortrip hinter sich und meiner Meinung nach jedes Recht, ein Ende herbeizuwünschen. Der Mann war ein Abklatsch Adolf Hitlers!
Sehr oft stellten mir Journalisten die Frage: »Aber sind Sie denn bereit, die Hunderttausende ziviler Opfer, die es möglicherweise geben wird, in Kauf zu nehmen?«
Ich konnte darauf nur antworten: »Ich hoffe, dass es nicht so kom-

men wird. Wir wissen nicht, wie viele Opfer des Regimes in den irakischen Gefängnissen ihr Dasein fristen und wie viele noch sterben müssen, wenn das Ausland nichts unternimmt. Ich glaube, dass der Norden und der Süden recht schnell fallen werden, doch ich bete für Bagdad.«

Dass wir für die Befreiung mit unserem Erdöl würden bezahlen müssen, erschien mir akzeptabel. Denn wie oft haben wir es nicht verflucht, unser Öl! Was haben die Menschen im Irak bisher von ihrem schwarzen Gold gehabt? Die Kurden von den unermesslichen Erdölschätzen im Norden und die schiitischen Stämme im Süden von jenen am Persischen Golf? Wir haben vor allem erlebt, dass andere davon profitierten. Seit langem schon betrachtete Saddam die Einkünfte als seine eigenen und schob einen guten Teil davon auf seine Konten und auf die seiner Leute.

London, Downing Street Nr. 10

Mit Sack und Pack für eine lange Reise brachen wir von Washington auf. Am 19. November 2002 setzten wir im Londoner Stanhope Center fort, was wir im National Press Club in Washington begonnen hatten, mit dem Unterschied, dass es andere Frauen und andere Lebensgeschichten waren, die die Presse diesmal zu sehen und zu hören bekam.

Illustre Namen befanden sich auf unserer Liste von sieben Sprecherinnen. Etwa Ala Talabani aus dem Clan des PUK-Chefs. Sie ist eine hochgebildete, sehr gewandte Kurdin. Fatima Bahr al-Ulum kommt aus einer der bekanntesten Ajatollah-Familien, eine höfliche, scheue Frau mit großem rhetorischem Talent. Auch die assyrisch-chaldäische Dichterin Melina Bakoos sprach sehr eindrucksvoll.

Erneut berichteten sie aus der »bevorzugten« Position der Freiheit, stellvertretend für die verstummten Frauen im Irak, von Gräuel-

taten, von Mord, Vertreibung und Giftgasangriffen, die sie im engsten Umkreis oder am eigenen Leib erfahren hatten. Sie brachten ihre Geschichten, ihre Meinungen, wunderbar ans Publikum.
Wir appellierten an die britischen Medien: »Verschaffen Sie unseren Stimmen ebenso Gehör, wie Sie es für die Frauen Afghanistans, Bosniens und des Kosovo getan haben. Denn wiewohl die Männer im Irak die Hauptlast der Brutalität des Regimes tragen, bleiben am Ende die Frauen mit den Konsequenzen zurück. Es gibt kaum eine Frau im Irak, der das Regime nicht einen Gatten, Vater, Bruder, Sohn, Cousin oder Onkel geraubt hätte, Saddam Husseins eigene Töchter eingeschlossen.«
Wir spürten, wie wir mit unserer Serie von öffentlichen Zeugnissen unter den Auslandsirakerinnen etwas bewegten. Viele waren schon so lange im Exil und nie ernst genommen worden, dass sie sich aus Enttäuschung in sich zurückgezogen hatten. Schriftstellerinnen hatten aufgehört zu schreiben, Juristinnen, für das Recht zu kämpfen.
Wenn wir uns am Ende unserer Pressekonferenzen unter die Menschen mischten, kamen nun andere Frauen auf uns zu, fingen an, ihre eigenen Geschichten zu erzählen, und schienen mit einem Mal auch wieder bereit, sie einer größeren Öffentlichkeit mitzuteilen.
Wenige Tage nach der Pressekonferenz im Stanhope Center erhielten wir einen Brief des britischen Premierministers. Tony Blair lud unsere Gruppe ein zu einem Gespräch in sein Büro in der Downing Street! Am 2. Dezember, einem Tag im Fastenmonat Ramadan, fanden wir uns um vier Uhr nachmittags im Amtssitz des Premiers ein. In unserer Gruppe befanden sich Schiitinnen, Sunnitinnen und eine Christin.
Gleich zu Beginn des Meetings, als Tony Blair den Raum betrat, lieferte er ein Beispiel dafür, was es heißt, sensibel mit anderen Kulturen umzugehen. Als Erste in der Runde stand Melina Bakoos. Sie begrüßte ihn mit »Hi!« und reichte ihm die Hand.
Dann aber war Fatima Bahr al-Ulum, eine traditionell gekleidete Muslimin, an der Reihe. Höflich sagte der Premier: »Ich bin mir jetzt nicht ganz sicher, was ich tun soll.«

Fatima antwortete mit einer grüßenden Bewegung ihrer Hand, ohne sie ihm zu geben.
Als Nächste schüttelte ich ihm die Hand, und so ging es weiter, bis er die Begrüßungsrunde absolviert hatte.
Dann begann ich mit meinen Darlegungen. Ich stellte mich vor als die Tochter eines politischen Aktivisten und gab ihm ein allgemeines Bild der Menschenrechtssituation im Irak. Anschließend schilderte jede von uns ihren Fall und was sie sich von Mr. Blair erwartete.
Etwas später kam Cherie Blair herein und beteiligte sich am Gespräch. An mich gewandt stellte sie die kritische Frage: »Sind Sie bereit, für die Befreiung des Irak Blutvergießen unter den Irakern zu akzeptieren?«
»Ich glaube, die Irakis sind bereit, den Preis dafür zu akzeptieren. Aber die Beteiligten müssen sich den Irakis gegenüber als Befreier verhalten. Sie dürfen nicht den Eindruck erwecken, als führten sie einen Krieg aus Eigeninteresse. Die Menschen im Irak sind nach ihren Erfahrungen mit den USA und dem Westen sehr argwöhnisch geworden.«
Nach dem Meeting lud man uns noch zu einem Imbiss ein, der in einem anderen Raum angerichtet war. Man wusste, dass wir den ganzen Tag nichts gegessen hatten und ungefähr um diese Zeit das Ramadan-Fasten brachen. Ich finde, auch damit zeigten die Briten Respekt für unsere Kultur.
Anschließend traten wir hinaus ins Blitzlichtgewitter der Fotografen vor dem Gebäude. Ich verlas eine Erklärung, die ich für die Medien vorbereitet hatte, und jede von uns gab Interviews.
Tags darauf freuten wir uns über das gute Echo in den Medien, allerdings nur in amerikanischen und britischen. Obwohl internationale Nachrichtenagenturen über unser Treffen mit Tony Blair und unsere Pressekonferenzen ausführlich berichteten, schien sich im übrigen Europa niemand dafür zu interessieren.
Für Tony Blair hingegen war unser Treffen wichtig, weil er Material über die Situation im Irak sammelte. Die Berichte in der Presse waren so widersprüchlich. Vielfach war zu lesen, die Lage im Irak

habe sich normalisiert und es gehe der Bevölkerung wieder besser. Vielleicht hatte sich die Wirtschaft ein wenig erholt, aber von einer Normalisierung der Menschenrechtslage war keine Spur. Nach dem Krieg, als sich die Gefängnisse öffneten und die Folterkammern inspiziert werden konnten, blieb den Journalisten die Rede von der angeblichen »neuen Harmlosigkeit« Saddams im Halse stecken.

Befreit uns von dem Monster, das ihr geschaffen habt!

Am Abend unseres Treffens mit Tony Blair ruft Françoise Brié vom Pariser AIJ-Büro an und berichtet, cool wie immer, von einem Anrufer, der ihr mitteilte: »Sagen Sie Ihrem Chef und seiner Frau, wenn sie nicht die ganze Organisation aufs Spiel setzen wollen, sollten sie sich zurücknehmen. Im Übrigen gibt es ja auch noch die Familie in Amman. Die Frauen dort sollten sich nicht zu sicher fühlen!«

Es beeindruckt mich und Bakhtiar immer wieder von neuem, wie unbekümmert Françoise mit den Drohungen umgeht. Bei uns ist das etwas anderes, wir sind damit aufgewachsen. Trotzdem bin ich beunruhigt, weil sie immer noch auf meine Familie losgehen. Noura hütet allein in Amman das Haus. Ich werde sie anrufen.

Mutter, Alia und Seinab erwarten mich morgen in Beirut. Miro kommt mit mir; er hat es in den vergangenen Wochen nicht leicht gehabt, sein Gesichtchen sieht schmal aus, und es wird ihm gut tun, von seiner Großmutter und den Tanten verwöhnt zu werden. Ich werde mit gutem Gewissen auf die Frauenkonferenz gehen können.

Schon zu unserer Begrüßung am Flughafen hat Alia drei von den Badreddin-Kindern mitgebracht, die sich darauf freuen, mit dem kleinen »Cousin aus dem Ausland« zu spielen. Mir fällt ein Stein

vom Herzen. Endlich bekommt mein Kleiner das, was er bei unserem Lebensstil so lang vermisst hat: Kontakt mit den Kindern aus seiner Familie.
Nachdem Miro sich die Kinder von seinem Podest auf meinem Arm aus zunächst einmal angesehen hat, taut er schon im Auto auf. Seine Wangen färben sich, und er krabbelt zu den kleinen Badreddins neben uns im Fond. Glücklich sehe ich durch die Wagenfenster auf jene Stadt, die ich von allen Städten am meisten liebe: das viertausend Jahre alte Beirut. Vom Bürgerkrieg kann ich keine Spuren mehr entdecken.
Die Konferenz der Women's International Democratic Federation – der Internationalen Demokratischen Frauenföderation, einer Menschenrechtsorganisation – fand in einem riesigen Saal des UNESCO-Gebäudes statt. Libanesische Aktivistinnen hatten dazu 500 Delegierte aus 110 Ländern zusammengebracht, darunter auch Deutschland, Frankreich, Brasilien und Schweden. Sogar eine EU-Parlamentsabgeordnete war dabei.
Wie es im Vorfeld hieß, wollte die Föderation mit dem Tagungsort Beirut ein Zeichen setzen. Die Konferenz im Zentrum einer spannungsgeladenen Region sollte Anteilnahme am Schicksal all jener Frauen signalisieren, die sich täglich mit politischen Konflikten herumschlagen müssen. Der Schwerpunkt lag auf den Nahost-Dauerkrisen zwischen Israel und den Palästinensern und im Irak.
Mich hatte die Präsidentin, Sylvie Jan, zum Kommen aufgefordert, und ich brachte noch sechs andere Irakerinnen mit, die über ihre Erfahrungen berichten konnten. Durch uns kam es bei der Konferenz zu einem Rieseneklat.
Entsprechend der Thematik erwartete ich bei unserer Ankunft, dass alle Teilnehmerinnen Gelegenheit haben würden, sich über ihre Erfahrungen und Probleme auszutauschen. Als die Konferenz ins Laufen kam, fiel ich jedoch aus allen Wolken: Plötzlich hatte sich das Geschehen auf eine einzige, riesige Lobbying-Aktion gegen Ariel Scharon und Israel reduziert.
Eine regelrechter Schauprozess mit Zeuginnen und allem Drum

und Dran wurde da inszeniert, als stünde der israelische Ministerpräsident vor Gericht.
Wie sich abzeichnete, waren die Veranstalterinnen fest entschlossen, die irakische Frage auszuklammern. Sie gaben nur zwei Themen Raum: dem Leiden der palästinensischen Frau und der Bösartigkeit Amerikas. Ich respektiere das Leid der palästinensischen Frau, und mein Herz ist bei ihr. Wenn ich ihr oder irgendeinem anderen Menschen, der unschuldig leidet, helfen kann, so tue ich das. Doch wo blieb auf einmal die in Aussicht gestellte Diskussion über das Leiden irakischer Frauen? Fast körperlich spürte ich den politischen Druck gegen uns. Und so sagte ich zu den sechs Frauen meiner Delegation: »Hier wird nicht über Politik diskutiert, sondern Politik gemacht! Also müssen wir ein Statement ausarbeiten.«
Als wir fertig waren, bat ich die Konferenzvorsitzende, uns unseren Text verlesen zu lassen. Sie gab uns keine Chance dazu. Stattdessen erteilte sie der ebenfalls erschienenen Delegation der Vereinigung Irakischer Frauen – ein Ableger der Kommunistischen Partei – das Wort. Wir aber konnten uns mit deren Erklärung nicht identifizieren, denn sie enthielt keine Forderung nach Saddams Absetzung.
Nach mehreren Versuchen, zu Wort zu kommen, rief ich laut von meinem Platz: »Ist das demokratisch?«
Darauf durfte ich endlich sprechen. Eine Frau fiel mir jedoch ins Wort, eine Palästinenserin: »Warum sprechen Sie über Saddam, warum nicht über den Verbrecher Bush?«
Ich nahm mir Zeit für die Antwort. Mein Blick schweifte über das Podium und die Versammlung im Saal. Dann sagte ich, so ruhig ich konnte, auf Arabisch: »Wenn ihr das Recht habt, eine Anklage gegen Scharon zu fordern, dann habe ich das Recht, dasselbe gegen Saddam zu verlangen.«
In dem Beiruter Forum waren Amerika und Scharon offenbar weitaus stärkere Reizthemen als der gemeinsame Feind der beiden – der Massenmörder Saddam Hussein. Eine komplizierte Situation für eine Menschenrechtskonferenz, die man durch eine Tabuisierung Saddams überbrücken wollte. Ich rüttelte nun an diesem Tabu.

Schockierte Stille legte sich über den Saal, nachdem auch die Delegationen aus nichtarabischen Ländern über die englische Simultanübersetzung den Inhalt meiner Worte aufgenommen hatten.
Ich fuhr fort: »Ich spreche hier im Namen von sechs Irakerinnen, und ich spreche in dem Land, das die Mörder meines Vaters laufen ließ.« Ich prangerte an, dass der Libanon irakische Flüchtlinge ungerührt zu Saddam zurückschickte und dass sich in Wahrheit niemand auf der Welt für das irakische Volk interessierte.
»Wenn Sie, die Sie hier versammelt sind, uns respektieren, so entwerfen wir nun bitte alle zusammen eine Erklärung und fordern Saddams Rücktritt! Wenn wir damit bei der UNO durchkommen, brauchen wir keinen Krieg.«
Ich sprach sehr energisch. Anschließend legten meine Mitstreiterinnen bewegend dar, wie sich Saddam Hussein und sein Regime an den Frauen des Irak verging. Wir hatten Fotografien mitgebracht, die wir nun auf der Projektionswand zeigen konnten. Im Saal war es immer noch sehr still.
Viele von den anwesenden Frauen hatten sich bisher kaum eine Vorstellung gemacht von den Dingen, die sich im Irak zutrugen, sie wussten nichts von den Enthauptungen, von den systematischen Vergewaltigungen, den sexuellen Foltermethoden und dass irakische Frauen Freiwild waren für Saddam und seinen Kreis.
Die westlichen Delegierten – vielfach Sozialdemokratinnen – schienen unseren Standpunkt zu verstehen. Viele kamen in den Pausen mit Fragen auf uns zu. Wir hatten den Eindruck, dass sie wirklich erschüttert waren. Es war uns gelungen, den Stil der ganzen Konferenz zu ändern, die nach einem engen Muster hätte ablaufen sollen. Plötzlich wurden die Statements spontan und offen.
Ich bin keine Verteidigerin der USA. Jahrzehntelang hatten wir viel gegen ihre Politik einzuwenden. Aber zu diesem Zeitpunkt waren sie die Einzigen, die dem Volk des Irak in Aussicht stellten, dass Saddam verschwinden würde. Gewiss verfolgten sie dabei ihre eigenen Interessen, doch handelten sie im Zuge dessen auch im Interesse von Millionen Menschen im Irak. Nachdem andere mächtige Staaten des Westens, wie Frankreich und Deutschland, unsere

Hilfsappelle nicht hörten, blieb uns nur noch der Ruf an die einzige verbliebene Supermacht: »Befreit uns von dem Monster, das ihr geschaffen habt!«

Angehörige in Not

Nach der Konferenz blieb ich mit Miro noch ein paar Tage in Beirut bei meiner Familie. Eine Last hob sich von meiner Seele, als ich dabei zusah, wie mein Bub lachend und jauchzend auf die ihn umfangende Liebe reagierte. Er unternahm gerade seine ersten Schritte und ließ sich von seinen älteren Cousins und Cousinen zu immer größeren Wagnissen anspornen. Am Ende jedes gerade noch durchgehaltenen Laufes fiel er frohlockend in ihre ausgebreiteten Arme. Manchmal schaffte er es noch nicht ganz, landete auf allen vieren, hob sich dann aber wieder auf seine Beinchen, um umso glücklicher die letzten Schritte seines Wegs zu bewältigen. Mutter, Alia und Seinab kümmerten sich vom Aufwachen bis zum Schlafengehen um ihn, und ich wollte mich endlich, zum ersten Mal seit Monaten, wieder ausschlafen.

Die vielen Besucher, die uns in Beirut begrüßen wollten, blieben bis in die Nachtstunden im Salon sitzen – Badreddins, Al-Souhails und andere irakische Flüchtlinge, alte Freunde. Doch wenn ich übermüdet bin, kann ich problemlos bis zum nächsten Mittag durchschlafen und meine Batterien neu laden.

Aber schon an meinem ersten arbeitsfreien Morgen läutet um halb sechs das Telefon. Es ist die aufgeregte Stimme einer Al-Souhail-Cousine. Sie ist ganz verzweifelt: Ihr achtzigjähriger Vater Abbas Al-Souhail, ein Sohn des großen Scheich Hassan, wurde am Vortag in Damaskus festgenommen und ins Gefängnis gesteckt! Die Cousine lebt mit ihrer Familie in Beirut, und ihr Vater, der gesundheitlich nicht mehr gut beisammen ist, sollte wegen des drohenden Krieges zu ihnen kommen, um in der Nähe verlässlicher ärztlicher Betreuung zu sein. Er hätte von Bagdad über Damaskus nach Beirut gelangen sollen. Bei der Passkontrolle am Flughafen schnappte ihn jedoch die syrische Polizei.

»Bitte, Safia, tu etwas für deinen Onkel! Wir haben schon alles versucht, aber vergeblich. Er ist wegen seines syrischen Passes in Schwierigkeiten geraten.«

Meine Cousine erzählte die Hintergründe der Passgeschichte: Den syrischen Pass für Abbas hatte in den achtziger Jahren einer seiner Cousins besorgt – Souhail Al-Souhail, ein irakischer Baathist, der damals in Damaskus lebte und auf der Seite der syrischen Baath-Partei gegen Saddam Hussein Stellung bezog. Später jedoch war Souhail Al-Souhail, der Intrigen in Damaskus müde, den Lockungen Saddams erlegen und in den Irak zurückgekehrt. Seither stand er in Damaskus auf der schwarzen Liste. Eine Baath-Bürokratie vergisst nichts über ihre Gegner. Und so war der arme alte Abbas – ein Liberaler, der sich nie um Politik gekümmert hatte – wegen der zwanzig Jahre zurückliegenden Geschichte seines Cousins nun hinter Gittern gelandet.

Meine Verbindungen zu den syrischen Behörden sind so gut wie abgerissen, und so war guter Rat teuer. Als Erstes kontaktierte ich, sobald es zeitlich vertretbar war, einen engen Freund meines Vaters in Damaskus. Er meinte: »In diesen Tagen gibt es nur einen Iraker aus unserem Kreis, der einen Draht zur syrischen Regierung hat.« Er nannte mir den Namen eines sehr wohlhabenden Mannes, der nun in Damaskus lebte. Aus begreiflichen Gründen möchte ich seinen Namen nicht nennen. Er war einer jener Exiliraker, die sich die längste Zeit gut mit dem Regime in Bagdad arrangiert hatten, zuletzt aber auf den Oppositionszug aufgesprungen waren, weil die »Zeit danach« bereits heraufdämmerte. Kein seltenes Phänomen.

Ich rief diesen Mann an und bat ihn um seine Hilfe. Ich muss ihm zugute halten, dass er im Fall meines alten Onkels aufrichtig berührt schien: »Ich werde tun, was ich kann. Wir brauchen einen Brief von Ihnen an die Regierung in Damaskus. Da ich weiß, wie die Leute hier denken, werde ich ihn für Sie aufsetzen, wenn Sie nichts dagegen haben.«

Schon am Nachmittag wurde unser Faxgerät lebendig und schob den Entwurf heraus:
»Ich bin Safia Al-Souhail, die Tochter von Scheich Taleb Al-Souhail. Wir befinden uns im Exil, und es hat sich so ergeben, dass ich im Ausland die Angelegenheiten meines Stammes vertrete und dass die Führerschaft meines Vaters auf mich übergegangen ist.
Wir brauchen Ihre Hilfe. Abbas Al-Souhail hat nichts mit Souhail Al-Souhail und seiner Rückkehr in den Irak zu tun, er ist kein Politiker, sondern ein alter Mann, Sohn von Scheich Hassan Al-Souhail. Er genießt hohes Ansehen in unserem Land. Er war auf seinem Weg nach Beirut und wird dort medizinische Behandlung in Anspruch nehmen.«
Einige Tage später – ich befand mich bereits wieder in London – erreichte mich meine Cousine am Telefon, erleichtert und glücklich: »Vater ist frei! Er ist schon bei uns!«
Viele Flüchtlinge haben sich in den vergangenen Jahren an mich gewandt. Ein Cousin von mir war unlängst in Jordanien im Gefängnis gelandet. Jene Schlepper, die ihn für 15 000 Dollar in ein sicheres Land des Westens bringen sollten, hatten vergessen, seinen Flug aus Amman heraus zu buchen. Ich schaffte es, ihn aus dem Gefängnis loszueisen und auf einen Flug nach Deutschland zu bringen. Er genießt jetzt dort Flüchtlingsstatus.
Auch aus Deutschland erreichte mich ein Anruf meiner Cousine Lamia. Ihr Exmann hatte eine Deutsche geheiratet und wollte nun, vor dem drohenden Krieg, ihre beiden gemeinsamen Töchter zu sich nach Deutschland holen. Lamia weigerte sich jedoch, sich von den Mädchen zu trennen, und flog kurz vor der geplanten Reise der Kinder selbst nach Deutschland. Dort kam sie in ein Auffanglager. Als ihr Mann davon erfuhr, drohte er, die Mädchen nur dann zu sich zu holen, wenn Lamia auf alle mütterlichen Rechte verzichtete. Eine furchtbare Geschichte.
Ich riet Lamia: »Unterschreibe alles, was er von dir verlangt! Erkläre jedoch im selben Augenblick vor Zeugen, dass du es nur unter dem Druck tust, dass deine Kinder sonst im bedrohten Bagdad bleiben müssten.«

Wir würden, so tröstete ich sie, falls es im Nachhinein zu einem Prozess kommen sollte, mit der Zeugenaussage und der Hilfe von Menschenrechtsorganisationen versuchen, das Beste aus der Situation zu machen.

Ich habe von meinem Vater und später aus eigener zuweilen bitterer Erfahrung gelernt, jene Hebel, mit denen sich etwas bewegen lässt, zu finden und sie auch zu bedienen.

Applaus der bärtigen Kleriker

Als ich die offizielle Einladung für die irakische Oppositionskonferenz in London erstmals in Händen hielt, stockte mir kurz der Atem. Dreihundert Delegierte wurden erwartet. Sechzig waren als Sprecher vorgesehen. Unter den Sprechern eine einzige Frau: Safia Taleb Al-Souhail. Für die Eröffnungssitzung hatten sie mich eingeteilt, unter den ersten Sprechern, inmitten der prominentesten Führer der irakischen Opposition.

Vor mir würden Ahmed Chalabi, Scherif Ali Bin al-Hussein, Ajjad Alawi, Dschalal Talabani und zwei Ajatollahs an der Reihe sein. Nach mir Massud Barsani und General Hassan al-Naqib. Diese Männer waren allesamt bedeutend älter als ich, erfahrener und mächtiger.

Ich hielt die Liste Bakhtiar hin und wisperte geheimnisvoll:

»Sieh dir das an! Was sagst du dazu?«

Ich wusste natürlich, dass ich diese Position dem Nimbus des ermordeten Scheichs verdankte, der auf mich abstrahlte. Doch ich konnte zu Recht stolz sein, denn hätte ich mich in den Jahren seit Vaters Tod nicht so emsig bewegt, dann stünde mein Name jetzt nicht an dieser Stelle.

Trotzdem verlief auch die letzte große Oppositionskonferenz vor dem Krieg enttäuschend. Diese Meinung teilten viele Kollegen aus der Regimegegnerschaft, und vor allem die Frauen.

Am Anfang ließ sich alles gut an. Die Eröffnungszeremonie im Londoner Metropole Hotel begann pünktlich um 9.30 Uhr. Ungefähr um halb zwölf nahm ich den Platz am Rednerpult ein. In meiner Erklärung kritisierte ich die beschämende Vernachlässigung der Frauen in den Aktivitäten der Opposition, obwohl es im Ausland genug starke, aktive Irakerinnen gab, die viel geleistet und gelitten haben. Wie gewohnt, scheute ich nicht davor zurück zu provozieren: »Wie ist es möglich, dass mein Name als einziger weiblicher auf der Sprecherliste steht? Wir stellen, nachdem so viele Männer unseres Landes ihr Leben lassen mussten, heute eine Mehrheit von fast sechzig Prozent. Es ist unfasslich, dass wir dort, wo es um Entscheidungen geht, eine verschwindende Minderheit sind! Die Irakerinnen müssen bei der Gestaltung der Zukunft des Landes und in einer künftigen demokratischen Regierung wirklich gleichberechtigt mitreden können.«
Als ich fertig bin, kommt mir spontan der Gedanke: Ich muss jetzt noch etwas sagen, um jene Menschen zu würdigen, die jetzt unter uns sein sollten, uns aber entrissen wurden. Und so setze ich hinzu: »Ich möchte nun aller Märtyrer des Irak gedenken, ob aus dem Norden, aus dem Zentrum oder aus dem Süden. Besonders erwähnen möchte ich meinen Onkel Sajjid Mahdi al-Hakim, der im Sudan ermordet wurde, und meinen Vater, der das gleiche Schicksal im Libanon erlitten hat. Sie waren Freunde und kämpften viele Jahre Seite an Seite, und sie wurden auf Befehl ein und derselben Person getötet. Es hat für diese Morde nie Gerechtigkeit gegeben, und ich hoffe, dass wir in den kommenden Monaten an diesem Diktator Vergeltung üben können, nicht nur für diese beiden, sondern für alle anderen Iraker, die sterben mussten, weil sie sich gegen Saddams Regime auflehnten. Und ich grüße die Frauen und Männer der Intifada.«
Ich musste meine Tränen unterdrücken und mich zwingen, ruhig zu bleiben. Im Saal erhob sich Applaus. In der Mittagspause sprachen mich viele Delegierte an: »Wir konnten es nicht verhindern, dass uns deine Erklärung die Tränen in die Augen trieb. Es kam dir von Herzen, man hat es gespürt.«

Ich ging ein wenig vor das Hotel, um Luft zu schnappen. Da überwältigte mich das Gefühl. Ich spürte meinen Vater nahe, spürte wie schon lange nicht mehr meine Liebe zu ihm und den Schmerz über seinen Verlust.
Als ich mich wieder gefangen hatte, ging ich in den Speisesaal, sah um mich – und erblickte lauter Männer und nur ganz vereinzelt eine Frau. Während der Nachmittagssitzung versuchte ich zu zählen, wie viele Frauen sich unter den Teilnehmern befanden. Ich kam auf fünfzehn. Von dreihundert!
Das also ist die Lage der Irakerinnen: Die Männer scheinen sie für Bürger zweiter Klasse zu halten und anzunehmen, sie könnten auf ihren Beitrag verzichten. Sie begehen den gleichen verheerenden Fehler, den alle Gesellschaften machen, die ihre Frauen ins Abseits drängen.
Die Medien berichteten ausführlich über die Konferenz. Mein Name wurde mehrmals genannt, und ich freute mich darüber, weniger aus persönlichem Stolz, sondern weil meine politischen Bemühungen davon profitieren würden. Aber richtig glücklich machte mich das, was Michael Howard im britischen *Guardian* nach dem ersten Sitzungstag schrieb:
»Einer der bisherigen Höhepunkte war die Ansprache der einzigen weiblichen Delegierten, die als Sprecherin geladen wurde. Safia Al-Souhail ist Symbol für einen zukünftigen Irak. Als schiitische Araberin ist sie mit einem sunnitischen Kurden verheiratet und gab ihrem Sohn einen kurdischen und einen arabischen Namen. Sie bedauerte das Fehlen der Frauen bei der Konferenz und sagte, ein neuer Irak würde bedeutungslos sein, wenn Frauen darin keine Rolle spielten. Sogar die bärtigen Kleriker applaudierten.«
Am letzten Tag wurde die Zusammensetzung des Vorbereitungskomitees für die spätere irakische Regierung bekannt gegeben. Es war als ganz wichtiges Gremium gedacht und hatte die Unterstützung der Amerikaner. Wie ich es jedoch schon bis zum Überdruss von früheren Konferenzen her kannte, hatten Ahmed Chalabi und seine Freunde auch diesmal wieder die Teilnehmer untereinander ausgepokert. Es hätte nicht sein müssen – ein repräsentativer Quer-

schnitt der Opposition war zur Konferenz erschienen, einer fairen Wahl hätte nichts im Wege gestanden.
Fünfundsechzig Personen – darunter die Vertreter der sechs größeren Parteien und einige Unabhängige – sollten die irakische Exilopposition in diesem Komitee vertreten. Darunter befanden sich sage und schreibe *drei* Frauen. Wieder war mein Name auf der Liste, doch diesmal konnte ich mich nicht darüber freuen. Ich hätte mich vieler lieber wählen lassen, als einfach aufgestellt zu werden. Und ich bin zuversichtlich, man hätte mich gewählt.
Das neue Komitee sollte zum ersten Mal im Februar zusammentreten, in Erbil, einer der großen Städte im Kurdengebiet. Es war riskant, denn Saddam konnte dort immer noch zuschlagen. Doch hatte es für uns hohen Symbolcharakter, dass sich die Opposition nach Jahrzehnten erstmals wieder offiziell auf irakischem Gebiet versammeln würde.
Mit der politischen Schlusserklärung der Konferenz war ich wieder einverstanden. Wir hatten einen großen Fortschritt in der Frage der nationalen Identität erzielt. Angesichts der vielen ethnischen und religiösen Gruppierungen des Irak lautet die kritische Frage stets: Was ist mit all jenen, die sich mit »arabisch« oder »islamisch« nicht identifizieren können? Gibt es denn nicht auch einen kurdischen oder einen christlichen Irak? Die Londoner Erklärung gesteht ausdrücklich jeder einzelnen Gruppe – sie werden alle separat genannt – freie Religionsausübung zu. Das ist ein guter Anfang.
Die Lösung wird letzten Endes sein: Wir legen uns eine irakische Identität zu. Dann erübrigen sich alle anderen Zusätze. Doch so weit sind wir noch nicht. Wir werden im Irak nicht von einem Tag auf den anderen demokratische Verhältnisse herstellen können. Die Demokratie muss erst aufgebaut werden, und die Menschen im Irak werden dafür auf neue Art zu denken lernen müssen.
Es ist in unserer Region weit verbreitet, Staaten mit den Attributen »arabisch« und »islamisch« auszustatten, und wer sich davon wegbewegen will, muss dies mit entsprechender Sensibilität tun. Jedenfalls, denke ich, müsste die Bevölkerung befragt werden, ob sie einen säkularen Staat haben will. Saddam Husseins Irak war ein

säkularer Staat. Deshalb hat dort der Begriff »säkular« bei vielen Menschen keinen guten Klang – dazu müssen sie keine religiösen Fundamentalisten sein. Auch ich trage den Islam im Herzen. Ich bin Schiitin und bin stolz darauf. Saddam aber hat uns Schiiten »Bastarde« genannt.

Kurdistan

Um die Weihnachts- und Neujahrszeit kamen wir endlich zur Ruhe. Wir blieben bei Sara in London und gönnten uns ein wenig Familienleben. Miro war fast vierzehn Monate alt und entwickelte sich von einem Baby zu einem kleinen Jungen. Unmerklich bildeten sich bei ihm Eigenarten heraus, die mich an meinen Vater erinnerten – seine Art, mich manchmal anzusehen, oder wie er so dastand mit über seinem Bäuchlein gefalteten Händen …

Ab dem Jahreswechsel 2002/2003 jedoch erfasste uns wieder ein wahrer Wirbelwind von Aktivität. Unsere Lobbying-Aktionen für ein Tribunal und für eine Beteiligung Europas führten uns nach Rom und Madrid. Für einige Wochen fuhren wir nach Washington, um mit amerikanischen Frauenorganisationen in Kontakt zu treten. Diese Damen sind sehr einflussreich, und binnen kurzem lief das Telefon heiß – so viele Reporter, Fernseh- und Radiostationen und Zeitungen in den USA wollten mich sprechen. Der Redaktionsstab von Barbara Walters kontaktierte mich, und ein Interview mit Oprah Winfrey rückte in greifbare Nähe. Ende Februar wollte ich mit mehreren irakischen Frauen nach Berlin fliegen, um dort in einer Pressekonferenz unsere Forderung nach einem Regimewechsel zu erklären. Deutschland führte zu diesem Zeitpunkt den Vorsitz im Sicherheitsrat.

Mitten in diese Dinge hinein platzte nun der Termin für das aus Sicherheitsgründen mehrmals verschobene Treffen bei Erbil, zur Vorbereitung einer zukünftigen irakischen Regierung. Zunächst war ich mir nicht sicher, ob ich hinfahren sollte. Für Saddam Hussein bedeutete es die einmalige Chance, die ganze verhasste Führung der irakischen Exilopposition auf dem Präsentierteller vorgesetzt zu bekommen. Ein einziger Anschlag, und alle wären ausgelöscht. Auch die amerikanischen Beobachter – je ein Mann vom Weißen Haus, vom State Department, Pentagon, Nationalen Sicherheitsrat, Wirtschaftministerium und von der CIA – zögerten, ob sie hinfahren sollten. Schließlich rief mich Zalmay Khalilzad, Irak-Beauftragter im Weißen Haus, persönlich an und teilte mir mit, dass die Amerikaner kommen würden. Nun denn, dachte ich mir.

Ich ließ Bakhtiar in Washington zurück – er würde etwas später nach Europa reisen. Ich bedauerte, dass ich nun das Event in Deutschland versäumte. Doch ich schickte einen Brief, der für mich verlesen werden sollte. Später erfuhr ich, dass es uns auch in Berlin gelungen ist, eindringlich darzustellen, weshalb Saddam verschwinden musste. Eckhart Lohse schrieb tags darauf in der *Frankfurter Allgemeinen* über die Haltung unserer Protagonistinnen zum Krieg:

»Alle vier schwankten erkennbar zwischen der stummen Ahnung, dass der Diktator ohne Gewalt nicht zu beseitigen sein wird, und der geäußerten Angst um das Leben ihrer Landsleute.«

Es war für uns wahrlich nicht einfach, doch es gab keine Wahl.

Mein Weg ins kurdische Erbil führte über Amman, wo ich für die kommende kritische Zeit meine Basis aufschlagen wollte. Meine Mutter übernahm Miro, und ich trat die Reise an, die mich auf abenteuerlichen Wegen nach 33 Jahren zum ersten Mal wieder in den Irak führte. Ich flog bis Damaskus und fuhr von dort aus auf dem Landweg mit dem Auto bis zum Fluss an der Grenze. Eine Fähre trug mich ans andere Ufer und setzte mich auf irakischem Boden an Land. Dort erwartete mich bereits eine bewaffnete Eskorte der PUK mit zwei Autos, die mir der Gastgeber der Konferenz, Dschalal al-Talabani, entgegengeschickt hatte. Die Kurden bereiteten mir einen überschwänglichen Empfang, begrüßten mich als Heimkehrerin, und ich musste mich sehr zurückhalten, um vor all den Männern nicht loszuweinen.

Während der fünfeinhalb Stunden dauernden Fahrt kämpfte ich wiederholt mit den Tränen. Das erste Mal packte es mich ganz schlimm, als wir an großen Schildern vorbeikamen, die in arabischer Schrift die Wege nach Mossul und Kirkuk wiesen, zwei berühmte alte Städte, die sich immer noch unter Saddams Kontrolle befanden. Dann sah ich irakische Autos mit Bagdader Nummernschildern. In diesem Augenblick fühlte ich mich real im Irak. Es war einfach zu viel.

Die Kurden verhielten sich unbeschreiblich nett und zuvorkommend. In gebrochenem Arabisch mühten sie sich, mir die wunderschöne Landschaft zu erklären. Unser Weg führte auf einer schmalen, kurvenreichen Straße durchs Gebirge. Frühling lag in der Luft. Ein wenig Grün zeigte sich schon, aber die Berggipfel trugen noch ihr Schneekleid.

Wir machten bei einem Erbili-Kabab-Restaurant Halt, um etwas zu essen. Nach der langen Reise und in der Gebirgsluft schmeckte das gegrillte Fleisch mit dem Holzkohlenaroma und den traditionellen Beilagen Reis, Fladenbrot, Salat und Kichererbsenpüree unvergleichlich gut. Der Wirt tischte immer mehr und noch mehr auf. Als sich die Dämmerung herabsenkte, stellte er neben mir einen kleinen Kerosin-Ofen auf, damit mir nicht kalt würde.

In der Dunkelheit erreichten wir Salahuddin, die Nachbarstadt Erbils, wo auch die Konferenz stattfinden würde. Links und rechts der Straße standen Kinder und verkauften Sträuße von gelben Wildnarzissen, den Nationalblumen Kurdistans. Einer meiner Begleiter erstand ein Sträußchen für mich. Salahuddin ist eine wunderschöne alte Stadt, und ich kam mir vor wie in einem Traum. Ich holte meine Videokamera aus der Handtasche und begann zu filmen.

Bei der Konferenz selbst aber erwartete mich die gewohnte Ernüchterung. Dass außer mir nur zwei weitere Frauen teilnehmen würden, wusste ich bereits. Es waren Vertreterinnen des SCIRI, zwei gebildete, zurückhaltende Musliminnen. Was ich und die meisten anderen Teilnehmer, die Amerikaner eingeschlossen, nicht wussten: Ahmed Chalabi hatte sich inzwischen im Iran mit den

SCIRI-Leuten unter Ajatollah Baqir al-Hakim bereits auf eine Exilregierung geeinigt! Das widersprach den Vereinbarungen und jeder Vernunft. Denn im Irak gab es politische Strömungen, die unter keinen Umständen ausgeklammert werden durften. Auch die Amerikaner wollten das nicht. Wenn eine zukünftige irakische Regierung nicht das Spektrum im Land widerspiegelte, hatte sie keinerlei Überlebenschancen. Die politischen Wirren waren nicht auszudenken. Besonders beunruhigte mich, dass sich in der Exilregierung kein einziger Kurde befand. Da stimmte doch etwas nicht!

Beim Mittagessen am ersten Tag winkten mich die beiden anderen Teilnehmerinnen freundlich zu sich: »Safia, setzen Sie sich doch zu uns!«

Es tat mir Leid, ihr Angebot ablehnen zu müssen: »Ich danke Ihnen vielmals, aber ich habe mit den Herren einiges zu besprechen.« Ich musste ihnen meine Meinung sagen – darüber, dass die Frauen schon wieder fehlten und was ich von Chalabis Winkelzügen hielt.

Anlässlich der Abstimmung über die bereits vorgefassten Beschlüsse plane ich ein wenig Dramatik ein. Ich enthalte mich der Stimme und erkläre: »Ich habe die ganze weite Reise hierher gemacht, um ernsthafte Arbeit zu leisten. Falls Sie meinen, ich wäre hier mit meinem fleckenlosen Ruf nur eine schöne Dekoration für Ihre Machenschaften, dann haben Sie sich getäuscht!«

Ich rausche hinaus, mache ein paar vorbereitende Telefonanrufe und organisiere mir für den nächsten Tag von Talabanis Peschmerga ein Auto und eine Eskorte. Um sieben Uhr Früh brechen wir auf nach Suleimanija.

Die zweistündige Fahrt durch bezauberndes Hügelland führt uns an Dörfern und Schafherden vorbei. Bauern beginnen nach dem Winter mit der Feldarbeit, und am Straßenrand und auf Türschwellen sitzen Kinder und spähen uns neugierig nach.

In Suleimanija treffe ich mich zuerst mit Ronak Ra'uf, der Mutter des PUK-Ministerpräsidenten Barham Saleh, einer lang gedienten, erfahrenen Frauenrechtlerin. Sie hat nach meinem Anruf am Vortag mehrere Frauen eingeladen, und gemeinsam entwerfen wir nun ein Statement für die Konferenz, das sich gewaschen hat.

Anschließend treffe ich die beiden Redakteure des *Manar al Arabi*, Mahdi und Mohammed al-Timimi. Es fühlt sich an, als sähe ich lang vermisste Brüder zum ersten Mal in meinem Leben.

Last not least statte ich in Suleimanija meinem Schwiegervater einen Besuch ab. Auch Bakhtiars Vater habe ich noch nie gesehen und freue mich riesig, den alten Mann, von dem ich schon so viele Heldentaten gehört habe, endlich persönlich kennen zu lernen. Er empfängt mich mit großer Herzlichkeit, fragt mich nach Miro aus und nach Bakhtiar und ist offenbar gut informiert. Ich möchte wissen, wie es ihm geht, und er beklagt sich ein wenig über sein Los: »Ganz allein lebe ich hier in diesem Haus und muss die ganze Arbeit selbst machen. Zu mir kommt keine Haushaltshilfe: Jeder kurdischen Frau verbietet der Anstand, mit einem Mann allein in einem Haus zu sein.«

Bakhtiars Mutter lebt wegen ihrer angegriffenen Gesundheit in den USA, denn dort hat sie jederzeit Zugang zu guter medizinischer Versorgung. Er tut mir Leid, der alte Mann. Er sieht zwar aus wie sechzig, doch weiß ich, dass er siebzig ist. Ich denke an Bakthiar und stelle mir vor, dass auch er mit siebzig aussehen wird wie mit sechzig. Eine erfreuliche Perspektive!

Zu seinem Vater sage ich: »Nun, so kommen doch auch Sie zu uns in die Vereinigten Staaten! Wir würden uns sehr freuen.«

Der alte Kurde wehrt energisch ab: »Ich stamme aus Kirkuk und fühle mich schon hier in Suleimanija als Flüchtling. Wenn die Türken sich jetzt einfallen lassen zu kommen, dann werde ich gegen sie kämpfen!«

Die Kurden sind aus langer, leidvoller Erfahrung sehr besorgt, wie sich die Türken im bevorstehenden Krieg verhalten werden.

Sodann möchte mein Schwiegervater mit mir zum Markt gehen und Gewürze und Teppiche für mich kaufen. Ich muss leider ablehnen, denn ich will rasch nach Erbil zurück.

Als ich in den Saal zurückkehre, sind die Sitzungen des Komitees in vollem Gang, Ich bleibe am Rand stehen. Auf meinem Arm halte

ich einen noch warmen Stoß Fotokopien des Frauen-Statements, das ich mit Ronak Ra'uf und den anderen Kurdinnen in Suleimanija verfasst habe.
Die in meiner Nähe sitzenden Kollegen fragen mich mit gedämpfter Stimme: »Warum bist du denn hinausgestürmt, Safia? Wir meinten schon, du wärst abgefahren! Was war denn los?«
»Das war los!«, zische ich und wedle mit einem der Blätter.
Hierauf gehe ich durch die Sitzreihen und verteile unsere Erklärung. Als jeder ein Blatt vor sich liegen hat, trete ich ans Podium und wende mich an Dschalal al-Talabani, den Konferenzvorsitzenden und kurdischen Autonomieführer der PUK: »Mam Dschalal (»Mam« bedeutet »Onkel« auf Kurdisch), diese Erklärung haben Frauen verfasst, die Ihrer Regierung unterstehen. Wir fordern Sie auf, unser Papier zu verlesen.«
Talabani wirft einen Blick auf den Text, und ich kann deutlich sehen, dass er ihn nicht amüsant findet. Schließlich holt er tief Atem und beginnt zu lesen:
»Wir protestieren, dass in dem Vorbereitungskomitee zu wenige Frauen vertreten sind. Die Frauen müssen in der Regierung des Irak ihre Rolle erhalten! Bislang sind sie in der Opposition in geringerer Zahl vertreten als in Saddam Husseins Revolutionsrat!«
Das war wirklich hart! In diesem Tenor ging es eine Seite lang weiter. Als Talabani zu Ende gelesen hatte, herrschte konsterniertes Schweigen. Ich hatte getan, was in meiner Macht stand. Ich leistete mir ein so provokantes Auftreten deshalb, weil ich wusste, sie würden mir mein Verhalten nicht krumm nehmen können; ich sprach lediglich aus, was sich ohnehin jede Irakerin und jeder Iraker über uns dachte.

Die irakische Exilopposition existierte bis zum Sturz Saddams als lockeres Bündnis von Kräften, mit dem Ziel, von außen gegen Saddam Hussein zu kooperieren und die Grundlagen für einen irakischen Staat »nach Saddam« zu schaffen. Da diese Gruppierung und Parteien das gesamte irakische Spektrum – von den Kommu

ten ganz links bis zur ultrareligiösen al-Dawa-Partei ganz rechts – abdeckten, mussten alle Einigungsversuche auf große Hürden stoßen.
Erschwert wurde die Situation durch Einmischung anderer Staaten, durch Intrigen und durch die allgemeine politische Unkultur unter den Gruppierungen.

Die Hauptakteure:
Der ***Irakische Nationalkongress (INC)****, die 1992 von Ahmed Chalabi mit Hilfe der USA gegründete Dachorganisation aller Oppositionsparteien, die sich jedoch seit längerem in Auflösung befand.*
Das in London beheimatete ***Irakische Nationalabkommen (INA)*** *unter dem geflohenen Baath-Funktionär Dr. Ajjad Alawi, mit guten Verbindungen zum Baath-Establishment im Irak.*
INC und INA lagen in einem erbitterten Konkurrenzkampf miteinander, der 1995 darin gipfelte, dass INA im INC-Büro in den Kurdengebieten eine Bombe legte.

Von den schiitischen Oppositionsparteien sind die einflussreichsten:
Der ***Oberste Rat des Islamischen Widerstandes (SCIRI)****, den Ajatollah Mohammed Baqir al-Hakim aus dem iranischen Exil steuerte, und die* ***al-Dawa****-(= der Ruf)Bewegung mit Basen im arabischen Ausland.*
Beide verfügen über starke, militärisch organisierte Kräfte im Irak.

Ebenfalls militärische Kräfte – die Peschmerga – besitzen die beiden großen Kurdenparteien:
Massud al-Barsanis ***Demokratische Partei Kurdistans (KDP)*** *und Dschalal al-Talabanis leninistische Konkurrenzpartei, die* ***Patriotische Union Kurdistans (PUK)****.*
In den vergangenen Jahren machten in Kurdistan vor allem auch die ***Ansar al-Islam*** *(= Unterstützer des Islam) von sich reden, eine extremistische Gruppierung, die in ihrem Kampf um einen Gottesstaat gegen jeden Gegner, sogar gegen Rivalen unter Islamisten, mit beispielloser Gewalt vorgeht. Berüchtigt sind ihre Säureangriffe auf*

unverschleierte kurdische Frauen. Den Ansar al-Islam werden enge Verbindungen zu Osama Bin Laden und der al-Qaida nachgesagt.

Ebenfalls in London sitzt die ***Konstitutionelle Monarchiebewegung*** *von Scherif Ali Bin al-Hussein, der sich eine Rückkehr auf den irakischen Königsthron erhofft.*
Unter dem ehemaligen Stabschef der Republikanischen Garden, General Nadschib al-Salhi – ihm war Safia in Amman behilflich, als er sich nach der Vergewaltigung einer Familienangehörigen zur Wehr setzte –, formierte sich, nach seiner Auswanderung in die USA, eine ***Bewegung »Freier Irakischer Offiziere«****. Nadschib al-Salhi gilt neben Adnan al-Pachachi, dem Chef der* ***Unabhängigen Demokratischen Bewegung****, ebenfalls mit Sitz in London, als möglicher Kandidat für das Amt eines zukünftigen Staatspräsidenten im Irak.*

Darüber hinaus gibt es Dutzende anderer Oppositionsgruppen, die vor allem von London aus agieren. Zu ihnen zählt auch der liberale ***Freie Irak-Rat****, gegründet von Scheich Talebs altem Freund Saad Saleh Dschabr. Der Sohn des ersten schiitischen Premierministers im Irak musste seine zentrale Rolle in den vergangenen Jahren an Ahmed Chalabi und Ajjad Alawi abgeben.*

Die fünf mächtigsten Gruppierungen – INC, INA, SCIRI, KDP und PUK – hatten sich vor dem zweiten Golfkrieg zu einer Allianz zusammengeschlossen, die, wie Safia bei den Konferenzen im Dezember 2002 in London und im Februar 2003 in Salahuddin, feststellen musste, wichtigste Entscheidungen hinter den Kulissen ausmachte.
Diese konspirative Vorgehensweise war mit einer der Gründe, weshalb die USA sich nach dem Krieg von ihrem Bündnis mit der Oppositionsallianz distanzierten.

In Erbil hatte ich mir eine schwere Erkältung zugezogen. Meine Stimme kündigte den Dienst auf, und ich fühlte mich elend. Die Anstrengungen der vergangenen Monate forderten ihren Tribut. Mein körperlicher Zustand entsprach dem, was in meinem Inneren vorging. Eine schmerzhafte Spannung erfüllte mich und meine Familie, als wir in diesen Märzwochen in Amman den Angriff auf unser Land erwarteten. Zweifel an bisherigen Überzeugungen stiegen auf: Würde es so schnell gehen, wie wir dachten? Würden viele Menschen sterben müssen?

Doch ohne Waffengewalt gab es keine Chance gegen Saddam. Zwar stand fest, dass die Kurden im Norden keinen Finger für ihn rühren würden, und es war zu hoffen, dass auch die Schiiten im Süden rasch abfielen, aber aus dem Zentralirak, dem Gebiet zwischen Bagdad und Tikrit, würde der Despot mit seinem Regime nicht friedlich weichen.

Viele Menschen im Irak, vom monatelangen Druck und der Angst fatalistisch geworden, stellten sich auf den Standpunkt:

»Egal, wer kommt. Hauptsache, irgendjemand kommt!«

Das war die eine Seite. Die andere war, dass die Schiiten jeden ausländischen Soldaten, der sich nach einiger Zeit noch in den heiligen Städten Nadschaf und Kerbala aufhielt, töten würden. Sollte sich eine Neuauflage des Kolonialismus abzeichnen, so würde die Bevölkerung sich dagegen erbittert zur Wehr setzen.

Ich und Bakhtiar wollten einen Versuch in letzter Minute unternehmen, damit neben Großbritannien weitere Unterstützung von Europa kam.

Eigentlich hätte ich bei Miro in Amman bleiben sollen. Mein Kind brauchte mich. Wenn ich bei ihm war, klammerte er sich an mich, als wollte er mich nie mehr loslassen. Fuhr ich fort, so weinte er tagelang nach mir, und sogar seine Lieblingstante Alia vermochte ihn kaum noch zu beruhigen. Ich selbst hätte dringend ein paar Tage Ruhe gebraucht. Ich hustete und schnupfte gewaltig, hatte immer

noch keine Stimme, dafür aber verquollene Augen, und jeder, der mich sah, hätte mich am liebsten ins Bett gesteckt.
Aber es war eine Chance, wenn auch winzig klein, und so flogen wir nach Brüssel. Vergrippt quälte ich mich durch zwei intensive Arbeitstage.
Im Verlauf unserer Sitzungen mit Kommissarinnen und Parlamentariern der EU kristallisierte sich für uns deutlich und ein für allemal die schockierende Wahrheit heraus: In der Irak-Frage ging es ganz und gar nicht um das irakische Volk. Es ging um einen transatlantischen Machtkampf zwischen Amerika und dem europäischen Kontinent, und wir hatten das Unglück, zwischen die Stühle geraten zu sein. Wohl war es unrecht von den Vereinigten Staaten, das Völkerrecht zu missachten, aber Europa missachtete uns.

Wie Safia erwartet hatte, trieb Saddam Hussein sein Katz-und-Maus-Spiel um die Massenvernichtungswaffen bis zum bitteren Ende. Nachdem Saddam die Anfang November 2002 in der UNO-Sicherheitsratsresolution 1441 erhobenen Forderungen – vollständige Offenlegung seiner Waffenprogramme und unbeschränkter Zugang überall im Irak für die UNO-Waffeninspektoren – monatelang nicht erfüllt hatte, verlangten die USA von der UNO, ihre Inspektoren aus dem Irak zu evakuieren. In seinem Bericht am 19. März an den Sicherheitsrat konnte nicht einmal ein Mann wie Chefinspektor Hans Blix, der sich mit aller Kraft dem Krieg entgegenstemmte, glaubhaft versichern: Der Irak hat keine Massenvernichtungswaffen mehr.
Erst zuallerletzt, als alle Zeichen auf Krieg standen, hatte Saddam den Inspektoren »erhöhte Kooperationsbereitschaft« signalisiert. Doch die Zeit zum Nachgeben war verronnen. Enttäuscht und traurig musste der Friedenswächter das Feld räumen, denn bald würden im Irak die Bomben fallen.

Krieg gegen Saddam

CNN und al-Dschasira – das waren die beiden Extreme der Berichterstattung über den Krieg. Sie lieferten Bilder von solcher Unterschiedlichkeit, dass man hätte denken können, zwei verschiedene Kriege liefen da vor einem ab. Riesige »chirurgische« Bombenexplosionen, die angeblich die Menschen aussparten, und tapfere amerikanische und britische Soldaten, begleitet von enthusiastischen »eingebetteten« Journalisten. Das war die CNN-Seite. Menschen in Spitälern, schlimm zugerichtet und oft verstümmelt, blutende Leichen, Trümmerberge und weinende Frauen. So sahen die Bilder von al-Dschasira aus.
Irgendwo zwischen diesen beiden Extremen bewegten sich die Berichte der anderen Sender im Empfangsbereich unserer Satellitenschüssel in Amman. Außer den amerikanischen Stationen berichteten alle ausführlich über die Welle von Friedensdemonstrationen, die um den Globus schwappte.
Ich kann gar nicht beschreiben, wie diese Bilder mich innerlich aufwühlten. Mein Vater war ein Mann des Friedens. Alle Menschen, die ich jemals respektierte, haben alles, was in ihrer Macht stand, für den Frieden getan. Unter anderen Umständen wäre ich mit den Demonstranten marschiert. Aber so fand ich mich in der Position, mit ansehen zu müssen, wie Massen von Menschen, und viele sehr junge darunter, mit ihrem Friedensideal in Wahrheit einen der schlimmsten Diktatoren des 20. Jahrhunderts unterstützten – jenen Mann, der unser Leben und das so vieler anderer zerstört hatte. Ein rechtzeitiges Tribunal gegen ihn, und alles wäre anders gewesen.
Um uns aus alldem eine Vorstellung von der Realität zusammenzustoppeln, zappten wir tage- und nächtelang von einem Kanal zum anderen. Dabei war mir, als spürte ich jede Bombenexplosion, jede Maschinengewehrsalve auch am eigenen Leib. Die fremden Soldaten zweier Großmächte, Amerikaner und Briten, drangen gewaltsam in mein Land ein, das ich mit einer Innigkeit liebe, die nur ein Exilant aufbringt. Und sie hatten dabei meine Zustimmung.

Endlich würden sie uns von dem Parasiten befreien, den sie so lange genährt hatten, bis er uns fast auffraß. Ich habe gelernt, mich von der Politik emotional nicht überrumpeln zu lassen. Aber jetzt fragte ich mich: Wenn ich mich schon so fühlte, wie mochte es erst für die irakische Bevölkerung sein?

Natürlich brodelte und dampfte es auch aus den Gerüchteküchen des Nahen Ostens. In unserer Weltregion, und besonders in einem Land mit so drakonischer Unterdrückung wie dem Irak, pflanzen Gerüchte sich mit Lichtgeschwindigkeit fort und lassen sich mit etwas Übung als zuverlässige Informationsquelle nutzen. Von unseren Quellen hatten wir bereits gehört, dass viele Armeeeinheiten nicht kämpfen würden. Allerdings befürchteten wir damals noch, Saddams Elitetruppen würden bis zum Ende Widerstand leisten. Wir wussten noch nicht, dass die Amerikaner Generäle der Republikanischen Garden bestochen hatten, damit sie ihre Truppen nach Hause schickten.

Bagdad – ständig ging mir der Name meiner Heimatstadt durch den Kopf, die ich viel zu wenig kannte –, wenn nur in Bagdad keine Katastrophe passierte! Vielleicht hatte Saddam doch noch Chemiewaffen. Unvorstellbar die Folgen, wenn er sie im Kampf um die Fünfmillionenstadt einsetzte.

Die anfänglichen Stockungen im Vormarsch der Amerikaner trieben uns den Angstschweiß aus den Poren. Wenn es schon im Süden zu unerwartet schweren Kämpfen kam, was würde sich dann erst im Zentralirak abspielen! Im Fernsehen konnte ich erkennen, wie arm die Menschen im Süden in Wahrheit waren, viel ärmer noch, als ich jemals gedacht hätte.

Wie sich allmählich zeigt, haben die Amerikaner es versäumt, im Süden durch die richtigen Kontakte Vertrauen aufzubauen – eine Folge der eingefleischten Berührungsängste westlicher Politik, wenn es um Schiiten geht. Die Schrecken der Intifada, die Konsequenzen des Verrats durch den Westen sitzen den Menschen dort noch in den Knochen. Bis zuletzt herrschte die Angst, dass Saddam auch dieses Mal überleben und dann das Blutbad von 1991 wiederholen könnte.

Schwere Kämpfe um das Erdölzentrum Basra im Süden. Britische Truppen belagerten die Stadt, die zweitgrößte des Irak, die schon zu Kolonialzeiten eine Hochburg des British Empire war. Das schmerzte, obwohl sich die britischen Soldaten in den Kampfhandlungen und gegenüber der Bevölkerung umsichtig und professionell verhielten. Unterdessen terrorisierten Saddams Fedajin und die lokale Baath-Partei die Menschen in der Stadt und zwangen die Armee zu einem Durchhaltekampf, dem viele lieber entflohen, als auf die Befreiung zu warten. Doch endlich, drei Wochen nach Kriegsbeginn, hatte in Basra die Herrschaft Saddams ein Ende. Zwar bestimmten immer noch Morde und Plünderungen den Alltag, doch handelten die Briten mit den Stammesführern ein Arrangement für die Stadtverwaltung aus, das auf Besserung hoffen ließ.
Wenn wir das Verhalten der britischen und amerikanischen Truppen verglichen, so kamen wir nicht umhin, ein zynisch anmutendes Faktum anzuerkennen. Jetzt bewährte sich das in langer Kolonialerfahrung geschulte Geschick der Briten im Umgang mit fremden Kulturen. In ihrem »Operationsfeld« liefen die Dinge bei weitem reibungsloser als dort, wo die Amerikaner Einzug hielten. Mit cowboyhaftem Auftreten, häufigen Beschimpfungen und, was in unserer Gesellschaft einen katastrophalen Fauxpas darstellt, indem sie männliche Soldaten bei der Durchsuchung irakischer Frauen Hand anlegen ließen, versetzten die GIs unnötig das Blut der Bevölkerung in Wallung.
Mit unermesslicher Erleichterung hörten wir nach den Schwierigkeiten der ersten Kriegstage schließlich die Nachricht, dass mit einem Mal angesichts des amerikanischen Vormarsches die Verteidigung wegbrach. Die heiligen Städte Nadschaf und Kerbala lösten sich mit Leichtigkeit aus dem noch von Saddam beherrschten Gebiet. Nachdem die Amerikaner kurz demonstriert bekamen, wie es ist, wenn eine aufgebrachte schiitische Menge vorrückt, waren sie klug genug, rasch den schiitischen Führern die Kontrolle zu überlassen. Zwischen all diese Nachrichten funkten die Fernsehanstalten Bilder von Saddams wahnwitzigem Informationsminister Mohammed al-Sahaf mit seinen immer absurderen Kommuniqués.

Dabei stürzten Saddams Statuen schon von den Podesten oder wurden in die Luft gesprengt. Erste Regime-Granden stellten sich den Alliierten. In diesen Augenblicken begann auch ich die Befreiung zu spüren.
Als die Amerikaner im Anmarsch auf Bagdad kaum noch auf Gegenwehr stießen und plötzlich mitten in der Stadt im zerbombten Viertel der Saddam-Paläste standen, konnten wir kaum fassen, wie leicht der Vorstoß verlaufen war. Kurz dachten wir an eine Falle, doch dann begriffen wir jubelnd: die Republikanischen Garden kämpften nicht!
Im Norden des Irak erschien die Lage, wie von den Kurden befürchtet, anfangs problematisch, weil nicht klar war, ob die Türkei sich aus dem Konflikt heraushalten würde. Als Grenzübertretungen türkischer Einheiten gemeldet wurden, begann ich zu fürchten, dass Bakhtiars Vater Recht behalten könnte. Doch der alte Mann wird in seinem Leben nicht mehr gegen die Türken kämpfen müssen. Zum ersten Mal seit eineinhalb katastrophalen Jahrhunderten scheint es erstmals gut auszugehen für die Kurden. Eine weitreichende Autonomie innerhalb des Irak ist für sie in Sicht. Ich bin glücklich für Bakhtiar und freue mich mit ihm.
Am 9. April, zur gleichen Zeit, als die Amerikaner sich in Bagdad vortasten und ein erschöpfter Saddam Hussein angeblich zum letzten Mal offiziell in der Hauptstadt gesichtet wird, meldet sich Ajatollah Baqir al-Hakim mit einer Erklärung aus dem iranischen Exil zu Wort. Er warnt, dass eine amerikanische Militärverwaltung, die länger als ein paar Monate regiert, Ziel von terroristischen Anschlägen werden könnte.
Das ist eine unverhohlene Drohung an die Adresse des pensionierten Generals Jay Garner, der in Bagdad im Auftrag des Pentagon für Ruhe und einen funktionierenden Alltag sorgen soll.

Der Planungsstab im US-Verteidigungsministerium hatte sich den Krieg gegen Saddam einfacher vorgestellt: schnell hinein und schnell wieder heraus. Was das »Heraus« betrifft, lief die Realität der Planung davon. Noch lange Zeit, nachdem Präsident Bush am 1. Mai 2003 die »größeren Kampfoperationen im Irak für beendet« erklärt hatte, herrschte im Land weiterhin das Chaos. Auch die Macht des Saddam-Apparates und der Baath-Partei war noch nicht gebrochen. Amerikanische Soldaten und Iraker starben täglich in aufflammenden Feindseligkeiten oder durch Fehlhandlungen infolge der angespannten Lage. Schon wurden Japan und Deutschland als Beispiele für den weiteren Verlauf im Irak zitiert. In Japan dauerte der Nachkriegswiederaufbau sieben Jahre, in Deutschland zehn.

Der US-Diplomat L. Paul Bremer III. löste General Garner binnen einen Monats als amerikanischer Zivilverwalter ab. Präsident Bush machte den pensionierten General für die katastrophale Nachkriegslage verantwortlich. Garner, dem Mann des Militärs mit den engen Verbindungen zur amerikanischen Erdölindustrie, folgte mit Bremer der Top-Antiterrorexperte des US-Außenministeriums nach.

In einem Interview für das US-Nachrichtenmagazin Time *gab Bremer im Hinblick auf den anstehenden Wiederaufbau zu: »Keiner von uns hat damit Erfahrung. Jene, die so etwas noch können, sind heute über neunzig. Wir haben das seit Deutschland nicht mehr gemacht.«*

Die Prioritäten haben sich geändert seit den Tagen nach dem Fall von Bagdad. Damals hatte das US-Militär wohl das Erdölministerium sorglich geschützt, aber nichts unternommen gegen die Ausplünderung der Stadt. Trotz vorhergehender Expertenwarnung hatten sie die einzigartigen Kunst- und Kulturschätze Mesopotamiens dem Pöbel und professionellen Dieben überlassen, denen Verbindungen in die USA nachgesagt werden.

Der verschwundene Diktator

Es war ein sonderbarer Abgang, den Saddam uns da lieferte. Er war weder tot noch lebendig. Jeder hatte seine eigenen Thesen, was mit ihm passiert sein mochte. Hatten ihn die Russen aufgenommen oder die Nordkoreaner? Oder versteckte er sich in seiner Heimat Tikrit oder gar in Bagdad? Vielleicht lag er doch unter dem Schutt der Explosion einer jener Megabomben, mit denen die Amerikaner hinter ihm her waren. Saddam war gestürzt, aber nicht wirklich fort. So hatte ich mir das nicht vorgestellt. Und wo befanden sich seine Söhne und sein Klüngel?

Saddams Frauen und Töchter hatten in Syrien Zuflucht gefunden. Genüsslich erzählten sich die Leute, seine erste Frau Sadschida Cheirallah Tulfah bete inbrünstig, dass die zuletzt hinzugekommene, Samira Schahbender, ihr Grab in einem der Bombenkrater gefunden habe. Von Samiras jungem Sohn mit Saddam, Ali, wurde behauptet, er sei schon längst bei seinem erwachsenen Halbbruder in Neuseeland eingetroffen. Einige aus Saddams engerem Zirkel, etwa der ehemalige Außenminister und zuletzt stellvertretende Ministerpräsident Tariq Asis, hatten sich offenbar gestellt, aber viele schlimme Verbrecher schienen sich in Luft aufgelöst zu haben.

Vielleicht in der Hoffnung, den Diktator durch raschen Ersatz aus dem Bewusstsein der Menschen zu verdrängen, holte das Pentagon Mitte April in einem spektakulär aufgezogenen Medien-Event den ersten Exilführer ins Land zurück. Sie holten nicht etwa den Mann, der sich auf die größte Gefolgschaft im Irak stützen konnte, Ajatollah Baqir al-Hakim. Für ihn hätte es eine riesige, aufrichtige Willkommenskundgebung gegeben. Sie holten auch nicht Adnan Pachachi, den einstigen Außenminister, der als möglicher Kandidat für das Amt des Staatspräsidenten gehandelt wurde.

In einer Nachinszenierung der Rückkehr Charles de Gaulles in das befreite Paris flog die Armee, per Airlift, Ahmed Chalabi nach Nassirija ein – zusammen mit einer schnell zusammengewürfelten

Truppe, den *Iraqi Free Forces*. Die Botschaft an die Iraker schien zu lauten: »So, und das ist jetzt euer neuer Boss!«

Es war eine Geschmacklosigkeit und ein unerhörter Affront gegenüber der Bevölkerung, die für den Ex-Banker wenig übrig hat. Das US-Außenministerium war entsetzt. Einmal mehr erwies sich die innere Uneinigkeit der amerikanischen Außen- und Sicherheitspolitik als fatal. Im Irak waren tätig, mit jeweils unterschiedlichen Agenden: Zalmay Khalilzad und seine Leute vom Weißen Haus, das US-Außenministerium, das Pentagon, der Nationale Sicherheitsrat und die CIA. Je mehr amerikanische Köche im Irak-Brei herumrührten, desto weniger gab es Hoffnung auf Einigkeit unter den irakischen Parteien, denn jede paktierte mit einer anderen US-Behörde.

Das Ergebnis: Anfang Juni waren alle Irak-Parteien so sehr untereinander zerstritten, dass an eine baldige Übergangsregierung oder einen verfassunggebenden Nationalkongress nicht mehr zu denken war. Ich bin überzeugt, dass eine konsequentere amerikanische Politik die Opposition auf die Schiene hätte bringen können.

Mord in der Moschee

Nach dem Fall von Bagdad kamen unsere irakischen Freunde in Amman zu uns, in Mutters neues Haus, um Saddams Sturz zu feiern. Es war ein ständiges Kommen und Gehen. Der Fernseher lief in einem fort, und jedes Mal, wenn eine Saddam-Statue fiel, brachen die Frauen in Freudentriller aus. Das Regime war erledigt, und wir waren glücklich, trotz unserer Ambivalenz über die Art und Weise, wie es geschehen war. Als das Kolossalstandbild auf dem Bagdader Paradiesplatz fiel, tanzte meine Mutter. Angesichts der amerikanischen Flagge, die ein GI zuvor über das Gesicht der Statue gezogen hatte, konnte ich nur den Kopf schütteln: »Muss denn das sein?«

Es ist ein Ausrutscher, der das latente Risiko der Befreiungsaktion durchblitzen lässt: die Amerikaner als Eroberer eines arabisch-islamischen Landes. In unserem Weltteil reizen Bilder wie dieses hochexplosive Emotionen, rühren an den kritischsten aller Nerven – den Identitätsnerv. Vielleicht rütteln diese Szenen aber auch Europa auf; es wird nicht gut gehen, wenn in der Welt eine Macht allein die Ordnungsverantwortung übernimmt.

Denn auch in diesem Punkt ist die US-Politik zwiespältig. Dem aufrichtigen Willen vieler Lager in den USA, Demokratie in die Welt zu bringen, stehen die handfest neokolonialistischen Bestrebungen anderer Gruppen gegenüber. Für Zeiten, wo in den USA die vereinnahmenden Kräfte die Oberhand haben, braucht es ein Gegengewicht von außen, und heute bleibt für diese Rolle nur noch Europa.

Ich rühre mich nun nicht mehr fort aus Amman, denn jeden Augenblick erwarte ich einen Ruf in den Irak. Viele irakische Oppositionelle harren wie ich in umliegenden Ländern auf das grüne Licht durch die Amerikaner. Ich habe hin und her überlegt, ob ich es beim derzeitigen Chaos Miro gegenüber verantworten kann, zu gehen. Doch wenn ich in mich hineinhöre, klingeln eigentlich keine Alarmglocken. Die Amerikaner werden alles tun, um uns zu schützen, und die Anfangsphase ist einfach zu wichtig, um dabei zu fehlen. Noch dazu als Frau, wo wir ohnehin so wenige sind in der Oppositionsvertretung.

Miro auf meinem Schoß, sitze ich auf einer Couch im Salon und setze einer europäischen Journalistin am Telefon meine Sicht der Dinge auseinander. Während ich ins Telefon rede, füttere ich meinen Sohn und freue mich, wie brav er sein Breichen isst. Aus dem Augenwinkel verfolge ich, was auf Abu Dhabi TV läuft. Plötzlich wird, bildschirmfüllend, ein Porträt von Abdel Madschid al-Chui eingeblendet, jenem vielversprechenden jungen Imam, den ich in London getroffen habe. Nach einem Moment freudigen Erkennens konzentriere ich mich auf die Stimme des Sprechers: »... wurde heute im Heiligtum von Nadschaf ermordet.«

Ich schreie auf, stelle das Schüsselchen mit Miros Brei ab, packe den

Telefonhörer und stürze mit dem Kleinen auf dem Arm in die Halle. Der Journalistin am anderen Ende der Leitung und meiner Mutter zugleich teile ich die erschütternde Nachricht mit: »Sie haben Abdel Madschid al-Chui umgebracht! Im Heiligtum in Nadschaf. Das waren Schiiten!«
Der Journalistin erkläre ich, immer noch schluchzend: »Er war der Erste von den wahren Führungspersönlichkeiten, der ins Land gegangen ist. Ein mutiger, gebildeter junger Mann mit einem offenen Geist. Er war der Sohn eines Großajatollahs und trotzdem sehr modern. Wir hätten ihn so dringend gebraucht!«
Abdel Madschid war das erste politische Opfer im neuen Irak. Seinen Vater und zwei seiner Brüder hatte Saddam in einem fingierten Autounfall ermordet. Nun hat auch Abdel Madschid den Preis bezahlt für seinen Mut. Er war im Alleingang, ohne bewaffneten Schutz durch loyale Schiiten oder amerikanische Soldaten, in seine Heimat und in die heilige Stadt zurückgekehrt. Er hat den Preis bezahlt für seine Offenheit gegenüber dem Anderen und dafür, ein Mann des Friedens und der Versöhnung gewesen zu sein. Wie mein Vater, wie Sajjid Mahdi al-Hakim, wie Anwar al-Sadat.

Nassirija

Das State Department hat mich angerufen. Ich bin eingeladen nach Nassirija im Südirak zu einem vom Pentagon organisierten Treffen. Wie die Dame am Telefon sagte, sollen dort jene Oppositionsführer zusammengebracht werden, von denen, »die Wahrscheinlichkeit besteht, dass sie überhaupt miteinander reden«.
Zalmay Khalilzad vom Weißen Haus und die Vertreter des State Departments werden auch teilnehmen. Es ist Freitag. Am Montag soll ich mich in Kuwait einfinden, und am Dienstag, dem 15. April, würden wir vom Marriott-Hotel unter Militärschutz nach Nassirija gebracht.

Ich bin sehr aufgeregt, will mit Bakhtiar sprechen. Doch er befindet sich gerade irgendwo zwischen Warschau und Wien, und ich komme nicht durch zu ihm. Ich möchte nach dem Meeting in Kuwait bleiben, bei Ouroud, und werde Miro mitnehmen. Während ich in Nassirija bin, wird er in ihrem Haus gut aufgehoben sein. Über zehn Ecken erfährt Bakhtiar, dass ich dringend mit ihm sprechen möchte, und ruft mich endlich zurück. Er muss noch nach Paris, ins AIJ-Büro, und wird sich uns Mitte der kommenden Woche in Kuwait anschließen. Wir haben uns seit vielen Wochen nicht mehr gesehen. Ich freue mich unglaublich, ihn bald wieder bei mir zu haben.

Am 15. April frühmorgens wartet vor dem Hoteleingang ein Konvoi von US-Army-Jeeps. Wir sind drei Frauen und fünfundvierzig Männer. Von Kuwait City sind es rund dreihundert Kilometer nach Nassirija, davon etwa hundertachtzig auf irakischem Boden. Unser Konvoi reiht sich in einen langen Zug von Militärlastwagen ein. Wir befinden uns auf der vor wenigen Wochen heiß umkämpften Nachschublinie. Von Explosionen aufgerissene und ausgebrannte Fahrzeuge im Wüstensand zu beiden Seiten der Autobahn bezeugen die letzten Erfolge von Saddams Kriegsmaschinerie.

Vor Nassirija halten wir bei einem Checkpoint. Zwanzig, dreißig Menschen stehen dort herum, aus Neugier oder Langeweile; vielleicht erwarten sie auch Verwandte oder Freunde. Wir steigen aus den Fahrzeugen, zeigen den GIs unsere Papiere. Die Irakis treten herbei, begrüßen uns und fragen, wer wir denn seien, woher wir kämen. Eine kleine Gruppe sammelt sich um mich, und als ich den Menschen meinen Namen nenne, begrüßen sie mich gleich noch einmal, und diesmal mit einer Intensität, Hochachtung und Wärme, die mich überrascht und beglückt. Auch die einfachen Menschen tragen also den Namen meines Vaters bis heute im Herzen.

Das Meeting in Nassirija mit den Amerikanern gestaltet sich sehr offen und angenehm. Ich komme als Vierte zu Wort und benütze die Gelegenheit, wieder einmal so richtig meine Meinung zu sagen. Ich ergreife das Mikrofon und lege los, zunächst in Richtung der Amerikaner:

»Sie alle sind hier hochwillkommene Gäste, aber es steht Ihnen nicht zu, sich einzumischen, wenn die irakische Bevölkerung ihre Führung wählt. Bitte machen Sie nicht wieder den Fehler, uns eine Clique aufzuzwingen! Drängen Sie uns nicht unter dem Mäntelchen der Demokratie eine Regierung nach Ihrem Geschmack auf!«
Sie verstehen meine Anspielung; zuerst die Sunniten mit Saddam und jetzt Ahmed Chalabi.
Dann nehme ich mir meine exilirakischen Kollegen vor: »Seht euch bitte um! Ihr seid fast nur Männer hier! Wer vertritt denn die Mehrheit der Bevölkerung? Wo sind die Frauen? Ihr müsst euch daran gewöhnen, Frauen in hohen politischen Positionen zu akzeptieren. Seht mich gut an. Seht ihr mich wirklich? Ihr werdet mich in Zukunft sehr oft sehen, und nicht allein mich, sondern Dutzende, Hunderte und Tausende wie mich!«
Die Amerikaner müssen lachen.
Ein Kollege erklärt: »Schau, Safia. Ich mag dich. Aber wenn du nicht Safia und die Tochter von Scheich Taleb wärst, würde ich dich nicht akzeptieren.«
»Du wirst schon sehen«, sagte ich lachend. »Ich werde dafür sorgen, dass du mich akzeptierst. Irgendwann einmal werden wir Wahlen haben!«

Unerwünschte Konferenz der Frauen

Zurück in Kuwait, ziehe ich am Morgen des nächsten Tages vom Hotel in Ourouds Haus um. Miro empfängt mich auf der Hüfte meiner Schwester reitend mit weit ausgestreckten Armen. Ich ziehe ihn an mich und spüre, wie er seinen kleinen Körper an mich presst, spüre die ganze große Liebe meines Kindes und wie sehr es mich braucht. Ich bin beglückt und fühle zugleich einen Stich in meiner Brust. Mein Kind leidet unter meinen vielen Reisen und

den wechselnden Bezugspersonen. Und ich vermag zurzeit nicht abzusehen, wie lange es noch so dahingehen wird. Ich hoffe, die Lage beruhigt sich in den kommenden Monaten so weit, dass ich, Miro und mein Mann uns in Bagdad niederlassen können.
Bakhtiar erwarte ich am späten Nachmittag. Ich beginne darüber nachzudenken, in Kuwait eine große Konferenz irakischer Frauen zu organisieren. Im Irak selbst ist an eine solche Konferenz wegen der herrschenden Unsicherheit noch nicht zu denken. Eine Frauenkonferenz wäre den religiösen Extremisten ein Dorn im Auge. Unter ihnen hat es seit dem Sturz Saddams stark zu gären begonnen. Ohne Schutz durch die Amerikaner würden wir einen Anschlag herausfordern. Doch will ich vermeiden, die USA zu sehr in unsere Angelegenheiten hineinzuziehen. Die Konferenz müsste also im Ausland stattfinden.
In der Vorfreude auf Bakhtiars bevorstehende Ankunft bin ich besonders energiegeladen und rufe sogleich einen Bekannten im Innenministerium an, was er wohl von der Idee halte, die erste irakische Frauenkonferenz nach der Saddam-Ära in Kuwait City zu veranstalten. Der Mann reagiert sehr positiv, und so beschließe ich, mit den Vorbereitungen zu beginnen.
Vorerst aber fahre ich zusammen mit Mufida und Miro in Ourouds Wagen zum Flughafen, um Bakhtiar abzuholen. Im Gebäude wimmelt es von filmenden und an- oder abreisenden Fernsehteams und von Militär: Amerikaner, Briten, Deutsche, Australier. Die Australier kämpften zusammen mit den Briten im Süden. Manche Länder, so auch Deutschland, die sich der kämpfenden Alliierten-Truppe nicht anschließen wollten, hatten Spezialeinheiten für Einsätze geschickt, die nicht unmittelbar kriegerisch waren.
Wir stehen und warten im Ankunftsbereich. Miro hat ein paar Kinder ausfindig gemacht, mit denen er zwar noch weitgehend sprachlos, aber freudig Kontakt aufnimmt. Natürlich kennt er bereits die nötigen Kleinkindworte, um seine Bedürfnisse zum Ausdruck zu bringen und nahe Menschen oder wichtige Dinge zu benennen, aber zum richtigen Sprechen ist er mit seinen eineinhalb Jahren noch zu klein. Ein Wort kennt er jedoch, das nichts mit seinem

unmittelbaren Erfahrungsbereich zu tun hat: »Saddam«. Und hinzu fügt er häufig: »Kalb!« Das bedeutet »Hund!«

Als Bakhtiar durch die Sperre tritt, spüre ich, wie mein Herz sich weitet, und freue mich über das Aufleuchten seiner Augen. Endlich wieder einmal sind wir alle vereint. Miro hat seinen Vater nicht vergessen. So wie er sich am Vortag mir entgegenstreckte, breitet er seine kleinen Arme nun für Bakhtiar aus. Ich bin glücklich zu sehen, mit wie viel Liebe und Vaterstolz Bakhtiar den auf seinem Arm sitzenden Kleinen betrachtet.

Am Tag darauf nehme ich die Vorbereitungen für die Frauenkonferenz in Angriff und beginne, mich um die nötigen Genehmigungen zu kümmern. Es gilt viele bürokratische Hürden zu nehmen, denn Kuwait will sich keine irakische Flüchtlingswelle einhandeln. Angesichts der irakischen Invasion von 1990 kann ich das verstehen. Doch nach etwa einer Woche erkenne ich, dass ich an Mauern stoße. Offenbar will das Emirat jeden Eindruck einer Einmischung in irakische Angelegenheiten vermeiden.

Nun wende ich mich an Jordanien – das einzige andere Grenzland des Irak, das sich ebenfalls eignen würde. Saudi-Arabien und Iran kommen wegen ihrer Politik gegenüber Frauen nicht in Frage, und das immer noch von Baathisten regierte Syrien hat ein ungeklärtes Verhältnis zum irakischen Ex-Regime. Aber auch in Amman bekomme ich kein Okay für eine Konferenz irakischer Frauen. Dabei wäre es gerade jetzt, wo die Frauen im politischen Prozess immer mehr an die Wand gedrängt werden, enorm wichtig, dass wir die Chance bekämen, uns zu organisieren und die internationalen Medien für uns zu mobilisieren.

Meine Freundinnen in Europa, voran die Menschenrechtsaktivistin und ehemalige EU-Kommissarin Emma Bonino, sind entsetzt über das Fehlen der Frauen in der Öffentlichkeit des neuen Irak und darüber, dass die Medien einfach darüber hinweggehen. Als die Neugestaltung Afghanistans aktuell war, war die ganze Zeit über von den Frauen die Rede. Ratlos erleben wir nun, dass sich um die irakischen Frauen niemand zu scheren scheint.

Immerhin, die Amerikaner laden mich erneut zu einer großen poli-

tischen Konferenz ein. Zum ersten Mal werde ich als Politikerin nicht innerhalb der Opposition auftreten, denn die irakische Opposition gibt es nicht mehr. Und was mich an dem bevorstehenden Ereignis besonders berührt: Es wird in Bagdad stattfinden. Zum ersten Mal in meinem Leben werde ich wirklich heimkehren.
Neuerlich lasse ich Miro zurück. Diesmal aber in der Obhut seines Vaters. Damit kann ich gut leben. Am 28. April morgens bringen mich die beiden zum Flughafen, wo ich mich der amerikanischen Militärmaschinerie anvertraue. Meine Heimkehr nach Bagdad hat begonnen.

Bagdad

Wie ein gigantischer Urzeitvogel, die überlangen Flügel träge gesenkt, erwartet uns das Transportflugzeug der *US-Airforce*. Ich steige mit mehreren Dutzend Exilirakern aus dem Zubringerbus und betrete das Rollfeld. Trotz der frühen Vormittagsstunde heizt sich der Beton bereits auf. Treibstoffgeruch reizt mir die Nase. Der Bus hinter uns öffnet seine Türen und entlässt noch einmal so viele Iraker. Ich sehe mich um. Die gewohnte Hightech-Eleganz des *Kuwait International Airport* verschwindet im militärischen Getriebe von Jeeps, Soldaten und Kriegsflugzeugen.
Eine traditionell gekleidete Muslimin hält sich eng an meiner Seite. Ich kenne sie kaum, weiß von ihr nur, dass sie Seinab heißt und Vertreterin einer islamischen Organisation in den USA ist. Ein Stück vor uns bewegt sich, selbstbewusst und schlank, Rend Rahim Francke. Die bekannte Intellektuelle und Buchautorin leitet die *Iraq Foundation*. In wenigen Sekunden wird sie in dem gähnend weit geöffneten Flugzeugheck verschwinden. Wir drei werden heute als einzige Frauen am ersten politischen Kongress des »neuen Irak« teilnehmen. Vierhundert Delegierte werden dazu in Bagdad erwartet.

Der Anblick der vor mir die Rampe hinaufstrebenden Exilkollegen ruft mir Szenen aus amerikanischen Kriegsfilmen in Erinnerung: Kolonnen von Soldaten verschwinden in ganz ähnlichen Flugzeugen, und man fragt sich: Wer von ihnen wird am Ende zurückkommen?

Unser Flug wird uns an den gefährlichsten Ort tragen, den es in diesem Augenblick auf dem Globus gibt. Nach dreieinhalb Jahrzehnten despotischen Drucks hat die Befreiung in Bagdad alle Ventile hochschießen lassen, und die Stadt ist ein Kessel der Gewalt. Ich bin Mutter eines eineinhalbjährigen Sohnes. Ich habe mir gut überlegt, ob ich diesen Schritt tun darf. Die Antwort am Ende war: Ich will es.

Mein ganzes bewusstes Leben fieberte ich meiner Heimkehr entgegen, kämpfte seit meinem zwölften Lebensjahr darum und habe viel verloren.

Jetzt ist Saddam Hussein gestürzt. Jene, die es vollbracht haben, sind nicht unsere verlässlichsten Freunde. Gemeinsam mit den Männern unseres Landes gehen sie soeben ans Werk, für alle Iraker das Leben und die Zukunft zu gestalten.

Es ist eine enorm schwierige Aufgabe. Unser zersplittertes, demoralisiertes Land soll in eine gerechte, demokratische Ordnung hineinfinden. Als eine von ganz wenigen Frauen habe ich die Chance, dabei mitzuarbeiten. Ich muss sie ergreifen.

Die Frauen des Irak haben unter dem alten Regime am allermeisten gelitten. Sie haben Gatten, Söhne, Väter und Brüder in Kriegen und durch Regimeterror verloren. Sie sind geflohen, wurden auf der Flucht getötet, haben in Lagern überlebt und sind dort gestorben, wurden in Gefängnissen gefoltert, entehrt, ermordet. Sie haben in Notzeiten gehungert und geschuftet, für ihre unterernährten, kranken Kinder gesorgt und gebetet, das Elend ihrer gedemütigten Männer gelindert und mit ertragen. Nun sollen sie auch ihren Anteil bekommen am politischen Leben des Landes. Dafür will ich mich einsetzen.

Dicht gedrängt richten wir uns in den Behelfssitzen der Transportmaschine ein. Wie ein Symbol baumelt ein ungeleerter Müllsack

von einer Halterung: Haben sich die Amerikaner mit der Aufräumaktion im Irak übernommen?
Ein Soldat verteilt Ohrstöpsel mit der Aufforderung, sie unbedingt zu benutzen. In dem Airforce-Frachter funktioniert der Druckausgleich weniger komfortabel als in einer Passagiermaschine. Ich zurre meinen Hüftgurt fest und spreche dabei leise: »B'ism illah!« – »Im Namen Gottes!«
Jede wichtige oder heikle Verrichtung nehmen Muslime mit dieser Formel in Angriff.
Für mich ist es die bedeutungsvollste Reise, die ich jemals unternommen habe: vorwärts in ein neues Leben und zurück in mein altes Land. Nach mehr als dreißig Jahren Exil werde ich endlich jene Stadt kennen lernen, auf die sich meine ganze Hoffnung konzentriert hat.
In unserem Truppentransporter gibt es keine Fenster, und so kann ich den Landeanflug auf Bagdad zwar spüren, sehe aber zu meinem Bedauern nichts von dem Land zwischen Euphrat und Trigris, das sich unter uns ausbreitet. Umso deutlicher vermittelt mir der rüttelnde Bodenkontakt der Flugzeugräder: Du bist angekommen!
In Bussen, umringt von Panzern, bringen uns die Amerikaner zum Tagungszentrum. Unser Weg vom soeben wieder auf Baghdad International Airport umbenannten einstigen Saddam-Flughafen führt über Schnellstraßen direkt ins Regierungsviertel. Die Gegend ist menschenleer. Lediglich die überall verstreuten, zerfetzten Saddam-Poster deuten darauf hin, dass es nicht immer so gewesen sein kann. Offenbar hatten die Amerikaner die Flughafenstraße für die Bevölkerung zur Tabuzone gemacht. Mein ersehntes Wiedersehen mit Bagdad wirkt auf diese Weise wie durch eine unsichtbare Barriere gedämpft, und ich werde mir erst in den kommenden Tagen ein Bild der Lage machen können.
Die politische Konferenz von Bagdad gestaltete sich bei weitem weniger entspannt als der Meinungsaustausch mit den Exilkollegen und den Amerikanern in Nassirija. Drei Viertel der Teilnehmer kamen aus dem Landesinneren. Hier wehte ein ganz anderer Wind. Die schiitische Geistlichkeit hatte ihre Vertreter geschickt. Viele

der teilnehmenden Funktionäre sind Baath-Leute, hatten früher mit Saddam zu schaffen. Aus unzähligen Berichten waren mir diese Gestalten ein Begriff. Jetzt sah ich sie leibhaftig vor mir.
Bevor sich die Türen des überfüllten, stickigen Saales schließen, nimmt mich auf dem Korridor Zalmay Khalilzad beiseite und beginnt ein Gespräch mit mir. Der Vertreter des Weißen Hauses ist von den Amerikanern als »Regierungsmacher« eingesetzt, nachdem er schon in Afghanistan in gleicher Funktion maßgeblich mitgearbeitet hatte.
»Safia, ich möchte Ihre Meinung hören: Wen würden Sie als neuen Regierungschef vorschlagen?«
»Zum gegenwärtigen Zeitpunkt kann ich Ihnen keinen Namen geben, denn es gibt noch niemanden, der für aller Iraker akzeptabel wäre. Wir können im Augenblick auch nicht wählen, denn die Bevölkerung würde die Baathisten wieder an die Macht bringen. Sie haben immer noch eine starke Basis im Land und viel Geld.«
»Ja, aber wann stellen Sie sich denn Wahlen vor?«
»Meiner Einschätzung nach ist vor Ablauf von drei Jahren an Wahlen nicht einmal zu denken. Bevor wir an die Urnen gehen, müssen wir unser Haus aufräumen. Es ist wirklich schmutzig hier.«
Wenn wir Saddam jemals verkraften wollen, so müssen alle am Regime unmittelbar Beteiligten in angemessener Form zur Verantwortung gezogen werden. Die vierzig Topverbrecher sollten meiner Meinung nach vor Gericht gestellt werden. Die kleineren Verbrecher, Tausende sind es, sollen ihre Taten eingestehen, dafür Abbitte leisten und anschließend wieder ihrer Arbeit nachgehen. Denn ohne diese Menschen wird das Land nicht ins Laufen kommen.
Khalilzad sagt: »Wir wollen, dass die Iraker sich ihre Regierung selbst wählen.«
»Geben Sie mir ein wenig Zeit. Ich werde Ihnen die Namen einiger Leute nennen, die vorläufig die täglichen Geschäfte führen können, aber nicht notwendigerweise in der Zukunft.«
Ich verstand, was Khalilzad bewegte: Pentagon-Freund Ahmed Chalabi war schon wieder eifrig am Schmieden einer neuen Koaliti-

on, um sich an der Spitze der Regierungsverhandlungen zu halten. Diesmal paktierte er mit Ajjad Alawi und dessen mächtigem Irakischem Nationalbündnis, INA. Ahmed Chalabi warf Unmengen von Geld, von dem keiner offiziell wusste, woher er es hatte, mit offenen Händen unter die Bevölkerung. Auf diese Weise versuchte er, sich die Unterstützung kleiner Scheichs und lokaler Funktionäre in den Kleinstädten und Dörfern zu erkaufen. Leere Mauern im ganzen Land ließ er mit Werbeplakaten mit seinem Konterfei bepflastern.

Während Chalabi auf der einen Seite offenkundig und rücksichtslos für seine Macht arbeitete, behauptete er neuerdings auf der anderen, er sei an einer Rolle in der Regierung nicht mehr interessiert.

Unter der irakischen Bevölkerung war es bereits zu Demonstrationen gegen den Ex-Banker gekommen, und König Abdullah von Jordanien protestierte gegen den Aufstieg dieses Mannes, der in seinem Land 22 Jahre Gefängnisstrafe absitzen sollte. Doch das Pentagon hielt Chalabi, zur Verzweiflung von Khalilzad und der Leute von Außenministerium und CIA, weiterhin die Stange.

Zugleich kamen erste, überzeugende Lebenszeichen von Saddam Hussein. Auch er schien Geld unter die Leute zu bringen und ließ Flugblätter verteilen. Die Lage wurde immer wirrer. Die Amerikaner waren nicht zu beneiden.

Nach der Eröffnung der Bagdad-Konferenz durch Khalilzad und einen prominenten Stammeschef ergriff Imam Hussein al-Sadr, ein Vertreter des liberalen, demokratisch orientierten schiitischen Flügels das Wort. Ich traute meinen Ohren nicht, als ich ihn sagen hörte: »Wir brauchen die Hilfe der Amerikaner, sonst haben wir Saddam und die Baath-Partei schneller wieder am Ruder, als wir glauben.«

Als die Baath-Anhänger an die Reihe kamen, fingen sie an, über alles und vor allem über die Amerikaner herzuziehen, und erklärten unisono: »Saddam war uns lieber!«

Ihre Offenheit zeigte, dass sie sich recht sicher fühlten.

Irgendwann riss mir der Geduldsfaden, und ich rief von meinem

Platz im Saal dazwischen: »Aber wo wart ihr denn, als Saddam die Macht hatte? Was habt ihr denn unternommen, um Saddam und das Baath-Regime auf einen korrekten Kurs zu bringen?«
Ein anderer Delegierter mischte sich ein: »Ich glaube, Safia, wir sollten herausfinden, wer diese Leute hierher eingeladen hat.«
Darauf rief ein Dritter: »Aber das ist eben Demokratie, dass sie alle hier sind!«
Ich gab darauf die meiner Meinung nach einzig passende Antwort: »Gut, dann sollte Saddam auch hier sein!«
Viele einfache Delegierte fürchteten sich, offen vor den Baath-Leuten zu sprechen. Aber nach der Sitzung kamen mehrere zu mir und sagten: »Danke, Sie waren die Einzige, die sich den Baathisten entgegengestellt hat!«
Auch die Amerikaner beglückwünschten mich. Die vorübergehend für die PR der US-Verwaltung zuständige Botschafterin in Marokko meinte: »Klar – eine Frau musste sich ermannen und den Mund aufmachen.«

Qasr Taleb

Der Bruder meines Vaters, Onkel Raschid Al-Souhail, nimmt mich während meines ersten Aufenthaltes in Bagdad in sein Haus auf. Ihn und meine anderen Onkel kenne ich gut von ihren Besuchen in Amman und anderen Treffen im Ausland. Doch die Frauen und Kinder sehe ich zum ersten Mal in meinem Leben.
Die Nachricht, dass ich in Bagdad bin, macht in Windeseile die Runde. Nachbarn, Freunde meines Vaters – sie alle wollen Safia kennen lernen. Die Kinder schauen mich mit großen, staunenden Augen an, als wäre ich ein Fabelwesen. Immer wieder fragen mich die Menschen: »Safia, wo wirst du kandidieren?«
Es gäbe mehrere Bezirke, die dafür in Frage kämen. Aber, wie ich ja weiß, wird es noch eine Weile dauern, bevor wir wählen können.

Doch freue ich mich sehr, dass meine Leute mich in dieser Richtung unterstützen.
Sie erzählen mir, wie sie die neuen Entwicklungen erleben. Ich lerne Menschen kennen, die erst seit wenigen Tagen wieder in Freiheit sind, nachdem die Amerikaner die Tore der Gefängnisse geöffnet haben. Die Medien haben die Bilder von den Folterkammern in den Gefängnissen und in Udais Palast verbreitet. Allmählich begreift die Welt, was wir durchgemacht haben. Und allmählich weicht in der Bevölkerung die Angst.
Auf dem Schwarzmarkt beginnt ein makabrer Handel mit Kopien der Videoaufzeichnungen, die das Regime in seiner perversen Akribie von vielen Verbrechen angefertigt hat. Die Menschen suchen in den Folter- und Erschießungsszenen nach ihren Vermissten, sie versuchen zu erkennen und zu verstehen, was mit unserer Gesellschaft passiert ist. Manche kaufen die Videos aus Motiven, die so pervers sind, wie unser Regime es war.
Unterdessen verstärken sich die Gerüchte um Saddam. Onkel Raschid erzählt mir, er habe vor wenigen Tagen mit Sicherheit gewusst, dass Saddam sich in einem bestimmten Haus in Bagdad aufhalte. Er habe beim nächsten US-Army-Camp Meldung gemacht. Ein Colonel habe seine Aussage zwar zu Protokoll genommen, doch hätten die Amerikaner nichts unternommen. Einen Tag später sei Saddam schon wieder anderswohin verschwunden gewesen.
Wenige Tage nach dem Vorfall erscheint in der internationalen arabischen Zeitung Al-Sharq al-Awsat ein Interview mit einem US-Offizier. Der Mann schildert darin, wie ein älterer, gut gekleideter Herr ihn aufgesucht und Angaben über Saddams Aufenthalt gemacht habe. Daraufhin hätten der Offizier und seine Leute sich bereit gemacht, um Saddam zu verhaften. Als er die Aktion seiner vorgesetzten Stelle meldete, erhielt er den Bescheid: »Haltet euch da heraus. Wir werden den Job übernehmen.«
Und das war's. Vielleicht wollen die Amerikaner Saddam gar nicht festnehmen? Es ist verrückt.
Die Baathisten beginnen die Bevölkerung auf vielfältige Weise einzuschüchtern. Zwei Frauen, die Details über Saddams Söhne Udai

und Qusai wussten, wurden erstochen aufgefunden. Den Leichen klebten die Täter den Mund zu als Warnung an alle anderen, die noch etwas wissen könnten.
Nachdem die erste große Polit-Konferenz des neuen Irak vorüber ist, fahre ich mit Onkel Raschid nach Abu Ghreb, zu den Gütern, die einst meiner Familie gehörten. Wir besuchen die Häuser jener Tamim, die früher für uns gearbeitet haben. Ich begrüße die Eltern und Geschwister von Schaker und Farhan. Meine beiden Kindheitsfreunde sind immer noch im Iran interniert, und ich suche das Haus Hammats auf. Traurig muss ich zur Kenntniss nehmen, dass ich wenige Monate zu spät komme. Der treue Chauffeur meines Vaters, der sich mit seinem Leben für uns und die Güter eingesetzt hat, ist vor kurzem gestorben.
Dafür kann ich meine Nanny Saida wieder an mich drücken. Obwohl mehr als ein Vierteljahrhundert vergangen ist, seit sie in Brummana beschlossen hat heimzugehen und zu heiraten, ist sie noch genauso scheu und dünn wie damals. Inzwischen spielen schon zwei Enkelkinder, ein Mädchen und ein Junge, zu Saidas Füßen auf dem Steinboden ihres Hauses. Ein Hauch aus der Vergangenheit weht mich an, jenes Gefühl lang vergessener kindlicher Geborgenheit, das ihre schlanken, anmutigen Arme zu geben vermochten.
Das Schlimmste steht mir noch bevor. Wir verlassen die Siedlung der Tamim mit ihren Dattelpflanzungen. Als wir Kinder waren, hat mein Vater für uns oft Zeichnungen von Dattelpalmen angefertigt, damit wir nicht aufwuchsen, ohne zu wissen, wie eine Dattelpalme aussieht. Vielleicht war es auch, weil er diese hohen, schlanken Pflanzen so sehr vermisste, die seit undenklichen Zeiten zu den wichtigsten Lebensgrundlagen der arabischen Stämme gehören. Er zeichnete sie uns aus grünem Boden wachsend, mit braunem Stamm und grünen Wedeln, ein Bild, das sich in meinem Gedächtnis fest eingepflanzt hat. Die Palmen auf den Gründen der Tamim sehen genauso aus. Die Tränen rinnen mir über die Wangen, und ich kann nichts dagegen tun.
Nun lenkt Onkel Raschid den Wagen in eine andere Gegend.

Ihr Anblick steht in harschem Kontrast zu der liebevoll von den Tamim gepflegten Vegetation, aus der wir soeben kommen: graue Palmenstümpfe und verödetes Land, so weit das Auge reicht. Als wäre eine Naturkatastrophe darüber hinweggezogen und hätte alles vernichtet, was hier an lebendigem Grün gewachsen war.
Vor meinen Augen breitet sich nun real das Werk der Zerstörung aus, das ich bisher nur von einer Fotografie her kenne. Keine Spur mehr von einem Haus, geschweige denn einem Palast. Ich muss an Vater denken, an meine Großmutter, die Scheicha Safia, an Großvater Ali und den großen Onkel Hassan Al-Souhail und an all die anderen Menschen aus unserer Familie und unserem Stamm, die hier gelebt und gewirkt haben. Ihr Geist liegt trotz Saddams Vernichtungsakt über diesem Gelände.
Onkel Raschid legt seinen Arm um mich, als er sieht, dass meine Schultern krampfhaft zucken. Nach einer Weile sehe ich durch meine Tränen hindurch, wie sich die Landschaft wieder begrünt, und ich sehe ein modernes, in mehrere Elemente gegliedertes Bauwerk aus gelbem Stein entstehen. Ich, meine Mutter und meine Schwestern haben ein Projekt: Falls wir dieses Land jemals wieder zurückbekommen, wollen wir an der Stelle des Qasr Taleb eine Moschee, ein Waisenhaus und eine Bibliothek errichten und sie nach unserem Vater benennen.
Mit ihm halte ich kurz innere Zwiesprache:
»Jetzt bin auch ich heimgekehrt, ya Baba. Es wird nicht einfach werden, es wird auch nicht schnell gehen, aber ich vertraue darauf, dass wir es diesmal schaffen. Die Amerikaner werden sich anstrengen. Die ganze Welt schaut ihnen auf die Finger. Ich habe Hoffnung, Baba, und meine Hoffnung liegt hier in Bagdad.«

Epilog

Knapp zwei Jahre nach der Befreiung von der Diktatur Saddam Husseins präsentierte sich die Lage im Irak verzweifelt. Eine nicht abreißen wollende Serie von Attentaten hielt das Land in Bann. Die Anschläge wurden immer brutaler und zielten mit besonderer Härte auf die sich neu formierenden Sicherheitskräfte. Von Tag zu Tag wuchs die Gefahr eines Bürgerkrieges.
Bilder von Enthauptungen westlicher Geiseln flimmerten über die Fernsehschirme in aller Welt. Nahezu wöchentlich flehten neue Menschen, die Gesichter von Todesangst gezeichnet, ihre Regierungen in Washington, London, Rom oder Tokio an, die Forderungen ihrer Kidnapper zu erfüllen.
In der amerikanischen Öffentlichkeit rief der »Krieg nach dem Krieg« Erinnerungen an Vietnam wach. Bei den US-Präsidentschaftswahlen 2004 wurde die Kriegsentscheidung von Präsident George W. Bush zum heißesten Wahlkampfthema.

Safia, die trotz ihrer schlechten Erfahrungen mit Einmischung von außen so sehr gehofft hatte, diesmal würde es gut ausgehen, musste bestürzt feststellen: »Die amerikanisch-britische Koalition hat große Fehler begangen: Sie hat die Armee und die Polizei aufgelöst, und damit viele Tausend gut ausgebildeter und bewaffneter Leute in den Untergrund getrieben. Dem nicht genug, hat die Koalition es lange Zeit versäumt, die irakischen Grenzen zu sichern und damit den internationalen islamistischen Terror förmlich ins Land eingeladen. Die Iraker in ihrem leidgewohnten Zynismus munkeln inzwischen, unser Land wäre absichtlich als Auffangbecken für den Terror geöffnet worden, um ihn aus der restlichen Welt bei uns zusammenrinnen zu lassen. »Dass wir für unsere Befreiung mit dem irakischen Erdöl würden bezahlen müssen, das war uns klar und erschien auch akzeptabel, zumal das Volk ja nie wirklich von dem Öl profitiert hatte. Aber nicht in unseren schwärzesten Szenarien hätten wir damit gerechnet, dass der Irak zu einem Terroristenparadies werden könnte.«

Tatsächlich kostete der jüngste Irak-Krieg laut einer im Oktober 2004 veröffentlichten Studie renommierter amerikanischer und irakischer Ärzte bis dahin rund 100.000 Zivilisten, in der Mehrzahl Frauen und Kinder, das Leben. Diese Menschen starben vor allem als »Kollateralschaden« – so der Jargon der Kriegsführung – amerikanisch-britischer Luftangriffe auf baathistische und islamistische Terrornester.

Doch es gab auch Entwicklungen, die hoffen ließen:

Mit dem Sturz des Baath-Regimes wurde die irakische Exilopposition mit einem Mal zur politischen Mitgestalterin. Mehrere ihrer Protagonisten erhielten offizielle Rollen und mussten nun im Eiltempo in die neue Regierungsverantwortung hineinwachsen. Unter Aufsicht der US-Verwaltung machten sie sich gemeinsam mit innerirakischen Parteienvertretern an die Neuordnung des irakischen Staates. Reibereien waren vorprogrammiert. Dennoch wurde im Herbst 2003 ein provisorisches Kabinett ernannt und schließlich am 8. März 2004, nach monatelangem, mühsamem Ringen, eine Übergangsverfassung beschlossen. Am 28. Juni 2004 löste sich die amerikanisch-britische geführte Zivilverwaltung im Irak zusammen mit den provisorischen Regierungsorganen auf und übergab die Souveränität an eine neue, am selben Tag vereidigte Regierung mit einem irakischen Präsidenten und Ministerpräsidenten an der Spitze.

Für die Besatzungskoalition bedeutete die neue Verfassung und der Souveränitätstransfer den ersten großen Erfolg seit der Befreiung des Landes von der Herrschaft Saddams. Nunmehr schien auch die vom schiitschen Klerus in den Verhandlungen beharrlich angestrebte Weichenstellung in Richtung Gottesstaat abgeblockt.

In der Anfangsphase des Übergangsprozesses hatten sich die irakischen Frauen, so auch Safia, enttäuscht und übergangen gefühlt. Obwohl mehr als 60 Prozent der Bevölkerung weiblich sind, waren nur vier von fünfzig Posten im Provisorischen Regierungsrat und im Übergangskabinett an Frauen gegangen.
Safia war zweimal in die allerengste Auswahl für einen Platz im Regierungsrat gelangt. Dass sie dann doch nicht ernannt wurde, möchte einem fast als Glücksfall erscheinen angesichts dessen, dass die auf den von Safia angestrebten Posten berufene Schiitin wenige Wochen nach ihrem Amtsantritt ermordet wurde und dass deren Nachfolgerin bei einem Terroranschlag ihren 18jährigen Sohn verlor.
Als dann aber die neue Verfassung beschlossen und die souveräne neue Regierung aufgestellt wurde, änderte sich das Bild der Frauenbeteiligung. Plötzlich konnten die Frauen beachtliche Errungenschaften verzeichnen, durch die der Irak in der arabischen Welt sogar zum Vorreiterland geworden ist: Unter den 30 Kabinettsmitgliedern befinden sich heute sechs Frauen, und für die Volksvertretung im künftigen Parlament sieht die Verfassung gar eine Frauenquote von 25 Prozent vor.

Safia hält sich zugute, ihren Teil zu der neuen Situation beigetragen zu haben. Sie organisierte die erste große Frauenkonferenz des Irak und setzte sich vehement dafür ein, dass Frauen in der Zukunft eine angemessenere politische Rolle erhalten würden.
Ab dem Ende der Kampfhandlungen im Frühsommer 2003 lebte sie mit ihrem Mann Bakhtiar Amin wieder in Bagdad und holte, trotz der gefährlichen Lage, zu Jahresende 2003 ihren zweijährigen Sohn Miro zu sich. Der Kleine hatte schon allzu lang die Mutter vermisst und so sehr unter ihrer Abwesenheit gelitten, dass Safia sich vor der schwierigen Entscheidung sah, entweder ihre Arbeit im Irak im Stich zu lassen oder ihr Kind ihr Risiko teilen zu lassen. Sie entschied sich für Letzteres.
Denn als Vertreterin von Alliance Internationale pour la Justice (AIJ) zählten viele ihrer Landsleute in sozialen Nöten auf ihre Hilfe. »Alles war zusammengebrochen«, erzählt sie. »Viele Menschen

hatten ihre Jobs in der Regierung und in der Wirtschaft verloren. Wir bemühten uns dafür zu sorgen, dass in jeder Familie, die sich an uns wandte, zumindest eine Person über Arbeit und Einkommen verfügte.« Auf diese Weise agierte sie bereits als politische Vertreterin und bereitete ihre Kandidatur bei den im Januar 2005 geplanten Parlamentswahlen vor. Bei den Beni Tamim galt sie inzwischen unumstritten als politische Führerin und wurde somit die einzige Frau an der Spitze eines irakischen Stammes.

Dann aber, im Herbst 2004, nahm Safias Leben noch einmal eine überraschende Wendung: Sie wurde zur ersten Botschafterin des neuen Irak in Ägypten ernannt. Fortan sollte sie ihr Land auch offiziell nach außen vertreten – inoffiziell tat sie das ja schon seit geraumer Zeit – und den wichtigen Posten in Kairo dazu nutzen, vor allem in der arabischen Welt Unterstützung für die neue irakische Regierung zu gewinnen. Ihr seit Jugendtagen gehegter Wunsch Diplomatin zu werden hat sich damit erfüllt. Doch will sie deshalb nicht auf ihren Anspruch verzichten, innerhalb des Irak etwas zu bewegen. Auch als Botschafterin möchte sie bei den Parlamentswahlen kandidieren. Und in hochgestimmten Augenblicken lässt sie bereits hören:

»Können Sie sich an der Spitze des Irak eine Präsidentin vorstellen? Ich bin bereit!«

Safias Mann Bakhtiar Amin war als Verhandler maßgeblich beim Entstehen der neuen Verfassung beteiligt. Zurzeit ist er der Menschenrechtsminister der neuen Regierung. Zu seinen Agenden zählt nicht nur die Aufarbeitung der Schrecken des Baath-Regimes, inklusive Massengräber, von denen fast monatlich neue entdeckt werden, sondern ironischerweise auch das Wohlergehen Saddam Husseins, der in irakischem Gewahrsam seines Gerichtsurteils harrt. Der Exdiktator, der Safias und Bakhtiars Leben so einschneidend geprägt hat und der sich für den Tod Hunderttausender Menschen verantworten muss, klagt hie und da über Unpässlichkeiten, isst gesundheitsbewusst, schreibt Gedichte und kümmert sich um ein paar Pflänzchen, die in dem Gärtchen vor seiner Gefängniszelle wachsen.

Anhang

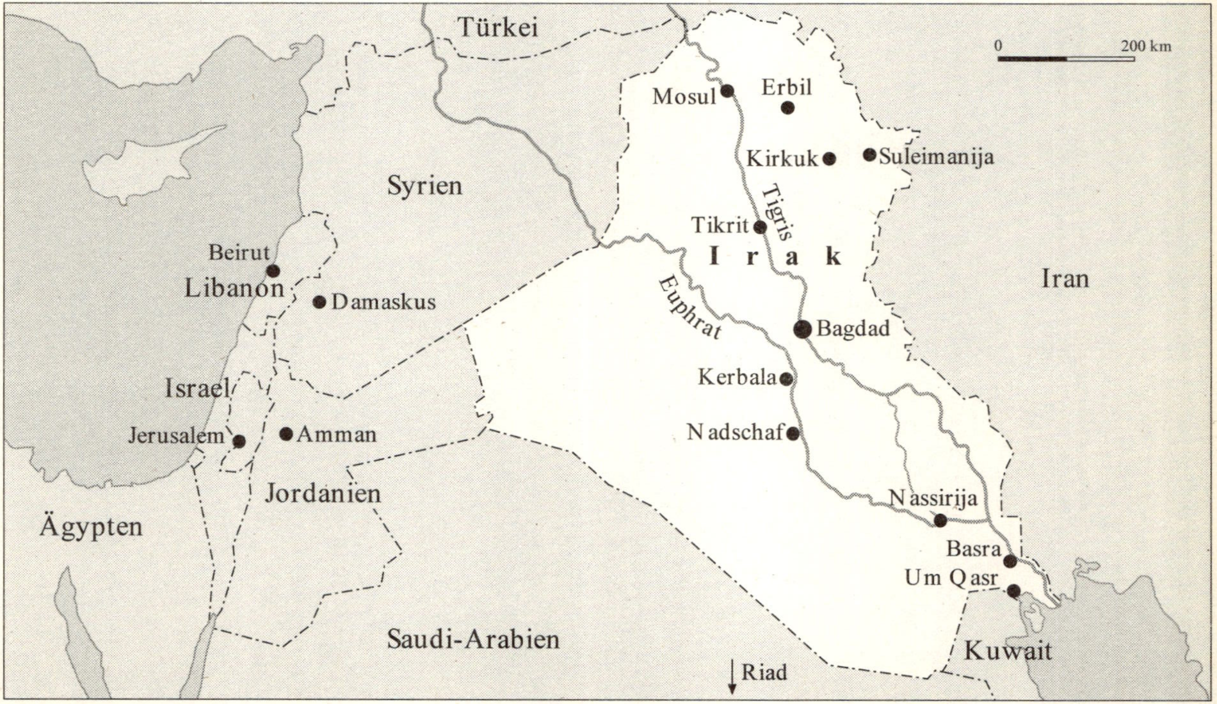
Türkei
0
200 km
Mosul
Erbil
Kirkuk
Suleimanija
Syrien
Tigris
Tikrit
Irak
Iran
Beirut
Libanon
Damaskus
Euphrat
Bagdad
Israel
Kerbala
Jerusalem
Amman
Nadschaf
Jordanien
Nassirija
Ägypten
Basra
Um Qasr
Saudi-Arabien
Kuwait
Riad

Verzeichnis wichtiger Namen und Begriffe

Abaja: Weites Übergewand arabischer Frauen und Männer.

Abdullah I.: König von Jordanien (Regierungszeit: 1921–1951).

Abdullah, Emir: Regent (1939 – ermordet 1958) des Irak an der Seite des jungen König Feisal.

Abu Dschaber, Kamel: Universitätsprofessor Safias und späterer Außenminister von Jordanien.

Abu Ghreb: Stadtteil von Bagdad; Standort des Qasr Taleb wie auch des berüchtigtsten Gefängnisses unter Saddam Hussein.

Abu Raghab, Sana', Maiada und Harasa: Nachbarskinder aus prominenter jordanischer Familie und Freundinnen Safias und ihrer Schwestern.

Ahmed: Libanesischer Sekretär Scheich Talebs.

AIJ: Alliance Internationale pour la Justice. Menschenrechtsorganisation mit Sitz in Paris, die sich dafür einsetzt, grobe Menschenrechtsverletzungen, Verbrechen gegen die Menschlichkeit und Kriegsverbrechen vor internationale Gerichte zu bringen. Safia und ihr Mann Bakhtiar arbeiten für diese Organisation.

Al-Aradi, Mufid: Ehemann von Safias Schwester Ouroud und Sohn von Derwisch al-Aradi, ehem. Hofmeister des Emir von Kuwait.

Alawi, Dr. Ajjad: Irakischer Oppositionsführer gegen Saddam. Chef des Irakischen Nationalabkommens (INA).

Al-Bakr, Ahmed Hassan: Baath-Regierungschef und Präsident des Irak (1968–1979), der lange Zeit an einer unerklärlichen Krankheit litt. Gestorben 1982, vermutlich an schleichender Vergiftung im Auftrag seines einstigen Protegés Saddam Hussein.

Al-Barsani, Idris: Sohn und Stellvertreter (geb. 1943, gest. 1987) von Mullah Mustafa Barsani.

Al-Barsani, Massud: Sohn von Mullah Mustafa; Chef der Demokratischen Partei Kurdistans (KDP).

Al-Barsani, Mullah Mustafa: Legendärer Kurdenführer vom Stamm der Barsan (geb. 1903, gest. 1979). Freund von Scheich Taleb.

Al-Dawa-Bewegung: Al-Dawa (= »Der Ruf«) ist eine radikal islamistische Bewegung mit bewaffneten Kampfeinheiten im Irak und Basen im islamischen Ausland. Ihr charismatischer Führer Ajatollah Baqir Al-Sadr wurde 1980 hingerichtet.

Al-Douri, Essat Ibrahim: Stellvertreter Saddams an der Spitze des Revolutionären Kommandorates – die oberste Regierungs- und Verwaltungsinstanz des Irak –, früherer Innenminister und Vater des irakischen Biowaffenprogramms.

Al-Hakim, Ajatollah Mohammed Baqir: Vorsitzender des mächtigen Obersten Rates des Islamischen Widerstandes im Irak (SCIRI). Im August 2003 in Nadschaf ermordet.

Al-Hakim, Großajatollah Mohsen: Von 1955 bis 1970 geistiger Führer der Schiiten weltweit. Vater von Sajjid Mahdi al-Hakim und Ajatollah Baqir al-Hakim.

Al-Hakim, Sajjid Mahdi: 1988 im Sudan vom irakischen Geheimdienst ermordeter hoher schiitischer Kleriker aus der Ajatollah-Familie der al-Hakim. Freund von Scheich Taleb.

Al-Hussein Bin Ali, Scherif von Mekka: Anführer des arabischen Aufstandes gegen die osmanische Herrschaft.

Al-Hussein, Scherif (1): Nach der Ermordung des jungen Königs Feisal II. Repräsentant der irakischen Königsfamilie in der Emigration in London. Vater von Scherif Ali Bin al-Hussein.

Al-Hussein, Scherif (2): Junger jordanischer Prinz und Schwarm von Safias Mädchenclique.

Ali Ibn Abi Taleb, Imam: Gatte von Fatima, der Lieblingstochter des Propheten, und Vetter Mohammeds; vierter islamischer Kalif und »Ahnherr« der Schiiten.

Ali Bin al-Hussein, Scherif: Vorsitzender der in London beheimateten Konstitutionellen Monarchiebewegung; erhofft sich Rückkehr auf den irakischen Thron.

Alia: Dritte Tochter von Scheich Taleb und Minerva.

Al-Jawar, Faris: Ehemann von Safias Schwester Scherine. Sohn des Chefs der Schammar, einem der größten irakischen Stämme.

Al-Manar al-Arabi: Von Safia im Kurdengebiet gegründete Untergrundzeitung.

Al-Muchlis, Dr. Hatem: Aktivist in der irakischen Exilopposition. Sohn von Dschasim al-Muchlis.

Al-Muchlis, Dschasim: Freund Scheich Talebs und Führungsmitglied des Putschversuchs von Juli 1993 gegen Saddam. Sohn von Maulud al-Muchlis Pascha. Ehem. irakischer Botschafter. 1993 hingerichtet.

Al-Muchlis, Maulud Pascha: Held des arabischen Befreiungskampfes gegen die Türken, Vertrauter von König Feisal I. und Förderer der Tikriter Clique.

Al-Nayif, Abd al-Rasak: Letzter irakischer Ministerpräsident vor der Machtübernahme der Baath-Partei. 1978 in London von Saddams Geheimdienst ermordet.

Al-Sabah, Mohammed Abdullah Salem: Safias Fast-Verlobter aus der kuwaitischen Füstenfamilie.

Al-Sabah, Saad: Kronprinz von Kuwait; Freund Scheich Talebs.

Al-Sabah, Scheich Dschaber al-Ahmed: Emir von Kuwait.

Al-Said, Nuri: Mächtiger Politiker in der irakischen Monarchie, mehrfacher Premierminister. Nach der Revolution von 1958 auf der Flucht – als Frau verkleidet – ermordet.

Al-Siggam, Asis: Bevollmächtigter Scheich Talebs in Bagdad.

Al-Souhail, Ali: Vater von Scheich Taleb, Großvater Safias.

Al-Souhail, Ouroud, Safia, Alia, Seinab, Scherine, Noura und Sara: Töchter von Scheich Taleb Al-Souhail und Minerva Badreddin (in der Reihenfolge ihrer Geburt).

Al-Souhail, Raschid:* Halbbruder von Scheich Taleb.

Hier und im Folgenden: * Kunstfigur mit realem Hintergrund.

Al-Souhail, Scheich Hassan: Mächtiger Scheich und Einiger der Beni Tamim. Onkel Scheich Talebs, Großonkel Safias.

Al-Souhail, Scheich Taleb: Safias Vater. Führungsmitglied des Putschversuches von Juli 1993 gegen Saddam Hussein. Stammesführer der Beni Tamim (geb. 1930, 1994 in Beirut vom irakischen Geheimdienst ermordet).

Al-Talabani, Dschalal: Chef der Patriotischen Union Kurdistans (PUK).

Al-Taleb, General Beschir: Als Mitverschwörer beim Putschversuch von Juli 1993 hingerichtet.

Al-Timimi, Ahmed: Als Mitverschwörer beim Putschversuch von Juli 1993 hingerichtet.

Al-Timimi, Madschid: Irakischer Verbindungsmann von Scheich Taleb in seinen Aktivitäten gegen Saddam Hussein.

Amal: Die Amal(= Hoffnungs)-Miliz geht zurück auf eine von Imam Moussa Sadr im Libanon aufgebaute Bewegung, um die Schiiten politisch zu stärken.

Ami oder Amo: Von arabisch »Amm«(= »Onkel«). Anrede für eine Führungspersönlichkeit.

Amin, Bakhtiar: Ehemann von Safia; Vorsitzender der Alliance Internationale pour la Justice (AIJ), einer Menschrechtsorganisation mit Sitz in Paris.

Aqal: Mit feinem Garn umsponnener dicker Ring, mit dem Araber ihr Kopftuch – die Hatta – an Ort und Stelle halten.

Aqar Guf: Früher Dorf in der Nähe von Bagdad, heute Vorort der Stadt.

Baath-Partei: Arabische politische Bewegung, Anfang der vierziger Jahre in Damaskus unter der Führung von Michel Aflaq und Salah al-Din al-Bitar gegründet. In Syrien seit 1961 Regierungspartei; im Irak seit 1968, jedoch nach dem Sturz Saddam Husseins im Frühjahr 2003 offiziell abgeschafft.

Badreddin, Dr. Ali: Vater von Minerva Badreddin, Großvater von Safia, Bürgermeister des Städtchens Nabatija im Südlibanon.

Badreddin, Mervat: Schwester Minervas und eine Tante Safias.

Badreddin, Minerva: Gattin von Scheich Taleb, Safias Mutter.
Barsani: Siehe »al-Barsani«.
Beni Tamim: Schiitischer Volksstamm im Irak.
Berri, Nabih: Chef der libanesischen Amal-Miliz und späterer Parlamentspräsident des Libanon. Freund von Scheich Taleb.
Bremer, L. Paul III: Zivilverwalter der US-Regierung für den Irak.
Brié, Françoise: Mitarbeiterin bei AIJ.
Brummana: Ferienort in den Ausläufern des Libanongebirges.
*Butros**:* Maronitischer Chauffeur der Familie Al-Souhail in Brummana.

Chalabi, Ahmed: Irakischer Oppositionsführer, Ex-Banker und Gründer des Irakischen Nationalkongresses (INC).

Dischdascha: Weites, bodenlanges (Unter-)Gewand arabischer Männer.
Diwan: Arabischer Fürstenhof.
Dschabal Amman: Nobelbezirk in Amman.
Dschabr, Saad Saleh: Freund Scheich Talebs in London und Führungsmitglied des Putschversuches von Juli 1993 gegen Saddam. Sohn des ersten schiitischen Premierministers im Irak und langjähriger Führer in der irakischen Exilopposition gegen Saddam Hussein.
Dscheddo: Arabisches Kosewort für »Großvater«.

Farhan: Junger Beni Tamim, Kindheitsfreund Safias.
Fatima: Lieblingstochter des Propheten Mohammed; Gattin von Imam Ali Ibn Abi Taleb.
Feisal I.: Haschemitischer König im Irak (Regierungszeit 1921 bis 1933); kämpfte zusammen mit Lawrence von Arabien im Aufstand gegen die Ottomanen.
Feisal II.: Letzter haschemitischer König im Irak (Regierungszeit 1939–1958). Beim Palaststurm von Revolutionstruppen ermordet.

Ghasi: Haschemitischer König im Irak (Regierungszeit 1933–1939).

Habib, Miss: Privatlehrerin, die Ouroud und Safia in Brummana Nachhilfeunterricht gab.

Hadith: Niedergeschriebene mündliche Überlieferung der Taten des Propheten Mohammed.

Hammat: Persönlicher Chauffeur und Verwalter Scheich Talebs in Bagdad.

Haschemiten: Arabisches Herrschergeschlecht, benannt nach Haschem, dem Urgroßvater des Propheten Mohammed.

Hatta: Das lose übergeworfene, mit einem dicken Ring (= Aqal) festgehaltene Tuch, mit dem Araber ihren Kopf bedecken.

Hisb: Arabisch für »Partei«.

Hussein Ibn Ali, Imam: Enkel des Propheten Mohammed, Sohn von Imam Ali Ibn Abi Taleb und verehrter Märtyrer der Schiiten.

Hussein Ibn Talal: König von Jordanien (1953–1999) und Freund Scheich Talebs.

Idschtihad: Islamisch-philosophisches Konzept von Entwicklung durch bewusste Bemühung.

Kamel, Saddam und Hussein: Brüder und Angehörige von Saddams Führungsclique. Beide waren mit Töchtern Saddams verheiratet. 1995 flohen sie nach Jordanien, ließen sich aber 1996 durch Versprechungen in den Irak zurücklocken, wo sie erschossen wurden.

Kamla:* Haushälterin der Familie Al-Souhail in Brummana.

KDP: Demokratische Partei Kurdistans, in den irakischen Kurdengebieten gegründet von der Barsani-Familie, heute angeführt von Massud al-Barsani.

Khalilzad, Zalmay: Irak-Beauftragter des Weißen Hauses. Zuvor »Präsidentenmacher« in Afghanistan.

Koran: Heilige Schrift der Muslime, dem Propheten Mohammed nach islamischem Glauben von Gott offenbart.

Madschid, General Hassan Ali: »Chemie-Ali«. Zeitweiliger, für seine Brutalität berüchtigter Statthalter Saddams in Kurdistan und Kuwait. Einer der Hauptverantwortlichen für die grausame Niederschlagung des Schiitenaufstandes von 1991.

Madschlis: Arabische Bezeichnung für Rat oder Ratssaal, ursprünglich Ratszelt.

Miro Taleb Amin: Sohn von Safia und Bakhtiar Amin.

Nabatija: Stadt im Südlibanon.

Nayifa: Freundin Safias, verheiratet mit einem saudiarabischen Prinzen.

Noura: Sechste Tochter von Scheich Taleb und Minerva.

Osmanen oder Ottomanen: Türkische Herrscherdynastie.

Ouroud: Älteste Tochter von Scheich Taleb und Minerva.

Pachachi, Adnan: Möglicher Kandidat für das Präsidentenamt im Irak. Vor dem Baath-Regime Außenminister.

PUK: Patriotische Union Kurdistans, leninistische Partei in den irakischen Kurdengebieten, angeführt von Dschalal al-Talabani.

Qasr: Arabisch für »Palast«.

Qassim, Abd al-Karim: Irakischer Revolutionsführer und Regierungschef (1958–1963). Bei der ersten Machtübernahme der Baath-Partei hingerichtet.

Ra'uf:* Chauffeur der Familie Al-Souhail in Amman.

Rania: Kindheitsfreundin von Safia aus Amman.

Sadr, Imam Moussa: Libanesischer Schiitenführer, Gründer der Amal-Miliz.

Safia, Scheicha: Mutter von Scheich Taleb, Gattin von Scheich Ali Al-Souhail.

Safia (Safia Taleb Al-Souhail): Zweitälteste Tochter von Scheich Taleb und Minerva. Wie ihre Schwestern trägt auch Safia nach islamischem Namensrecht den Vornamen ihres Vaters – »Taleb« – als Nachnamen. Al-Souhail ist der über viele Generationen vererbte Name ihrer Familie. Die Grundregel für arabische Namenszüge ist: Eigenname-Vatername-Großvatername. Ein Familienname kann, aber muss nicht sein. Safias vollständiger Name wäre Safia Taleb Ali Al-Souhail. So unterschreibt sie auf offiziellen Dokumenten, doch der Einfachheit halber lässt sie ansonsten den Großvaternamen »Ali« weg. Wie im Islam üblich, hat sich ihr Name durch die Eheschließung nicht geändert.

Said: Irakischer Sekretär von Scheich Taleb.

Saida: Nanny von Safia.

Sara: Siebente und jüngste Tochter von Scheich Taleb und Minerva.

Schahin, Taufiqa: Gattin von Dr. Ali Badreddin, Großmutter Safias.

Schaker:* Junger Beni Tamim, Kindheitsfreund Safias.

Schatt al-Arab: Zwischen Irak und Iran gelegene gemeinsame Trichtermündung von Euphrat und Tigris in den Persischen Golf. Die Inseln in dem 120 km langen, strategisch wichtigen Meeresarm sind immer wieder Grund für Grenzkonflikte.

Scheich Taleb: Siehe »Al-Souhail, Scheich Taleb«.

Scherine: Fünfte Tochter von Scheich Taleb und Minerva.

Schia: Arabische Bezeichnung für »Schiiten«; von Arabisch »Schiat Ali« – »Partei Alis«.

Schiiten: Islamische Glaubensrichtung in der Nachfolge des vierten Kalifen, Ali Ibn Abi Taleb.

Seinab: Vierte Tochter von Scheich Taleb und Minerva.

Sousou: Kosename für Safia.

Sreiha: Nanny von Ouroud.

Sunniten: Islamische Glaubensrichtung in der Nachfolge des dritten Kalifen, Osman.

Talabani: Siehe »al-Talabani«.

Terjanian, George: Hemdenschneider und Verbindungsmann Scheich Talebs; beteiligt am Attentat auf ihn.

Teta: Arabisches Kosewort für »Großmutter«.

Tikriter: Aus der Stadt Tikrit stammende, eng mit der Baath-Partei verbundene politische Clique im Irak.

Nachwort der Autorin

Mit Jahresbeginn 2002 – als US-Präsident Bush erstmals Saddam Hussein ins Visier nahm – setzte eine Flut von Medienberichten über den Irak ein. Als Journalistin mit langer Erfahrung im Nahen Osten und arabischen Sprachkenntnissen geriet auch ich in deren Sog. Ich begann über den Irak zu schreiben und dabei fiel mir auf, dass, ganz anders als zuvor in Afghanistan, in der Irak-Berichterstattung die Situation der Frauen ausgeklammert blieb.

Von da war es nur noch ein kleiner Schritt bis zur Idee: Warum kümmerst du dich nicht selbst darum? Bei ersten Recherchen, zunächst im Internet, fand ich viele beklemmende Berichte über Frauenschicksale im Irak Saddam Husseins. Als nächstes hörte ich mich bei arabischen Freunden um, kontaktierte Frauen- und Hilfsorganisationen weltweit und kam dabei wochenlang auf keinen grünen Zweig. Wann immer es mir glückte, mit Irakerinnen oder Irakern Kontakt aufzunehmen, richtete sich in dem Augenblick, da ich mit meiner Absicht herausrückte, eine Mauer des Schweigens auf.

Bald war klar: Diese Menschen hatten größte Angst, offen zu sprechen, obwohl sie in Städten lebten wie Frankfurt, London, Genf oder Wien.

Schon hatte ich meine weitere Suche auf kurdische Frauen eingeschränkt – denn, wie es schien, würden sie als Einzige unter dem Schutz der jungen Autonomie ihrer Region bereit sein, über persönliche Erfahrungen und das Saddam-Regime Auskunft zu geben –, als eine irakische UNO-Beamtin in Genf mir den Tipp gab: »Es gibt da eine Scheichtochter, Safia Al-Souhail, die kein Blatt vor den Mund nimmt. Wenn jemand über Saddam spricht, dann sie.«

Obwohl es zunächst alles andere als einfach war, mit Safia in Kontakt zu treten – sie schwirrte in den Wintermonaten 2002/2003 zwischen Washington und Beirut durch die halbe Welt – standen wir uns eines kühlen Tages Ende Januar 2003 in Washington in der Lobby meines Hotels zum ersten Mal gegenüber.
Nach allem, was ich bis dahin von ihr wusste, hatte ich damit gerechnet, eine Dame des mediterranen Jet-Set zu treffen. Doch zu meiner Überraschung stand vor mir eine junge Frau mit dem Flair einer arabischen Fürstin – voll Zurückhaltung und Anmut, in sich ruhend und sehr, sehr bodenständig.
Bald verbrachte ich mit der profund politisch gebildeten, faszinierenden jungen Mutter intensive Zeiten. Meine Gespräche mit Safia und ihrem Mann Bakhtiar in ihrem damaligen Heim und viele weitere mit ihrer Mutter und ihren Schwestern bilden die Grundlage dieses Buches. Safia und ich sind in steter Verbindung, und sie hielt mich bis zum Redaktionsschluss des Buches über alle Entwicklungen auf dem Laufenden.
In all diesen Gesprächen erschloss sich mir ein vielschichtiges Bild: Safias dramatische Lebensstationen vor dem Hintergrund der politischen Entwicklungen, Safias Platz in der Opposition gegen Saddam Hussein, Safias Rang in der gesellschaftlichen Elite des arabischen Raums. Viele Zusammenhänge des nahöstlichen Politik-Spiels, die in der breiten Öffentlichkeit bislang noch wenig bekannt sind, wurden mir im Laufe der Arbeit auf eindringliche Weise klar.

Ich danke Safia und Bakhtiar für ihre wunderbare Gastfreundschaft, für ihr Vertrauen, ihre Offenheit und für die vielen Stunden gemeinsam verbrachter Zeit. Ich danke Miro Taleb, dass er seine Mutter, die er so gern für sich allein gehabt hätte, mit der unbekannten Frau und dem Aufnahmegerät teilte. Ich danke Safias Mutter, Madame Minerva Badreddin-Al-Souhail, und Safias bezaubernden Schwestern Alia, Scherine, Noura und Seinab für die vielen Auskünfte und ihre sonstige Unterstützung. Faris al-Jawar danke ich für die Informationen über die arabischen Stämme und Mohieddin al-Khatib, Dr. Hatem al-Mukhlis und seinem

Bruder Wadah für die ausführlichen Gespräche über die Hintergründe des Putschversuchs von 1993 und die Exilopposition gegen Saddam.
Dem Team von Alliance Internationale pour la Justice (AIJ) in Paris, Astrid Zimmermann, Arlette Leupold-Löwenthal wie auch Gini und Hussein Rahim danke ich für ihre Hilfsbereitschaft; Emma Bonino, Abgeordnete im Europa-Parlament, und Sabrina Gasparrini von TRP für die Stellungnahme zum Thema »Wo bleiben die irakischen Frauen?«; und der Direktorin der Islamischen Akademie Wien, Martina Schmied, und Thomas von der Osten-Sacken von WADI e.V. für ihre wertvollen Anregungen.
Bei der Beschaffung der Pressefotos haben mir Peter Hirsch und Anna Moritz unter die Arme gegriffen, und besonders viele interessante Informationen und Kontakte verdanke ich Ingrid Schemel. Die vielen Frauen-Gespräche mit meinen ägyptischen Freundinnen Hanem Amin, Magda Fathi Amin von der Amerikanischen Universität Kairo, Fatma Schalabi, Faten Mahmoud, Schadia Schaarawi und Mervat al-Qaffas werden mir noch lange in Erinnerung bleiben. Thomas Pfannhauser von der Österreichischen Orientgesellschaft Hammer-Purgstall hat mir interessante Bücher und Informationen zur Verfügung gestellt. Enorm wichtiger »moral support« kam von Evie Hirsch, Maria Dietrich, Eva Hauk, Yvonne Schmidt und Nancy D.
Meiner Agentin Bettina Keil von Keil & Keil Literatur-Agentur Hamburg danke ich für ihre Begeisterung für unser Sujet, ihr sachverständiges Feedback und die hervorragende Unterstützung. Die Programmleiterin des Schneekluth Verlages in München, Carolin Graehl, hat den Text überaus behutsam, klug und zu seinem Vorteil lektoriert. Ihr dynamischer und positiv-kritischer Zugang hat dem ganzen Projekt sehr gut getan. Für mich persönlich war die gemeinsame Arbeit eine große Freude und Bereicherung. Klaus Fricke hatte bei meinem Treffen mit dem Verlag spontan die Lösung parat, um die erzählerische und berichtende Form gut zu vereinen.
Meine Tochter Amira Awad war mir wichtige Motivation, dieses Buch über eine arabische Frau zu schreiben. Ihr zunehmendes

rechtliches Wissen und Urteilsvermögen sind auch für ihre Mutter wertvolle Ressourcen. Mein Gefährte Klaus hat dieses Projekt mit Verständnis und gescheitem Rat gemeinsam mit mir durchlebt und mich ermutigt, wenn ich einmal nicht so ganz sicher war, dass sich alles so gut ausgehen würde, wie es am Ende der Fall war.

Johanna Awad-Geissler
Februar 2005

Mende Nazer / Damien Lewis

Sklavin

Geschlagen – gedemütigt – verkauft

Man nannte sie »yebit« – Mädchen, das es nicht wert ist, einen Namen zu tragen. Sie schlief eingesperrt in einem Verschlag, sie arbeitete Tag und Nacht, sie wurde geschlagen und bekam keinen Pfennig Lohn. Und sie durfte nicht einen Schritt nach draußen tun.

Nun erzählt die junge Nubafrau Mende Nazer ihre Geschichte – eine Geschichte, die nicht vor 200 Jahren spielt, sondern heute, im 21. Jahrhundert. Und sie endet nicht im tiefen Afrika, sondern bei unseren Nachbarn in Europa: Denn am Tiefpunkt einer jahrelangen erniedrigenden Sklavenexistenz in Khartoum wurde Mende nach London verschickt, um auch dort als Sklavin zu dienen.

»Mit ihrer Geschichte hat Mende die Qualen
unserer afrikanischen Schwestern sichtbar gemacht.
Ich bete und hoffe das Beste für Mende!«
Waris Dirie

»Eine Biographie wie aus dem Mittelalter.«
Bunte

»Ein Schicksal mit Stimme, ein Schicksal,
das Schrift geworden ist – ein schockierendes Dokument
über Menschenraub, Sklaverei, Folter.«
SZ

Knaur Taschenbuch Verlag

Knaur.

Knaur.

Über die Autorin:
Johanna Awad-Geissler, geboren 1955 in Wien, ist Journalistin und kennt den Nahen Osten aus langer persönlicher Erfahrung. Sie spricht fließend Arabisch. Ihr Buch entstand in vielen intensiven Gesprächen mit Safia Taleb Al-Souhail und ihrer Familie.